UTB

UTB 2413

Eine Arbeitsgemeinschaft der Verlage

Beltz Verlag Weinheim und Basel
Böhlau Verlag Köln · Weimar · Wien
Wilhelm Fink Verlag München
A. Francke Verlag Tübingen und Basel
Paul Haupt Verlag Bern · Stuttgart · Wien
Verlag Leske + Budrich Opladen
Lucius & Lucius Verlagsgesellschaft Stuttgart
Mohr Siebeck Tübingen
C. F. Müller Verlag Heidelberg
Ernst Reinhardt Verlag München und Basel
Ferdinand Schöningh Verlag Paderborn · München · Wien · Zürich
Eugen Ulmer Verlag Stuttgart
UVK Verlagsgesellschaft Konstanz
Vandenhoeck & Ruprecht Göttingen
WUV Facultas · Wien

Armin Scholl

Die Befragung

Sozialwissenschaftliche Methode und kommunikationswissenschaftliche Anwendung

UVK Verlagsgesellschaft mbH

Bibliografische Information der Deutschen Bibliothek
Die Deutsche Bibliothek verzeichnet diese Publikation in der Deutschen Nationalbibliografie; detaillierte bibliografische Daten sind im Internet über <http://dnb.ddb.de> abrufbar.

ISBN 3-8252-2413-9

Einbandfoto: Annette Maucher, Konstanz
Einbandgestaltung: Atelier Reichert, Stuttgart
Korrektorat: Sabine Groß, Twistringen
Druck: fgb · Freiburger Graphische Betriebe, Freiburg

UVK Verlagsgesellschaft mbH
Schützenstr. 24 · 78462 Konstanz
Tel. 07531-9053-21 · Fax 07531-9053-98
www.uvk.de

Inhalt

Einleitung und Konzeption des Lehrbuchs

»Ein Mann will ein Bild aufhängen. Den Nagel hat er, nicht aber den Hammer. Der Nachbar hat einen. Also beschließt unser Mann, hinüberzugehen und ihn auszuborgen. Doch da kommt ihm ein Zweifel: Was wenn der Nachbar mir den Hammer nicht leihen will? Gestern schon grüßte er mich nur flüchtig. Vielleicht war er in Eile. Aber vielleicht war die Eile nur vorgeschützt, und er hat etwas gegen mich. Und was? Ich habe ihm nichts angetan; der bildet sich da etwas ein. Wenn jemand von mir ein Werkzeug borgen will, *ich* gäbe es ihm sofort. Und warum er nicht? Wie kann man einem Mitmenschen einen so einfachen Gefallen abschlagen? (...)« (Watzlawick [5]1983: 37f.)

»Die Geschichte mit dem Hammer« setzt sich fort, bis der Mann schließlich zu dem Nachbarn geht und ihn anschreit, er solle seinen Hammer behalten. Wir lernen aus der Geschichte nicht nur, dass es nicht zielführend ist, sich in übertriebene Fantasien hineinzusteigern, sondern auch, dass sich solche Situation leicht vermeiden lassen, wenn man einfach nachfragt. Nur mit Hilfe von Kommunikation haben wir die Möglichkeit, etwas über Andere zu erfahren und unser Handeln mit ihnen zu koordinieren.

Auch wenn (Sozial-) Wissenschaftler in der Regel nicht zu übertriebenen Fantasien neigen, sondern eher rationale Theorien aufstellen, ist es sicherlich sinnvoll, wenn nicht unabdingbar, die Menschen zu befragen, um ihre Gedanken und ihr Handeln kennen zu lernen. Der Eintritt in die wissenschaftliche Kommunikation umfasst also nicht nur den Diskurs unter Experten, also meist mit anderen Wissenschaftlern, sondern auch die Befragung der Bevölkerung, über deren Einstellungen, Wissensbestände, Gefühle oder Verhaltensweisen die Wissenschaftler ihre Theorien aufstellen. Die Befragung ist neben anderen sozialwissenschaftlichen Methoden ein Mittel, mit dem der Kontakt zwischen dem System Wissenschaft und der Umwelt hergestellt werden kann.

Das vorliegende Lehrbuch beschäftigt sich mit der sozialwissenschaftlichen Methode der Befragung. Es ist nicht das erste Lehrbuch zu dieser Methode, denn sie ist eine der wichtigsten Methoden der Sozialwissenschaften allgemein und speziell der Kommunikationswissenschaft. Aber dieses Lehrbuch verfolgt eine andere Konzeption als viele seiner Vorgänger, weil es sich mit der Methode auf eine pragmatisch-diskursive Art statt technisch-instruktiv auseinander setzt:

- Das Buch soll Anregungen geben, kreativ mit der Methode umzugehen, und damit zeigen, dass die verwendete Methode nicht einfach deduktiv an die eigene Forschungsfrage angepasst oder auf diese angewendet werden kann, sondern dass enormer Spielraum in der Verwendung der Methode besteht.

- Regeln über die richtige Verwendung der Methode der Befragung werden dadurch mitnichten überflüssig, aber sie sind auch keine ehernen Gesetze. Sie sind nicht ausschließlich als Techniken zu verstehen, welche die einzig richtigen Vorgaben sind, sondern in vielen Fällen ist ihre Wirkung ambivalent und umstritten. Insofern führt erst der pragmatische Diskurs um die für die jeweilige Fragestellung angemessenste methodische Umsetzung zur jeweils richtigen Lösung.
- Die diskursive Herangehensweise wird unterstützt durch die Berücksichtigung aktueller und spezieller Forschungsliteratur zur Befragung.
- Daraus ergibt sich für die Didaktik der Methodenlehre – insbesondere für die der Befragung –, dass die Methoden nicht einseitig oder gar dogmatisch lehrbar sind, sondern dass sie selbst zum Streitobjekt werden. Allerdings ist das ein produktiver Streit vor dem Hintergrund eines bestehenden und berechtigten Pluralismus an Verfahrensweisen und Varianten.
- Die pragmatische Ausrichtung des Lehrbuchs verzichtet, so weit es geht, auf die Austragung wissenschaftstheoretisch-philosophischer oder wissenschaftssoziologischer Konflikte. Oft sind wissenschaftstheoretische Positionen idealisiert und treffen auf die Praxis nicht zu. Damit soll keiner Theoriefeindlichkeit das Wort geredet werden, denn Pragmatismus ist seinerseits eine wissenschaftstheoretische Haltung oder Perspektive, hinter der sich der Autor nicht unsichtbar machen will. Pragmatismus ist auch nicht mit Fatalismus zu verwechseln, wonach alle Methoden gleichwertig seien, sondern er streitet um die richtige Methode vor dem Hintergrund ihrer praktischen Verwendung.

Diese Ziele erfordern einen diskursiven Stil und die Abwägung der Vor- und Nachteile der vorgestellten Verfahren und Instrumente. Sie legen ferner nahe, das Lehrbuch in zwei Bereiche aufzuteilen; und damit ist ein zweiter Unterschied zu anderen Lehrbüchern genannt: Die Beschreibung und Diskussion der Methode wird ergänzt durch eine ausführliche Darstellung anwendungsbezogener Studien aus den Kommunikationswissenschaften.

Der erste Teil befasst sich mit der *Theorie der Methode Befragung*. Am Beginn steht eine kurze historische Beschreibung der Befragung mit dem Schwerpunkt auf der Verwendung in der Kommunikationswissenschaft. In diesem Kapitel wird die Methode auch definiert und ihre Ziele benannt. Mit der methodologischen Unterscheidung in quantitativ-standardisierte und qualitativ-offene Verfahren ist eine grundlegende Klassifikation eingeführt, die in diesem Teil immer wieder aufgegriffen wird (→ Kapitel 1).

Als weitere Unterteilung schließen sich die grundlegenden *Verfahren* der persönlich-mündlichen, telefonisch-fernmündlichen und der schriftlichen Befragung an. Hier werden nicht nur die Verfahren beschrieben, sondern auch die Vorteile und Nachteile ihres Einsatzes sowie die unterschiedlichen Möglichkeiten der Stichprobenziehung. In einem gesonderten Abschnitt geht es um die Entwicklung der computerunterstützten Befragung. Den Abschluss des Kapitels bildet eine vergleichende Erörterung der Verfahren (→ Kapitel 2).

Eine zu den Verfahren quer liegende Einteilung ist die Unterscheidung nach der *Form*: Befragungen können eine offene oder eine standardisierte Form haben. Diese Unterscheidung ist graduell zu verstehen und reicht vom narrativen Interview, das die größtmögliche Offenheit anstrebt, bis zum Test, der das Instrument (den Fragebogen) vollständig standardisiert, oder dem Experiment, das die Erhebungssituation so weit wie möglich standardisiert. Dazwischen sind weitere Formen der Teilstandardisierung denkbar (→ Kapitel 3).

Im Rahmen dieser grundlegenden Unterscheidungen existieren diverse *Varianten* der Befragung, die für unterschiedlichste Forschungszwecke geeignet sind: die biografische Befragung zur Rekonstruktion von Lebensläufen, die Tagebuchbefragung zur Rekonstruktion von Tagesabläufen, der Copytest zur detaillierten Erhebung der Rezeption einzelner Medieninhalte, die Delphi-Befragung zur Experten gestützten Prognose zukünftiger Entwicklungen, die Gruppendiskussion zur Ermittlung von Meinungen einer gesamten Gruppe, die in einer Gruppensituation entstehen, sowie weitere Varianten, die dazu dienen, Prozesse möglichst zeitnah zu erheben (→ Kapitel 4).

Nachdem somit die strukturellen Dimensionen der Befragung beschrieben sind, behandelt ein weiteres Kapitel die *Fragen und Antworten im Fragebogen*, das Instrument der Befragung. Darin geht es darum, wie die Fragen und die möglichen Antwortvorgaben formuliert werden müssen, um ihren Forschungszweck möglichst gut zu erfüllen. Die Fragen werden dabei nach mehreren Dimensionen klassifiziert, nach dem Inhalt der Frage, den Frageformulierungen, den Frageformen sowie nach den Antwortvorgaben und den verwendeten Skalen (→ Kapitel 5).

Danach folgen *Planung* (Organisation) und *Ablauf* (Prozess) der Durchführung von Befragungen. Dazu werden zunächst die wichtigsten Phasen der Befragung kurz skizziert. Die Organisation des Interviewerstabes bildet die Grundlage zur Durchführung von Befragungen im größeren Stil. Dazu gehören auch die

Formulierung und das Training von Regeln des Interviewens, die für standardisierte und offene Verfahren unterschiedlich sind. Davon zu unterscheiden ist in der Durchführung der praktizierte Interviewstil, der entscheidend für die kommunikative Qualität der Befragung ist. Abschließend werden die Aufgaben des Pretests erläutert, der die (Haupt-) Untersuchung vorbereitet (→ Kapitel 6).

Während in den vorangegangen Kapiteln immer wieder auch auf spezielle Schwierigkeiten bestimmter Verfahren, Varianten oder des Instruments eingegangen wurde, beschäftigt sich das letzte Theoriekapitel mit den *Problemen* der Befragung. Dazu gibt es seit Beginn der Entwicklung der Befragungsmethode einen eigenen Forschungszweig, die Reaktivitätsforschung, die sich mit den Faktoren beschäftigt, die die Güte der Ergebnisse beeinträchtigen. Man kann die Einflüsse auf die Qualität der Antworten des Befragten unterscheiden zwischen kognitiven Effekten, die sich auf das Verständnis und die Prozesse der Informationsverarbeitung vor allem des Befragten beziehen, und sozialen Effekten, die sich aus der Interaktion zwischen dem Interviewer und dem Befragten ergeben. Darüber hinaus sind spezielle Befragtengruppen schwerer als andere zu befragen. Dies betrifft vor allem alte Menschen, Kinder und Ausländer. Schließlich werden zur Problembewältigung allgemeine ethische Forderungen und Qualitätskriterien für die Durchführung von Befragungen vorgestellt (→ Kapitel 7).

Der zweite Teil behandelt die *Praxis der Methode Befragung*. In diesem Anwendungsteil werden etwa 50 deutschsprachige Studien aus dem Feld der Kommunikationswissenschaft vorgestellt, die beispielhaft die Vielfalt der Befragungsverfahren und -varianten aufzeigen sollen.

Die Auswahl der im Anwendungsteil vorgestellten Studien erfolgte systematisch nach mehreren Kriterien. Sie erhebt keinen Anspruch auf eine – wie auch immer definierte – Repräsentativität:

- Nur deutschsprachige Studien werden dargestellt. Dafür gibt es nicht nur den forschungsökonomischen Grund, dass überhaupt eine Beschränkung notwendig ist, diese Studien sind für die deutschsprachigen Leser auch direkter anwendbar. Zudem berücksichtigen die Studien nicht allein den deutschen Forschungsstand, sondern haben in der Regel auch die anglo-amerikanischen Studien und deren Operationalisierungen rezipiert und in die eigene Konzeption eingebaut.
- Ein weiteres Kriterium besteht darin, wichtige oder prominente Studien aus wichtigen Bereichen der empirischen Kommunikationsforschung zu referieren. Zu diesen relevanten Forschungsfeldern zählen die Mediennutzungsforschung, die sich mit dem tatsächlichen Mediennutzungsverhalten des Me-

dienpublikums beschäftigt, und die Medienwirkungsforschung, die sich mit den Wirkungen medialer Inhalte auf Wissen, Gefühle, Einstellungen, Meinungen und Verhaltensweisen des Medienpublikums befasst. Daneben ist die Journalismusforschung zu erwähnen, in der es um berufliche Einstellungen und Normen sowie um deren Niederschlag in der journalistischen Berichterstattung geht.

- Damit die Auswahl nach relevanten Studien nicht zu einseitig und subjektiv von den Präferenzen des Autors abhängt, wurden die wichtigsten deutschen Fachzeitschriften Publizistik, Rundfunk und Fernsehen (Medien und Kommunikationswissenschaft), Media Perspektiven und Medienpsychologie systematisch gesichtet und diejenigen Studien bewusst ausgewählt, die methodisch als interessant eingestuft werden können oder die stellvertretend für verschiedene Varianten der Befragung vorgestellt und diskutiert werden können. Voraussetzung für die Berücksichtigung ist eine hinreichende Dokumentation des methodischen Vorgehens.

Der zweite Teil beginnt mit der Vorstellung verschiedener Studien zur *Mediennutzung*. Dazu gehört die Nutzung bestimmter Medieninhalte (Zeitungsartikel, Fernsehsendungen, Fernsehgenres), bestimmter Medienbereiche (Printmedien, Rundfunk, Online-Medien) sowie der Gesamtheit der Medien. Darüber hinaus wird die Mediennutzung auch im Tagesverlauf, im biografischen oder im soziologischen Kontext untersucht. Einige der Studien stammen aus der angewandten Kommunikations- und Medienforschung und sind zu Dauereinrichtungen geworden: »Media Analyse«, »Allensbacher Werbeträger Analyse«, »Massenkommunikation« sowie die Online-Studien (→ Kapitel 1).

Unter der Rubrik *Wissen, Informationen und Kognitionen* werden Studien im Kontext der Wissenskluft-Hypothese (Wissensunterschiede) und der Agenda-Setting-Hypothese (Einschätzung der Themenrelevanz) vorgestellt, darüber hinaus Expertenprognosen zur Zukunft des Journalismus und der Medien, Studien über Selektions- und Informationsverarbeitungsprozesse sowie zu politischen und sozialen Kognitionen (→ Kapitel 2).

Die Erhebung von *Bedürfnissen, Motivationen und Emotionen* sind Thema des folgenden Kapitels. Darunter fallen Studien zum Nutzen- und Belohnungsansatz, die sich mit kommunikativen und medialen Bedürfnissen beschäftigen, sowie zu Präferenzen für oder gegen bestimmte Medien. Ebenfalls behandelt werden Untersuchungen zur Aufmerksamkeit bei der und Motivation für die Zuwendung zu bestimmten Medien. Ein wichtiger Bereich der Medienwirkungsforschung ist die Erforschung von (meist gewalthaltigen) Medieninhalten auf die emotionale Seite der Rezeption (→ Kapitel 3).

Die Beziehung zwischen *Einstellungen und Verhalten* ist ein häufig problematisierter Zusammenhang. Grundlegend für eine mögliche Medienwirkung von Medieninhalten auf die Bildung oder Veränderung von Meinungen und Einstellungen ist die Zuschreibung von Objektivität und Glaubwürdigkeit. Die Wirkung auf die Meinung selbst vollzieht sich entweder als Zusammenspiel von Massenkommunikation und interpersonaler Kommunikation (Zwei-Stufen-Fluss-Hypothese) oder indirekt über die Wahrnehmung öffentlicher Meinung (Theorie der Schweigespirale) oder direkt als kurzfristiger Effekt von subjektiv wichtigen Medieninhalten bzw. als Anpassung an ein über längere Zeit genutztes Medium. Die langfristige Gewöhnung an Medien bewirkt darüber hinaus auch grundlegende Einstellungsveränderungen (Kultivationshypothese). Die Journalismusforschung beschäftigt sich insbesondere mit der Relevanz von Normen und beruflichem Selbstverständnis für das (berufliche) Handeln (→ Kapitel 4).

Abschließend werden die Methode der Befragung allgemein sowie ihre Anwendung in der Kommunikationswissenschaft bewertet und die erwartbaren Entwicklungen aufgezeigt (→ Kapitel 5).

In dem ausführlichen Literaturverzeichnis sind Veröffentlichungen zu allen dargestellten Aspekten der Befragung dokumentiert. Auf eine thematisch geordnete Literaturübersicht wurde verzichtet, weil sie die mehrfache Nennung vieler Titel, die sich übergreifend mit der Befragung befassen, erfordert hätte. Die Quellen der im Anwendungsteil beschriebenen Studien werden dagegen unmittelbar am Ende des jeweiligen Absatzes dokumentiert.

Das vorliegende Lehrbuch zur Befragung ersetzt nicht die vorherige Einarbeitung in das Verständnis empirischer Forschung. Die Beschäftigung mit den der Befragung vorausgehenden und folgenden Phasen im Forschungsprozess muss ergänzend erfolgen: Nicht berücksichtigt werden wissenschaftstheoretische Fragen empirischer Forschung in den Sozialwissenschaften, die (mathematische) Stichprobentheorie oder statistische und textbasierte Auswertungsverfahren.

Dafür setzt das Buch keine Vorkenntnisse speziell zur Befragung voraus und ist somit als Einführung für Studierende aller sozialwissenschaftlichen Disziplinen geeignet. Gleichzeitig bietet es vertiefende Ausführungen an, die viele spezielle Fragen beantworten und einer scheinbar bereits bestens bekannten Methode neue Facetten abgewinnen. Die Methode der Befragung ist in den Sozialwissenschaften etabliert, aber nicht veraltet, wie ihr weiterhin vorhandenes Entwicklungspotenzial und die vielfältigen Anwendungsmöglichkeiten bestätigen.

Teil 1

Theorie der Befragung: Die Methode

1 Die Befragung als sozialwissenschaftliche Methode

1.1 Kurzer historischer Abriss der Umfrageforschung

Die wissenschaftliche Anwendung der Befragung setzt historisch erst spät ein. Noelle-Neumann / Petersen (1996: 21, 620) datieren sie auf das Ende des 18. Jahrhunderts. Dies liegt zum einen daran, dass die Methode an die Auskunftsfähigkeit und Auskunftsbereitschaft der befragten Personen gebunden ist. Die Befragung erfordert – soll sie Themen übergreifend und alle Bevölkerungsteile erfassend eingesetzt werden – eine moderne Gesellschaftsform. Zum anderen haben sich die Gesellschaftswissenschaften erst im Lauf des 19. Jahrhunderts entwickelt[1]: Die Soziologie wurde von Auguste Comte (1798-1857) quasi erfunden. Der Begründer der positiven Wissenschaft, des »Positivismus«, gilt als Vorläufer für die empirisch-analytische Sozialforschung, obwohl erst der Soziologe Emile Durkheim (1858-1917) methodologisch für diese Richtung prägend wurde. Aber auch zwei andere empirische Zweige der Soziologie gehen auf berühmte Vorbilder zurück, die bereits mit der Methode der Befragung arbeiteten: Karl Marx (1818-1883) steht für die kritische Sozialforschung[2] und Max Weber (1864-1920) für die verstehende Soziologie (vgl. Kaesler ²2000: 206).

Zwei wesentliche Impulse für die Befragung speziell in der Kommunikationswissenschaft haben Max Weber und das Forscherteam um Paul F. Lazarsfeld gesetzt. Weber stieß bereits zu Beginn des 20. Jahrhunderts die empirische Journalismusforschung an und arbeitete eine »Soziologie des Zeitungswesens« aus,

---

1 Jacob / Eirmbter (2000: 12ff.) setzen den Beginn der Umfrageforschung zeitgleich mit der Quantifizierung (wenn nicht gar mit der Entstehung der Sozialwissenschaften selbst) an. Das Aufkommen statistischer Analysen kann allerdings nur eine notwendige, aber keine hinreichende Bedingung für die Entwicklung der Methode Befragung sein, denn Daten lassen sich auch aus Dokumenten erfassen. Dem Fazit der beiden Autoren kann dagegen zugestimmt werden: »Umfrageforschung hat keine demokratisch verfassten Gesellschaften zur Folge, aber Umfrageforschung setzt demokratisch verfasste Gesellschaften voraus.« (Jacob / Eirmbter 2000: 29)

2 Die Zeitschrift »Planung und Analyse« dokumentierte 1983 den »Fragebogen für Arbeiter«, den Karl Marx im Jahr 1880 in 25.000 Exemplaren als Beilage einer Zeitschrift in Frankreich verbreitete. Solche Befragungen zur wirtschaftlichen Lage der Arbeiter oder der Armen wurden im 19. Jahrhundert und bereits vorher durchgeführt (vgl. Noelle-Neumann / Petersen 1996: 620ff.; Diekmann 1995: 85ff.).

die er auf dem ersten Deutschen Soziologentag in Frankfurt 1910 vorstellte. Die geplante Zeitungsenquête sollte Erkenntnisse über die Materialbeschaffung der Medien und über die Merkmale der Journalisten erbringen.[3] Dass die Untersuchung nicht realisiert werden konnte, lag an einem Professorenstreit und an mangelnder Unterstützung. Außerdem wurde in der Folgezeit eine Redakteursumfrage – allerdings ohne Beteiligung Webers – geplant und durchgeführt. Ihre Auswertung kam aber durch den Ausbruch des Ersten Weltkrieges nicht mehr zustande. Die Fragebögen gelten heute als verschollen (vgl. Kutsch 1988: 5f., 15).

Lazarsfeld wurde neben der eher soziologischen Untersuchung über die »Arbeitslosen von Marienthal« mit der 1931 durchgeführten Befragung von Radiohörern für die »Radio und Verkehrs-AG« (RAVAG) bekannt, die als Beginn der Rezipientenbefragung gelten kann. In standardisierten Fragebögen wurden 50 Radioprogramme aufgelistet, zu denen die Hörer angeben sollten, ob sie diese Programmelemente »häufiger, weniger oder in der bisherigen Menge« zu hören wünschten. Daneben wurden die soziodemografischen Merkmale erhoben, um Korrelationsanalysen durchführen zu können. Insgesamt wurden von den überall ausgelegten Fragebögen 38.000 von insgesamt 110.000 Personen (zum Teil Familienmitglieder) ausgefüllt (vgl. Neurath 1990: 77ff.).

Beide Pionierstudien der deutschsprachigen Kommunikationswissenschaft, die über das Planungsstadium nicht weiter verfolgte Zeitungsenquête Webers wie die in wissenschaftlicher und praktischer Hinsicht folgenreiche Radiohörerstudie Lazarsfelds, gingen mit einer großen Selbstverständlichkeit theoretisch interdisziplinär vor und verknüpften methodisch quantitative und qualitative Verfahren (vgl. Reimann 1989: 34, 37). Während Webers Forschungsvorhaben trotz der Relevanz der Fragestellungen keine Resonanz erzeugte und lange Zeit von keinem Zeitungs- oder Kommunikationswissenschaftler aufgenommen wurde, konnte Lazarsfeld die Radiohörerforschung nach seiner Emigration in die USA im Rahmen des »Radio Research Project« am »Office of Radio Research« fortsetzen, mit dem er 1937 an der Princeton University begann und das er 1939 an der Columbia University in New York weiterführte. Daraus entstand 1944 das »Bureau of Applied Social Research« (vgl. Jacob / Eirmbter 2000: 19f.), von dem auch die ersten Panelbefragungen zur Erforschung des Wahlverhaltens konzipiert und durchgeführt wurden. Diese Studie »The People's Choice« und die Folgestudien stießen die Forschung um die Hypothese des »Two-Step-Flow of Communication« an und bauten sie empirisch aus.

---

[3] In diesem Kontext entwarf Weber auch eine Inhaltsanalyse, sodass er für diese Methode ebenfalls als Pionier gelten kann (vgl. Weber 1911: 52).

Die empirische Erforschung der öffentlichen Meinung mit Umfragen reicht wahrscheinlich bis ins 19. Jahrhundert zurück: Bereits im Vorfeld der U.S.-Präsidentschaftswahl von 1824 sollen erste »straw polls« als Probeabstimmungen der Öffentlichkeit stattgefunden haben. Die Zeitschrift »Literary Digest« verschickte 1928 rund 18 Millionen Wahlzettel an die Abonnenten und sagte den Präsidentschaftskandidaten in der Wahl von 1928 korrekt voraus. Allerdings schlug die Vorhersage von 1936 fehl. Das von George Gallup 1935 gegründete »American Institute of Public Opinion« war erfolgreicher, weil Gallup eine Zufallsstichprobe nach wahrscheinlichkeitstheoretischen Regeln zog, welche die U.S.-amerikanische Gesellschaft repräsentierte, während die Stichprobe von »Literary Digest« offensichtlich politisch verzerrt war. Gallup erlebte zwar 1948 ebenfalls ein Debakel, als sein Institut den falschen Kandidaten als Sieger prognostizierte, aber er gilt in zweierlei Hinsicht als wegweisend: aufgrund seiner theoretisch fundierten Stichprobenziehung und weil er mit Meinungsumfragen nicht nur Wahlen vorhersagen wollte, sondern sie von Anfang an konsequent an die Erfassung der öffentlichen Meinung koppelte (vgl. Keller 2001: 31ff., 47ff.).

Die akademische Erforschung der öffentlichen Meinung geht auf Hadley Cantril und sein 1940 in Princeton gegründetes »Office of Public Opinion Research« zurück. 1941 wurde das »National Opinion Research Center« (NORC) an der Universität Chicago gegründet, das sich zum führenden akademischen Institut der Meinungsforschung entwickelte (vgl. Jacob / Eirmbter 2000: 22f.; ausführlich zur Entstehung der Umfrageforschung in USA vgl. Converse 1987).

In Deutschland wurde das erste »Forschungsinstitut für Sozialwissenschaften« unter der Leitung von Leopold von Wiese 1919 an der Universität Köln gegründet, das sich später zur Hochburg einer empirischen Forschung nach den Regeln des »Kritischen Rationalismus« entwickeln sollte. 1924 entstand in Frankfurt/Main das »Institut für Sozialforschung«, an dem die »Kritische Theorie« von Max Horkheimer (Institutsdirektor seit 1930), Theodor W. Adorno, Herbert Marcuse, Erich Fromm u.a. erarbeitet wurde (vgl. Diekmann 1995: 94f.). Die Befragungen in der Zeitungswissenschaft, dem Vorläuferfach der heutigen Publizistik- und Kommunikationswissenschaft, blieben dagegen sporadisch (vgl. Meyen 2002: 60ff.).

In der Nachkriegszeit wurde die empirische Sozialforschung vor allem im Westen durch die Kölner Soziologen René König (als Nachfolger von Leopold von Wiese) und Erwin K. Scheuch vorangetrieben. Das an der Universität Köln 1960 gegründete (und von 1963 bis 1990 von Scheuch geleitete) »Zentralarchiv für Empirische Sozialforschung« (ZA) sowie das 1974 gegründete »Zentrum für Umfragen, Methoden und Analysen« (ZUMA) in Mannheim entwickeln und fördern die Entwicklung empirischer Methoden, führen aber kaum im engeren Sinn Kommunikationsforschung durch. Der vom ZUMA seit 1980 im zweijährigen Abstand durchgeführte »ALLBUS« hat 1998 (einmalig) auch einige Fragen zur Mediennutzung aufgenommen.[4] Das ZA dokumentiert und archiviert empirische Datensätze und stellt sie für wissenschaftliche Sekundäranalysen zur Verfügung. Daneben bibliografiert das Bonner »Informationszentrum« (IZ) die empirisch ausgerichtete sozialwissenschaftliche Forschungsliteratur. ZUMA, ZA und IZ schlossen sich Ende der 80er Jahre zur »Gesellschaft Sozialwissenschaftlicher Infrastruktureinrichtungen« (GESIS) zusammen (vgl. Diekmann 1995: 98).

In der DDR war eine eigenständige Meinungsforschung weitgehend unbekannt bzw. blieb unsichtbar. Dabei gab es durchaus einzelne Befragungsaktionen mit wissenschaftlichem Anspruch. So führte die Abteilung Agitation des SED-Zentralkomitees bereits 1951 eine Kombination aus Einzelgesprächen (in Haushalten und in Betrieben), Gruppendiskussionen (in Betrieben) mit Akten und Statistiken zur Akzeptanz der Parteipresse in den Verbreitungsgebieten der Sächsischen Zeitung und der Chemnitzer Volksstimme durch. Mitte der 50er Jahre wurden auch Hörer von Radio DDR zum Programm befragt. Die vom Staatlichen Rundfunkkomitee der DDR 1956 gegründete Hörerforscherabteilung orientierte sich an den Standards in den USA und in der Bundesrepublik (vgl. Meyen 2002: 75f.). Das Zentralkomitee der SED institutionalisierte 1964 mit der Einrichtung des »Instituts für Meinungsforschung« sogar die Umfrageforschung, um die Wirksamkeit staatlicher Propaganda zu erforschen. Aber weder war nach außen sichtbar, dass es sich um ein Institut der SED handelte, noch wurden die Ergebnisse veröffentlicht. 1979 wurde es aus politischen Gründen geschlossen und das Archiv vernichtet, sodass nur wenige Forschungsberichte und Unterlagen existieren (vgl. Niemann 1993: 17ff.).

Neben der akademischen Sozialforschung betreiben kommerzielle Markt- und Meinungsforschungsinstitute angewandte Markt-, Meinungs- und Medienforschung. Wegweisend für ihre Entwicklung nach dem Krieg ist der Zusammenschluss von mittlerweile 40 deutsche Markt- und Meinungsforschungsinstituten zum »Arbeitskreis Deutscher Markt- und Sozialforschungsinstitute e.V.«, der 1955 – damals noch unter dem Namen »Arbeitskreis für betriebswirtschaftliche Markt- und Absatzforschung e.V.« gegründet wurde. Er vertritt die Interessen der Mitgliedsinstitute und entwickelt für sie Qualitätskriterien und ethische Standards (vgl. ADM / AG.MA 1999: 159ff.).

4 Eine ausführliche und methodisch dokumentierte Darstellung der bisherigen ALLBUS-Befragungen findet sich in Koch (2002).

Der Aufbau eines ADM-Stichproben-Systems erfolgte in den 50er und 60er Jahren aufgrund der zunehmenden praktischen und rechtlichen Schwierigkeiten, auf die Daten der Einwohnermeldeämter zurückzugreifen. Außerdem sollte auf diese Weise ein für alle beteiligten Institute einheitliches und verbindliches System der Stichprobenplanung geschaffen werden. Dieses System wurde schrittweise entwickelt und dabei mehrfach verändert (vgl. Löffler 1999).

Ebenfalls von großer Bedeutung für die angewandte Medienforschung ist die 1954 gegründete »Arbeitsgemeinschaft Media-Analyse e.V.« (AG.MA), damals noch unter dem Namen »Arbeitsgemeinschaft Leser-Analyse e.V.« (AGLA). Sie ist ein Zusammenschluss von Unternehmen der deutschen Werbewirtschaft zur Erforschung der Massenkommunikation (vgl. ADM / AG.MA 1999: 164f.). Zunächst wurden vergleichbare Daten zur Größe und Struktur der Leserschaft von Publikumszeitschriften erhoben, heute zum Publikum aller Medienbereiche (→ Teil 2, Kapitel 1.2).

Eine Sonderstellung nimmt das 1947 gegründete »Institut für Demoskopie Allensbach« ein. Die Gründerin Elisabeth Noelle-Neumann steht für die Verbindung zwischen akademischer (Grundlagen-) Forschung und angewandter kommerzieller Markt- und Meinungsforschung. Dafür ist auch kennzeichnend, dass das IfD zahlreiche methodische Experimente durchgeführt hat und in diesem Bereich weltweit führend sein dürfte (vgl. Meyen 2001: 53; Meyen 2002: 67ff.).

Trotz der Zusammenschlüsse der Institute und der Verbindung zur universitären Forschung ist die angewandte private Meinungsforschung kommerziellen Interessen ausgesetzt. Insbesondere die harte Konkurrenz führt dazu, dass die Umfragen in der Regel nicht vergleichbar sind, weil die Fragebögen und die Zusammensetzung der Interviewerstäbe unterschiedlich sind. Die Abhängigkeit vom Auftraggeber mündet in einen Zielkonflikt, sich einerseits durch hohe Qualität von der Konkurrenz abzuheben, aber andererseits die Kosten zu senken (vgl. Meyen 2001: 53ff.).

Eine besondere Problematik ergibt sich durch die vor politischen Wahlen durchgeführten Wahlumfragen zur Prognose der Wahlergebnisse. Hier konkurrieren die kommerziellen Institute direkt, und die Ergebnisse sind durch den tatsächlichen Wahlausgang überprüfbar. Immer wieder diskutiert wird auch der Zweck solcher Wahlumfragen: Machen sie die Demokratie transparenter und geben den Wählern eine rationale Informationsgrundlage für ihre Wahlentscheidung, oder werden sie von Politikern zu manipulativen Zwecken instrumentalisiert? Sie sind auf jeden Fall ein Element der öffentlichen Meinungsbildung neben den Medien, aber auch in den Medien, die immer wieder auf demoskopische Ergebnisse zurückgreifen.

1.2 Einordnung, Definition und Ziele der Befragung

Die Befragung gehört zu den sozialwissenschaftlichen Methoden wie die Beobachtung (von Personen, Handlungen, Ereignissen) und die Inhalts- oder Textanalyse (von mündlichen und schriftlichen Texten, von Bildern, Fotos oder Filmen). Oft wird in Lehrbüchern zwischen empirischen und nicht-empirischen Methoden getrennt. Dabei werden empirische Methoden als Sammlung und Systematisierung von Erfahrungen über die (soziale) Realität charakterisiert, während nicht-empirische Methoden das Verstehen singulärer Sachverhalte aufgrund der eigenen Erfahrung des Forschers oder seines theoretischen Wissens zum Ziel haben. Die empirischen Methoden lassen sich wiederum in quantitative und qualitative unterscheiden (vgl. Brosius / Koschel 2001: 17f.). Eine solche Unterscheidung beruht auf einem engen und exklusiven Empiriebegriff.[5]

In einem weiten Empiriebegriff wird dagegen Empirie als komplementäres Gegenstück zu Theorie verstanden (vgl. Loosen / Scholl / Woelke 2002: 38f.). Während Theorie demnach die rein gedankliche – spekulative oder logisch strenge – Beschäftigung mit einem Forschungsgegenstand ist, erfordert Empirie immer den direkten forschungspraktischen Bezug auf einen außerwissenschaftlichen Forschungsgegenstand.[6] Hermeneutische Methoden wären dann insofern empirisch, als sie den Forscher systematisch an einen bestimmten Forschungsgegenstand, etwa ein Gedicht oder ein aufgezeichnetes Gespräch, »koppeln«.

Der Vorteil eines weiten Empiriebegriffes besteht darin, dass er keine Trennung zu nicht-empirischen Verfahren vollziehen muss, was trotz gegenteiliger Bekundungen in der Regel praktisch auf den Ausschluss dieser Verfahren aus dem Lehrkanon des sozialwissenschaftlichen Fachs Kommunikationswissenschaft hinausläuft. Der Nachteil besteht darin, dass die notwendigen Unterscheidungen dann auf Binnendifferenzierungen verlegt werden müssen. Diese werden im nächsten Kapitel mit der ebenfalls gängigen Gegenüberstellung standardisierter und offener Befragungsmethodologie nachgereicht.

5 Sie zieht zudem eine Trennlinie mitten durch die qualitativen Methoden, denn diese haben oft das Verstehen ihres Gegenstands zum Ziel und wären demnach nicht-empirisch. Diese Trennung ist unpraktikabel, wenn etwa die Daten mit dem empirischen Verfahren des narrativen Interviews erhoben und mit dem nicht-empirischen Verfahren der Hermeneutik ausgewertet wird.

6 In einem Fall muss der Forschungsgegenstand nicht außerwissenschaftlich sein, nämlich wenn die Wissenschaft selbst zum Forschungsgegenstand wird, also in der Wissenschaftssoziologie. Die untersuchte Wissenschaftspraxis wird dann theoretisch und methodisch genauso wie ein außerwissenschaftlicher Forschungsgegenstand behandelt.

Die Befragung hat die (Alltags-) Kommunikation als Grundlage und benutzt diese für die Gewinnung von Informationen über das Forschungsobjekt. Gleichzeitig ist (öffentliche) Kommunikation der Forschungsinhalt der Kommunikationswissenschaft. Daraus ergeben sich besondere Chancen, aber auch Risiken für diese Methode (vgl. Esser 1975a; 1975b). Die Chancen bestehen darin, dass sie prinzipiell an die alltägliche Kommunikation anknüpfen und in allen Teilen der Bevölkerung eingesetzt werden kann. In westlichen Kulturen ist die (wissenschaftliche) Befragung mittlerweile so weit etabliert, dass sie als Sozialtechnik mit ihren Regeln allgemein bekannt und auch weitgehend akzeptiert ist.

Allerdings ist die (sozial)wissenschaftliche Befragung nicht identisch mit informellen Gesprächsformen (vgl. Suchman / Jordan 1994) und bedarf insofern einer gewissen Transferleistung der alltäglichen Gesprächssituation auf die wissenschaftliche Befragungssituation durch die Forscher (Interviewer) und durch die Befragten. Diese Übertragungen sind einerseits erwünscht, um die Auskunftsbereitschaft der Befragten überhaupt zu sichern; sie sind andererseits riskant, weil bestimmte soziale Normen, wie sie in Gesprächen praktiziert werden, nicht zu gültigen Informationen über den Befragten führen. So ist es in alltäglichen Konversationen üblich, nichts über sich zu kommunizieren, was den Eindruck bei den Gesprächspartnern negativ beeinflussen könnte. Man versucht in der Regel, sich selbst gut darzustellen oder zumindest keinen Anlass zu geben, dass ein schlechter Eindruck entsteht (»impression management«). Abgesehen von offenen Provokationen und witzig-ironischen Gesprächsformen verläuft das Gesprächsverhalten im Rahmen dessen, was sozial erwünscht ist oder dafür gehalten wird.

Bei der Befragung geht es dagegen um gültige, authentische Informationen des Befragten über sich selbst, über Andere oder über Organisationen, die der Befragte repräsentiert, aber nicht darum, einen möglichst guten Eindruck von sich (oder der eigenen Organisation) beim Interviewer oder bei der Forschungsinstitution zu hinterlassen. Die Befragungssituation ist deshalb vom Prinzip her weitgehend entlastet von den konformitätserzeugenden sozialen Regeln. Weder der Forscher noch der Interviewer haben irgendeine Möglichkeit, das Auskunftsverhalten des Befragten oder die Auskunftsinhalte der Antworten zu sanktionieren, die Befragung beruht auf der Freiwilligkeit der Teilnahme und der Auskunftserteilung. Die einzige Ausnahme von dieser Regel sind (die nicht-wissenschaftlichen) Volkszählungen, bei denen die Auskunft vom Gesetzgeber erzwungen werden kann. Für die (sozial)wissenschaftliche Befragung stehen also meist nur Appelle und Überzeugungsversuche zur Verfügung, die den Befragten zur Teilnahme an der Befragung und zur ehrlichen Auskunft bewegen sollen.

Das *Ziel* der (sozial)wissenschaftlichen Befragung besteht zusammengefasst darin, durch regulierte (einseitig regelgeleitete) Kommunikation reliable (zuverlässige, konsistente) und valide (akkurate, gültige) Informationen über den Forschungsgegenstand zu erfahren. Die Befragung ist also eine Art Aufforderung zur Selbstbeschreibung des Befragten. Der Forschungsgegenstand, das Selbst dieser Beschreibung, kann, muss aber nicht identisch mit der Auskunftsperson, dem Befragten, sein; es kann sich auch um einen dem Befragten nahen Forschungsgegenstand handeln, etwa um eine Organisation, für die der Befragte arbeitet bzw. in der er Mitglied ist, oder um eine dem Befragten nahestehende Person; man spricht im letzt genannten Fall von einer »Proxy-Befragung«.

Je nach Stellenwert, der dem Befragten seitens des Forschers eingeräumt wird, variieren die Bezeichnungen: In der angewandten Sozialforschung wird häufig von *Zielpersonen* gesprochen, die auch diejenigen mit einschließen, die sich dem Interviewversuch entziehen oder die nicht erreichbar sind. In experimentellen Untersuchungen ist die Rede von *Versuchspersonen*, die eine vergleichsweise passive Rolle einnehmen, während in Lehrbüchern zur Befragung auch die Bezeichnung *Untersuchungsteilnehmer* gewählt wird, die eine aktivere Rolle des Befragten suggeriert. Die tatsächliche Aktivität des Befragten hängt vom Standardisierungsgrad der Befragung ab: Je offener die Befragung in der Form ist, desto aktiver muss sich der Befragte an der Strukturierung der Befragungssituation beteiligen.

Bei der *Durchführung* von (sozial)wissenschaftlichen Befragungen wird zwar versucht, an die Alltagssituation von Befragungen (Fragestellen, Information im Gespräch) anzuknüpfen. Allerdings handelt es sich hierbei um eine künstliche (nicht selbst gesuchte), asymmetrische (einseitig themenbestimmte), distanzierte (nicht persönlich werdende), neutrale (emotional nicht extreme), anonyme (nicht zwischen Bekannten erfolgende) Gesprächsform.

Voraussetzungen für eine gelungene Befragung sind das Interesse des Befragten am Befragungsthema, seine inhaltliche und sprachliche Kompetenz, die prinzipielle Akzeptanz von Befragungen und Wissenschaft oder Meinungsforschung und seine spezielle, auf einzelne Fragen bezogene, Kooperationsbereitschaft sowie seine Ehrlichkeit bei der Beantwortung der Fragen.

Die *Grenzen* der Befragung ergeben sich daraus, dass es sich um eine kommunikative Methode handelt, die streng genommen nur über Kommunikationen Auskunft geben kann. Das bedeutet, dass Bewusstseinselemente (Gedanken, Gefühle) und Verhaltensweisen nur indirekt erschließbar sind und von der Befolgung der oben aufgeführten kommunikativen Regeln abhängt.[7] Insofern sind in der Befragung ermittelte Einstellungen, Gefühle und Verhaltensweisen stets kommunikativ vermittelt. Man kann diese kommunikative Vermittlung als (potenzielle) Verzerrung der tatsächlichen Bewusstseinsinhalte und Verhaltensweisen auffassen, die man methodisch – etwa experimentell – zu reduzieren versucht, oder als eigenen sozialen Sinnbereich, der im Alltag relevant ist. Im ersten Fall interessieren die Gedanken oder Verhaltensweisen selbst, sodass die Befragung gegebenenfalls durch andere Methoden flankiert werden muss, wohingegen im zweiten Fall deren Kommunikationen der Forschungsgegenstand sind, wofür die Befragung uneingeschränkt geeignet ist (→ Teil 1, Kapitel 7.3.2 zum Thema »soziale Erwünschtheit«).

1.3 Methodologische Unterscheidungen

Wie aus den bisherigen Ausführungen deutlich geworden ist, gibt es einerseits verallgemeinerbare Ziele und Eigenschaften der Befragung, andererseits Differenzen, die zumeist methodologischer Herkunft sind. Man kann die sozialwissenschaftlichen Methoden generell in quantitativ-standardisierte und qualitativ-offene Verfahren unterteilen. Diese Unterscheidung basiert auf verschiedenen Forschungsphilosophien; sie wird in regelrechten Unterschiedskatalogen herausgestellt.[8]

Die Nützlichkeit solcher prinzipiellen Unterscheidungen ist fraglich, denn es handelt sich zwar um das jeweilige Selbstverständnis der beiden Forschungs*philosophien*, aber die Forschungs*praxis* sieht in der Regel weniger gegensätzlich

---

7 Dieses Inferenzproblem ist aber nicht typisch für die Befragung, sondern betrifft ebenso die Inhaltsanalyse, bei der vom analysierten Text auf Kontexte geschlossen wird (vgl. Merten ^{2}1995), und die Beobachtung, bei der vom beobachteten Verhalten auf sinnhafte Handlungen geschlossen wird (vgl. Gehrau 2002).

8 Solche Unterschiedskataloge werden vor allem von Vertretern qualitativer Methoden aufgestellt (vgl. Kleining 1982; Wilson 1982; Corbin / Strauss 1990; Honer 1989). Dies geschieht oft zur Rechtfertigung qualitativer Methoden gegenüber dem quantitativen »Mainstream«. In den Lehrbüchern, die von Methodologen mit vorwiegend quantitativer Präferenz verfasst werden, gelten dagegen die Regeln quantitativer Methoden als Standard für empirische Sozialforschung schlechthin. Die qualitativen Methoden werden dementsprechend an diesem Standard gemessen, was meistens in einer äußerst kurzen und oft ungerechten Abhandlung der qualitativen Methoden resultiert (vgl. etwa Diekmann 1995; Fowler ^{2}1988; Converse / Presser 1986).

aus. Man kann sich aus dieser Perspektive auf drei Dimensionen beschränken, die für die Forschungspraxis speziell der Befragung konstitutiv sind und eine eindeutige Gegenüberstellung erlauben:

Standardisierte Verfahren streben in erster Linie den Vergleich zwischen den Untersuchungsobjekten an. Um die Vergleichbarkeit herzustellen, vereinheitlichen (und »objektivieren«) sie anhand eines ausführlichen Regelwerks

- das Instrument, also den Fragebogen, indem die Fragen im Wortlaut und in der Reihenfolge jedem Befragten gleich gestellt und verschiedene Antwortmöglichkeiten dem Befragten zur Auswahl vorgegeben werden;
- die Forschungssituation, also die Interaktion zwischen dem Interviewer und dem Befragten, indem die Interviewer zu einheitlichem Verhalten gegenüber dem Befragten trainiert werden;
- die Auswahl der Forschungsgegenstände, also die Stichprobenziehung der zu befragenden Zielpersonen, indem sie unabhängig von dem Interviewer durch Zufall oder Quotenvorgaben erfolgt.

Das Auswertungsziel standardisierter Verfahren besteht darin, über Häufigkeitsverteilungen bestimmte Phänomene, wie etwa das Meinungsklima zu einer öffentlichen Kontroverse, zu beschreiben oder über Häufigkeitsvergleiche Hypothesen zu überprüfen, die als Zusammenhang von mindestens zwei Variablen formuliert werden, wie etwa der Einfluss persönlicher Motive auf das Auswahl- und Nutzungsverhalten gegenüber bestimmten Medienangeboten.

Die Gütekriterien quantitativer Forschung sind Objektivität, Reliabilität und Validität. Objektivität bezieht sich auf die Stabilität des Messinstruments unabhängig von der Erhebungssituation und von der Person, die es anwendet. Wenn unterschiedliche Interviewer beim gleichen Befragten unterschiedliche Antworten auf die gleiche Frage erzielten, wäre die Untersuchung wenig objektiv. Aus diesem Grund werden das Verhalten des Interviewers, die Interviewsituation und der Fragebogen möglichst standardisiert. Da der Begriff der Objektivität erkenntnistheoretisch einseitig besetzt ist, wird er heute meist durch Intersubjektivität oder intersubjektive Überprüfbarkeit ersetzt. Wenn ein Instrument zu den gleichen Ergebnissen führt, egal wer es anwendet, impliziert dies nicht, dass die Messung deshalb prinzipiell unabhängig vom Anwender ist, sondern nur, dass es von allen Anwendern im gleichen Maß abhängig ist. Diese Annahme reicht aus, um die Vergleichbarkeit der Ergebnisse zu sichern.

Reliabilität meint die Reproduzierbarkeit des Instruments. Wiederholte Messungen mit dem gleichen Instrument müssen zu dem gleichen Ergebnis kommen, sofern sich in der Zwischenzeit der Forschungsgegenstand nicht verändert hat. Wenn also ein Befragter zweimal die gleiche Frage bzw. zwei sinngleiche Fragen gestellt bekommt und er jedes Mal gleich antwortet, gilt die Frageformulierung als reliabel. Die Reliabilität ist insbesondere bei sehr differenzierten Messungen gefährdet, etwa wenn eine Meinung auf einer zehnstufigen Skala angegeben werden soll, oder wenn ein Befragter nur eine sehr oberflächliche Meinung zu einem Sachverhalt hat bzw. den Sachverhalt für nicht relevant hält und eine fast willkürliche Antwort gibt.[9]

Validität meint die inhaltliche sachlogische Gültigkeit und bezieht sich auf die Beziehung zwischen dem theoretischen Konstrukt und der empirischen Messung. Wenn man etwa das Wissen des Befragten von der bevorstehenden Kommunalwahl erfahren will, ist die Frage nach dem Datum wahrscheinlich wenig valide. Zum einen umfasst diese Frage nur einen einzigen Aspekt des Wissens, zum anderen sagt möglicherweise das Wissen dieses Datums nichts darüber aus, wie gut der Befragte sich in der Kommunalpolitik auskennt. Validität ist ebenfalls nicht gegeben, wenn der Befragte bewusste Falschaussagen macht.

Alle drei Kriterien sind methodentheoretisch diskutierbar, praktisch verbesserbar durch gute Kenntnis vom Forschungsgegenstand und durch die standardisierte Untersuchungsanlage auch messbar. Dafür gibt es unterschiedliche statistische Verfahren (vgl. Diekmann 1995: 216ff.; Brosius / Koschel 2001: 69ff.).

Offene Verfahren sind weniger stark regelgeleitet und streben in erster Linie ein tieferes Verstehen und Verständnis vom Forschungsgegenstand an. Um dieses Ziel zu erreichen, individualisieren (und »subjektivieren«) die Forscher

- den Fragebogen, indem die Interviewer je nach Antwort des Befragten flexibel nachfragen und das Instrument in der Feldphase der Befragung bis zum Erreichen theoretischer Vollständigkeit (»theoretical saturation«) verändert werden kann (vgl. Rubin / Rubin 1995: 43ff.);
- die Interviewsituation, indem der Interviewer offen, konversations- und alltagsnah, allerdings gewissenhafter, professioneller und tiefer als im Alltag fragt und zuhört und versucht, den Befragten nicht einseitig in die Rolle des Auskunftgebers seiner »Daten« zu drängen (vgl. Rubin / Rubin 1995: 6ff.);

9 Im Extremfall gibt der Befragte sogar eine Antwort auf eine Einstellungsfrage, obwohl er keine Meinung dazu hat (»pseudo-opinions«). Dieses Phänomen betrifft bereits die Validität der Antwort, denn sie kann als ungültig eingestuft werden, wohingegen die Antwort auf der Basis einer nur schwachen Meinungstiefe durchaus gültig sein kann, aber sehr stimmungs- oder situationsabhängig ist.

- die Auswahl der Befragten, indem die Zielpersonen bewusst und in Abhängigkeit von der theoretischen Fragestellung ausgesucht werden. Die Ziehung der Stichprobe kann dabei auch nach jedem Fall neu erfolgen, um weitere geeignete, für die Fragestellung auskunftsfähige Befragte auszusuchen, bis das Thema erschöpfend behandelt ist (vgl. Rubin / Rubin 1995: 43ff., 73f.). Ziel des qualitativen Stichprobenplans ist nicht Repräsentativität, sondern die maximale Variation und Heterogenität in Bezug auf die forschungsrelevanten Merkmale, für die hinreichend viele Befragte ausgesucht werden müssen. (vgl. Kelle / Kluge 1999: 38, 43ff., 51; Merkens 2000).

Während bei standardisierten Umfragen der Forscher viele und anonyme Daten theoriegeleitet oder ad hoc interpretiert, wird bei qualitativen Befragungen die Deutung bestimmter Sachverhalte zwischen dem Interviewer (bzw. Forscher) und dem Befragten »ausgehandelt«. Qualitative Forscher interessieren sich folglich mehr für die Alltagstheorien der Befragten als für akademische Theorien (vgl. Rubin / Rubin 1995: 6ff.; Kvale 1996: 29ff.).

Weiterhin korrespondieren quantitativ-standardisierte Verfahren eher mit deduktiver Vorgehensweise und qualitativ-offene Verfahren eher mit induktiver Vorgehensweise. Dies bedeutet nicht notwendigerweise, dass standardisierte Verfahren immer theoriegeleitet sein müssen und offene Verfahren immer von den »Daten« ausgehen müssen, aber erstere erfordern schon bei der Fragebogenentwicklung eine deduktive Vorgehensweise, während letztere nur wenige Vorgaben machen und flexibel auf die Befragten reagieren.[10] Die qualitative Sozialforschung bevorzugt deshalb oft eine »abduktive« Logik, welche eine eher dialektische Beziehung zwischen theoretischen Annahmen und empirischen Ergebnissen unterstellt (vgl. Kelle / Kluge 1999: 21ff.), während bei der quantitativen Sozialforschung induktive und deduktive Logik quasi nebeneinander stehen oder zeitlich einander folgen.

Die Gütekriterien qualitativer Forschung sind Transparenz, Konsistenz und Kohärenz sowie Kommunikabilität. Transparenz wird hergestellt über die möglichst vollständige Dokumentation der Transkripte vom Interviewgespräch und der Kategorisierungsschritte bei der Analyse. Konsistenz entspricht der Reliabilität in der standardisierten Forschung und bezieht sich auf die Auskünfte der

[10] Die induktive Forschungslogik, wie sie vor allem von der »Grounded Theory« (vgl. Corbin / Strauss 1990) bevorzugt wird, versucht zwar, die Behinderungen für die empirische Untersuchung, die von vorgefertigten Theorien und Hypothesen ausgehen (können), zu vermeiden. Allerdings kann dies nicht bedeuten, dass der Forscher völlig ohne (theoretische) Vorannahmen ins Feld geht, sondern allenfalls dass er in der Befragungssituation theoretische Sensibilität und Offenheit beibehält (vgl. Kelle / Kluge 1999: 16ff.).

Befragten. Allerdings sollen Inkonsistenzen nicht vermieden oder ausgeschlossen, sondern verstanden werden oder erklärbar sein. Konsistenz betrifft daneben auch die Vergleichbarkeit unterschiedlicher Interview- und lebensweltlicher Situationen. Kohärenz bezieht sich auf die Themen der Befragung und meint den thematischen Bezug der Aussagen des Befragten, der bei der Auswertung festzustellen ist. Die Kommunikabilität in der qualitativen Forschung korrespondiert mit der Validität in der quantitativen Forschung. Die gemeinsame Aushandlung von Bedeutung wird bei der Ergebnisdokumentation sichtbar gemacht in Form von Zitaten der Befragten[11] (vgl. Rubin / Rubin 1995: 85ff.; Kvale 1996: 65).

Die Methoden der Auswertung unterscheiden sich ebenfalls von denen der standardisierten Forschung, aber sie unterscheiden sich auch innerhalb der qualitativen Forschung. Die Interviewer oder Befragten füllen keinen Fragebogen aus, sondern das Gespräch wird aufgezeichnet und liegt damit als Rohtext vor, der nicht in numerische Symbole überführt – wie bei der quantitativen Inhaltsanalyse –, sondern in abstraktere Textformen transformiert wird. Die qualitative Auswertung einer qualitativen Befragung reicht von der »quasi-nomothetischen« Vorgehensweise, die teilweise – ähnlich wie die standardisierte Auswertung – vom Kontext abstrahiert und generalisiert, bis zur »konsequent-idiografischen« Vorgehensweise, die sich auf den Einzelfall bezieht und in diesem sich ausdrückende allgemeine Strukturen aufdeckt (vgl. Flick 1991a: 163f.; Matt 2000: 581).

Für die »quasi-nomothetische« Vorgehensweise steht die Methode der qualitativen Inhaltsanalyse[12], bei der induktiv (vom Einzelfall ausgehend) und iterativ (schrittweise) Kategorien[13] gebildet werden (vgl. Kvale 1996: 29ff.; Mayring 1991: 211ff.). Die Analyse kann in zwei Richtungen erfolgen: Durch die Abstrahierung der Aussagen der Befragten werden diese induktiv mehrdimensional typologisiert (analog dem statistischen Verfahren der Clusteranalyse). Durch die Vorgabe bestimmter soziodemografischer oder theorierelevanter Merkmale werden die Befragten in Gruppen unterteilt und in der Auswertung wird nach Ähnlichkeiten und Unterschieden in Bezug auf weitere relevante Merkmale gesucht

---

11 Diese Kriterien gelten zwar nicht speziell für die qualitative Sozialforschung, sondern sind grundlegend für empirische Forschung schlechthin (vgl. Merten / Teipen 1991: 22ff., 31ff.); sie werden allerdings von qualitativen Forschern anders interpretiert.

12 Prinzipiell kann eine offene Befragungsform auch standardisiert ausgewertet werden. Man verlässt dann allerdings die qualitative Methodologie.

13 Diese abstrakten Kategorien reduzieren zwar auch den lebensweltlichen Hintergrund des Befragten; diese Reduktion ist aber nicht als (so stark) isoliert vom Entstehungskontext zu verstehen wie bei der quantitativ-standardisierten Erhebung von Variablen (vgl. Kvale 1996: 29ff.).

(entspricht in etwa der Logik des statistischen Verfahrens der Varianzanalyse) (vgl. Kelle / Kluge 1999: 38f., 43ff.).

Eine »konsequent-idiografische« Vorgehensweise verfolgen diverse Methoden der Textanalyse wie die Ethnografie, die Konversationsanalyse oder hermeneutische Verfahren des Textverstehens (vgl. Titscher et al. 1998: 107ff., 121ff., 142ff., 247ff.). Diese Verfahren beziehen den kulturellen Kontext und die konkrete Entstehungssituation des Textes im Interviewprozess ein und orientieren sich an der Sequenzialität des Textes.

Schließlich werden mit der Verwendung der Forschungsphilosophien auch unterschiedliche Vorstellungen von Gesellschaft verbunden: Dienen die Ergebnisse standardisierter Forschung eher der sozialtechnologischen Veränderung von Gesellschaft, weil der Auftraggeber allein über sie verfügt, wird mit qualitativer Forschung oft eine emanzipatorische Absicht verbunden; dies kommt am stärksten in der »Aktionsforschung« (»Handlungsforschung«) zum Ausdruck, bei der die Befragten in die Lage versetzt werden sollen, ihre Probleme (mit Unterstützung des Forschers) selbst zu lösen (vgl. Heinze [2]1992: 29ff.).[14]

Allerdings müssen die Grenzen zwischen qualitativen und quantitativen Methoden nicht scharf gezogen werden, wenn man die Differenzen nicht grundsätzlich, also forschungsphilosophisch-methodologisch, sondern abhängig von der Forschungsfrage, also pragmatisch-technisch, behandelt.[15] Neben dem allgemeinen Vergleich in diesem Exkurs werden in den weiteren Kapiteln konkrete standardisierte und offene Verfahren beschrieben (→ Teil 1, Kapitel 3), die Vorteile und Nachteile offener Fragen im Vergleich zu Fragen mit vorgegebenen Antworten (→ Teil 1, Kapitel 5.4.) und die Standardisierung der Befragungssituation (→ Teil 1, Kapitel 6.3 und 6.4) diskutiert sowie die unterschiedliche Eignung quantitativer und qualitativer Verfahren bei der Befragung spezieller Populationen (Kinder, Alte, Ausländer, Elite-Personen) erörtert (→ Teil 1, Kapitel 7.4).

---

[14] Diekmann (1995: 445) bestreitet die heutige Relevanz dieses Anspruchs und vermerkt süffisant, dass der zunehmende Einsatz qualitativer Verfahren in der Markt- und Meinungsforschung ein Indiz für die Entkoppelung von gesellschaftskritischen Vorstellungen von Sozialforschung und der Anwendung bestimmter Methoden ist.

[15] Ausführlich mit dem Verhältnis quantitativer und qualitativer Forschung beschäftigten sich Garz / Kraimer (1991): Puristische Positionen gehen entweder von der Inkommensurabilität (Unvereinbarkeit) oder von der Substitution (Ersetzbarkeit) beider Forschungsstrategien aus. Pragmatische Positionen halten das Verhältnis eher für komplementär (ergänzend) oder symbiotisch (kreuzvalidierend) (vgl. auch Hoffmann-Riem 1980; Kleining 1982; Wilson 1982; Brosius / Koschel 2001: 17f.).

2 Verfahren der Befragung

Die Verfahren der Befragung lassen sich nach ihrem Kommunikationsmodus in drei Gruppen unterteilen: mündliche, telefonische und schriftliche Befragungen. Die seit einigen Jahren entwickelte Online-Befragung stellt dabei lediglich eine Variante der schriftlichen Befragung dar, auch wenn sie zunehmend ein eigenes Profil bekommt. Neben der Charakterisierung der Verfahren wird auch die jeweilige Stichprobenpraxis beschrieben, weil diese wesentlich zu den Vorteilen und Nachteilen des Verfahrens beiträgt. Die Unterstützung der Befragung durch den Computer, die unter dem Oberbegriff »Computer Assisted Interviewing« (CAI) firmiert, erschließt neue Einsatzmöglichkeiten der verschiedenen Befragungsverfahren, die aber auch mit neuen Anforderungen und Problemen verbunden sind.

2.1 Das persönlich-mündliche Interview

2.1.1 Beschreibung und Varianten

Das mündliche Interview ist eine persönliche Befragungsform mit einem (manchmal zwei) Interviewer(n) und einem (manchmal mehreren) Befragten. Da es die Anwesenheit der Gesprächspartner voraussetzt, wird es auch als »face-to-face«-Interview bezeichnet. Grundsätzlich lassen sich drei Varianten unterscheiden: das Hausinterview, das Passanteninterview und die »Klassenzimmer«-Befragung.

Beim *Hausinterview* sucht der Interviewer den Befragten auf, entweder in dessen Privatwohnung, an seinem Arbeitsplatz oder an einem verabredeten anderen Ort. Es ist die häufigste Form der mündlichen Befragung, die auch die größten Möglichkeiten bietet, während die anderen Formen verschiedenen Beschränkungen unterliegen.

Beim *Passanteninterview* führt der Interviewer die Befragung im öffentlichen Raum durch, zum Beispiel in der Fußgängerpassage einer Innenstadt. Für den Einsatz dieser Variante müssen mehrere Voraussetzungen erfüllt sein bzw. Beschränkungen berücksichtigt werden (vgl. Nötzel 1989; Friedrichs / Wolf 1990):

- Die Grundgesamtheit muss in Beziehung stehen mit dem Ort der Befragung. Dies ist der Fall, wenn Käufer in der Innenstadt, Passanten, die an einer Plakatwand oder an einem Flugblattverteiler vorbeigehen, interviewt werden sollen.
- Die Interviews müssen kurz gehalten werden, da die Situation flüchtig ist und die Passanten andere Ziele verfolgen und wenig Zeit haben.
- Externe Faktoren wie Wetter und Tageszeit beeinflussen den Ablauf von Passanteninterviews wesentlich, sodass die Bedingungen vorher genau ermittelt werden müssen.

Bei der *Klassenzimmer-Befragung* werden die Fragebögen durch einen Verteiler persönlich an die Befragten übergeben, aber von diesen selbst ausgefüllt (self-administered questionnaires). Der Verteiler der Fragebögen motiviert zur Teilnahme an der Befragung, steht für Rückfragen der Befragten zur Verfügung und erläutert gegebenenfalls den Zweck der Untersuchung, greift aber sonst nicht ein. Damit ist die Selbstausfüller-Befragung eine Hybridform aus mündlicher und schriftlicher Befragung (vgl. Hafermalz 1976: 12). Voraussetzung für diese Befragungsart ist allerdings, dass die Befragten räumlich nicht verstreut sind, sondern zu einem bestimmten Zeitpunkt an einem bestimmten, relativ geschlossenen Ort versammelt sein müssen, an dem die Fragebögen verteilt und in der Regel auch wieder eingesammelt werden müssen. Damit reduziert sich die Einsatzmöglichkeit dieser Variante der persönlichen Befragung auf Fragestellungen, bei denen in der Regel homogene Gruppen untersucht werden sollen (Schulklassen, Universitätsseminare, Ressorts in journalistischen Redaktionen, Abteilungen in Unternehmen und Behörden usw.).

Da das Passanteninterview und die Klassenzimmer-Befragung nur sehr eingeschränkt eingesetzt werden können, beziehen sich die folgenden Ausführungen in erster Linie auf das wesentlich häufiger verwendete Hausinterview.

2.1.2 Stichprobe

Da die Stichprobenziehung zuerst für die mündliche Befragung entwickelt wurde und diese Verfahren grundlegend für die Befragung allgemein sind, können anhand derer generelle Anforderungen an die Stichprobenziehung erläutert werden. Deshalb sollen sie im Kontext der mündlichen Befragung ausführlicher behandelt und in den Abschnitten über die telefonische und schriftliche Befragung nur noch die dafür spezifischen Varianten beschrieben werden.

Um die Repräsentativität einer Stichprobe zu erreichen, gibt es zwei Möglichkeiten. Entweder wird mit einem Zufallsverfahren gewährleistet, dass prinzipiell jedes Element der Grundgesamtheit (etwa der gesamten erwachsenen Bevölkerung eines Landes) die gleiche Chance hat, in die Stichprobe zu gelangen. Hier gewährleistet (bereits) die korrekt durchgeführte Prozedur die Repräsentativität der Stichprobe hinsichtlich aller Merkmale. Das elaborierteste Verfahren ist das vom »Arbeitskreis Deutscher Markt- und Sozialforschungsinstitute e.V.« entwickelte ADM-Stichproben-System (→ Teil 1, Kapitel 1.1).

Alternativ dazu kann Repräsentativität dadurch hergestellt werden, dass die Verteilung der wichtigsten Merkmale – das sind meist die soziodemografischen Kennzeichen – der Stichprobe mit der Verteilung dieser Merkmale in der Grundgesamtheit zur Übereinstimmung gebracht werden.

In der Praxis werden die prozedurale und die ergebnisorientierte Variante miteinander kombiniert, allerdings werden unterschiedliche Schwerpunkte gesetzt: Bei der Zufallsstichprobe wird in erster Linie Wert darauf gelegt, ein elaboriertes Verfahren zu entwickeln, mit dem die Zufälligkeit der Auswahl geregelt wird. Das Ergebnis der Stichprobenziehung wird mit den wichtigsten Merkmalen der Grundgesamtheit verglichen und – bei Abweichungen – durch Gewichtung korrigiert. Beim Quotenverfahren erfolgt der Abgleich der Stichprobenmerkmale mit den Grundgesamtheitsmerkmalen, während die Studie noch im Feld ist, sodass mögliche Abweichungen durch spezielle Quotenvorgaben der unterrepräsentierten Segmente noch in der Feldzeit korrigiert werden können.

Festzuhalten bleibt, dass die Repräsentativität einer Stichprobe nicht in der Verteilung aller (denkbaren) Merkmale proportional mit der Grundgesamtheit übereinstimmen kann. Die Stichprobe ist nicht in dem Sinn ein Abbild der Grundgesamtheit wie das Foto von seiner abgebildeten Umgebung, sondern die Stichprobe ist selbst Teil der Grundgesamtheit. Insofern gilt Repräsentativität nur für spezielle Merkmale und streng genommen auch nur für den Zeitpunkt der Erhebung (vgl. Erichson 1992: 19f.).

Zufallsstichprobe mit dem ADM-Stichprobensystem

Das ADM-Verfahren ist eine dreistufige Gebiets- bzw. Flächenstichprobe auf der Basis von geografischen Einheiten, den Wahlbezirken: Auf der ersten Stufe werden so genannte Sampling Points, die zumeist den Wahlbezirken entsprechen, ausgewählt. Darauf folgt eine Ziehung der Privathaushalte mit Hilfe einer Zufallsbegehung, woraus im letzten Schritt die zu befragenden Zielpersonen ermittelt werden (vgl. Behrens / Löffler 1999: 69). Die Grundgesamtheit bilden somit Privathaushalte unter Ausschluss von »Anstaltshaushalten«, gewerblichen Betrieben und Mehrfach-Wohnsitzen. Das vereinigte Deutschland besteht aus über 80.000 Wahlbezirken, die allerdings unterschiedlich viele wahlberechtigte Personen umfassen. Deshalb werden einige Wahlbezirke zu synthetischen »Sample Points« zusammengefasst mit mindestens 400 Wahlberechtigten.

- 1. Stufe: Die Stichprobenziehung der Sample Points wird mit einer systematischen Zufallsauswahl durchgeführt. Systematisch ist die Auswahl deshalb, weil sie nach verschiedenen geographischen Einheiten getrennt erfolgt: nach Bundesländern, pro Bundesland nach Regierungsbezirken, pro Regierungsbezirken nach Kreisen, pro Kreis nach Gemeindegrößeklassen, pro Gemeindegrößeklasse nach Gemeinden, eventuell Stadtteilen und Wahlbezirken. Auf diese Weise werden nach Bedarf der ADM-Institute gesamtdeutsch 128 Netze aus jeweils 258 Sample Points zusammengestellt (vgl. Behrens / Löffler 1999: 74ff.).

- 2. Stufe: Zur Ermittlung der Privathaushalte wird die im ersten Schritt ausgewählte Fläche »begangen«. Dazu wird ein Startpunkt bestimmt, von dem aus zwischen 20 und 50 Adressen von den Türschildern abgeschrieben oder erfragt werden. Das können entweder alle hintereinander oder nur jede x-te Adresse bis zur geforderten Anzahl sein. Für diese Zufallsbegehung gibt es genaue Anweisungen. Sie kann entweder als Adress-Random realisiert werden, wobei die Begehung bzw. Adressermittlung und die eigentliche Befragung voneinander getrennt werden, oder mittels Random-Route bzw. Random-Walk direkt mit der Befragung verknüpft werden. Die Trennung zwischen Stichprobenauswahl und Befragung beim Adress-Random entlastet den Interviewer, während beim Random-Route möglicherweise unbequeme Adressen übersprungen werden. Allerdings ist Random-Route ökonomisch und zeitlich günstiger und immer dann geeignet, wenn aufgrund der Beschränkung der Grundgesamtheit (etwa auf bestimmte Altersgruppen) mit hohen Fehlkontakten zu rechnen ist (vgl. Behrens / Löffler 1999: 78ff.; Noelle-Neumann / Petersen 1996: 246ff.).

- 3. Stufe: Schließlich muss die zu befragende Zielperson im Haushalt bestimmt werden. Dazu werden die Haushaltsmitglieder aufgelistet und per Zufallsverfahren (»Schwedenschlüssel«) die Zielperson ausgewählt. Alternativ kann auch die Person befragt werden, die als letzte Geburtstag hatte oder als nächste Geburtstag hat. Da die Haushalte aus unterschiedlich vielen Personen bestehen, haben Personen in kleinen Haushalten eine höhere Auswahlwahrscheinlichkeit, was gegen die wahrscheinlichkeitstheoretischen Regeln der Zufallsauswahl verstößt, wonach jedes Mitglied der Grundgesamtheit die gleiche Chance haben muss, ausgewählt zu werden. Deshalb werden in großen Haushalten oft zwei Personen befragt. Außerdem können bei bekannter Haushaltsgröße die individuelle Auswahlwahrscheinlichkeit jeder Person errechnet und diesbezügliche Disproportionalitäten durch Gewichtung in der Stichprobe ausgeglichen werden (vgl. Behrens / Löffler 1999: 81ff.).

Die Ausschöpfung einer geplanten Stichprobe ist nie vollständig, weil aus verschiedenen Gründen das Interview mit der Zielperson nicht immer zustande kommt. Man unterscheidet unsystematische oder qualitätsneutrale und systematische oder (qualitäts)relevante Ausfälle. Zu den qualitätsneutralen Ausfällen, die keinen Einfluss auf die Güte der Stichprobe haben, zählen:

- Dateifehler (Haushalt existiert trotz Adressauflistung nicht)
- Straße oder Hausnummer nicht auffindbar
- Haushalt gehört nicht zur Stichprobe (Anstaltshaushalt, Gewerbebetrieb)
- Wohnung oder Untermietwohnung zurzeit nicht bewohnt
- keine Person passt zur definierten Grundgesamtheit
- Haushalt oder Zielperson ist der deutschen Sprache nicht mächtig
- Totalausfälle von Sample Points
- Adresse nicht bearbeitet[1]

Um relevante Ausfälle handelt es sich, wenn keine Interviews durchgeführt werden können, obwohl die Zielpersonen zur Stichprobe gehören. Hierzu zählen:

- Haushalt oder Zielperson trotz mehrmaliger Versuche nicht erreichbar
- Haushalt oder Zielperson verweigert jede Auskunft ohne Angabe von Gründen, aus Zeitmangel, aus Interesselosigkeit oder aus prinzipiellen Erwägungen gegen Meinungsforschung
- Zielperson bricht das Interview frühzeitig ab
- Zielperson ist krank oder kann dem Interview geistig nicht folgen
- Interview ist fehlerhaft und kann nicht ausgewertet werden[2] (vgl. Behrens / Löffler 1999: 88f.; Porst 1991: 61).

---

1 Bei Telefoninterviews kommen weitere qualitätsneutrale Ausfälle hinzu: kein Anschluss unter dieser Nummer, kein ankommender Ruf, falsche Telefonnummer, (nur) Faxanschluss.

Die Ausschöpfungsquote, ein wichtiger Indikator für die Qualität der Stichprobenrealisierung, wird wie folgt berechnet[3]: Ausgangspunkt ist die Bruttostichprobe, die alle ausgewählten und eingesetzten Adressen umfasst. Davon werden die qualitätsneutralen Ausfälle abgezogen; der Rest ist die Nettostichprobe oder »bereinigte« Stichprobe. Von dieser werden die relevanten Ausfälle abgezogen, sodass der Anteil der tatsächlich durchgeführten und auswertbaren Interviews an der Nettostichprobe die Ausschöpfungsquote ergibt. Man kann zwar nicht eindeutig mathematisch bestimmen, unterhalb welcher Grenze eine Stichprobe nicht mehr repräsentativ ist, aber die Marktforschung sieht als Konvention eine Mindestausschöpfung von 70 Prozent an, deren Unterschreitung zumindest begründet werden muss (vgl. Behrens / Löffler 1999: 88ff.). Kritiker bezweifeln allerdings, dass bei einem Ausfall von bis zu 30 Prozent die wahrscheinlichkeitstheoretischen Annahmen der Zufallsauswahl noch gültig sind. Zudem ist die geforderte Ausschöpfungsquote von 70 Prozent in der Praxis selten in einem vertretbaren Aufwand zu realisieren (vgl. Sommer 1987: 300f.).

Quotenstichprobe

Wie aus diesen Ausführungen ersichtlich wird, ist das Vorgehen auf ADM-Basis in der Praxis sehr aufwändig. Aus diesem Grund bevorzugen einige Meinungsforschungsinstitute das *Quotenverfahren*, das bereits in 40er Jahren in den USA entwickelt wurde.

Ausgangspunkt ist nicht die Grundgesamtheit selbst und ihre Elemente, sondern die statistischen Proportionen bzw. Merkmalsverteilungen der Grundgesamtheit. Aufgrund amtlicher Daten des Mikrozensus oder den Ergebnissen der »Media-Analyse« (→ Teil 2, Kapitel 3.1.2) sind folgende Merkmale und ihre Verteilungen in der Grundgesamtheit bekannt:

- regionale Verteilung nach Bundesländern, Regierungsbezirken und Gemeindegrößen (vier Wohnortgrößegruppen)
- Geschlecht
- Alter bzw. (vier) Altersgruppen

---

2 Bei Telefoninterviews kommen weitere systematische Ausfälle hinzu: automatischer Anrufbeantworter, ständig besetzt, trotz Freizeichen niemand erreicht, nach Abnahme des Telefonhörers sofort aufgelegt (vgl. Porst 1991: 61).

3 Dieser Aspekt ist nicht nur für persönliche Befragungen relevant und wird an dieser Stelle stellvertretend für die Beurteilung aller Zufallsstichproben in Befragungen behandelt.

- Anteil Berufstätiger und (sechs) Berufsgruppen
- bekannte Konsummerkmale (Besitz bestimmter Konsumartikel).

Anhand dieser Merkmale wird ein Quotenplan entwickelt, der einen modellgerechten Miniaturquerschnitt der Grundgesamtheit abbildet. Mit diesen Quotenvorgaben suchen die Interviewer die Befragten selbstständig aus. Damit einher gehen zwei Annahmen: Durch die komplexe Quotenvorgabe, die mehrere Merkmale umfasst, ist der Interviewer in seinem Ermessensspielraum eingeschränkt und praktisch gezwungen, die Befragten annäherungsweise zufällig auszuwählen, sodass systematische Verzerrungen zumindest verringert werden können. Über die (wenigen) Quotenmerkmale hinweg wird Repräsentanz auch für andere Merkmale, die mit ihnen korrelieren, hergestellt. Dies kann man zumindest für diejenigen weiteren Merkmale kontrollieren, für die externe Daten vorliegen (vgl. Noelle-Neumann / Petersen 1996: 255ff.; Meier / Hansen 1999: 103ff.).

Folgende Anforderungen sind an die Erstellung von Quotenplänen zu stellen:

- Die Quoten müssen objektiv und spezifisch sein, sodass sie nicht erst vom Interviewer interpretiert werden müssen.
- Die Quotenvorgabe darf weder zu einfach sein, um zu vermeiden, dass der Interviewer (nur) Personen aus seinem Bekanntenkreis auswählt, noch zu schwierig sein, um zu vermeiden, dass der Interviewer die Befragtenmerkmale fälscht und sie an die Quotenvorgabe anpasst.
- Der Fragebogen sollte multithematisch sein, damit der Interviewer die Zielpersonen nicht nach ihrer (vermeintlichen) Themenkompetenz auswählt.
- Die Interviews sollten vorwiegend in Wohnungen und nicht auf der Straße durchgeführt werden, damit mobile Personen nicht überrepräsentiert werden.
- Die Befragung sollte auf möglichst viele Interviewer verteilt sein, sodass individuelle Verzerrungen sich nicht stark auf das Gesamtergebnis auswirken oder sich im Durchschnitt ausgleichen (können).
- Dementsprechend sollte die Zahl der Interviews pro Interviewer möglichst gering sein, damit die Aufgabe auch zeitlich zu bewältigen ist und keine Frustrationen mit der Quotenerfüllung entstehen.
- Insgesamt sollte das Interviewernetz eines Instituts soziodemografisch heterogen, ähnlich der Bevölkerungsstruktur, zusammengesetzt sein, damit keine Verzerrungen entstehen selbst für den Fall, dass die Interviewer Zielpersonen aus ihrem Milieu bevorzugt auswählen.

- Die Interviewer müssen intensiv geschult und ihre Tätigkeit regelmäßig und zentral kontrolliert werden, damit Verstöße im Vorfeld minimiert und während der Feldzeit schnell entdeckt und korrigiert werden können (vgl. Noelle-Neumann / Petersen 1996: 278f.; Meier / Hansen 1999: 109ff.).

Mittlerweile haben etliche Methodenexperimente stattgefunden, um Unterschiede zwischen Zufallsverfahren und Quotenverfahren zu ermitteln. Tatsächlich stimmen die Verteilungen weitgehend überein (vgl. Reuband 1998b; Noelle-Neumann / Petersen 1996: 263ff.). Dennoch verbleibt als Nachteil des Quotenverfahrens, dass die Qualität der Auswahl selbst nicht kontrollierbar ist. Die Berechnung einer Ausschöpfungsquote ist nicht möglich, da der Interviewer zielgerichtet die Personen selbst aussucht und nicht angibt, wie viele Fehlversuche er hatte. Auch ist nicht kontrollierbar, ob er mehrfach dieselben Personen befragt.

Für beide Verfahren gilt: Repräsentanz ist weitgehend abhängig von der Feldarbeit, denn die Kontrolle der Einhaltung der Zufallsauswahl oder der Quotenmerkmale erfordert einen erheblichen Aufwand. Dies gilt insbesondere, um die oben genannten relevanten Fehler der Verweigerung und der Nichterreichbarkeit (→ Teil 1, Kapitel 7.3.3) zu vermindern (vgl. Erichson 1992: 23ff.).

Weitere Stichprobenmodelle

Neben diesen beiden Grundformen der Stichprobenziehung gibt es zahlreiche Sonderformen, die insbesondere eingesetzt werden, wenn es nicht um bevölkerungsrepräsentative Umfragen geht.

Wenn die Auswahl der Zielpersonen in Abhängigkeit von einem bestimmten Ereignis, etwa von einer Messe, erfolgt, werden *Zeitintervallstichproben* eingesetzt. Diese sind zeit- und ortsabhängig. Es handelt sich in der Regel um mehrstufige Stichproben, bei denen im ersten Schritt die Befragungsorte ausgewählt werden, zum Beispiel die Eingänge der Messe und die Räume innerhalb der Messehalle. Danach werden die Zeitintervalle bestimmt, innerhalb derer die Befragung durchgeführt wird. Die Auswahl der Befragten erfolgt durch ein bestimmtes, vorher festgelegtes Kriterium, zum Beispiel jede x-te Person, die eine gedachte Linie überschreitet. Für die Entwicklung eines Stichprobenplans sollten die besonderen Gegebenheiten des Ereignisses berücksichtigt werden, um Verzerrungen zu vermeiden (vgl. von der Heyde 1999: 113ff.; Nötzel 1987b).

Speziell für die Klassenzimmer-Befragung ist in der Regel eine *Klumpenstichprobe* sinnvoll. Dies ist eine einstufige Auswahl, bei der räumlich abgegrenzte (Teile von) Organisationen (etwa Schulklassen) entweder per Zufall oder je nach Fragestellung der Untersuchung bewusst ausgewählt werden. Innerhalb dieser ausgewählten Einheiten werden dann alle Individuen (das heißt der ganze »Klumpen«) befragt. Der Vorteil besteht in der Effizienz bei der Durchführung. Allerdings wirkt sich die Klumpung dann negativ aus, wenn die Klumpen sehr homogen sind, weil dann die Gesamtstichprobe weniger Varianz aufweist als bei anderen Stichprobenverfahren und in Bezug auf das homogene Merkmal zu systematischen Verzerrungen führt.

Bei Netzwerkanalysen (→ Teil 2, Kapitel 4.2) ist es sinnvoll, mit dem *Schneeballverfahren* zu arbeiten. Dazu wird in einer ersten Stufe per Zufallsverfahren eine Ausgangsstichprobe gezogen. Die befragten Personen werden dann um weitere Adressen gebeten von Personen, die sich im gleichen Netzwerk (Freunde, Bekannte, Kollegen, Verwandte) befinden oder in irgendeiner Hinsicht für sie relevant sind (etwa als Meinungsführer zu bestimmten Themen). Diese zweite Stufe erfolgt nicht mehr als Zufallsverfahren, sondern stellt eine bewusste Auswahl der Befragten selbst dar.

Für einige Forschungszwecke ist eine *bewusste Auswahl nach bestimmten Merkmalen* notwendig, etwa wenn eine Personengruppe mit einem extremen Merkmal wie die Fernsehverweigerer ausgewählt werden soll. Da es für solche Gruppen keine Übersicht über die Grundgesamtheit gibt und eine Flächenstichprobe zu große Streuverluste in Kauf nehmen müsste, ist eine zufällige Auswahl nicht durchführbar. Darüber hinaus ist die Population hauptsächlich hinsichtlich des einen spezifischen Merkmals von Forschungsinteresse, sodass es weniger auf die Repräsentanz hinsichtlich anderer Merkmale ankommt, sondern auf eine gewisse Bandbreite bzw. Streuung in Bezug auf andere Merkmale.

2.1.3 Vorteile des persönlichen Interviews

- Alle Formen von *Stichprobendesigns* sind bei der mündlichen Befragung – beim Passanteninterview und bei der Klassenzimmer-Befragung allerdings nur eingeschränkt – möglich. Wenn Adresslisten oder Telefonnummern nicht verfügbar sind, kann auf eine räumliche Gebietsstichprobe mit einer eigenen Adressermittlung (etwa beim Random Route bzw. Random Walk) zurückgegriffen werden, wie dies beim ADM-Mastersample der Fall ist.

  Der persönliche Kontakt mit dem *Interviewer* kann in mehreren Hinsichten die Qualität der Befragungsergebnisse erhöhen:

- Bei unmotivierten oder unwilligen Befragten kann der Interviewer zur Teilnahme an der Befragung motivieren. Bei längeren Befragungen ist die Abbruchwahrscheinlichkeit geringer, wenn ein Interviewer sie persönlich durchführt. Durch den Aufbau einer »persönlichen Beziehung« kann ein Vertrauensverhältnis entstehen, das zu einer höheren Akzeptanz der Befragung und des Fragebogens beim Befragten führt. Insgesamt ist die Ausschöpfungsquote der Stichprobe wegen des größeren Verbindlichkeitsgrades höher als bei den anderen Befragungsformen. Dies gilt für die Klassenzimmer-Befragung besonders, allerdings nur eingeschränkt für das Passanteninterview.

- Bei unverständlichen Fragen oder Antwortvorgaben kann der Interviewer Hilfestellung für die Beantwortung geben.
- Bei ungenauen oder nicht passenden Antworten des Befragten kann der Interviewer in geeigneter Weise nachhaken, um die Antwort an die Frage bzw. die Antwortvorgaben anzupassen oder um sie zu vervollständigen.
- Bei komplexen Instruktionen oder Sequenzen (zum Beispiel Filterführung) kann der Interviewer für die akkurate Befolgung durch den Befragten sorgen. Der Befragte wird dadurch von strukturellen Aufgaben, die für ihn zutreffende Frage im Fragebogen zu suchen, entlastet.
- Für die Präsentation zahlreicher visuellen und optischen Unterstützungen sind Interviewer erforderlich. Bei langen Listen, die als Kartenspiele vorgelegt werden, kann der Interviewer die Reihenfolge systematisch rotieren oder zufällig auswählen (vgl. Noelle-Neumann / Petersen 2000).
- Bei Mehrmethoden-Designs mit Selbstausfüller-Modulen, mit eingebauten Beobachtungsteilen (der Interviewer beobachtet die Wohnungseinrichtung oder das Verhalten des Befragten bei der Beantwortung der Fragen) oder mit experimentellen Anlagen ist die Anwesenheit des Interviewers erforderlich.
- Bei qualitativen Interviews ist ein kompetenter Interviewer immer erforderlich, um vom Befragten komplexere und tiefere Informationen zu bekommen (vgl. Fowler ²1988: 70ff.).

2.1.4 Nachteile des persönlichen Interviews

- *Aufwand und Kosten* des persönlichen Interviews sind größer als in anderen Befragungsformen. Nur professionelle Institute können einen Interviewerstab organisieren, der für bundesweite Repräsentativstichproben geografisch flächendeckend eingesetzt werden kann. Rekrutierung, Einsatz, Kontrolle und Bezahlung der Interviewer sind sehr kostenintensiv. Für Passanteninterviews und Klassenzimmer-Befragungen entfällt dieser Nachteil weitgehend.
- Die *Feldphase* dauert meist länger als bei anderen Befragungsformen, da die Interviewer die Befragten selbst aufsuchen müssen. Gerade bei mobilen Ziel-

personen kann dies zu einem höheren Aufwand führen. Passanteninterviews und Klassenzimmer-Befragungen haben dagegen eine kürzere Feldphase.

- Einige *Teilpopulationen* sind mit anderen Befragungsarten besser erreichbar: Dazu gehören Bewohner oberer Stockwerke in Hochhäusern, Befragte, die in Gebieten mit hoher Kriminalitätsrate wohnen, Eliten, mobile Personen, nicht sesshafte bzw. obdachlose Personen.

Der *Interviewer* hebt nicht nur die Qualität von Interviews, sondern stellt in einigen Hinsichten auch ein Risiko für deren Qualität dar:

- Aufgrund der persönlichen Situation im Interview können sich Befragte eingeschüchtert fühlen und deshalb ausweichend oder unehrlich antworten. Andere Formen der Befragung sind anonymer und ermöglichen den Befragten eine freiere Meinungsäußerung. Dies ist insbesondere bei heiklen Themen (abweichendes Verhalten, Sexualität usw.) problematisch, wenn der Befragte dazu neigt, dem Interviewer gegenüber als sozial erwünscht eingeschätzte Antworten zu geben, um einen guten Eindruck bei ihm zu hinterlassen.
- Interviewer können die Fragen und Antwortvorgaben fehlerhaft vorlesen, Fehler bei der Filterführung begehen, die Angaben der Befragten falsch verstehen oder die geäußerten Antworten den Antwortvorgaben falsch zuordnen.
- Interviewer können sich absichtlich falsch verhalten, um den Aufwand und die Kosten zu senken. Darunter fallen nicht regelgerechte Adressermittlungen gemäß der Begehungsvorschriften beim Random-Route- bzw. Random-Walk-Verfahren, Unterschlagung einzelner Fragen bzw. Fälschung einzelner Antworten bis hin zur Fälschung gesamter Interviews. Bei Klassenzimmer-Befragung treffen diese Befürchtungen kaum zu, da ihr Aufwand erheblich geringer ist. Dagegen besteht bei Passanteninterviews durchaus die Gefahr der subjektiven Stichprobenziehung, weshalb diese nicht von den Interviewern selbst durchgeführt werden sollte (vgl. Fowler ^{2}1988: 70ff.).

2.2 Das telefonisch-fernmündliche Interview

2.2.1 Beschreibung und Varianten

Das telefonische Interview ist als *fern*mündliche Befragung weniger persönlich als das mündliche face-to-face Interview, aber es basiert ebenfalls auf einer

Beziehung zwischen einem Interviewer und einem Befragten. Voraussetzung ist, dass die Zielpersonen einen Telefonanschluss haben bzw. telefonisch erreichbar sind. Dies ist vor allem in Industrieländern westlicher Prägung der Fall. In den USA ist der Einsatz von Telefoninterviews schon seit längerer Zeit sehr populär, und er steigt auch in Deutschland. Durch die Wiedervereinigung erlitt diese Befragungsform zunächst einen Rückschlag, weil in der DDR die Telefondichte relativ gering und die technische Qualität der Telefonanschlüsse schlecht war. Diese Probleme waren jedoch nur vorübergehend, sodass Telefoninterviews mittlerweile sehr häufig verwendet werden. Sie bieten eine Reihe von Vorteilen, die sie besonders für die angewandte Meinungsforschung attraktiv machen.

2.2.2 Stichprobe

Die Stichprobenziehung für eine Telefonbefragung ist ebenso anspruchsvoll wie die für eine persönliche Befragung. Es sind aber andere Anforderungen und Probleme zu beachten. Folgende Varianten werden für die Ziehung einer repräsentativen Stichprobe verwendet[4]:

- Zufallsauswahl aus dem Telefonbuch oder von der CD: Das Telefonbuchverfahren ist zwar mittlerweile veraltet, wird aber gelegentlich noch angewendet, zumal wenn nicht die bundesweite Bevölkerung die Grundgesamtheit bildet. Die Stichprobenziehung erfolgt mehrstufig: Zuerst wird das Telefonbuch, dann die Seite, die Spalte und zuletzt der Zielhaushalt ausgewählt. Wird die Stichprobe über CD gezogen, kann sie einstufig erfolgen und der Zielhaushalt direkt ausgewählt werden. Das Verfahren hat den Vorteil, dass alle Nummern tatsächlich existieren. Außerdem fällt im Vergleich zum ADM-Stichproben-System der persönlichen Befragung die erste Stufe weg, also die Auswahl der geografischen Einheiten, der Sample Points. Von Nachteil ist, dass viele Haushalte nicht eingetragen sind, was zu systematischen Verzerrungen führt: Im Telefonbuch oder auf der CD nicht eingetragene Personen haben entweder kein Telefon, wohnen in Gemeinschaftsunterkünften oder haben Geheimnummern. Seit einigen Jahren nimmt ferner die Zahl der Personen mit mehreren Festnetzanschlüssen (etwa über ISDN) zu, die bei Zufallsauswahlen überrepräsentiert werden, wohingegen Personen, die nur noch einen Mobilfunkanschluss haben, unterrepräsentiert werden, weil sie selten in ein Verzeichnis eingetragen sind.

---

4 Selbstverständlich können für Telefoninterviews auch andere Stichprobenverfahren verwendet werden, wie das Schneeball-Verfahren, wenn etwa seltene Populationen befragt werden sollen (vgl. Fuchs 2000).

- Zufalls-Ziffern-Anwahl (Random-Digit-Dialing): Bei diesem Verfahren werden die Telefonnummern per Zufall vom Computer generiert. Damit können prinzipiell auch Geheimnummern in die Stichprobe gelangen. Allerdings sind zahlreiche vom Computer erzeugte Nummern überhaupt nicht registriert, sodass der Streuungsverlust relativ groß ist. Aus diesem Grund wird in der Regel die Zufalls-Addition-Anwahl (Random-Last-Digit-Dialing) angewendet. Dabei werden im ersten Schritt Nummern aus dem Telefonbuch ausgewählt und im zweiten Schritt die letzte oder die letzten beiden Ziffern zufällig ergänzt[5] (vgl. Fuchs 1994: 154ff., 158ff.; Gabler / Häder 1997).

Weder bei der Telefonbuch- / CD-Auswahl noch bei der Zufallsnummern-Auswahl werden direkt Zielpersonen ermittelt, sondern nur Telefonnummern. Dieses Problem stellt sich entsprechend dem Prinzip der Haushaltsauswahl bei Flächenstichproben (Random Route, Random Walk). Für die Auswahl der Zielpersonen gibt es mehrere Möglichkeiten: Wird derjenige befragt, der sich am Telefon meldet, ist die Stichprobe auf der Personenebene nicht mehr zufällig, weil zu bestimmten Tageszeiten bestimmte Personen innerhalb des Haushalts ans Telefon gehen. Alternativ könnte man zur Bestimmung der Zielperson nach dem Haushaltsmitglied fragen, bei dem die zeitliche Differenz zwischen dem letzten oder dem nächsten Geburtstag am geringsten ist. Das aufwändigste Verfahren ist ein Haushaltsscreening, bei dem alle Haushaltsmitglieder zunächst aufgelistet werden, sodass mit Hilfe einer Auswahltabelle die Zielperson ausgewählt werden kann (vgl. Fuchs 1994: 165ff.).

- Personenstichproben aus Einwohnermelderegister: Bei dem Verfahren werden Personen ausgewählt, deren Telefonnummer unbekannt ist. Diese muss in einem gesonderten Schritt ermittelt werden, sodass das Verfahren aufwändiger als die anderen ist (vgl. Blasius / Reuband 1995: 66f.).

Oft werden Mastersamples von etwa vier bis acht Millionen Privatadressen generiert. Dazu werden alle Telefonbucheinträge nach Kreisen und Gemeindegrößeklassen geschichtet und pro Schicht systematisch ausgewählt. Damit kann ein Teil der Stichprobenbereinigung (etwa die Identifizierung von Firmeneinträgen oder falschen Nummern) bereits im Vorhinein erledigt werden, sodass auf das Mastersample schnell zugegriffen werden kann. Das Mastersample muss allerdings jährlich aktualisiert werden (vgl. Meier 1999: 95ff.).

---

5 Allerdings können auch mit diesem modifizierten Verfahren Geschäfts- und Privatnummern nicht unterschieden werden, wenn niemand antwortet. Nicht belegte Nummern können nur über einen entsprechenden Ansagetext identifiziert werden, und es kann keine vorherige Mitteilung über die geplante Befragung erfolgen, da die Adressen unbekannt sind.

2.2.3 Vorteile des telefonischen Interviews

- *Kosten und Aufwand* von Telefoninterviews sind deutlich geringer als bei persönlichen Interviews. Der Interviewerstab muss nicht so groß sein, kann zentral eingesetzt werden und ist geografisch unabhängig. Außerdem bestehen bessere Möglichkeiten der Kontrolle und Supervision der Interviewer.
- Aufgrund der zentralen *Organisationsform* kann die Forschungsleitung bei unerwarteten Problemen flexibel reagieren, und die Interviewer können wechselseitig voneinander lernen (vgl. Frey / Kunz / Lüschen 1990: 175f.).
- Die *Reichweite* von Telefoninterviews ermöglicht Repräsentativerhebungen, bei denen auch spezielle Populationen erreichbar sind.
- Die *Datenerhebungsphase* ist vergleichsweise kurz. Die Interviewer müssen die Zielpersonen nicht persönlich aufsuchen. Durch die Verbreitung mobiler Telefongeräte dürfte sich die Erreichbarkeit erhöhen.
- Der *Interviewer* kann die Qualität der Befragungsergebnisse steigern. Viele Vorteile, die im Zusammenhang mit dem persönlich-mündlichen Interview aufgeführt wurden, treffen auch auf das Telefoninterview zu. Da die Gesprächsbeziehung anonymer ist – auch weil Dritte fast immer ausgeschlossen sind –, sinkt zudem die Wahrscheinlichkeit, dass die Befragten unaufrichtig antworten; außerdem ist das Gespräch konzentrierter. Insgesamt können die Interviewer im Telefoninterview weniger Fehler begehen als im persönlichen Interview, weil sie besser kontrollierbar sind und weil ihr Verhalten, auf die akustische Dimension reduziert, weniger exponiert ist (vgl. Fowler ^{2}1988: 70ff.; Fuchs 1994: 188f.).

2.2.4 Nachteile des telefonischen Interviews

- Die *Repräsentativität von Telefonstichproben* ist von der Telefondichte abhängig. Personen, die keinen Telefonanschluss haben, werden in der Stichprobe nicht repräsentiert. Die Ausfälle, die aufgrund der automatischen Zufallsziehung (Random-Digit-Dialing oder Random-Last-Digit-Dialing) entstehen, sind nicht kontrollierbar, weil eine Nichtantwort entweder bedeuten kann, dass es die betreffende Telefonnummer nicht gibt oder dass die Person mit dem betreffenden Telefonanschluss nicht erreichbar ist.
- Die *Ausschöpfung von Telefonstichproben* ist in der Regel niedriger als die persönlicher Umfragen und reicht in Deutschland kaum über 50% (vgl. Stögbauer 2000). Dieser Wert lässt sich auch kaum steigern durch die vorherige

Zustellung des Fragebogens, sondern allenfalls mit aufwändigen Kombinationen mit den anderen Befragungsverfahren (vgl. Friedrichs 2000).

- Der *Fragebogen* muss relativ einfach gestaltet sein. Der Einsatz optischer Skalen, visueller Hilfsmittel (Bildblätter) und sonstiger Gegenstände ist nicht möglich (zum Beispiel auch keine Copytests). Die Bildung von Rangreihen kann nur begrenzt eingesetzt werden, da sie nur mit optischer Unterstützung gut funktioniert. Noelle-Neumann und Petersen (1996: 309ff.) nennen zahlreiche weitere Beispiele für nicht oder nur eingeschränkt einsetzbare Mittel, die bei mündlicher Befragung möglich sind.
- Der *Interviewer* hat nur eingeschränkte Möglichkeiten, den Befragten zur Teilnahme zu motivieren oder eine persönliche Beziehung aufzubauen, aufgrund derer es möglich ist, auch sensible und heikle Fragen zu stellen. Insgesamt ist die Gesprächssituation am Telefon unverbindlicher als im persönlich-mündlichen Interview. Außerdem ist die Interviewdauer kürzer als beim persönlichen Interview, was zur Folge hat, dass die Antworten in der Regel oberflächlicher sind. Dies ist die Kehrseite der größeren Anonymität (vgl. Fowler [2]1988: 70ff.; Frey / Kunz / Lüschen 1990: 57).

2.3 Die schriftliche Befragung

2.3.1 Beschreibung und Varianten

Bei der schriftlichen Befragung wird kein Interviewer eingesetzt, und die Befragten füllen den Fragebogen selbst aus. Sie gleicht zwar dem individuellen Briefverkehr (vgl. Richter 1970: 142), umfasst aber mehr Varianten als nur die postalische Verschickung von Fragebögen.

- Bei der *postalischen Befragung* wird der Fragebogen als Brief verschickt. Dazu ist es erforderlich, dass dem Fragebogen ein Anschreiben mit adressiertem und frankiertem Rückumschlag beigelegt wird. Der Rücklauf kann mit Nachfassaktionen verbessert werden. Wenn die Befragung nicht anonym ist, können die Nicht-Antworter gezielt angeschrieben werden. Eine Variante ist die Postwurfsendung mit Rückantwortschein, bei der allerdings der Rücklauf nicht kontrollierbar ist.

  In Ländern, in denen ein hoher Anteil der Bevölkerung mit Computern ausgestattet ist, oder bei Fragestellungen, für die spezielle Populationen mit hoher Wahrscheinlichkeit einer Computerausstattung befragt werden sollen, ist es auch möglich, den Fragebogen per Diskette zu verschicken. Das Verfahren »Disk by Mail« (DBM) findet im Unterschied zum elektronischen Versand mit dem herkömmlichen Postversand statt.

- Bei der *Beilagenbefragung* werden die Fragebögen einer Zeitschrift beigelegt oder in sie eingeheftet. Dies sind zumeist entweder vierseitige Fragebögen in der Heftmitte oder zweiseitige heraustrennbare Fragebögen bzw. Fragekarten im Postkartenformat, die irgendwo im Heft platziert werden. Die Beilagenbefragung senkt die Kosten der postalischen Befragung, da keine Versendungskosten entstehen. Allerdings muss ein Rückumschlag mit dem Aufdruck »Gebühren zahlt Empfänger« eingeheftet oder punktuell aufgeklebt werden.
- Bei der *netzbasierten* oder *Online-Befragung* werden die Fragebögen im Internet verschickt. Diese Art der Befragung kann prinzipiell per E-Mail, per Newsgroup oder im WWW stattfinden. Der erste Weg ist allerdings nur in geringem Maß erfolgreich, da viele Nutzer unerwünschte kommerzielle E-Mails abblocken. Zudem fallen die Telefonkosten zum Herunterladen beim Nutzer an. Auch die Newsgroup-Variante birgt weitere Probleme, denn der Empfänger bleibt unbekannt. Sie gleicht vom Prinzip her den TED-Umfragen und hat deshalb nur begrenzten wissenschaftlichen Wert. In der Regel finden Online-Befragungen deshalb im WWW statt (vgl. Hauptmanns 1999: 22ff.).

2.3.2 Stichprobe

Die Bildung repräsentativer Stichproben erfolgt bei schriftlichen Befragungen vom Prinzip her ähnlich wie bei persönlichen oder telefonischen Befragungen; sie hängt aber insbesondere von der gewählten Variante ab. Eine postalische Verschickung von Fragebögen erfordert die Kenntnis von Adressen. Diese können etwa von Einwohnermelderegistern oder aus Telefonbüchern bzw. von CDs mit Telefonverzeichnissen ermittelt werden. Je nach Fragestellung der Untersuchung liegen Adressen mitunter bereits vor, etwa wenn die Abonnenten einer Zeitung befragt werden sollen (vgl. Nötzel 1987a: 153). Für die Beilagenbefragung gilt dies ebenfalls. Hier kann eine einfache Zufallsauswahl aus dem Abonnentenstamm gezogen oder – wenn der Anteil des freien Verkaufs hoch ist – der Fragebogen jedem x-ten Exemplar beigelegt werden.

Eine besondere Variante ist die Einrichtung von Access-Panels. Das ist ein Pool von vorrekrutierten Haushalten, die sich zur Zusammenarbeit bereit erklärt haben und ad hoc für Befragungen und Tests zur Verfügung stellen. Diese Panels werden auf unterschiedliche Weisen rekrutiert: Entweder kauft sich das betreffende Institut die Adressen, oder im Anschluss an mündliche oder telefonische Interviews fragt der Interviewer den Befragten bzw. als Schneeballaktion nach anderen Personen, ob sie prinzipiell zur Panelteilnahme bereit sind. Bei der »Panelpflege« muss darauf geachtet werden, dass die Panelhaushalte weder zu oft noch zu selten (durchschnittlich sechsmal im Jahr) befragt werden. Wichtig ist auch ein abwechslungsreicher Themenmix. Ist ein solches Panel aufgebaut, erfolgt die Befragung schriftlich (vgl. Hoppe 2000: 147, 151, 159f.).

Bei Online-Befragungen ist die Ziehung einer kontrollierten Stichprobe derzeit kaum möglich, weil die Teilnahme weitgehend von der Selbstselektion der Befragten abhängt. Hier besteht die Möglichkeit, den Fragebogen mit einem Link einer bestimmten Website beizufügen, um die Nutzer dieser Website auf ihn aufmerksam zu machen. Die gemeinsam vom ADM, ASI und BVM herausgegebenen »Richtlinien für Online-Befragungen« bleiben bei der Lösung dieses Problems sehr allgemein (vgl. auch http://www.adm-ev.de).

Auch für Online-Befragungen wurden bereits Access-Panels eingerichtet, bisher vor allem in den USA. Die per Zufallsstichprobe ausgewählten Personen bekommen kostenlos die nötige Hardware und Software zur Verfügung gestellt, müssen sich aber als Gegenleistung an Kurzbefragungen beteiligen. Dieser Ansatz verursacht allerdings sehr hohe Kosten, und die Repräsentativität der Stichprobe ist nicht gewährleistet (vgl. Bandilla / Bosnjak / Altdorfer 2001: 9f., 15f.).

2.3.3 Vorteile der schriftlichen Befragung

- Schriftliche Befragungen erfordern organisatorisch, zeitlich und finanziell deutlich weniger *Aufwand* als andere Formen der Befragung. Sie benötigen keinen Interviewerstab, der Ablauf der Erhebung ist zeitlich gestrafft. Bei der Online-Befragung ist der Aufwand – zumindest für den Forscher – noch geringer, weil die wesentlichen Schritte des Forschungsprozesses, die Erstellung und Gestaltungsmöglichkeiten des Fragebogens, die Durchführung der Befragung, die Datenerfassung und die Datenanalyse automatisiert und protokolliert werden (vgl. Gadeib 1999: 108f.).
- Es gibt kaum Probleme bei der *Erreichbarkeit* der Zielpersonen: Die postalische Befragung kann geografisch sehr weit streuen, und die Fragebögen können zeitlich fast simultan zugestellt werden. Das Verhältnis zwischen der Stichprobengröße (Anzahl der zu befragenden Personen) und dem Zeitraum und der geografischen Verbreitung der Stichprobe ist günstig. Außerdem sind Zielpersonen, die zu bestimmten Tageszeiten nicht interviewt werden können, weil sie zum Beispiel berufstätig sind, besser erreichbar.

- *Externe Effekte* durch sichtbare Merkmale, Erwartungen und Verhaltensweisen von Interviewern treten nicht auf. Das bei mündlichen und telefonischen Interviews gelegentlich auftretende Problem der sozial erwünschten Beantwortung der Fragen wird auf diese Weise entschärft, obgleich es auch hier nicht ganz zu vermeiden ist (etwa bei heiklen Fragen nach Normverletzungen, vgl. Nötzel 1987a: 152). Da es keinen persönlichen Kontakt zwischen Forscher bzw. Interviewer und Befragtem gibt, ist die Anonymität der Befragung für den Befragten offensichtlicher gewahrt.
- Ein weiterer Vorteil ist die *Flexibilität* bei der Beantwortung. Der Befragte kann sich in einem gewissen Rahmen den genauen Zeitpunkt selbst aussuchen, kann ferner seine Antworten überdenken, sich benötigte Informationen beschaffen und den Kontext der Fragen bzw. die Logik des Fragebogens erkennen. Die schriftliche Befragung ist also insbesondere geeignet, wenn es um Themen geht, bei denen der Befragte über die Antworten nachdenken muss. Sie nimmt damit die Selbstbestimmtheit des Befragten ernst.
- Der *Fragebogen* kann visuelle Unterstützungen und lange Batterien mit ähnlichen Fragen enthalten, da diese nicht von einem Interviewer vorgelesen werden müssen. Bei Online-Befragungen besteht zusätzlich die Möglichkeit multimedialer Präsentation, indem Audio- und Videosequenzen mit Text verknüpft werden können. Dies kann zwar prinzipiell auch in anderen computergestützten Befragungsformen realisiert werden, ist aber in dieser Form am besten einsetzbar. Außerdem besteht zusätzlich die Möglichkeit des *Feedback* für den Befragten, der parallel zur Erhebung bereits die bis dahin vorliegenden Zwischenergebnisse einsehen kann. Solche erweiterten technischen Möglichkeiten machen die Teilnahme an der Befragung interessanter (vgl. Pötschke / Simonson 2001: 12f.; Bourque / Fielder 1995: 9ff.).

2.3.4 Nachteile der schriftlichen Befragung

- Die *Grundgesamtheit* muss bekannt sein, damit aus ihr konkrete Adressenstichproben gezogen werden können. Dies ist insbesondere bei Online-Befragungen problematisch, da die Grundgesamtheit der Internet-Nutzer (bislang) undefiniert ist, sodass eine echte Zufallsstichprobe (noch) nicht möglich ist. Hinzu kommt das Problem der geringen Abdeckung, weil nach wie vor das Internet nicht von der gesamten Bevölkerung genutzt wird (vgl. Bandilla / Hauptmanns 1998: 41f.; Bandilla / Bosnjak / Altdorfer 2001: 8).

  Auch bei postalischen Befragungen ist nicht jede Grundgesamtheit definierbar, etwa die Leser einer Zeitschrift, da nur aus der Abonnentenkartei Stichproben gezogen werden können. Dieser Nachteil tritt dagegen bei einer Beilagenbefragung weniger auf, weil damit alle Leser der betreffenden Zeitschrift erreichbar sind. Andere in der Praxis übliche Verfahren der Zufallsstichprobe wie das Random-Route-Verfahren sind nicht einsetzbar.

- Bei postalischen Befragungen schwankt die *Ausschöpfungs- bzw. Rücklaufquote* erheblich und ist in der Regel deutlich geringer als bei den auf Interviews basierenden Befragungsformen. Dabei bleiben die Ausfallursachen weitgehend unbekannt. Die Zielpersonen vergessen oft einfach, den Fragebogen auszufüllen. Außerdem ist es durch die fehlende Interviewsituation leichter, die Beantwortung insgesamt oder einzelner Fragen zu verweigern. Die Motivationsleistung des Interviewers fallen aus. Dies gilt verschärft für die Beilagenbefragung, bei der selten Rücklaufquoten mit mehr als 20 % realisierbar sind, weil Nachfassaktionen mit diesem Verfahren nicht durchführbar sind. Sie ist deshalb überhaupt nur dann einsetzbar, wenn die Grundgesamtheit sehr homogen ist, wie im Fall der Leserschaft einer Zeitschrift (vgl. Gänsfuß 1995: 247ff.).

- *Verzerrungseffekte* treten vor allem dadurch auf, dass durch die postalische Zustellung der Eindruck einer behördlichen Zustellung erweckt wird. Diese Kommunikationsform wirkt einerseits verbindlicher, weckt andererseits aber eher die Angst, kontrolliert zu werden, als dies beim konversationsähnlichen Interview der Fall ist. Weiterhin dürfte der Mittelschichtbias bei der schriftlichen Befragung noch stärker sein, als er für andere Befragungsformen bereits festgestellt wurde, weil die Beantwortung eines Fragebogens vergleichsweise hohe Lese- und Schreibfähigkeiten voraussetzt. Insbesondere offene Fragen sind davon betroffen und eignen sich für schriftliche Befragungen deshalb weniger. Die Selbstselektion der Befragten vermindert die Stichprobe damit nicht nur quantitativ, sondern auch in qualitativer Hinsicht.

- Der *Anwendungsbereich* erstreckt sich aufgrund der schriftlichen Fixierung der Meinungen hauptsächlich auf im weiteren Sinn kognitive Sachverhalte. Spontane, unreflektierte und irrationale Äußerungen dürften eher die Ausnahme sein und eignen sich weniger als Untersuchungsziel einer schriftlichen Befragung. Auf der anderen Seite sind jedoch Abfragen über individuelles Wissen ebenfalls kaum möglich, da der Befragte auf fremdes Wissen zurückgreifen kann (vgl. Richter 1970: 142ff.; Bourque / Fielder 1995: 14ff.).

- Die *Befragungssituation* ist nicht kontrollierbar. Weder ist hinreichend zu garantieren, dass die angeschriebene Zielperson den Fragebogen selbst oder allein ausfüllt noch dass sie ihn gemäß den Instruktionen bearbeitet und die Reihenfolge der Fragen einhält. Für spontane Antworten ist die schriftliche

Befragung aufgrund der mangelnden Kontrollierbarkeit ungeeignet. Schließlich sind keine Stichtagserhebungen möglich (vgl. Hafermalz 1976: 23).

Bei Online-Befragungen ist es immerhin möglich, die automatisch anfallenden Server-Log-Protokolle auszuwerten. Sie geben Hinweise auf den Prozess, wie die Frage bearbeitet wurde (vgl. Bandilla / Bosnjak 1999). Die übliche Typologie in Personen, die a) alle Fragen beantworten, b) einzelne Fragen nicht beantworten und c) den ganzen Fragebogen nicht ausfüllen, kann auf diese Weise differenziert und ergänzt werden, indem auch Personentypen berücksichtigt werden, die sich zwar den Fragebogen anschauen, ihn oder einzelne Fragen aber nicht ausfüllen (»lurker«). Außerdem kann das Antwortverhalten von Abbrechern, die zwar einen Teil des Fragebogens ausfüllen, aber ab einer bestimmten Frage aussteigen, detailliert erfasst werden (vgl. Bosnjak / Tuten / Bandilla 2001: 10ff.).

- Da kein Interviewer eventuelle Nachfragen zur Verständlichkeit beantworten kann, hängt die korrekte Beantwortung allein vom *Fragebogen* ab. Er muss inhaltlich vollständig selbst erklärend und visuell klar gestaltet sein (vgl. Frasch 1987: 1-2ff.; Mangione 1995: 6, 27ff.). Außerdem fällt mit der Abwesenheit des Interviewers eine Quelle für die Einschätzung der Qualität der Antworten weg (vgl. Rümelin 1968: 67).

2.3.5 Spezielle Empfehlungen für schriftliche Befragungen

Sowohl die aufgeführten Vorteile als auch die Nachteile sind nicht absolut, sondern relativ zu verstehen und hängen weitgehend vom Untersuchungszweck, von der Definition der Grundgesamtheit und von der Untersuchungsanlage ab. Die Vorteile der relativ niedrigen Kosten und des geringen Aufwandes können verloren gehen, wenn die Rücklaufquote so gering ist, dass umfangreiche Nachfassaktionen erforderlich sind. Umgekehrt können die Probleme der postalischen Befragungen gemindert werden. Deshalb werden in den Lehrbüchern zahlreiche Empfehlungen zur Gestaltung des Fragebogens gegeben (vgl. Rümelin 1968: 85, 132f., 156f.; Hafermalz 1976: 28ff., 63ff., 192ff.). Das Hauptaugenmerk richtet sich dabei auf die Erhöhung der Ausschöpfungsrate, um die Repräsentativität der Stichproben zu gewährleisten.

- Das Anschreiben (der Begleitbrief) muss kurz, inhaltlich prägnant, klar gestaltet sowie inhaltlich und visuell motivierend sein. Es sollte persönlich gehalten sein und ein Datum des Einsendeschlusses angeben (vgl. Hafermalz 1976: 111; Koch 1993: 79; Bourque / Fielder 1995: 106ff.). Zusätzlich kann eine gesonderte Benachrichtigung der eigentlichen Fragebogenaktion vorgeschaltet werden. Da die Gefahr besteht, dass der Begleitbrief eine bestimmte selektive Wirkung ausübt, die sich negativ auf die Repräsentanz auswirkt, muss er so formuliert und gestaltet sein, dass er auf alle Subgruppen der Stichprobe passt (vgl. Richter 1970: 149f.).

- Für das Rückschreiben muss ein adressierter und frankierter Rückumschlag beiliegen.
- Der Fragebogen muss klar anonym sein und darf keine versteckten Zeichen zur Identifizierung des Befragten enthalten.
- Zur Erhöhung des Rücklaufs dienen auch Erinnerungsschreiben, die mehrfach wiederholt werden können. Bei anonymen Befragungen werden dadurch Kosten und Aufwand deutlich erhöht, sodass vor dem Einsatz eine Kosten-Nutzen-Analyse erfolgen sollte (vgl. Mangione 1995: 63ff.).
- Um die Kooperationsbereitschaft zu erhöhen, werden oft Geschenke (»incentives«) – Kugelschreiber, Briefmarken oder Telefonkarten – mitgeschickt, entweder bereits im Voraus oder erst nach erfolgter Rücksendung. Letzteres funktioniert allerdings nur, wenn die Befragung nicht anonym erfolgt. Ob die Belohnung in Geld ausgezahlt oder ein Geschenk zugeschickt werden soll, ist ebenso umstritten wie die Höhe oder der Wert des Geschenks. Eine Variante besteht in der Teilnahme der Rücksender an einer Lotterie oder einem Preisausschreiben (vgl. Mangione 1995: 79ff.).[6]
- Eine systematische Vorgehensweise zur Optimierung schriftlicher Befragungen entwickelte Dillman (1978) mit der »Total Design Method«, die er zur »Tailored Design Method« ausbaute (vgl. Dillman 2000). Sie umfasst konkrete Vorschriften zum Aussehen des Fragebogens, zum Design der Fragen und zur Durchführung der Befragung. Der Fragebogen soll als Booklet gestaltet werden, wobei Vorder- und Rückseite frei bleiben. Äußerliche Ähnlichkeiten zu Werbebroschüren sind zu vermeiden. Im Fragebogen werden nach der Einstiegsfrage zuerst die interessanten Fragen platziert, während problematische und demografische Fragen nach hinten gestellt werden (vgl. Dillman 1978: 362).

---

[6] Das Versprechen eines Geschenkes beruht auf der Hypothese der strikten Rationalität, wonach durch die Ankündigung der Belohnung ein zusätzlicher Anreiz bewirkt wird, wohingegen für ein bereits beigelegtes Geschenk die Reziprozitätsnorm unterstellt wird, die besagt, dass das Geschenk als Vorleistung empfunden wird, die eine Gegenleistung erfordert. Experimentelle Untersuchungen sprechen eher für die Gültigkeit der Reziprozitätsnorm (vgl. Diekmann / Jann 2001).

Besonders wichtig ist der Versand, der zur Wochenmitte stattfindet. Eine Woche nach dem Erstversand wird eine Postkarte oder ein Brief verschickt, in dem den Teilnehmern gedankt wird und die Nicht-Teilnehmer freundlich erinnert werden. Drei Wochen nach dem Erstversand wird der Fragebogen erneut verschickt zusammen mit einem weiteren, kürzeren Mahnschreiben. Eine letzte freundliche, aber bestimmte Mahnung erfolgt sieben Wochen nach dem Erstversand per Einschreiben (vgl. Dillman 1978: 366.; Bourque / Fielder 1995: 149ff.). Auf diese Weise kann der Rücklauf enorm erhöht werden, eine Erfahrung, die sich interkulturell übertragen und bei verschiedenen Populationen anwenden lässt (vgl. Hippler 1988: 247f.).

- Generell darf die Feldzeit nicht zu stark mit der Urlaubszeit (auch Feiertage) überlappen (vgl. Nötzel 1987a: 154).
- Der Rücklauf sollte kontrolliert und detailliert analysiert werden, um Subgruppen zu identifizieren, deren Rücklauf unterdurchschnittlich groß ist, und um Rücklaufcharakteristiken zu ermitteln (vgl. Richter 1970: 225ff.; Nötzel 1987a: 155; Blasius / Reuband 1996).

2.4 Computerunterstützte Befragungsverfahren

2.4.1 Beschreibung und Varianten

Ergänzend zu den herkömmlichen Verfahren der Befragung gibt es für jedes Verfahren eine computerunterstützte Variante (vgl. Frey / Kunz / Lüschen 1990: 179ff.; Saris 1991: 30; Fuchs 1999: 120; Knobloch / Knobloch 1999: 63):

- *Persönliches Interview*: Die konventionelle Vorgehensweise beim persönlichen Interview wird »Paper-and-Pencil Personal Interviewing« (PAPI) genannt, weil der Interviewer die Fragen von einem Fragebogen aus zusammengehefteten oder gefalteten Papierblättern abliest und mit einem Schreibstift die Antworten in den Fragebogen einträgt. Im Fragebogen stehen neben den Fragen und – bei standardisierten Varianten – den Antwortvorgaben auch Anweisungen an den Interviewer, in welcher Reihenfolge er die Fragen stellen muss, wie er vorgehen muss bei bestimmten Antworten usw. (→ Teil 1, Kapitel 5). Beim computerunterstützten Interview, »Computer Assisted Personal Interviewing« (*CAPI*), führt der Interviewer entweder einen Laptop mit, liest die Fragen (und Antwortvorgaben) vom Bildschirm vor und tippt die Antworten bzw. die zu den Antwortkategorien passenden Zahlen in den Computer ein, oder er benutzt ein Pentop, bei dem der Befragte selbst mit einem Stift die Antworten in die entsprechenden Felder antippt.

- *Selbstausfüller-Befragung*: Bei diesem Hybridverfahren zwischen persönlicher und schriftlicher Befragung verteilt ein Interviewer entweder den Fragebogen einer bestimmten Gruppe von Befragten an einem Ort (Klassenzimmer-Befragung) und bleibt in dem Zeitraum, in dem die Befragten den Fragebogen ausfüllen, anwesend, oder er hinterlässt dem Befragten den Fragebogen und sammelt den ausgefüllten Fragebogen zu einem vereinbarten Termin wieder ein. Beide Varianten des »Self Administered Questionnaire« (SAQ) sind auch computerunterstützt möglich: Der Interviewer überlässt dem Befragten einen mitgebrachten Computer, damit er selbstständig den Fragebogen am Bildschirm durcharbeitet. Diese Vorgehensweise wird »Computer Assisted Self-Interview« (CASI) oder »Computer Assisted Self-Administered Questionnaire« (CSAQ) genannt. Hier übernimmt der Befragte neben der Bearbeitung des Fragebogens auch noch – nebenbei – die Dateneingabe. Die Dateneingabe mit der Tastatur kann durch den Touchscreen ersetzt werden.

  Neuere Varianten mit Spracherkennungsprogrammen, »Audio Computer Assisted Self-Administration« (ACASI), erlauben es, dass der Befragte nur noch die Fragen vom Bildschirm ablesen, aber die Antworten nicht mehr eintippen muss, sondern mündlich in den Computer sprechen kann. Es gibt auch die umgekehrte Variante der »Audio Computer Assisted Self-Administration« (Audio SAQ), bei der der Befragte die Fragen vom Walkman abhört und die Antworten in den Computer eintippt.

- *Telefoninterview*: Während die bisher genannten Techniken noch nicht flächendeckend verbreitet sind, ist das computerunterstützte Telefoninterview, »Computer Assisted Telephone Interviewing« (CATI), weitgehend etabliert; ein CATI-Studio gehört für die meisten Markt- und Sozialforschungsinstitute zum Inventar. Die zentrale Organisation des Interviewerstabs bei telefonischen Befragungen begünstigt die computerunterstützte Variante, weil hierfür keine portablen Computer notwendig sind. Die CATI-Technik erlaubt nicht nur die Unterstützung und Kontrolle der Durchführung, sondern integriert die Stichprobenziehung durch rechnergesteuerte Erzeugung von Zufallszahlen.

  Auch über das Telefon sind weitere technische Varianten möglich: Beim »Touchtone Data Entry« (TDE) gibt der Befragte Ziffern über das Telefon ein, beim »Voice Recognition Entry« (VRE) spricht der Befragte ins Telefon und die Antworten werden über Spracherkennung automatisch digitalisiert.

- *Online-Interview*: Obwohl die Online-Befragung hauptsächlich (noch) als textbasierte (schriftliche) Kommunikationsform durchgeführt wird, verschwimmen die Grenzen zukünftig, wenn sie audiovisuell gestützt wird. Dazu werden die Befragten mit Webcams und Headsets ausgestattet, sodass sie mit dem Interviewer eine Art Desktop-Konferenz durchführen können (vgl. Mühlenfeld 2002b). Da die Interviewsituation keine direkte Interaktion mit räumlicher Nähe ist, stellt sie ein Hybridverfahren zwischen persönlichem Interview und Online-Befragung dar.

2.4.2 Vorteile der computerunterstützten Befragung

Den größten Anteil an der Entwicklung hat die CATI-Technik. Die Vorzüge beziehen sich aber prinzipiell auch auf die Techniken der anderen Verfahren (vgl. Frey / Kunz / Lüschen 1990; Saris 1991: 20ff.; Müller-Schroth 1995; Fuchs 1999: 120f.; Knobloch / Knobloch 1999: 67ff.; Meyen 2001: 63f.):

- Die Computerstützung entlastet den Interviewer bei der Handhabung des Fragebogens. So können komplexe Filterführungen oder Gabelungen im Fragebogen automatisch verwaltet werden. Darüber hinaus können Konsistenzprüfungen programmiert werden, sodass der Interviewer nachfragen kann, wenn der Befragte widersprüchliche Angaben macht. Auf diese Weise kann der Interviewer seine Aufmerksamkeit stärker der Interviewführung widmen.
- Wenn längere Listen mit Antwortvorgaben oder Statements verwendet werden, können diese zufällig rotiert und somit Reihenfolge- oder Präsentationseffekte verhindert werden. Im persönlichen Interview ersetzt diese Möglichkeit die etwas umständliche Verwendung von Karten, die der Interviewer vor jedem Interview neu mischen muss.
- Die Schritte der Dateneingabe und der Datenübermittlung werden abgekürzt. Die Fragebogeneinträge müssen nicht mehr gesondert elektronisch erfasst werden, weil das Ausfüllen des Fragebogens und die Dateneingabe identisch sind. Dadurch entfällt ein fehleranfälliger Schritt, und die Daten können schneller ausgewertet werden. Durch die automatische Konsistenzüberprüfung verkürzt sich auch der Prozess der (inhaltlichen) Datenüberprüfung und der Datenbereinigung, die zum Teil schon während des Interviews erfolgen.
- Mit der computerunterstützten Datenerfassung ist als Nebenprodukt auch die Aufzeichnung weiterer Daten verbunden: So wird die Zeit, die für die Beantwortung einer Frage benötigt wird, automatisch protokolliert. Darüber hinaus kann das Interviewerverhalten dem Computer gegenüber mit »Keystroke-Files«, also mit Protokolldateien aller Tastenbetätigungen des Inter-

viewers, inklusive der Reihenfolge und Kennung der dazugehörigen Frage, analysiert werden. Indirekt lässt sich mit dieser Technik auch die Handhabbarkeit der eingesetzten Computerprogramme evaluieren.

Speziell mit der CAPI-Technik sind zwei weitere Vorteile verbunden:

- Zum einen wird die Hoffnung geäußert, dass der Einfluss des Interviewers auf den Befragten geringer wird, weil mit dem Computer der Interaktion zwischen Interviewer und Befragtem ein Medium zwischengeschaltet ist. Die Interviewsituation ist neutraler und insofern weniger anfällig für Eindrucksmanipulationen seitens des Befragten oder für unwillkürliche Einflussnahmen durch den Interviewer.
- Es gibt mehr optisch-visuelle Möglichkeiten am Bildschirm als mit dem herkömmlichen Fragebogen. Bei Mediennutzungsabfragen können etwa aktuelle Titelblätter statt nur Titelkarten präsentiert werden und somit die Erinnerung der Befragten besser unterstützen. Außerdem können Bewegtbilder vorgeführt werden. Insgesamt finden die meisten Befragten die Interviewsituation mit dem Einsatz von Multimedia als attraktiver und abwechslungsreicher als das herkömmliche persönliche Interview.
- Im Unterschied zu anderen Techniken verwaltet die CATI-Technik zusätzlich die Stichprobe. Auf diese Weise können nicht nur automatisch Telefonnummern generiert werden (für das Random-Digit-Dialing), sondern auch die (Wieder-) Wählversuche gesteuert werden.

Insgesamt wird die Feldphase der Befragung kürzer, es fallen geringere Kosten an, die Datenqualität steigt und die Möglichkeit der Qualitätskontrolle verbessert sich (vgl. Dethlefsen 2000).

2.4.3 Nachteile der computerunterstützten Befragung

Da die Verfahren computerunterstützter Befragung bisher nur beim Telefoninterview etabliert sind, kann man kaum prinzipielle Nachteile ausmachen. Vielmehr gibt es derzeitig Probleme und Herausforderungen, die durch die technische Entwicklung zu lösen sind. Insofern betreffen die folgenden Problempunkte nur am Rand das computerunterstützte Telefoninterview (CATI), sondern eher die noch nicht flächendeckend eingesetzten anderen Verfahren (CAPI und CASI) (vgl. Frey / Kunz / Lüschen 1990: 182f.; Fuchs 1999: 120; Knobloch / Knobloch 1999: 70f.; Meyen 2001: 63f.).

- Für persönliche Interviews erweist sich der technische Apparat insbesondere dann als ungünstig, wenn die Interviews auch als Haustürgespräche möglich wären, denn der Interviewer ist mit der Geräteausstattung darauf angewiesen, dass er in die Wohnung gebeten wird.

- Befragte mit geringer Computererfahrung empfinden den Einsatz eines Computers möglicherweise als bedrohlich und neigen deshalb eher zur Verweigerung des Interviews.
- Auch in der Interviewsituation selbst können die auf die technische Durchführung konzentrierte Aufmerksamkeit und die reduzierten Interaktionen des Interviewers vom Befragten als störend empfunden werden. Die Situation im computerunterstützten persönlichen Interview ist künstlicher als im konventionellen persönlichen Interview.

Im Telefoninterview fallen diese Nachteile weg, da der Befragte die Computerunterstützung des Interviews nicht bemerkt. Die nachfolgenden Nachteile beziehen sich allerdings eingeschränkt auf die CATI-Technik:

- Die Handhabung der Technik erfordert von den Interviewern Zusatzkompetenzen und macht eine gesonderte technische Schulung nötig.
- Die Vorbereitung auf und Vorarbeit für die Befragung muss intensiver sein als bei konventionellen Verfahren, weil alle Probleme bezüglich der Beantwortung der Fragen, der Konsistenzprüfung antizipiert werden müssen. Für die Erstellung des Fragebogens sind Programmierkenntnisse notwendig.
- In der konkreten Interaktion des Interviews ist eine computerunterstützte Befragung weniger flexibel, weil der Interviewer auf die logischen Vorgaben der Fragebogenkonstruktion angewiesen ist. Nicht vorhergesehene Antwortkombinationen, die trotzdem korrekt sind, müssen extra vermerkt werden. Korrekturen oder Anmerkungen sind auf Papier leichter durchzuführen.
- Die Handhabung der Technik erfordert zudem vom Interviewer eine sehr hohe Aufmerksamkeit, die zu Lasten der Interaktion mit dem Befragten geht. Auf diese Weise dauern zumindest die computerunterstützten persönlichen Interviews etwas länger als die herkömmlichen persönlichen Interviews.
- Die Software funktioniert nicht immer problemlos, es besteht die Gefahr des Systemabsturzes. Dies gilt insbesondere, wenn die Computer vernetzt sind wie in einem CATI-Studio.
- Während sich die Einrichtung eines mit CATI ausgestatteten Telefonstudios als mittel- und langfristig sinnvolle Investition erweist, ist die Anschaffung von Laptops für CAPI nach wie vor sehr teuer. Noch kostenintensiver ist die

Ausstattung eines Befragtenpanels mit Hardware und Software, wenn die Befragten im Gegenzug bereit sind, regelmäßig an Umfragen teilzunehmen.

Die genannten gelegentlichen nachteiligen Auswirkungen schränken die Verwendung der Computerunterstützung etwas ein: Technische Verfahren eignen sich offenbar eher als Unterstützung für den Interviewer und weniger für die eigenständige Nutzung durch die Befragten. Außerdem lassen sie sich am besten bei (hoch) standardisierten Befragungen und Fragebögen einsetzen (vgl. Knobloch / Knobloch 1999: 75).

2.5 Vergleich der Befragungsverfahren

Die bisherigen Ausführungen haben deutlich gemacht, dass der Einsatz der vorgestellten Verfahren von der Fragestellung abhängt. Jedes Verfahren hat seine Vorteile und Nachteile; das betrifft die Möglichkeiten der Stichprobenziehung und der Durchführung der Befragung selbst. Damit erübrigt sich eine Sichtweise, die von der wechselseitigen Substitution der Verfahren ausgeht. Eher können sich die Verfahren ergänzen.

Studien zur vergleichenden Methodenforschung belegen, dass sich die Ergebnisse der Verfahren bei gleicher Thematik (Fragestellung) und gleichem Instrument (Fragebogen) unterscheiden. Die Unterscheidungen betreffen die Struktur der Stichprobe, die prozentuale Verteilung und möglicherweise auch die Qualität der Antworten der Befragten (vgl. Ostermeyer / Meier 1994). Bei Telefonbefragungen werden das Vorkommen trivialer Ereignisse unterschätzt und höhere Zufriedenheitswerte auf betreffende Fragen erzielt. Die postalische Befragung begünstigt die Erinnerung an vergangene Ereignisse und die Antworten sind »ehrlicher« (vgl. Reuband / Blasius 1996; Reuband 2000: 219). Das persönliche Interview erweist sich gegenüber dem Telefoninterview als empfindlicher und störanfälliger bei geringfügigen Veränderungen des Instruments (Frageformulierungen, Antwortvorgaben), dafür ist es differenzierter und variabler: Unbewusste, emotionale und moralisch-geladene Sachverhalte gehen beim Telefoninterview (etwas) verloren (vgl. Noelle-Neumann / Petersen 2000: 198).

Solche Unterschiede sind zu erwarten, wenn man sich die grundlegenden Vorteile und Nachteile der Verfahren vergegenwärtigt: Im persönlichen Interview ist die soziale Interaktion zwischen Interviewer und Befragtem am intensivsten und die Möglichkeiten, das Instrument (den Fragebogen) zu variieren, am größten. Außerdem ist der Kontakt zum Befragten am verbindlichsten, sodass die Ausschöpfung der Stichprobe höher ist als bei den anderen Verfahren.

Die schriftliche Befragung erfordert einen vergleichsweise geringen logistischen Aufwand und sämtliche Möglichkeiten der Fragebogengestaltung können eingesetzt werden. Dafür ist der Kontakt zwischen dem Forscher und dem Befragten am unverbindlichsten; das Hauptproblem besteht in der geringen Ausschöpfung der Stichproben. Durch den Wegfall des Interviewers ist die Befragung anonymer, was ehrliche Antworten bei heiklen Fragen begünstigt. Dafür hängt die Qualität der Beantwortung aber allein vom Befragten ab und ist nicht mehr korrigierbar durch einen Interviewer.

Das Telefoninterview steht bei vielen Aspekten in der Mitte zwischen persönlichem Interview und schriftlicher Befragung. Es ist weniger leistungsfähig im Hinblick auf den vielfältigen Einsatz von Befragungsinstrumenten, aber es ist dafür relativ leicht zu organisieren und durchzuführen. Der Interviewer kann im Unterschied zur schriftlichen Befragung das Verständnis der Fragen beim Befragten verbessern; durch die flüchtigere und distanzierte Situation beeinflusst er aber das Befragtenverhalten weniger als im persönlichen Interview. Die geringere Verbindlichkeit des Kontaktes führt auch tendenziell zu etwas niedrigeren Ausschöpfungen der Stichprobe als beim persönlichen Interview.

Alle aufgeführten Vorteile und Nachteile sind nicht absolut, sondern relativ zu verstehen. Durch geeignete Maßnahmen können die jeweiligen Nachteile zumindest verringert werden. Zu diesen Maßnahmen gehört auch der kombinierte Einsatz unterschiedlicher Verfahren. Dieser will allerdings gut bedacht sein, weil sich die Verfahren nicht notwendigerweise gegenseitig validieren, sondern unter Umständen einfach unterschiedliche Ergebnisse hervorbringen.

3 Formen der Befragung

Befragungen können unterschiedlich stark reguliert sein. In der ganz offenen Form gibt der Forscher oder Interviewer möglichst nur das Thema und wenige ungerichtete Fragen vor. Im Leitfadeninterview werden bestimmte Fragen vorformuliert, aber der Befragte antwortet offen. Im fokussierten Interview wird ein Stimulus vorgegeben, über den völlig offen oder mit Hilfe bestimmter Leitfragen gesprochen wird. In der standardisierten Befragung sind die Fragen und die Antwortmöglichkeiten festgelegt. Noch weiter standardisierte Formen sind Tests, bei denen vollständige Fragebatterien entworfen, standardisiert und normiert werden. Im Experiment werden sowohl das Instrument – in der Regel ein Fragebogen – als auch die Befragungssituation standardisiert.

Nichtstandardisierte Befragungen werden auch als unstrukturierte bzw. wenig strukturierte, aktive oder verstehende Interviews bezeichnet. Diese Begriffe sind jedoch problematisch. Ein unstrukturiertes Gespräch verläuft chaotisch und ohne erkennbare Regel. Nichtstandardisierte Befragungen sind dagegen strukturiert: Beim narrativen Interview strukturiert der Befragte weitgehend das Gespräch, während sich der Interviewer zurücknimmt. Beim Leitfadeninterview, problemzentrierten oder fokussierten Interview strukturiert der Interviewer das Gespräch zu einem großen Teil, da er nicht nur das Oberthema der Befragung, sondern auch gliedernde Aspekte (in Form der Leitfragen) vorgibt. Bei der Gruppendiskussion wirkt sich die Gruppensituation und Gruppendynamik strukturierend auf den Gesprächsverlauf aus (→ Teil 1, Kapitel 4.3). Die Bezeichnung »aktiv« geht implizit davon aus, als gäbe es auch passive Interviews, und spielt damit auf die reduzierte Rolle des Befragten bei standardisierten Interviews an (vgl. Holstein / Gubrium 1995: 7ff.). Die Kennzeichnung »verstehendes« Interview (vgl. Kaufmann 1999) unterschlägt, dass auch im standardisierten Interview Verstehensprozesse stattfinden. Der Befragte konstruiert vielmehr in jedem Interview aktiv Informationen (Daten), Mitteilungen (Antworten) und Verstehen (der Fragen).

Weitere Unterscheidungen betreffen die Struktur des Fragebogens und der Befragungsabfolge: Befragungen können monothematisch oder mehrthematisch (Omnibus-Befragung) sein; sie können als einmalige Querschnittserhebung oder als mehrfache Längsschnitterhebung konzipiert sein. Bei der Mehrfachbefragung besteht wiederum die Möglichkeit, mehrmals dieselben Personen (Stichproben) mit demselben oder einem ähnlichen Fragebogen zu befragen (Panelbefragung) oder mehrmals denselben bzw. ähnlichen Fragebogen bei unterschiedlichen Personen (Stichproben) einzusetzen (Trendbefragung).

3.1 Das narrative Interview

Das narrative Interview hat zwei Ziele: Zum einen will es Informationen über die Erlebnisse von Personen in einem bestimmten individuell-biografischen[1] oder kollektiv-historischen Zusammenhang gewinnen, zum anderen will es herausarbeiten, wie dieses Wissen seitens der Befragten als (Stegreif-) Erzählung konstruiert und strukturiert wird (vgl. Holstein / Gubrium 1995: 56; Schütze 1987: 237). Einige Lehrbücher erwähnen deshalb seine Nähe zu Forschungsrichtungen, die wissenschaftstheoretisch die Subjektivität, Konstruktivität und Interpretation sozialer Wirklichkeit in den Mittelpunkt stellen (symbolischer Interaktionismus, Ethnomethodologie, Cultural Studies, Konstruktivismus u.a.). Dennoch lassen sich die folgenden Ausführungen eher von methodologisch-theoretischen Gesichtspunkten als von methodisch-praktischen Erwägungen leiten.

Da der Befragte von sich und seinen Erlebnissen erzählen soll, hat das Interview einen Geschichtencharakter mit dem Ziel, dass daraus eine abgerundete Erzählung entsteht. Das vom Interviewer vorgegebene (Ober-) Thema muss demzufolge breit angelegt sein, der Befragte muss es als Geschichte erzählen können, und es muss für ihn sinnvoll sein, diese Geschichte zu erzählen (vgl. Schütze 1987: 238).

Dementsprechend orientiert sich die Auswahl der Befragten an ihrer narrativen Kompetenz. Damit ist nicht allein die Sprach- oder Kommunikationsfähigkeit gemeint[2], sondern auch, ob die Zielperson inhaltlich zur Fragestellung passt. Es kann dabei sogar vorkommen, dass sich die Auswahl während eines Interviews verändert, wenn sich herausstellt, dass der Befragte unter ganz anderen Gesichtspunkten antwortet, als es seine Rolle oder Position (etwa in einer Organisation), wegen der er ausgewählt worden war, vorsah oder erwarten ließ (vgl. Holstein / Gubrium 1995: 25ff., 75). Vor allem ist zu vermeiden, dass nur diejenigen ausgewählt werden, die bereits kommunikativ aktiv sind und sich anbieten.

---

1 Die Erzählung des Befragten bezieht sich immer auch auf länger vergangene Erlebnisse und eignet sich deshalb insbesondere für die Rekonstruktion von Biografien. Von einem biografischen Interview sprechen wir allerdings erst, wenn die Biografie des Befragten als Ganzes Gegenstand der Untersuchung und der Befragung ist (→ Teil 1, Kapitel 4.1).

2 Schütze (1987: 254) geht davon aus, dass die Erzählfähigkeit auf der alltagsweltlichen Kompetenz aller Befragten fußt und sogar in ihrer Fertigkeit unabhängig von Schicht oder Bildung ist. Beeinträchtigend wirken dagegen eher Faktoren, die biografisch bedingt sind oder sich aus der Interaktion mit dem Interviewer ergeben. Deshalb sind nicht alle Befragten gleichermaßen für das narrative Interview geeignet.

Das bedeutet, dass sich der Interviewer bereits ein gewisses Vorwissen über die Zielpersonen oder zumindest über das Feld der potenziellen Befragten verschafft haben muss, um auswählen zu können, wer sich besonders gut eignet. Dazu benötigt der Interviewer Hintergrundwissen über diese Lebensumstände, das ihm beim Fragestellen und Interpretieren der Antworten behilflich ist. Deshalb ist es sinnvoll, narrative Interviews mit ethnografischen Beobachtungen zu kombinieren (vgl. Holstein / Gubrium 1995: 46).

Der Ablauf des narrativen Interviews lässt sich in mehrere Phasen unterteilen (vgl. Schütze 1987: 238ff.; Holstein / Gubrium 1995: 39):

- In der *Aushandlungsphase* gibt der Interviewer dem Befragten das Untersuchungsthema vor, trägt ihm seine Idee zur Erzählthematik vor und richtet einen ersten Appell an die Erzählfähigkeit und den Erzählwillen des Befragten. Dazu lenkt er dessen Aufmerksamkeit auf seine Erinnerung. Voraussetzung für die Erzählung ist eine gewisse Lust des Befragten, seine Erlebnisse darzustellen und sich damit seiner Erlebnisse selbst zu vergewissern. Es ist deshalb notwendig, dass in dieser Anfangsphase Interviewer und Befragter die endgültige Erzählthematik abstimmen. Dazu muss der Interviewer darauf achten, seine Rolle nicht als (sozialwissenschaftlicher) Experte, sondern als Interessierter zu definieren und kommunizieren. Die erste Phase abschließend, erläutert der Interviewer dem Befragten den Ablauf des Interviews.

- Durch eine *erzählgenerierende Frage* wird die *Anfangs- oder Haupterzählung* eingeleitet, in welcher der Befragte seine Schilderungen monologisch ausbreitet. Voraussetzung ist, dass es sich um eine Stegreiferzählung handelt und nicht um eine durch ein Vorgespräch bereits systematisch ausgearbeitete Erzählung. Der Interviewer darf in dieser Phase nicht thematisch-inhaltlich intervenieren, sondern nur aufmerksam zuhören, um in einer späteren Phase inhaltliche oder bewertende Fragen stellen zu können. Um sich nicht alle Details merken zu müssen, kann er sich auch Notizen machen. Sämtliche »Kommentare« haben nur gesprächsunterstützenden Charakter und zeigen Anteilnahme am Gespräch und an der Person des Befragten.

  Die reine Zuhörerrolle in dieser Phase ist für den Interviewer nicht einfach durchzuhalten, weil sich bei den Erzählungen der Befragten oft Ungereimtheiten ergeben, bei denen man im Alltagsgespräch sofort nachhaken würde (vgl. Hermanns 1991: 185). Während sich der alltägliche Zuhörer unmittelbar der Interaktionssituation hingibt, bewahrt der professionelle Interviewer Zurückhaltung, beobachtet die Situation und greift steuernd ein, um den Erzählfluss nicht zu behindern, sondern dessen Entfaltung zu fördern und ihn offen zu halten. Das Verhalten des Interviewers ist demnach äußerst strategisch, wenn auch nicht im Sinn einer Täuschung des Befragten (vgl. Maindok 1996: 116, 122).

- Erst wenn der Befragte seine Stegreiferzählung beendet hat, motiviert ihn der Interviewer dazu, weitere Aspekte oder Hintergrundgeschehnisse des Ereignisablaufs zu erzählen. Diese *narrativen Nachfragen* müssen sich auf Aspekte beziehen, die der Befragte bereits bei der Anfangserzählung angedeutet, aber nicht ausgeführt hat. Die Nachfragen können sich auch aus vorangegangenen Interviews ergeben, wenn sie thematisch in diesem Rahmen bleiben. Sie haben das Ziel, weitere (Teil-) Geschichten auszulösen und die Erzählung fortzusetzen, sind aber nicht als im Interview abzuarbeitende Fragen vorformuliert und notiert. Sie dürfen sich (noch) nicht auf Motive, (strukturelle) Zustände oder Routinen beziehen, um beim Befragten weder Erwartungsunsicherheit noch Erwartungsdruck zu erzeugen. Informative, neue Themen initiierende Fragen oder gar evaluative Nachfragen sind in dieser Phase ebenfalls ungeeignet (vgl. Hermanns 1991: 185).

- Nachdem das durch Nachfragen aktualisierte Erzählpotenzial des Befragten ausgeschöpft ist, stellt der Interviewer weitere Fragen zur Charakterisierung der (individuellen und kollektiven) Akteure im berichteten Geschehen und zum sozialen Rahmen der erzählten Geschichte. Erst diese *Beschreibungsnachfragen* zielen darauf ab, wie der Befragte die Erlebnisse, seine Rolle und die der anderen an der Geschichte Beteiligten interpretiert und kommentiert.

- Abschließend stellt der Interviewer *argumentative Nachfragen*, die sich aus den Kommentaren des Befragten, aus möglichen Widersprüchen oder offenen Fragen ergeben. In dieser Phase entwickelt sich das Interview zu einem argumentativen Gespräch über die Eigentheorien des Befragten.

  Die beiden letzten Phasen dienen der vom Interviewer und Befragten gemeinsam ausgehandelten Explikation der Erzählung. Sie steuern den weiteren Gesprächsverlauf und werden deshalb erst dann eingesetzt, wenn die offene Erzählung beendet oder ausgeschöpft ist, weil sie sonst vom Befragten als dominant empfunden und den Erzählfluss hemmen könnten.

- In einigen Beschreibungen des narrativen Interviews wird der Abschluss des Gesprächs *Bilanzierungsphase* genannt, weil der Befragte seine eigenen Ausführungen generalisieren und abstrahieren soll (vgl. Hopf 1991: 179; Hermanns 1991: 184). Je nach Gesprächsverlauf kann sie bereits in der Phase des argumentativen Nachfragens enthalten sein oder als gesonderten letzten Gesprächsabschnitt markiert werden.

Selbst nach dem Abschalten des Aufzeichnungsgerätes kann es sein, dass der Befragte noch themenrelevante Anmerkungen macht. Der Interviewer sollte folglich auch nach der formellen Beendigung des Gesprächs noch aufmerksam bleiben und sich von den Ausführungen ein Gedächtnisprotokoll anfertigen (vgl. Fuchs 1984: 257).

Obwohl sich der Interviewer in den ersten Phasen des Interviews inhaltlich sehr stark zurückhält und nur seine Anteilnahme an dem Gespräch kommuniziert, führt er in einem gewissen Sinn das Gespräch insofern, als er die Ausführungen des Befragten durch seine Nachfragen auch wieder zum Gesamtthema der Untersuchung zurückführt, das Gespräch bis zu einem gewissen Grad ordnet und dem Befragten dabei hilft, die Aufgabe des Erzählens seiner Geschichte zu bewältigen (vgl. Holstein / Gubrium 1995: 48ff.).

Das narrative Interview gleicht insofern einer Konversation, als es sich bei dem Gespräch um ein Geben und Nehmen handelt. Es kann durchaus sein, dass der Interviewer dem Befragten auch Formulierungshilfe gibt, sofern diese nicht suggestiv oder einschränkend ist. Der Interviewer muss die unterschiedlichen Deutungshorizonte, die dem Befragten möglicherweise selbst nicht bewusst sind, erkennen und ihm dabei behilflich sein, subjektive Relevanzen, Orientierungen und Verbindungen herzustellen. Ziel ist die Entfaltung einer Erzählung, die unter Beteiligung des Interviewers und des Befragten zustande kommt und als Erzähltext einen Wert bekommt (vgl. Holstein / Gubrium 1995: 47, 50, 59).

Im narrativen Interview gibt der Befragte nicht nur Antworten auf Fragen wie im standardisierten Interview, sondern erläutert sie und ihr Zustandekommen. So referiert der Befragte nicht nur eine Einstellung zu einem bestimmten Sachverhalt, sondern stellt ihn in einen situationalen Kontext, indem er bestimmte Aspekte erwähnt, andere dagegen auslässt (»Relevanzfestlegung und Kondensierung«), Beispiele erzählt und deutet (»Detaillierung«). Er stellt weiterhin Zusammenhänge zwischen verschiedenen Antworten her und rundet seine Schilderungen ab (»Gestaltschließung«), das heißt, es sind keine zunächst voneinander unabhängigen Variablen wie in der standardisierten Befragung. Diese kommunikativen Verhaltensweisen im Rahmen des Geschichten Erzählens entstehen aus dem Zugzwang des Erzählens selbst[3], äußern sich aber weniger in einem Frage-Antwort-Interview. Dabei kann es durchaus vorkommen, dass die Befragten – aus der Sicht des Forschers – widersprüchliche Antworten geben, bestimmte

3 Die Regelgeleitetheit des Kommunikationsvorgangs bei jeglicher Erzählung belegt, dass das narrative Interview nicht unstrukturiert ist und dass sich die Erzählregeln (text-) analytisch rekonstruieren lassen (vgl. Schütze 1987: 256f.).

Ausführungen wieder zurücknehmen oder relativieren und über ihre eigenen Aussagen reflektieren. Dieses Theoretisieren ist eine »subdominante Aktivität« in jedem Gespräch, die den sozialen Rahmen der Erzählung herstellt und für den Forscher von hohem analytischem Wert ist (vgl. Holstein / Gubrium 1995: 53ff., 78f.; Schütze 1987: 241, 255).

Es gibt dementsprechend keinen ausgearbeiteten Fragebogen, sondern allenfalls notierte Fragen, die aber durch einen Interviewverlauf ergänzt werden können, sodass der nächste Befragte möglicherweise eine neue Frage gestellt bekommt, die sich aus den Antworten des vorherigen Befragten als sinnvoll erwiesen hat (vgl. Holstein / Gubrium 1995: 56).

Das narrative Interview kann auch gleichzeitig mit mehreren Befragten aus dem gleichen Lebenskontext stattfinden, etwa mit Partnern, um die Erzählperspektiven zu erweitern. Dies ist vor allem dann sinnvoll, wenn zu erwarten ist, dass der Befragte von sich aus auf diese Referenzpersonen (meist Familie oder Arbeitskollegen) zu sprechen kommt (vgl. Holstein / Gubrium 1995: 66ff.).[4]

Bei der Analyse werden beide Ziele des narrativen Interviews gleichzeitig berücksichtigt, das heißt, die Informationen im Einzelnen und ihre Verbindungen (»Was«) sowie das Mitteilungsverhalten und die sprachliche Umsetzung der Erzählung (»Wie«) werden zueinander in Beziehung gesetzt (vgl. Holstein / Gubrium 1995: 79f.; Schütze 1987: 249). Deshalb wird das Gespräch aufgezeichnet, manchmal sogar per Video. Anstelle einer Videoaufzeichnung empfiehlt sich ein Interviewerbericht, der unmittelbar nach dem Interview angefertigt wird. Dabei sollten folgende Beobachtungen festgehalten werden (vgl. Fuchs 1984: 258f.):

- Rahmendaten: Art des Kennenlernens, Kontaktaufnahme, Dauer, Zahl und Ort(e) der Kontakte
- Interviewsituation: anwesende Dritte, Störungen, Gesprächssituation
- Einschätzung des Befragten durch den Interviewer: vermutete Interessen, Gesprächshabitus, Erzählbereitschaft, Wohnumfeld
- Einschätzung des Interviewers durch den Befragten: Charakterisierungen, die sich aus dem Gespräch vor und nach dem eigentlichen Interviewen ergeben

---

4 Solche Gruppeninterviews sind nicht zu verwechseln mit Gruppendiskussionen (→ Teil 1, Kapitel 4.3), denn die Diskussion zwischen den Befragten ist nicht Ziel der Befragung, sondern höchstens ein im Rahmen des Interviews zeitlich begrenzter Nebeneffekt.

- Interaktion im Interview: geschlechts- und altersbezogene Rollenbeziehungen, Symmetrie der Beziehung zum Interviewer
- Probleme im Interview: Nichtthematisierung wichtiger Aspekte, emotionale und kommunikative Probleme wie Peinlichkeiten oder Irritationen, Verständnisschwierigkeiten, Reflexionen durch das Interview selbst.

Die Transkription erfasst ebenfalls nicht nur die Inhalte der Erzählung, sondern auch den Kommunikationsstil, enthält also »Kommentare« zum nonverbalen und paraverbalen Verhalten des Befragten. Bei der Analyse und Reorganisation des Textes darf diese sequenzielle Ordnung nicht verändert werden, sondern das Material muss chronologisch und am Einzelfall ausgewertet werden (vgl. Schneider 1988: 233ff.).

Da bereits die Durchführung sehr zeitaufwändig ist und durch die elaborierte Transkription eine große Menge an Textmaterial entsteht, muss sich der Forscher auf eine überschaubare Anzahl von Fällen beschränken, die allerdings groß genug sein muss, um die theoretische Variabilität der sozialen und biografischen Prozesse im Untersuchungsfeld sicherzustellen. Unerheblich ist dagegen die Verteilung soziodemografischer Merkmale, da die analysierten Prozesse grundlegender ansetzen und prinzipiell in jeder Stichprobe gelten können (vgl. Schütze 1987: 245, 249f.).

Mit dem analysierten Textmaterial ist es möglich, (neue) Prozesse in der sozialen Wirklichkeit zu entdecken und zu interpretieren. Deshalb dürfen die Interviewtexte nicht durch inhaltsanalytische Kategorienbildung beeinträchtigt werden, sondern müssen in ihrer Prozesshaftigkeit analysierbar bleiben. Demnach bleibt das detailliert transkribierte und aufbereitete Primärmaterial die Basis für alle Analysen. Nach dem »Exhaustionsprinzip« wird in zahlreichen Durchgängen sowohl des Einzelfalls und seinen Besonderheiten als auch zwischen den Interviews vergleichend-kontrastiv das sprachliche Aufzeige- und Ausdruckspotenzial für soziale und kommunikative Prozesse herausgearbeitet. Dieser Interpretationsprozess erfordert zum einen die Analyse der indirekten sprachlichen Indikatoren, Indizien oder Symptome, also *wie* der Befragte seine Geschichte erzählt, um einordnen zu können, *was* der Befragte meint, auch wenn er es nicht ausdrücklich sagt. Der Interpretationsprozess ist zum anderen iterativ, das heißt, dass er so lange fortgesetzt wird, bis ein saturiertes integriertes theoretisches Modell entsteht. Saturiert, also gesättigt, ist das Theoriemodell, wenn es durch keine weiteren empirischen Aspekte mehr ergänzt werden muss und in der gesamten Stichprobe gültig ist (vgl. Schütze 1987: 245ff., 254).

Voraussetzung für die Eignung des narrativen Interviews ist der Prozesscharakter der erzählten Erlebnisse oder Vorkommnisse, und dieser muss den Befragten auch bewusst sein, damit sie ihn rekonstruieren können. Demnach lassen sich Routinen im Alltag oder Arbeitsablauf und Organisationsstrukturen weniger gut mit narrativen Interviews erfassen, weil oder insofern sie unter der täglichen Aufmerksamkeitsschwelle liegen. Selbst wenn die Befragten im Rahmen ihrer Erzählungen immer wieder abstrahieren, argumentieren und auf Strukturen hinweisen, hängen diese zusätzlichen interpretierenden Schilderungen von der eigentlichen Erzählung ab (vgl. Schütze 1987: 243f.; Hermanns 1991: 183).

3.2 Das Leitfaden- und Experteninterview

Das Leitfadeninterview nimmt eine mittlere Position zwischen dem narrativen und dem standardisierten Interview ein. Der Interviewer strukturiert zum einen durch mehr und spezifische Fragen das Gespräch viel stärker als beim narrativen Interview. Zum anderen lässt er dem Befragten mehr Möglichkeiten zu antworten, weil er nur Fragen stellt, aber keine Antwortmöglichkeiten vorgibt. An die Stelle eines teil- oder vollstandardisierten Fragebogens tritt ein Interviewleitfaden, der die zu behandelnden Themen und Themenaspekte mit vorgeschlagenen Fragen beinhaltet. Ob der Interviewer die Fragen (alle) stellt und in der vorgegebenen Reihenfolge, hängt von der Interviewsituation und den Antworten des Befragten ab (vgl. Kvale 1996: 129ff.). So kann es sein, dass der Befragte in seiner Antwort auf eine Frage bereits Aspekte anspricht, für die eine spätere gesonderte Frage vorgesehen ist. Der Interviewer kann dann entweder den Befragten darauf hinweisen, dass zu diesem Aspekt eine spätere Frage gestellt wird, oder er lässt das Gespräch weiterlaufen und spart diese Frage später aus, sofern der Befragte sie bereits im Rahmen der vorherigen Frage erschöpfend beantwortet hat.

Der Leitfaden kann in seinem Umfang und Standardisierungsgrad variieren: Die Anzahl der Fragen schwankt zwischen fünf allgemein gehaltenen bis zu zahlreichen detaillierten Fragen, deren Reihenfolge entweder eingehalten werden muss oder die je nach Gelegenheit in das Gespräch eingestreut werden können. Der Leitfaden hat eher die Funktion einer Gedächtnisstütze für den Interviewer, wenn er nur wenige und in der Reihenfolge nicht festgelegte Fragen enthält, oder eher die Funktion der Gesprächsstrukturierung und Vergleichbarkeit, wenn er aus vielen Fragen besteht, deren Reihenfolge einer inhaltlichen, an der Gesamtfragestellung ausgerichteten Logik entspricht (vgl. Hirzinger 1991: 92).

Die Anwendungsgebiete ähneln eher dem narrativen als dem standardisierten Interview: Es handelt sich um Fallstudien mit kleinen Stichproben, und die Tiefenperspektive der Befragten ist wichtiger als die Vergleichbarkeit der Antworten. Oft sind Subkulturen oder soziale Randgruppen, aber auch Eliten die Forschungsobjekte. Für die Randgruppen ist der Leitfaden eine Gesprächshilfe, mit der der Forscher dem Befragten gegenüber seine Erwartungen strukturiert, während eine völlig offene Narration den Befragten möglicherweise verunsichert, weil er nicht einordnen kann, was genau von ihm verlangt wird. In einigen Fällen gelingt es dem Befragten nicht, das Gespräch selbst zu strukturieren und eine Erzählung aufzubauen, sodass er für (Zwischen-) Fragen dankbar ist.

Ganz anders ist die Bedeutung für Elite-Befragte. Sie lehnen die restriktive Handhabung eines standardisierten Fragebogens mit eingeschränkten Antwortmöglichkeiten oft ab. Dies gilt insbesondere für Experten, deren Wissen auf der einen Seite über vorformulierte Kategorien weit hinausreicht und das mit einer standardisierten Befragung nicht angemessen erfasst werden könnte. Auf der anderen Seite bezieht sich die Forschungsfrage nur auf das Expertentum, ist also rein sachbezogen und abstrahiert von den privaten Lebensumständen. Dafür wäre die offene Narration ungeeignet und könnte zu abschweifenden und irrelevanten Ausführungen führen.

Das Ziel des Experteninterviews besteht also allgemein in der Generierung bereichsspezifischer und objektbezogener Aussagen, nicht dagegen in der Analyse von allgemeinen Regeln des sozialen Handelns wie beim narrativen Interview. Das Experteninterview weist allerdings auch einige Besonderheiten auf, die nicht generell für das Leitfadeninterview gelten. Dazu zählt die Definition und Auswahl von Experten. Der Expertenstatus ergibt sich aus der Position oder der Funktion, den die Experten zum Beispiel in einer Organisation innehaben. Experten müssen für eine bestimmte Aufgabe verantwortlich sein und dafür einen privilegierten Zugang zu den betreffenden Informationen haben (vgl. Meuser / Nagel 1991: 442ff., 466).

In der Expertenbefragung kann der Experte selbst die Zielgruppe sein, wenn er Auskunft über sein Handlungsfeld innerhalb einer Organisation gibt, oder er kann über andere Zielgruppen Auskunft geben. Dies ist der Fall, wenn Sozialarbeiter über Sozialhilfeempfänger, Lehrer über ihre Schüler usw. befragt werden oder wenn der Experte – oft in höherer Position – Auskünfte über seine Organisation (und nicht speziell über seine Rolle und Funktion) gibt (vgl. Meuser / Nagel 1991: 445f.).

Voraussetzung dafür, dass ein Experteninterview zu validen Informationen führt, ist, dass der Experte zur Sache Auskunft geben kann und will. Dazu muss er die Rolle als Informant einnehmen, der

- keine Informationen geheim hält
- keine irrelevanten Interna auspackt
- den Interviewer nicht als Ko-Experten ansieht, mit dem man ein Fachgespräch führt, sondern als Laien, dem das Expertenwissen verständlich erläutert werden muss
- den Interviewer nicht für die (strategische) Selbstdarstellung des eigenen Wissens missbraucht (vgl. Meuser / Nagel 1991: 449f.).

Unabhängig davon, ob das Leitfadeninterview mit Experten oder anderen Befragtengruppen geführt wird, können folgende Fragetypen unterschieden werden (vgl. Kvale 1996: 148f.)[5]:

- Grundlegend ist die Unterscheidung zwischen Schlüsselfragen und Eventualfragen: Schlüsselfragen sind zentral für die Forschungsfrage und werden, wenn auch nicht notwendigerweise im identischen Wortlaut, immer bzw. allen Befragten gestellt. Eventualfragen kommen dagegen nur zum Einsatz, wenn der Befragte bestimmte Aspekte, von denen der Forscher ausgeht, dass sie relevant sein können, nicht von sich aus anspricht.
- Einleitungsfragen: Sie sind nicht mit Eisbrecherfragen im standardisierten Interview zu verwechseln, sondern dienen der Einführung in ein Thema. Sie sollen spontane Antworten ermöglichen und offen formuliert sein. Es handelt sich also nicht um rein instrumentelle, sondern um inhaltsbezogene Fragen mit Informationswert für die Analyse. Da sie in jedem Interview gestellt werden, gehören sie zu den Schlüsselfragen, während alle folgenden Fragetypen Eventualfragen sind.
- Folgefragen: Sie dienen dazu, die Erzählung des Befragten fortzusetzen. Dafür genügen oft kleine nonverbale Gesten, manchmal ist auch eine Nachfrage zu bestimmten Schlüsselwörtern in der Antwort des Befragten nötig.

---

5 Die Fragetypen des Leitfadeninterviews ähneln denen des standardisierten Interviews (→ Teil 1, Kapitel 5.4), unterscheiden sich in einigen Punkten jedoch auch deutlich davon. Insgesamt hat der Interviewer eine eigenständigere Rolle beim Leitfadeninterview als beim standardisierten Interview, weil er weniger befürchten muss, den Befragten zu beeinflussen, da dessen Rolle wiederum mit mehr Antwortspielraum ausgestattet ist.

- Nachhaken: Diese Fragen dienen der Ergänzung der Antwort und der Ausweitung der Aspekte, die der Befragte in seiner Antwort angesprochen hat.
- Spezifizierungsfragen: Damit wird der Befragte gebeten, seine allgemeinen Ausführungen zu konkretisieren und Beispiele zu schildern.
- Direkte und indirekte Fragen: Der Interviewer kann bestimmte Fakten oder Sachverhalte direkt abfragen oder indirekt nach der Auffassung anderer Personen fragen.
- Strukturierungsfragen: Wenn der Befragte zu sehr abschweift, muss der Interviewer durch überleitende Fragen den roten Faden des Gesprächs wiederherstellen.
- Schweigen: Damit das Interview nicht zu einem quasi-standardisierten Frage-Antwort-Spiel wird, sollte der Interviewer Pausen einlegen, um dem Befragten genug Zeit zu geben, ausführlich zu antworten oder nachzudenken.
- Interpretationsfragen: Um die Bedeutung von Antworten mit dem Befragten auszuhandeln, stellt der Interviewer immer wieder auch Fragen, wie die Antwort zu interpretieren sei. Dabei kann er durchaus vermutete Bedeutungen ansprechen.

Vom Interviewer wird folglich eine immense Kompetenz zum Zuhören verlangt. Er wird nicht durch einen (standardisierten) Fragebogen entlastet, sondern muss flexibel auf die Gesprächssituation und die Antwort des Befragten reagieren. Seine Interpretationsfähigkeit ist nicht erst für die Auswertung, sondern bereits während des Interviews wichtig, um geeignete Nachfragen stellen zu können. Ein guter Interviewer ist sowohl Experte für das Sachthema des Interviews als auch für menschliche Interaktion schlechthin. Dabei muss er einfühlsam und offen sein, aber auch kritisch, um geeignete Nachfragen stellen zu können. Sein Erinnerungsvermögen muss ausreichen, um keine Fragen doppelt zu stellen und flexibel Fragen umzustellen oder auszulassen, wenn sie schon durch die Antwort auf andere Fragen mitbeantwortet sind. Außerdem muss er das Gespräch in die vorgegebenen thematischen Bahnen zurückführen, wenn der Befragte allzu sehr abschweift. Um diese Mehrfachanforderung und Belastung bewältigen zu können, kann es sein, dass der Interviewer den Leitfaden als Schutz benutzt und ihn wie einen standardisierten Fragebogen abarbeitet. Auf diese Weise entsteht eine »Leitfadenbürokratie«, die der Offenheit des Leitfadeninterviews zuwiderläuft (vgl. Hopf 1978: 101f., 107ff.).

Da kein Fragebogen vorliegt, auf dem die Antworten protokolliert werden, wird das Interview in der Regel auf Band aufgenommen. Für die Auswertung ist es sinnvoll, aber nicht zwingend, diese Aufnahme zu transkribieren. Die Auswertung dieser Texte geschieht mit Hilfe einer qualitativen Inhaltsanalyse, zum Teil computergestützt (vgl. Kuckartz 1999). Gelegentlich führt der Forscher ein zweites Interview durch, um seine Interpretationen durch die Befragten verifizieren zu lassen.

Bei der Auswertung müssen die Rohtexte der Befragtenantworten mittels qualitativer Inhaltsanalyse schrittweise abstrahiert und kategorisiert werden. Im Unterschied zur Analyse des narrativen Interviews kommt es dabei in erster Linie auf die Informationen und Inhalte der Antworten und weniger auf die Erzählweise und die Sprache an. Insofern ist weder eine aufwändige Notation der Gespräche mit nonverbalen oder paraverbalen Kennzeichnungen und Beschreibungen noch eine konversationsanalytische Vorgehensweise bei der Auswertung notwendig. Das transkribierte Interviewmaterial ist dennoch wesentlich umfangreicher als ausgefüllte standardisierte Fragebögen, selbst wenn wesentlich weniger Personen interviewt werden. Weicht das Gespräch phasenweise sehr weit vom Thema ab, sodass diese Stellen für den Informationsgehalt der Aussagen des Befragten irrelevant sind, muss das Transkript nicht einmal das vollständige Gespräch umfassen. Mittlerweile kann auch auf verschiedene Computersoftware zur qualitativen Analyse zurückgegriffen werden (vgl. Meuser / Nagel 1991: 455; Kvale 1996: 176ff.).

Die qualitative Inhaltsanalyse wird dadurch erleichtert, dass der Leitfaden bereits die thematischen Schwerpunkte markiert und die Fragen als Vorformulierungen der relevanten Kategorien dienen können, die in der Auswertung – meist modifiziert – aufgenommen werden (vgl. Meuser / Nagel 1991: 453f., 457ff., 462ff.; Schmidt 2000: 449ff.):

- Dazu müssen in einem ersten Schritt die Antworten den Leitfragen zugeordnet werden. Dies ist nicht selbstverständlich – wie im standardisierten Fragebogen –, da die Befragten gelegentlich neben der gestellten Frage bereits Aspekte anderer Fragen mitbeantworten.
- Nach dieser Sortierung werden die Antworten des Befragten paraphrasiert, indem der proportionale Gehalt der Aussagen extrahiert wird, ohne allerdings diese Inhalte voreilig zu klassifizieren, und Überschriften formuliert werden. Diese Überschriften verschiedener Interviews werden dann zur Kennzeichnung der behandelten Themen angeglichen, die entsprechenden Passagen der Gespräche aufgelistet und nach Gemeinsamkeiten und Unterschieden sortiert. Bei der Bildung der Überschriften darf die Sequenzialität des Gesprächs im Unterschied zum narrativen Interview zerrissen werden. Sofern die Befragten nicht von selbst die Formulierungen aus den Leitfragen übernehmen, sollten

die Überschriften aus den eigenen Formulierungen der Befragten gebildet werden. Diese thematischen Auswertungskategorien werden zu einem Leitfaden für die Codierung zusammengestellt.

- Jedes Interview wird danach codiert, das heißt, die paraphrasierten Inhalte werden nach den Auswertungskategorien konzeptionalisiert, klassifiziert und systematisiert. Jedes Interview wird nach allen Kategorien durchsucht. Textstellen, die zu mehreren Kategorien passen, werden gesondert markiert. Empfehlenswert ist ein konsensuelles Codieren, bei dem mehrere Codierer gleichzeitig codieren und bei Unterschieden Einigkeit herzustellen versuchen.
- Ob quantifizierende Materialübersichten in tabellarischer Form erstellt werden sollen, hängt von der Fragestellung der Untersuchung ab. Sie ist jedoch nicht Ziel der Auswertung sondern allenfalls Vorbereitung der weiteren Analyse. Solche Tabellen mit den Ausprägungen der Kategorien machen – ähnlich wie bei der statistischen Analyse die Kreuztabelle – auf Zusammenhänge aufmerksam, die allerdings für jeden (Einzel-) Fall gesondert geprüft werden müssen.
- Abschließend werden die Kategorisierungen theoretisch generalisiert, um neue Hypothesen zu bilden, die an jedem Einzelfall überprüft werden.

Jede dieser Stufen ist notwendig und revidierbar, sodass der Auswertungsprozess iterativ und rekursiv gehandhabt wird.

3.3 Das problemzentrierte und fokussierte Interview

Ob sich das narrative Interview auch auf andere Sachverhalte als das Erzählen übertragen lässt, also etwa auf Beschreiben und Argumentieren, ist umstritten[6]. Alternativ lässt sich deshalb das problemzentrierte Interview anwenden, bei dem ein Leitfaden mit einer offenen Narration kombiniert wird, um eine mangelnde narrative Kompetenz des Befragten zu kompensieren und die als künst-

---

6 Zumindest ist diese Übertragung noch nicht ausgearbeitet worden, denn dazu müssten für das Beschreiben, Argumentieren usw. ähnliche kognitive Figuren wie die Zugzwänge der Erzählung bestimmt werden. Im Hinblick auf die Kompetenzen, die von dem Interviewer zu verlangen sind, dürften sich jedoch keine Unterschiede ergeben, sodass man von einem allgemeinen Anforderungsprofil an den professionellen qualitativen Interviewer sprechen kann (vgl. Maindok 1996: 133; → Teil 1, Kapitel 6.3).

lich empfundene Trennung zwischen der reinen Erzählphase und der Nachfragephase aufzuheben. Außerdem werden in dieser Interviewform auch Fragen zu Einstellungen, Meinungen und Motiven gestellt, die im narrativen Interview vermieden werden, um den Befragten nicht in Begründungszwang zu bringen (vgl. Witzel 1982: 49). Im Unterschied zum narrativen Interview kann der Interviewer den Erzählfluss des Befragten durchaus unterbrechen, um das Gespräch thematisch problemorientiert statt konversationsorientiert zu führen. Das problemzentrierte Interview sollte deshalb nicht als Alternative zum narrativen Interview angesehen werden, weil seine Wirksamkeit auf anderen Ebenen angesiedelt ist (vgl. Maindok 1996: 128f.).

Zu Beginn des problemzentrierten Interviews füllt der Befragte einen Kurzfragebogen aus, der zum einen einige zentrale Informationen zur Person erhebt, die dann im Gespräch nicht mehr angesprochen werden müssen, und der zum anderen das Gedächtnis des Befragten aktiviert. Er hat demnach sowohl eine inhaltliche als auch eine instrumentelle Bedeutung(vgl. Witzel 1985: 236).

Der Leitfaden im problemzentrierten Interview unterstützt den Erzählstrang des Befragten und ergänzt ihn um weitere Aspekte, die vom Befragten nicht angesprochen werden. Im Unterschied zum Leitfadeninterview soll er allerdings weniger strukturieren. Der Interviewer muss selbstständig entscheiden, an welchen Stellen er interveniert und den Befragten um Ausdifferenzierung und Vertiefung bittet. Neue Themenaspekte werden erst angesprochen, wenn sich die Gelegenheit ergibt, das heißt, wenn der Befragte einen Themenaspekt erschöpfend behandelt hat. Dies verlangt vom Interviewer viel Fingerspitzengefühl. Die größte Gefahr liegt darin, dass er zu früh interveniert und dadurch den Erzählfluss hemmt oder dass er zu spät interveniert und dadurch den richtigen Zeitpunkt verpasst um nachzufragen. Das richtige Interviewerverhalten kann mit Hilfe von aufgezeichneten Gesprächen, die der Forscher gemeinsam mit den Interviewern analysiert, trainiert werden (vgl. Witzel 1985: 237).

Das von Merton und Kendall 1946/47 für die Kommunikationsforschung und Propagandaanalyse entwickelte fokussierte Interview benutzt ebenfalls eine offene Interviewform, stellt aber der eigentlichen Befragung einen vorab bestimmten Gesprächsgegenstand oder Gesprächsanreiz voran. Dazu wird dem Befragten zunächst ein medialer Reiz präsentiert (zum Beispiel ein Zeitungsartikel oder ein Filmausschnitt), oder ihm werden persönliche Dokumente vorgelegt oder eine gemeinsam erlebte Situation geschildert, auf den oder die sich das folgende Interview bezieht (vgl. Hopf 1991: 178f.). Das Interview selbst besteht aus »gerichteten« und völlig offenen Fragen. Gerichtet sind die Fragen, wenn sie sich auf einen konkreten Gegenstand beziehen – meist den vorher präsentierten Stimulus –, aber die Reaktionsweise des Befragten offen lassen oder wenn die Reaktionsweise in Form von möglichen Antworten zwar vorgegeben wird, aber der Gegenstandsbezug offen bleibt. Ungerichtete, offene Fragen werden eingesetzt, um die Erzählung des Befragten anzuregen oder zu befördern: »Was fällt Ihnen dazu ein?« oder »Was fällt Ihnen dazu noch ein?« Durch diese nicht-direktive Gesprächsführung soll verhindert werden, dass der Interviewer den Befragten beeinflusst (vgl. Flick ^{5}2000: 94ff.).

Das fokussierte Interview verfolgt mit dieser Offenheit und gleichzeitigen Fokussierung vier Ziele (vgl. Hopf 2000: 354f.; Flick ^{5}2000: 94ff.):

- Reichweite: Die Reaktions- und Antwortmöglichkeiten auf den Stimulus soll möglichst breit sein und nicht wie beim standardisierten Interview auf wenige Alternativen begrenzt werden.
- Spezifität: Die Stellungnahmen, Einschätzungen und Entscheidungen des Befragten werden spezifiziert und der Hintergrund der Antworten wird erläutert. Das fokussierte Interview ist insofern thematisch disziplinierter als das narrative Interview.
- Tiefe: Der Befragte ist durch den Stimulus stärker involviert und situational eingebunden; durch die Aufforderung zur offenen Narration kann er die Bedeutung zu bestimmten Themenaspekten individuell zumessen.
- Personaler Kontext: Für die Interpretation der Aussagen wird auch der persönliche Kontext der Befragten berücksichtigt, um falsche Generalisierungen zu vermeiden.

Eine gegenläufige Vorgehensweise wählt das »kumulative Verfahren«: Es beginnt mit einer offenen Gesprächsphase, um Interaktionsbarrieren abzubauen und ein Vertrauensverhältnis zwischen dem Interviewer und dem Befragten herzustellen. Darauf folgt eine offene Narration in Anlehnung an das narrative Interview, die von einer homogenisierenden Befragung abgeschlossen wird. Diese orientiert sich am fokussierten Interview; aus den ersten beiden Phasen wird ein Leitfaden entwickelt, um offen gebliebene oder neu aufkommende Fragen zu beantworten. Im Unterschied zum herkömmlichen fokussierten Interview wird die Perspektivenspezifizierung also nicht am Anfang durch den Stimulus vorgenommen, sondern findet erst am Schluss statt (vgl. Honer 1989: 303f.).

Das fokussierte Interview ist nicht nur als Einzelinterview möglich, sondern auch in der Gruppe. Allerdings handelt es sich dabei nicht um eine Gruppenbefragung, bei der die Befragten simultan, aber individuell befragt werden, sondern um eine Gruppendiskussion, bei der die Befragten untereinander ins Gespräch kommen und der Interviewer eine Moderatorrolle einnimmt (→ Teil 1, Kapitel 4.3).

Das fokussierte Interview lässt sich zum qualitativen Experiment ausbauen, indem der Stimulus nicht nur zur Strukturierung der Erzählung des Befragten eingesetzt wird, sondern auch dazu dient, Extrembedingungen auszuloten und Grenzen zu testen, um die Struktur eines Gegenstandes bzw. die Regeln einer Situation sichtbar zu machen (vgl. Kleining 1986: 736). Es ähnelt einem Erkundungsexperiment, ist also explorativ und setzt keine vorher theoretisch abgeleiteten Hypothesen voraus (vgl. Kleining 1986: 725, 730f.). Im Unterschied zum standardisierten Experiment (→ Teil 1, Kapitel 3.6) werden die Untersuchungsbedingungen flexibel gehandhabt und nicht standardisiert; die Stichprobe wird nicht nach Zufallskriterien, sondern nach »Extremgruppen« oder »Extremsituationen« gezogen (vgl. Kleining 1986: 734ff.). Beispielhaft kann man die Krisenexperimente Garfinkels anführen, bei denen alltagssprachliche Regeln verletzt werden, um herauszufinden, bis zu welchem Grad sie ihre Gültigkeit bewahren. Die meisten Anwendungen qualitativer experimenteller Techniken beziehen sich jedoch auf Beobachtungen, sodass das qualitative Experiment im Rahmen von Befragungen (bisher) kaum eine Rolle spielt (vgl. Kleining 1986: 737ff.).

3.4 Die standardisierte Befragung

Die standardisierte Befragung gibt sowohl dem Instrument (Fragebogen) als auch der Erhebungssituation (Durchführung der Befragung) eine strenge Form, um die Bedingungen für eine statistische Auswertung mit dem Ziel des Vergleichs der Befragten oder von Befragtengruppen zu erfüllen. Bereits bei der Auswahl der Befragten wird darauf geachtet, dass sie per Zufallsverfahren oder Quotierung erfolgt, um zu vermeiden, dass sich die Zielpersonen selbst auswählen (→ Teil 1, Kapitel 2.1.2, 2.2.2, 2.3.2).

Im Fragebogen der standardisierten Befragung sind folgende Elemente festgelegt[7]:

- Die Fragen sind (mehrheitlich) geschlossen, das heißt, dass sie für jeden Befragten im gleichen Wortlaut formuliert sein müssen (bzw. vom Intervie-

[7] An dieser Stelle werden die Regeln nur vom Prinzip her aufgeführt, ihre konkrete Ausformulierungen erfolgen in einem eigenen Kapitel (→ Teil 1, Kapitel 5).

wer im gleichen Wortlaut vorgelesen werden müssen) und dass die Antwortmöglichkeiten schon vorgegeben sind, sodass der Befragte nur die für ihn richtige Auswahl einer oder mehrerer Antworten (Mehrfachantworten) trifft. Sollte der Befragte keine Antwortvorgabe finden, die exakt seiner offenen Antwort entspricht, muss er sich diejenige Antwort aus den vorgegebenen Möglichkeiten aussuchen, die am nächsten zu seiner offenen Antwort liegt.

Wenn nicht für alle Fragen geschlossene Antwortvorgaben vorgesehen sind, spricht man von einer teilstandardisierten Befragung. Auch bei standardisierten Befragungen werden folglich offene Fragen gestellt, allerdings besteht das Ziel weniger wie bei offenen Befragungsformen in der Interpretationsvielfalt und dem Bedeutungskontext einer Antwort als vielmehr in der Systematisierung der Antwort. Deshalb werden offene Antworten im Kontext der standardisierten Befragung meist im Nachhinein in standardisierte Kategorien eingepasst (→ Teil 1, Kapitel 5.5).

- Die Fragen sind in einer feststehenden Reihenfolge angeordnet, die bei der Durchführung nicht verändert werden darf.[8] Bei Antwortlisten ist die Reihenfolge ebenfalls festgelegt oder sie wird mit einem Zufallsgenerator ermittelt und variiert. Wenn die Antwortvorgaben auf Kärtchen geschrieben sind, kann der Interviewer sie vor jedem Interview mischen, sodass sie jedes Mal in einer anderen Reihenfolge vorgelesen werden. Im computerunterstützten Telefoninterview ist es möglich, dass die Reihenfolge durch die Software zufallsgeneriert wird.

Die Befragungssituation soll kontrolliert ablaufen, deshalb gibt es auch hier einige Festlegungen:

- Der Interviewer darf den Text der Fragen und Antwortvorgaben nicht variieren oder sinnverändernd betonen.
- Bei Nachfragen des Befragten muss sich der Interviewer an vorgegebene Regeln halten, wie er diese zu beantworten hat.
- Gibt der Befragte Antworten, die nicht in das Antwortschema passen oder schweift der Befragte in seiner Antwort vom Thema der Frage ab, muss der Interviewer nach bestimmten Regeln nachhaken (→ Teil 1, Kapitel 6.2).

---

8 Diese Regel gilt vor allem für persönliche und telefonische Interviews, weil in schriftlichen Befragungen nicht kontrolliert werden kann, ob der Befragte die Fragen in der vorgesehenen Reihenfolge bearbeitet. Dennoch verstößt auch hier die Abweichung von der im Fragebogen vorgesehenen Reihenfolge gegen die methodischen Erfordernisse.

- Der Interviewstil soll neutral zurückhaltend sein, damit das Interview in einer aufgabenorientierten Atmosphäre stattfinden kann. Ein zu persönlicher oder ein autoritärer Stil lenken von der eigentlichen Aufgabe, Fragen zu beantworten, ab oder beeinträchtigen die Kooperation des Befragten (→ Teil 1, Kapitel 6.3).

Das Ziel der Standardisierung des Instruments und der Kontrolle der Erhebungssituation besteht darin, valide und reliable Daten zu erhalten, die in Verbindung mit wahrscheinlichkeitstheoretischen Bedingungen und Voraussetzungen für die Anwendung statistischer Auswertungsverfahren geeignet sind (→ Teil 1, Kapitel 1.3).

Die bisherigen Ausführungen zur standardisierten Befragung könnten darauf hindeuten, dass in der Befragungssituation die soziale Interaktion technisiert werden soll, damit alle nicht direkt die Beantwortung der Frage betreffenden Merkmale und Ereignisse sozialer Situationen ausgeschaltet oder zumindest kontrolliert werden. Diese Schlussfolgerung ist jedoch weder eine realistische Beschreibung der tatsächlichen Befragungssituation noch eine notwendige Bedingung zur Erfüllung der Voraussetzung für reliable und valide Daten. Vielmehr gilt sogar umgekehrt, dass eine Interviewsituation, die vom Befragten als künstlich empfunden wird, zu schlechten Antworten führt. Die Standardisierung ist demnach kein Selbstzweck und auch keine hinreichende Bedingung, sondern nur *ein* Mittel zur Erzeugung vergleichbarer Daten. Dies bedeutet, dass zum einen das Instrument, der Fragebogen, hinreichend oft in Pretests überarbeitet wird und zum anderen die Befragungssituation flexibel und natürlich zu gestalten ist (vgl. Scholl 1993: 13ff.).

3.5 Der Test

3.5.1 Definition und Varianten

Tests sind standardisierte Befragungen, bei denen aber zusätzlich vollständige Fragekomplexe als eigenständiges Instrument oder als Modul in einem Fragebogen bereits vorhanden sind. Es ist ein wissenschaftliches Routineverfahren, das bestimmte Persönlichkeitsmerkmale wie Aggressivität, Gedächtnisleistung, Belastbarkeit, emotionale Labilität messen und diagnostizieren soll (vgl. Stangl 2001: 316). Neben der Diagnose von Merkmalen an Einzelpersonen kann der Test auch dazu dienen, die untersuchte Population in Teilpopulationen zu gruppieren, den Zusammenhang des getesteten Merkmals mit anderen Merkmalen zu ermitteln oder die Veränderung des getesteten Merkmals zu messen.

Historisch geht die Idee des Testens auf die Entwicklungen in der französischen und deutschen Psychiatrie im 19. Jahrhundert zur Diagnostik von Geisteskrankheiten zurück. Den Begriff »Test« verwendete zum ersten Mal der Psychologe Cattell 1890 (vgl. Schmid 1992: 19; Bortz / Döring ³2001: 221; Krauth 1995: 19f.).

Tests lassen sich in drei Kategorien einteilen: Intelligenztests, Leistungstests und Persönlichkeitstests. Letztere testen Eigenschaften, Interessen, Einstellungen, Charakter oder Typen (vgl. Lienert / Raatz ⁶1998: 14; Rost 1996: 44ff.). Sie dienen damit nicht nur wissenschaftlichen Zwecken, sondern erfüllen auch praktische Aufgaben, etwa als Unterstützung zu Einstellungsgesprächen, zur Bestimmung der Schultauglichkeit von Kindern. Während Intelligenztests keine Rolle in der Kommunikationswissenschaft spielen, sondern vor allem in der Psychologie und Pädagogik eingesetzt werden, kommen Leistungs- und Persönlichkeitstests häufiger vor. Leistungstests können dazu verwendet werden, die Medienkompetenz von Rezipienten zu ermitteln, etwa wie schnell ein Internetnutzer eine bestimmte Rechercheaufgabe erledigt. Mit Persönlichkeitstests werden die persönlichen Eigenschaften ermittelt, die eine bestimmte Rezeptionsart begünstigen, etwa gewalthaltige Handlungen von Filmhelden zu imitieren. Diese Testart hat wiederum zahlreiche Varianten, mit denen Einstellungen, Motivation, Interesse oder Verhalten gemessen werden kann (vgl. Rost 1996: 50ff.).

Getestet wird die Beantwortung einer Aufgabe bzw. eines Items. Das Item ist die kleinste Einheit im Test. Es besteht aus einem Itemstamm (Reiz) und einem Antwortformat (erwartete Reaktion). Der Itemstamm kann eine Frage, eine Aussage (Statement), ein Bild, eine Rechenaufgabe oder eine Geschichte sein. Das Antwortformat dient der Registrierung des Testverhaltens; es kann frei oder gebunden sein analog zu offenen Fragen und Fragen mit vorgegebenen Antworten in der standardisierten Befragung (→ Teil 1, Kapitel 5). Bei einer freien Aufgabenbeantwortung muss die Testperson selbst die Antwort auf die gestellte Testaufgabe finden; Beispiele dafür sind Schlüsselwortergänzungstests, Aufsatztests oder Lückentests. Bei einer gebundenen Aufgabenbeantwortung werden der Testperson Antwortmöglichkeiten zur Verfügung gestellt; hierzu gehören Richtig-Falsch-Antwort-Tests (auch mit den Antwortalternativen ja, nein), Mehrfach-Wahl-Antwort-Tests (multiple choice), Aufgaben-Zuordnungstests oder Neu-Anordnungstests (vgl. Lienert / Raatz ⁶1998: 14ff.; Rost 1996: 60ff.).

Im Test wird in der Regel dem Befragten oder der Testperson nicht nur eine Aufgabe zur Erledigung bzw. nicht nur ein Item zur Beantwortung vorgelegt, sondern eine Vielzahl. Für diese Beantwortung werden Punktwerte vergeben, die dann addiert werden. Als Ergebnis eines Tests erhält man einen Gesamtpunktwert für jedes Individuum, wie etwa der bekannte Intelligenzquotient. Solche Einzelergebnisse sind allerdings nur sinnvoll interpretierbar als Vergleichsdaten. Zu diesem Zweck werden die Ergebnisse oft entweder (im Nachhinein) normiert, oder sie werden kriteriumsorientiert (von vornherein) festgelegt. Normierte Ergebnisse informieren über die relative Stellung des Einzelnen (zum Beispiel: Schüler) in der Referenzpopulation (zum Beispiel: Schulklasse), während kriteriumsorientierte Ergebnisse die Relation zwischen der Leistung des Einzelnen (zum Beispiel: Schüler) zu einem festgelegten Kriterium (zum Beispiel: Leistungsziel bei Klausurenaufgaben) beschreiben, und zwar unabhängig von der Referenzpopulation (vgl. Rost 1996: 40ff.).

3.5.2 Testtheorien und Gütekriterien

Die Anwendung und Beurteilung von Tests wird nicht intuitiv vollzogen, sondern basiert auf eigenen Testtheorien. Grundlegend für die Konstruktion von Tests ist die klassische Testtheorie. Sie geht davon aus, dass jede Testperson konstante Eigenschaften hat, also bestimmte Leistungen, Einstellungen oder Persönlichkeitsmerkmale. Dieser »wahre Wert« ist zwar nicht direkt messbar, aber durch wiederholte Messungen an derselben Person kommt man ihm näher. Jede Messung muss demnach beliebig wiederholbar sein. Der empirisch gemessene Testwert setzt sich aus dem (konstanten) wahren Wert und einem (Mess-) Fehler zusammen. Er schwankt aufgrund der Bedingungen, unter denen die Messung stattfindet, um diesen wahren Wert nach oben und nach unten. Diese Bedingungen ergeben sich aus der Testsituation oder aus den Test-Items. Nicht in jeder Situation kann etwa eine Leistung optimal abgerufen werden, nicht jedes Test-Item ist gleichermaßen gut geeignet, eine bestimmte Leistung oder Einstellung zu messen (vgl. Birkhan 1992: 242ff.; Schmid 1992: 40f.).

Da der wahre Wert selbst nicht gemessen werden kann, weil es keine idealen Messbedingungen gibt, wird er »geschätzt« durch einen empirischen Erwartungswert. Der Erwartungswert ist derjenige Wert, der im Fall einer oft wiederholten Messung am häufigsten und damit am wahrscheinlichsten auftritt. Es handelt sich also um den Mittelwert aller gemessenen Testwerte. Mathematisch basiert die klassische Testtheorie auf der Gauß'schen Normalverteilung: Der Mittelwert kommt am häufigsten vor; je weiter ein bestimmter Testwert von ihm abweicht, desto seltener (unwahrscheinlicher) kommt er vor. Jede Abweichung von diesem Messwert ist ein Messfehler (vgl. Schmid 1992: 42f.). Die klassische Testtheorie geht davon aus, dass

- der Erwartungswert des Messfehlers Null ist, da die potenziell unendlich oft gemessenen Werte den wahren Wert ergeben und nicht von ihm abweichen
- der Zusammenhang zwischen dem wahren Wert und dem Messfehler zufällig ist, also nicht durch spezifische Faktoren der Situation, in der die Messung erfolgt, bedingt ist
- die Messfehler verschiedener Personen oder die verschiedenen Messungen bei derselben Person nicht miteinander zusammenhängen (vgl. Wottawa 1980: 33).

Die Gütekriterien von Tests bzw. von Test-Items unterscheiden sich nicht von denen standardisierter Forschung allgemein, sie werden aber strenger überprüft: So werden Tests »geeicht«, indem sie an verschiedenen Stichproben ausprobiert werden (vgl. Lienert / Ratz [6]1998: 7ff.; 60). Außerdem ist es notwendig, aus den vielen möglichen Test-Items diejenigen auszusuchen, die die Gütekriterien am besten erfüllen und weder zu leicht noch zu schwer sind, die also eine gewisse Variabilität in den Antworten haben. Je mehr Items getestet werden, desto höher ist die Messgenauigkeit (Reliabilität), desto eher treten allerdings unerwünschte Kontexteffekte wie Ermüdung, verminderte Antwortbereitschaft oder Lerneffekte der Testpersonen auf (vgl. Rost 1996: 57f.).

Die Reliabilität ist ein Ausdruck der Größe des Messfehlers bzw. umgekehrt der Stabilität oder Zuverlässigkeit der Messung. Da die Annahme der klassischen Testtheorie, dass jede Messung beliebig oft wiederholbar ist, in der Praxis nicht realisierbar ist, wird die Reliabilität mit folgenden Maßnahmen umgesetzt (vgl. Schmid 1992: 46):

- Retest-Reliabilität: Die Testpersonen werden zweimal mit denselben Test-Items befragt.
- Paralleltest-Reliabilität: Es werden zwei äquivalente Tests entwickelt, sodass die Testpersonen zwei Tests durchführen müssen.
- Split-Half-Reliabilität: Der Test wird in zwei Hälften geteilt, etwa indem die Test-Items mit ungeraden und geraden Zahlen oder die erste Hälfte und die zweite Hälfte aller Items getrennt ausgewertet werden. Es ist auch möglich, den Test in noch mehr Teile aufzuteilen, theoretisch in so viele Teile, wie es Items gibt.

Die Erwartungswerte (Mittelwert aller Testpersonen) und die Streuung der Messfehler (Fehlervarianz, quadrierte Summe aller Abweichungen von dem Mittelwert) müssen jeweils zwischen den beiden Messungen möglichst ähnlich sein.

Auch für die Messung der Validität gibt es mehrere Möglichkeiten, wie sie statistisch erfasst wird (vgl. Schmid 1992: 54ff.):

- Kriteriumsvalidität: Hier wird ein äußeres Kriterium, ein anderes Item, definiert. Wenn der Wert des Test-Items hoch mit dem des externen Items korreliert, gilt der Test als valide. Das Problem dieser Vorgehensweise besteht darin, dass es in vielen Fällen schwer ist, ein externes Kriterium zu finden.
- Inhaltsvalidität: Diese Dimension der Validität wird durch Experten beurteilt. Validität ist bei dieser Vorgehensweise als Konsens unter Experten definiert.
- Konstruktvalidität: Die Test-Items werden mit einem statistisch errechneten Konstrukt korreliert. Dieses Kriterium ist testintern, denn das Konstrukt wird aus den Test-Items errechnet. Die Korrelation besagt demnach, welche Items besser und schlechter mit dem Konstrukt korrelieren.

Die Annahmen der klassischen Testtheorie sind auf der einen Seite theoretisch einfach und praktisch (statistisch) leicht anwendbar, aber auch sehr restriktiv und wenig realistisch. So ist etwa die Annahme eines feststehenden wahren Wertes der Testpersonen unrealistisch. Weder die Leistung in einem Intelligenztest noch die Einstellung zu bestimmten Sachverhalten sind individuell fest verankert, sondern situativ unterschiedlich. Aus diesem Grund wurden alternativ zur klassischen Testtheorie probabilistische Testtheorien entwickelt. Diese gehen davon aus, dass eine Testperson nur mit einer bestimmten Wahrscheinlichkeit einen bestimmten Wert eines bestimmten Test-Items ankreuzt. Dazu wird statt eines feststehenden Wertes eine Relation angenommen zwischen der »Fähigkeit« der Person, also ihrer Intelligenz, Einstellung oder Persönlichkeitsmerkmale, und der »Schwierigkeit« des betreffenden Items, also der Wahrscheinlichkeit, mit der eine bestimmte Antwortvorgabe ausgewählt wird. Auch die klassische Testtheorie berechnet die Schwierigkeit eines Items, und zwar als Anzahl »richtiger Lösungen« (Lösung einer Leistungsaufgabe, Zustimmung zu einer Einstellung usw.). In der probabilistischen Testtheorie werden dagegen die Wahrscheinlichkeiten unterschiedlicher Itemlösungen zueinander ins Verhältnis gesetzt. Während in der klassischen Testtheorie die Schwierigkeit eines Items von dem Ergebnis aller Testpersonen, also von der Stichprobe, abhängt, definiert sich die Schwierigkeit eines Items in der probablistischen Testtheorie in Abhängigkeit von der Schwierigkeit anderer Items, aber unabhängig von der Testleistung der Stichprobe aller Testpersonen (vgl. Schmid 1992: 67ff.; Wottawa 1980: 44ff.).

Bei Tests besteht demnach – unabhängig von der benutzten Testtheorie – ein enger Zusammenhang zwischen der Konstruktion des Instruments und seiner statistischen Analyse, denn diese dient nicht nur der Auswertung der Ergebnisse, sondern auch der Überprüfung der Qualität des Tests. Dazu zählen Modellgeltungstests, bei denen die (in der Regel statistischen Annahmen) an den Daten überprüft werden, und Testoptimierungen, für die man mehrere Varianten miteinander vergleichen muss (vgl. Rost 1996: 324ff.; 349ff.). Die Optimierung eines Tests ist nicht dasselbe wie der Pretest, mit dessen Hilfe das Instrument verbessert wird (→ Teil 1, Kapitel 6.5), sondern erfolgt nach der Hauptuntersuchung. Dabei geht es darum, neue Items einzuführen oder ungeeignete auszuschließen, den Test auf (einzelne) andere Befragte oder auf (gesamte) andere Befragtenpopulationen zu übertragen und nach diesen Korrekturen das gesamte Ergebnis mit der vorherigen Variante auf Reliabilität und Validität zu vergleichen (→ Teil 1, Kapitel 1.3).

3.5.3 Konstruktion

Ein Test besteht aus dem Testmanual, das den Test ausführlich beschreibt und die Durchführungsanweisungen erläutert, dem Testmaterial selbst (zum Beispiel dem Fragebogen) und den Auswertungshilfen (zum Beispiel Schablonen, Lochfolien), mit denen die Testresultate für jede einzelne Testperson formalisiert ausgewertet werden können (vgl. Krauth 1995: 215ff.)

Bei der Konstruktion eines Tests ist darauf zu achten, dass die Items eindimensional sind. Mehrdimensional sind alle Fragen, die neben der beabsichtigten Dimension eine weitere Dimension ansprechen, etwa die soziale Erwünschtheit einer Einstellung oder eines Verhaltens. Offene Antworten sind oft mehrdimensional, weil die Testpersonen mit der Frage oder dem Item nicht notwendigerweise und nicht in jedem Fall dieselbe Assoziation wie die vom Forscher beabsichtigte haben. Geschlossene oder gebundene Antwortvorgaben können zum Beispiel bei Wissenstests zweidimensional sein, wenn die Testperson mit einer bestimmten Wahrscheinlichkeit die richtige Antwort rät. So beträgt bei vier Antwortvorgaben, von denen nur eine richtig ist, die Wahrscheinlichkeit, ohne Wissen die richtige Antwort zu raten, 25 Prozent. Auf der anderen Seite wäre es falsch, einfach die aufgrund der puren Ratewahrscheinlichkeit richtige Antwortzahl vom Testergebnis abzuziehen, weil es durchaus sein kann, dass die Testperson die richtigen Antworten sämtlich gewusst hat (vgl. Wottawa 1980: 215ff.).

Ein weiteres Kriterium besteht darin, dass die Items bzw. die Itemschwierigkeit fair sein muss. Unfair sind Items dann, wenn nicht alle Subgruppen der untersuchten Population die gleichen Chancen haben, die Aufgabe richtig zu lösen. Problematisch sind etwa Fragen, deren Schwierigkeiten von der Tagesaktualität abhängen (vgl. Wottawa 1980: 212ff.). Insbesondere die Operationalisierung von Wissen ist davon betroffen. Die Abfrage der Kenntnis bestimmter Fakten ist immer abhängig von unabhängigen Faktoren wie der formalen Bildung, individuellem Interesse (am Thema) und der Sozialisation der Testperson. Ein Beispiel aus der Fernsehpraxis sind Quizshows. Wer viel weiß oder sich durch logisches Denkvermögen die richtige Antwort erschließen kann, gewinnt eine höhere Geldsumme als Personen, die weniger wissen. Das Prinzip ist insofern fair, als die Höhe der Gewinnsumme von der Schwierigkeit der Fragen abhängt. Allerdings kann es sein, dass Nicht-Muttersprachler schon an den ersten Aufgaben scheitern, zum Beispiel wenn Sprichworte des Alltags ergänzt werden sollen. Was für Muttersprachler zum alltäglichen Wissen gehört und leicht zu beantworten ist, kann sich selbst für einen sehr sprachgewandten, aber nicht in dem betreffenden Land aufgewachsenen Nicht-Muttersprachler als unbeantwortbar erweisen.

Neben der Fairness der Itemformulierungen sollen die Items möglichst breit streuen hinsichtlich ihrer Schwierigkeit und damit die Ausprägungen des Merkmals repräsentieren sowie die Personen mit schwacher und starker Merkmalsausprägung eindeutig voneinander trennen (vgl. Bortz / Döring ^{3}2001: 221).

Schließlich sollen die Items lokal unabhängig voneinander sein, das heißt, dass die Beantwortung eines Items (logisch) nicht abhängig sein darf von der Beantwortung eines anderen (vorherigen) Items. Lokal abhängig wäre ein Item etwa, wenn seine Beantwortung das Wissen des vorherigen Items voraussetzt oder zu einem Folgefehler führt (vgl. Krauth 1995: 25ff.).

Um diese Kriterien einzuhalten, ist ein mehrstufiges Vorgehen zur Testkonstruktion erforderlich. Zunächst wird ein Itempool angelegt. Dazu ist eine exakte Definition des theoretischen Konstrukts, das gemessen werden soll, erforderlich. Mit offenen Befragungen kann man die relevanten Dimensionen ermitteln. Die so gefundenen Items werden sprachlich wie formal bearbeitet und an einer repräsentativen »Eichstichprobe« getestet. Dadurch können die Items nach verschiedenen Parametern (wie Schwierigkeit, Varianz, Reliabilität, Korrelationen zwischen den Items und Änderungssensitivität in verschiedenen Teilstichproben) analysiert werden, um die geeignetesten Items für den Test zusammenzustellen. Mit der abschließenden Analyse der Häufigkeitsverteilungen der Testwerte können Normwerte bestimmt werden, die zur Einordnung der getesteten Personen oder Gruppen benutzt werden (vgl. Krauth 1995: 20f.).

3.6 Das Experiment

Das Experiment ist keine Sonderform ausschließlich der Befragung, denn es kann auch eine Form oder ein besonderes Design der Beobachtung oder der Kombination aus beiden Methoden sein. Deshalb wird das Experiment in der Lehrbuchliteratur stets als eigene Methode mit eigenen Regeln vorgestellt.

3.6.1 Geschichte, Definition und Ziel

Das Experiment wurde zuerst in den Naturwissenschaften entwickelt und steht für den Aufstieg empirischer Forschung schlechthin, die eine rein theoretische Vorgehensweise ablöste. Petersen (2002: 14f.) gibt mehrere historische Vorbilder an, die experimentelles Denken entwickelt und propagiert haben, doch das moderne Verständnis der experimentellen Logik ist am engsten mit dem britischen Philosophen John Stuart Mill (1806-1873) verbunden.

Die Übertragung auf die Sozialwissenschaften erwies sich als problematisch, weil das Forschungsobjekt Mensch schwerer zu beobachten und experimentell zu manipulieren ist als die Forschungsobjekte in den Naturwissenschaften. Zudem werfen solche Manipulationen ethische Fragen auf (vgl. Petersen 2002: 33ff.). Dennoch setzte sich das Experiment seit Mitte des 19. Jahrhunderts zumindest in der Psychologie durch und ist durch die psycho-physiologischen Versuche von Wilhelm Wundt und die Arbeiten von Hermann Ebbinghaus über das Gedächtnis bekannt geworden. Heute gilt das Experiment als die wichtigste Methode in dieser Disziplin (vgl. Petersen 2002: 41ff.).

Auch in der kommunikationswissenschaftlichen Anwendung dominierten psychologische Fragestellung die Entwicklung des Experiments (vgl. Schulz 1970: 135ff.): Bekannt wurden die Experimente von Hovland und Mitarbeitern über die Wirkung persuasiver Kommunikation (vor allem von Propaganda) in den 50er Jahren, von Festinger über das Phänomen der kognitiven Dissonanz, von Janis / Feshbach und von Schachter über Angst erzeugende Kommunikation und von Berkowitz über schädliche Einflüsse von Film und Fernsehen, insbesondere von Sendungen mit gewalthaltigen Inhalten, auf Kinder und Jugendliche. In Deutschland begleiteten experimentelle Forschungsprojekte die Einführung des Fernsehens in den 60er Jahren und des privat-kommerziellen Rundfunks in den 80er Jahren. Heute spielt das Experiment vor allem in der Medienwirkungsforschung, speziell in der Werbewirkungsforschung eine große Rolle.

Allgemein kann das Experiment definiert werden als Manipulation einer hypothetisch vermuteten Ursache oder Bedingung für eine Wirkung oder einen

Effekt bei gleichzeitiger Kontrolle möglicher Störfaktoren bzw. experimenteller Randbedingungen. Das Ziel ist der exakte Beweis für eine kausale Beziehung[9] zwischen einer unabhängigen Variablen (Ursache) und einer abhängigen Variablen (Wirkung). Die Manipulation besteht darin, dass die Versuchspersonen (»Probanden«), die an dem Experiment teilnehmen, einem Reiz (Stimulus) ausgesetzt werden – sie bekommen zum Beispiel einen Film oder einen Werbespot vorgeführt – oder sie werden durch eine Behandlung (»treatment«) manipuliert (zum Beispiel geärgert, frustriert, erfreut, verwöhnt usw.). Dieser Reiz gilt dann als Ursache oder als Experimentalfaktor, weil er im Experiment erst hergestellt wird; die Reaktionen der Versuchspersonen sind die Wirkung auf diesen Reiz. Die Wirkung können emotionale Reaktionen, Gedächtnisleistungen, Bewertungen usw. sein.

Voraussetzung für den exakten Nachweis der Kausalbeziehung zwischen unabhängiger und abhängiger Variablen ist die *Wiederholbarkeit* des Experiments (Reliabilität → Teil 1, Kapitel 1.3). Dazu müssen in jedem Experiment mit derselben Fragestellung und demselben Verfahren auch dieselben Bedingungen hergestellt werden, indem diese Bedingungen möglichst standardisiert werden (vgl. Sarris 1999: 129ff.).

Eine weitere Bedingung für ein erfolgreiches Experiment ist die *Eindeutigkeit* der Ergebnisse (Validität → Teil 1, Kapitel 1.3). Dazu muss ausgeschlossen werden, dass nicht andere Ursachen als die hypothetisch angenommene für die Wirkung verantwortlich sind. Diese anderen Ursachen werden als Störfaktoren bezeichnet, weil sie in der Hypothese (Theorie) nicht berücksichtigt sind, aber dennoch das Ergebnis (Empirie) beeinflussen und damit die Überprüfung der Hypothese verhindern. Solche Störfaktoren können andere, nicht kontrollierte Reizvariablen oder personenspezifische Merkmale sein (vgl. Sarris 1999: 164). Wenn etwa der Einfluss der Rezeption gewalthaltiger Filme auf die Befürwortung von Gewalt in alltäglichen Konflikten untersucht werden soll, könnte man einer Gruppe von Versuchspersonen einen gewalthaltigen Film präsentieren und die Versuchspersonen danach befragen, wie sie sich in bestimmten alltäglichen Situationen mit Konfliktcharakter verhalten würden. Wenn sich die Versuchspersonen allerdings über den Film oder über die zu lange Wartezeit geärgert haben, werden sie möglicherweise schon aufgrund dieser äußeren und inneren Umstän-

---

9 Auf eine wissenschaftstheoretische Erläuterung des Kausalitätsbegriffs soll hier nicht näher eingegangen werden. Grundlegend mit dieser Problematik hat sich Schulz (1970: 38ff.) beschäftigt. Für eine Auseinandersetzung mit Kausalität aus systemtheoretisch-konstruktivistischer Perspektive vgl. Loosen / Scholl / Woelke (2002: 58ff.).

de aggressiv und kreuzen die gewalthaltigen Alternativen bei der Frage nach der Bewältigung von Konfliktsituationen an. Die Verärgerung wäre dann die eigentliche Ursache für die Legitimation von Gewalt im Alltag und nicht die Rezeption eines gewalthaltigen Films. Damit kann die Ausgangshypothese nicht bewiesen werden – sie muss aber auch nicht falsch sein, denn der Störfaktor Verärgerung hat die hypothetische Ursache überlagert. Man spricht von Konfundierungseffekten, wenn sich mehrere Effekte überlagern, aber nicht getrennt voneinander gemessen und analysiert werden (können).[10]

3.6.2 Designs

Experimentelle Befragungen sind vor allem hinsichtlich der Erhebungssituation standardisiert, um das Kriterium der Objektivität zu erfüllen (→ Teil 1, Kapitel 1.3).[11] Unter kontrollierten Bedingungen wird einer Experimentalgruppe von Versuchspersonen ein Stimulus dargeboten oder die Versuchspersonen werden in irgendeiner Weise (Wissen, emotionale Befindlichkeit usw.) manipuliert. Eine andere Gruppe von Befragten, die Kontrollgruppe, bekommt diese Behandlung (»treatment«) oder den Stimulus nicht[12]. Für den Nachweis des Kausaleffekts muss nicht jede Versuchsperson in der Experimentalgruppe den vermuteten Effekt aufweisen, sondern es genügt, wenn der Effekt (die abhängige Variable) im Durchschnitt in der Experimentalgruppe größer ist als in der Kontrollgruppe. Allerdings beweist die Differenz zwischen der Experimental- und der Kontrollgruppe allein noch nicht die Hypothese über den Kausalzusammenhang, denn

---

10 Konfundierungseffekte sind umso wahrscheinlicher, je komplexer die Stimuli sind, weil sie sich dann selten nur im Hinblick auf ein einziges Merkmal unterscheiden (vgl. Brosius / Koschel 2001: 211).

11 In der Regel sind auch die Instrumente im Experiment standardisiert (Fragebogen bei der Befragung, Protokollbogen bei der Beobachtung), aber es werden im Rahmen der qualitativen Sozialforschung auch nichtstandardisierte Instrumente experimentell eingesetzt (→ Teil 1, Kapitel 3.3).

12 Alternativ dazu kann die Kontrollgruppe auch einem anderen Stimulus oder einem anderen Treatment ausgesetzt werden, der / das bestimmte Merkmale nicht enthält. Wenn der Stimulus, den die Experimentalgruppe präsentiert bekommt, in der Rezeption gewalthaltiger Filmausschnitte bestehen soll, kann man der Kontrollgruppe ebenfalls einen Film zeigen, der aber keinen gewalthaltigen Inhalt hat. Dieser gewaltlose Film ist aber kein Experimentalstimulus. Außerdem kann noch der (häufige) Fall auftreten, dass es statt einer Kontrollgruppe zwei oder mehrere Versuchsgruppen gibt (vgl. Diekmann 1995: 297). Man würde dann – um bei diesem Beispiel zu bleiben – Filme mit unterschiedlicher Gewaltdarstellung zeigen, um herauszufinden, welche Darstellung den größten Effekt erzeugt.

gleichzeitig müssen die Differenzen jeweils innerhalb der Experimental- und Kontrollgruppe gering sein. Sind die Differenzen (Streuungen) innerhalb der beiden Gruppen hoch, bedeutet dies, dass die Manipulation der Ursache (der unabhängigen Variablen) keinen eindeutigen Effekt erzeugt hat (vgl. Sarris 1999: 167ff.).

Eine wichtige Bedingung für den Vergleich zwischen Experimental- und Kontrollgruppe ist deren identische Zusammensetzung hinsichtlich relevanter Merkmale. Dazu gibt es zwei Techniken, die Randomisierung und die Parallelisierung (»matching«) (vgl. Sarris 1999: 180ff.): Bei der Randomisierung werden die Versuchspersonen mit einem Zufallsverfahren der Experimental- und der Kontrollgruppe zugewiesen. Dies kann durch Ziehung von Spielkarten erfolgen (durch die Unterscheidung von roten und schwarzen Karten) oder durch die Verwendung von Zufallszahlen (durch die Unterscheidung von geraden und ungeraden Zahlen).[13] Die Parallelisierung ist eine Art Quotierung. Wenn die wichtigsten Variablen bekannt sind (etwa durch eine Vorerhebung oder mit Hilfe der Vorher-Messung), kann die Stichprobe so zweigeteilt werden, dass sich beide Gruppen hinsichtlich möglichst vieler Merkmale gleichen.[14]

Eine andere Möglichkeit zum Nachweis einer kausalen Beziehung ist die Vorher-Nachher-Messung. Bei diesem Messwiederholungsdesign wird zwischen drei Zeitpunkten unterschieden: einer Vorher-Messung, der Einführung des Stimulus oder Treatments und einer Nachher-Messung. Die Versuchspersonen werden demnach zweimal befragt: vor und nach der Stimuluspräsentation. Die Kausalitätsbeziehung zwischen der unabhängigen und der abhängigen Variablen lässt sich als Differenz zwischen der Vorher- und der Nachher-Messung berechnen (vgl. Schulz 1970: 94). Auch hier muss sich nicht bei jeder einzelnen Versuchsperson ein Effekt einstellen, es genügt, wenn die Summe der Veränderungen zwischen den beiden Messzeitpunkten hinreichend groß ist.

---

[13] Die zufällige Zuweisung der Versuchspersonen zu einer Versuchsgruppe ist nicht dasselbe wie die zufällige Ziehung einer Stichprobe. Während die zufällige Zuweisung die Bedingung für die Gleichheit der Versuchsgruppen ist, bezieht sich die zufällige Ziehung auf die Rekrutierung der Versuchspersonen und somit auf die Repräsentativität der Stichprobe (vgl. Czienskowski 1996: 65).

[14] Über die Größe der Stichprobe machen die meisten Lehrbücher keine Aussagen. Lediglich Bortz / Döring ([3]2001: 602ff.) weisen darauf hin, dass die erforderliche Anzahl von Versuchspersonen höher ist, wenn der gemessene Effekt der unabhängigen Variable(n) auf die abhängige(n) Variable(n) gering ist, und erstellen ausführliche statistisch errechnete Tabellen für die Fallzahl in Abhängigkeit von der Effektgröße. Pro Versuchsgruppe sollten (in Laborexperimenten) mindestens zehn Versuchspersonen veranschlagt werden.

Die Logik dieser Vorgehensweise erfordert, dass keine Veränderungen der Situation eintreten dürfen, die nicht auf den experimentellen Faktor (die unabhängige Variable) zurückzuführen sind, und dass mit Ausnahme des experimentellen Faktors keine weiteren Faktoren in die Situation hineinwirken dürfen (vgl. Schulz 1970: 94). Ist die Einwirkung anderer Faktoren nicht zu verhindern, sind diese aber bekannt und vom Experimentalfaktor isolierbar, werden sie im Experiment erhoben und statistisch »herausgerechnet« (vgl. Sarris 1999: 198ff.).

Beide Versuchsanordnungen sind auch miteinander kombinierbar: Sowohl für die Experimentalgruppe als auch für die Kontrollgruppe werden Vorher- und Nachher-Messungen, also insgesamt vier Messungen, durchgeführt. Mit diesem Design ist es möglich, eine kausale Wirkung des Stimulus nachzuweisen, wenn sich in der Experimentalgruppe die vermutete Veränderung zwischen den beiden Messzeitpunkten (vor und nach der Stimuluspräsentation) beobachten lässt und gleichzeitig keine Veränderung in der Kontrollgruppe (ohne Stimuluspräsentation) zu verzeichnen ist. Insofern gleicht ein Experiment (wenn es als Befragung konzipiert ist und nicht als Beobachtung) einer Mehrfachbefragung (→ Teil 1, Kapitel 3.7.2) unter besonders kontrollierten Bedingungen.

Allerdings treten bei der Vorher-Nachher-Messung möglicherweise Sensibilisierungs- oder Gewöhnungseffekte auf, weil jede Messung auf die Versuchspersonen zurückwirkt und das Versuchsverhalten der Versuchspersonen damit beeinflusst (→ Kapitel 3.6.3). Um auch diesen Effekt zu kontrollieren, kann man das kombinierte Design aus Vorher-Nachher-Messung und Parallelgruppen-Vergleich mit der Solomon-Vier-Gruppen-Anordnung erweitern. Dieses Design sieht jeweils zwei Experimental- und Kontrollgruppen vor, die sich dadurch unterscheiden, dass bei der einen eine Vorher-Messung durchgeführt wird und bei der anderen nicht:

- Experimentalgruppe 1 (E_1): Vorher-Messung, Treatment, Nachher-Messung
- Experimentalgruppe 2 (E_2): Treatment, Nachher-Messung
- Kontrollgruppe 1 (K_1): Vorher-Messung, Nachher-Messung
- Kontrollgruppe 2 (K_2): Nachher-Messung

Der Stimulus bzw. das Treatment haben dann einen eindeutigen Einfluss, wenn mehrere Bedingungen erfüllt sind:

- Zwischen der Vorher- und der Nachher-Messung muss bei E_1 eine hinreichende (signifikante) Differenz bestehen, bei K_1 dagegen nicht, sonst hätte das Treatment bzw. der Stimulus nichts bewirkt oder die Veränderung, die auch bei der Kontrollgruppe stattgefunden hat, wäre nicht auf das Treatment oder den Stimulus zurückzuführen. Damit muss auch eine Differenz zwischen den Nachher-Messungen bei E_1 und E_2 einerseits und den Nachher-Messungen bei K_1 und K_2 andererseits bestehen.

- Die Vorher-Messungen müssen bei E_1 und K_1 gleich sein, und damit muss zwischen der Vorher-Messung bei K_1 und der Nachher-Messung bei E_1 die gleiche Differenz wie zwischen der Vorher- und Nachher-Messung bei E_1 bestehen, sonst wären die Versuchsgruppen nicht identisch in Bezug auf die Ausgangssituation.
- Die Nachher-Messungen bei E_1 und E_2 sowie bei K_1 und K_2 müssen gleich sein, sonst hätte die Vorher-Messung bei E_1 und bei K_1 einen sensibilisierenden Effekt gehabt (vgl. Zimmermann 1972: 114f.).

Mit dieser Vier-Gruppen-Anordnung sind also vielfältige störende Einflüsse statistisch errechenbar und kontrollierbar. Dennoch ist das Design sehr aufwändig, weil doppelt so viele Versuchspersonen wie bei der Zwei-Gruppen-Anordnung notwendig sind. Sein Einsatz ist nur sinnvoll, wenn die Erfüllung der Bedingungen (gleiche Verteilung der Merkmale bei Experimental- und Kontrollgruppe sowie keine Einflüsse der Vorher-Messung auf die Nachher-Messung) nachgewiesen werden soll. Schulz (1970: 111ff.) hält deshalb für die Sozialwissenschaften die Zwei-Parallelgruppen-Anordnung mit Experimental- und Kontrollgruppe (ohne Vorher-Messung) für am besten geeignet.[15]

Um einen Effekt klar erkennen zu können, gibt es mehrere Möglichkeiten der Versuchsanordnung, das heißt der Manipulation der unabhängigen Variablen (vgl. Sarris 1999: 172f.):

- Extremgruppenvergleich: Die unabhängige Variable wird in zwei Ausprägungen (Stufen) unterteilt, die sich sehr stark voneinander unterscheiden. Wenn die unabhängige Variable etwa die Rezeption gewalthaltiger Filminhalte sein soll, so kann man zwei Versuchsgruppen bilden, bei der die Experimentalgruppe einem sehr gewaltsamen Film(ausschnitt) ausgesetzt wird, während der Stimulus der Kontrollgruppe aus einem völlig gewaltlosen Film(ausschnitt) besteht. Der Effekt könnte etwa darin bestehen, dass die Versuchspersonen der Experimentalgruppe deutlich eher bereit sind, bei alltäglichen Konflikten gewalthaltige Lösungen zu akzeptieren oder anzustreben als die Versuchspersonen, die einen gewaltlosen Film gesehen haben.

[15] Zwischen der komplexen Vier-Gruppen-Anordnung und der einfachen faktoriellen Anordnung gibt es zahlreiche Varianten (vgl. Czienskowski 1996: 66ff.).

- Differenzierter Gruppenvergleich: Die unabhängige Variable kann in mehr als zwei Stufen unterteilt werden, die sich dann graduell voneinander unterscheiden. Hier werden zum Beispiel zwei Experimentalgruppen gebildet, von denen die eine einen Film mit sehr gewaltsamen Inhalten und die andere einen Film mit gemäßigt gewalthaltigen Inhalten zu sehen bekommt, während die Kontrollgruppe einen Film ganz ohne Gewaltszenen rezipiert. Im Unterschied zum Extremgruppenvergleich lässt sich genauer erkennen, ab welchem Grad von Gewalthaltigkeit der vermutete Effekt eintritt, dass die Präsentation von filmischer Gewalt zur Legitimation von Gewalt zur alltäglichen Konfliktlösung führt. Beim Vergleich der Gruppen kann überprüft werden, ob die Effekte bei der gemäßigten Experimentalgruppe tatsächlich zwischen den beiden Extremgruppen liegen. Der differenzierte Gruppenvergleich ist allerdings aufwändiger als der Extremgruppenvergleich, weil er mehr Versuchsgruppen und damit mehr Versuchspersonen erfordert.

- Mehrfaktorielles Design: Um mögliche andere Ursachen ebenfalls zu berücksichtigen, könnte man außer der Filmpräsentation auch die Experimentalsituation selbst manipulieren und die Versuchspersonen in eine unterschiedliche Atmosphäre versetzen. Eine Experimentalgruppe bekommt den Stimulus mit dem gewalthaltigen Film und wird zusätzlich durch eine lange Wartezeit, ein ungemütliches Wartezimmer oder durch unfreundliches Verhalten des Versuchsleiters verärgert, während die andere Experimentalgruppe freundlich behandelt wird. Die Versuchspersonen, denen ein gewaltloser Film dargeboten wird, werden ebenfalls in zwei Gruppen unterteilt, je nachdem, ob sie freundlich oder unfreundlich behandelt werden. Man nennt eine solche Versuchsanordnung 2x2-faktorielles Design (sprich: zwei mal zwei), weil es zwei unabhängige Variablen bzw. (Experimental-) Faktoren (Rezeption von filmischer Gewalt und aggressive Grundstimmung) mit jeweils zwei Ausprägungen (liegt vor und liegt nicht vor) enthält.

Sollte die Präsentation eines gewalthaltigen Films die (einzige) Ursache für die Legitimation von gewalthaltigen Konfliktlösungen sein, dürfte es weder einen Unterschied zwischen den beiden Experimentalgruppen, noch zwischen den beiden Kontrollgruppen geben, aber die durchschnittliche Differenz zwischen den Experimentalgruppen auf der einen Seite und den Kontrollgruppen auf der anderen Seite müsste groß sein. Sollte dagegen auch die verärgerte Kontrollgruppe eine hohe Gewaltbereitschaft in Konfliktsituationen äußern, hätte die aggressive Befindlichkeit der Versuchspersonen ebenfalls einen Effekt. Tritt dieser (nur) zusammen mit der Präsentation von gewalthaltigen Filminhalten auf, spricht man von einem Interaktionseffekt, weil beide Bedingungen – die Rezeption eines gewalthaltigen Filmes und die vorherige

Verärgerung – zutreffen müssen, damit die Versuchspersonen Gewalt als Konfliktlösungsmittel legitimieren. Einerseits ist es realistischer, dass eine Wirkung durch mehr als eine Ursache erzeugt wird, andererseits stoßen mehrfaktorielle Designs schnell an die Grenze ihrer Durchführbarkeit, weil zu viele Versuchspersonen benötigt werden und unterschiedliche Bedingungen geschaffen werden müssen.[16]

3.6.3 Unerwünschte (Stör-) Effekte

Obwohl im Experiment durch standardisierte Bedingungen eine enorme Kontrolle der Erhebungssituation möglich ist, kann eine Menge von Effekten auftreten, welche die Validität der Ergebnisse beeinträchtigen (vgl. Schulz 1970: 97ff.; Sarris 1999: 216ff.; Stangl 2001: 310):

- Äußere Zeiteinflüsse: Insbesondere wenn sich ein Experiment über einen längeren Zeitraum erstreckt, können Ereignisse (der Zeitgeschichte) einen konfundierenden Einfluss auf die experimentelle Situation haben. Es ist dann nicht mehr entscheidbar, ob ein gemessener Effekt aufgrund der experimentellen Manipulation oder aufgrund äußerer Ereignisse aufgetreten ist.
- Innere Veränderungsprozesse: Eine Veränderung der experimentellen Situation kann auch durch Veränderungen der Versuchspersonen selbst entstehen. Davon sind insbesondere längerfristige Experimente betroffen, aber auch solche, die nur eine einmalige Präsenz erfordern, wenn die Versuchspersonen Ermüdungserscheinungen aufweisen, gelangweilt werden oder Hunger bekommen.
- Testeffekt: Bei Mehrfachmessungen besteht die Gefahr, dass sich die Versuchspersonen an das Messinstrument gewöhnen und bei der zweiten Messung nicht mehr unbefangen antworten. Eine Veränderung zwischen der Vorher- und der Nachher-Messung deutet dann nicht auf eine tatsächliche Kausalitätsbeziehung zwischen unabhängiger und abhängiger Variable hin, sondern auf einen anderen Umgang der Versuchspersonen mit dem Instrument.
- Instrumenteneffekt: Auch das Instrument selbst kann sich verändern bzw. das Verhalten des Versuchsleiters. Zwar betrifft dies nicht den Fragebogen, aber

[16] Es gibt zahlreiche Möglichkeiten, verschiedene Faktoren zu mehrdimensionalen Versuchsplänen zu kombinieren, sodass auch komplexe Experimente durchgeführt werden können. Die Auswertung erfordert allerdings genaue Kenntnisse der statistischen Verfahren (vgl. Czienskowski 1996: 83ff.; 91ff.).

da alle anderen Faktoren, die zum Messvorgang gehören, also die Instruktionen des Versuchsleiters oder seine Behandlung der Versuchspersonen.

- Statistische Regressionseffekte: Wenn sehr unterschiedliche Versuchsgruppen gebildet werden (zum Beispiel hoch und gering Informierte) entstehen bei der Messung der relevanten abhängigen Variablen (zum Beispiel Informiertheit) Boden- oder Deckeneffekte. Das bedeutet, dass Versuchspersonen mit niedrigem Wert in der Vorher-Messung mit höherer Wahrscheinlichkeit in der Nachher-Messung einen höheren Wert aufweisen; und Versuchspersonen mit hohem Wert in der Vorher-Messung weisen einen niedrigeren Wert in der Nachher-Messung auf als umgekehrt. Diese Veränderungen sind rein statistisch bedingt und hängen nicht mit Stimulus oder Treatment zusammen.

- Auswahleffekt: Die Auswahl der Versuchspersonen und ihre Zuordnung zur Experimental- oder Kontrollgruppe kann zu Verzerrungen führen, sodass beide Gruppen nicht gleich sind im Hinblick auf für die Untersuchung relevante Variablen. Dieses Problem ist bei einer großen Stichprobe relativ gering; die Versuchsgruppen bei Experimenten umfassen jedoch in der Regel nur jeweils zwanzig Versuchspersonen.

- Ausfalleffekt: Aufgrund der Erwartungen, die gegenüber Experimenten in der Bevölkerung bestehen, ist es von vornherein schwierig, eine nach soziodemografischen Merkmalen breit gestreute Stichprobe zusammenzustellen. Darüber hinaus sind insbesondere bei Experimenten mit Messungen zu mehreren Zeitpunkten Ausfälle zu verzeichnen, die dazu führen können, dass die Stichprobe in der Nachher-Messung im Hinblick auf für die Untersuchung wichtige Variablen nicht mehr identisch ist mit der Ausgangsstichprobe (der Vorher-Messung).

- Künstlichkeit der Experimentalsituation: Die experimentelle Manipulation der Bedingungen für die Datenerhebung führt oft dazu, dass die Situation, in der das Experiment stattfindet, sehr künstlich ist und von den alltäglichen Erfahrungen der Versuchspersonen stark abweicht. Dadurch ist es problematisch, die gemessenen Effekte auf andere, realistischere Situationen zu übertragen.

- Probandenrepräsentativität: Da Experimente häufig an Universitäten stattfinden, sind die Versuchsteilnehmer meist Studenten, also eine im Vergleich zur Bevölkerung homogenen Gruppe im Hinblick auf Alter und Bildung. Aufgrund dieser eingeschränkten Population ist es fraglich, ob die Ergebnisse auf die Bevölkerung übertragen werden können.

Die beiden letzten Punkte, die die Repräsentativität der Situation und der Population betreffen, werden in der Literatur unter dem Stichwort »externe Validität« zusammengefasst, wohingegen die davor aufgeführten Probleme die »interne Validität« betreffen, weil sie als Störfaktoren die Eindeutigkeit der Ergebnisse gefährden. Interne und externe Validität sind dabei »partiell inkompatibel« (Sarris 1999: 222); man kann den Zielkonflikt aber auch schärfer als das Paradox des Experiments charakterisieren: Eine weitreichende Eliminierung von Störfaktoren zur Erhöhung der internen Validität erhöht die Künstlichkeit der Situation und beeinträchtigt damit die externe Validität. Wird die Experimentalsituation dagegen so natürlich wie möglich belassen, ist es nicht mehr möglich, Störfaktoren zu kontrollieren. Insofern muss stets zwischen der Exaktheit des Kausalitätsnachweises und der Verallgemeinerbarkeit der Ergebnisse abgewogen werden.

3.6.4 Labor- und Feldexperiment

Genau an diesem Spannungsfeld zwischen interner und externer Validität setzt die Diskussion um Labor- und Feldexperimente ein. Laborexperimente sind dadurch gekennzeichnet, dass das Experiment in einem »Labor«, meist im Forschungsinstitut stattfindet. Hier sind die Bedingungen optimal zu kontrollieren und damit auch Störfaktoren so gut es geht auszuschließen, aber die Situation ist für die Versuchspersonen im Vergleich zu ihrem Alltag sehr ungewöhnlich (vgl. Petersen 2002: 59) und manchmal Angst erzeugend (Test- oder Prüfungsangst). Bei Feldexperimenten bleiben die Versuchspersonen während der Durchführung des Experiments und bei der Messung in ihrer gewohnten (»natürlichen«) Umgebung. Dies ist der Fall bei sozialen Interventionen, pädagogischen Schulversuchen oder bei den Kabelpilotprojekten. Allerdings sind im Feldexperiment die Kontrollmöglichkeiten des Versuchsleiters stark eingeschränkt, sodass Störfaktoren in der Regel nicht nur nicht ausgeschaltet, sondern auch nicht kontrolliert werden können. Laborexperimenten wird demzufolge eine höhere interne, Feldexperimenten dagegen eine höhere externe Validität zugesprochen.

Befürworter von Laborexperimenten rechtfertigen die Künstlichkeit im Labor damit, dass die natürlichen Bedingungen abstrahiert werden können. Auf diese Weise lassen sich einzelne Variablen isoliert voneinander analysieren und eine »reine« Kausalbeziehung herstellen. Die Verallgemeinerung der Ergebnisse ist deshalb möglich, weil im Laborexperiment ein grundlegender Verhaltenstypus oder grundlegende Kognitionen deutlich werden (vgl. Sarris 1999: 229ff.). Dagegen lässt sich nur im Feldexperiment nachweisen, ob ein bestimmter Einflussfaktor, der im Labor wirkt, auch unter alltäglichen sozialen Bedingungen noch Geltung hat oder von den Kontexten überlagert und unsichtbar wird (vgl. Petersen 2002: 65f.). Man kann das Laborexperiment in den Sozialwissenschaften mit naturwissenschaftlichen Experimenten zum freien Fall im luftleeren Raum vergleichen. Hier lässt sich die Fallgeschwindigkeit messen, ohne auf die natürlichen Gegebenheiten des Luftwiderstandes Rücksicht nehmen zu müssen.

Dennoch muss darauf geachtet werden, dass die Kontrolle der Randbedingungen und Ausschaltung der Störfaktoren nicht dazu führt, dass die Experimentalsituation völlig von der alltäglichen Erfahrung der Versuchspersonen abweichen, denn insbesondere kommunikationswissenschaftliche Fragestellungen betreffen meist nicht grundlegende kognitive Operationen, die unabhängig von sozialen Gegebenheiten zu erheben sind. Brosius (1995: 155ff.) hat deshalb einige Vorschläge gemacht, wie die Künstlichkeit der Laborsituation zumindest reduziert werden kann:

- Die Raumgestaltung sollte möglichst alltäglich sein, um eine natürliche Rezeptionssituation zu simulieren und den Eindruck eines Labors zu vermeiden. Dazu gehören eine lockere Möbelanordnung, die Einrichtung von Bücherregalen und Bildern.
- Die Instruktionen des Versuchsleiters sollten nicht lernbezogen sein, damit nicht der Eindruck entsteht, dass die Versuchspersonen geprüft werden. Dies gilt selbst, wenn Gedächtnis oder Wissen geprüft werden sollen.
- Das Stimulusmaterial sollte authentisch und realistisch sein. Filme, Werbung oder Nachrichtensendungen sollten vollständig und im Kontext, nicht nur ausschnittweise gezeigt werden. Weiterhin sollten sie aus originalem Material bestehen, das zu Untersuchungszwecken geschnitten und neu zusammengesetzt werden darf, aber nicht künstlich produziert werden sollte.
- Da alltägliche Rezeptionsprozesse nicht abstrakt, sondern in einem inhaltlich spezifischen Kontext ablaufen, empfiehlt sich die systematische Variation der untersuchten Themen der Medieninhalte, um themenabhängige Effekte zu messen. Aus diesem Grund sollten alle abhängigen Variablen auch getrennt für jede Meldung oder für jeden Werbespot oder Filmausschnitt erhoben werden, um zu vermeiden, dass der Stimulus zu komplex wird und die Versuchspersonen sich selektiv nur auf bestimmte Stimulusteile beziehen, aber damit stellvertretend den gesamten Stimulus beurteilen.
- Mit einer differenzierten Erhebungstechnik sollten parallel mehrere Messinstrumente eingesetzt werden. So empfiehlt sich bei der Messung von Behaltens- oder Verstehensleistungen, dass die Erinnerung sowohl offen (freie Wiedergabe) als auch mit Hilfe von (falschen und richtigen) Vorgaben zur Auswahl (gestützte Wiedergabe) erfasst werden. Außerdem sollten als ab-

hängige Variablen neben den kognitiven Leistungen auch Eindrücke, Bewertungen und Beurteilungen abgefragt werden, weil diese ebenfalls zum alltäglichen Rezeptionsprozess gehören.

Diese Vorschläge zur Erhöhung der externen Validität von Laborexperimenten versuchen, die Vorteile von Labor- und Feldexperimenten miteinander zu kombinieren. Nicht immer besteht jedoch die Alternative zwischen Labor- und Feldexperiment, denn die Entscheidung für die eine oder andere Experimentform ist oft eine Frage der Gelegenheit. Da Forscher auf sich bietende Gelegenheiten reagieren müssen, ist das Feldexperiment oft nur ein Ex-post-facto-Design oder ein quasi-experimentelles Design, das heißt, die Zuordnung zu den Versuchsgruppen kann erst im Nachhinein erfolgen, und mögliche Störfaktoren können nicht oder nur unzureichend kontrolliert werden (vgl. Sarris 1992b: 146ff.).

Aus dieser Abhängigkeit von sich bietenden Gelegenheiten lässt sich aber auch ein Vorteil ableiten. Da das Feldexperiment externe Faktoren nicht streng kontrollieren kann, sondern deren Einfluss in Kauf nehmen muss, können langfristige Effekte in ihrem realen Kontext gemessen werden. Dies ist schon deshalb einfacher, weil die Versuchspersonen in ihrer alltäglichen Umgebung bleiben und leichter nach einer längeren Zeit ein weiteres Mal befragt werden können, als wenn man sie erneut ins Labor holen müsste. Zudem können die Bedingungen in einem Laborexperiment nicht über einen längeren Zeitraum kontrolliert werden, sodass sich dieses besser eignet für die Messung isolierter kurzfristiger Effekte von einfachen Stimuli.

Als Fazit der Debatte um Labor- und Feldexperimente kann man festhalten, dass bei Laborexperimenten die Versuchsanordnung möglichst natürlich gestaltet werden muss, während bei Feldexperimenten mögliche Störfaktoren, wenn sie schon nicht ausgeschaltet werden können, so doch zumindest in der Erhebung mit erfasst werden müssen.

3.6.5 Versuchsplanung und Versuchsdurchführung

Für die Durchführung eines Experiments (vgl. allgemein Hager / Spieß / Heise ^{2}2001) müssen die unabhängige(n) und die abhängige(n) Variable(n) definiert bzw. vorher festgelegt werden. Von hier ist der Schritt zur Hypothesenbildung nicht mehr weit, denn eine Hypothese ist nichts anderes als eine Zusammenhangsvermutung von (mindestens) zwei Variablen. Wenn die unabhängige Variable wie im obigen Beispiel die Rezeption gewalttätiger Filminhalte sein soll und die abhängige Variable die Legitimation von Gewalt in alltäglichen Konfliktsituationen, so könnte man die Hypothese aufstellen, dass Personen, die gewalttätige

Filme anschauen, dazu neigen, Gewalt als legitimes Mittel der Konfliktaustragung im Alltag anzusehen. Im nächsten Schritt muss die Zahl der Stufen des Experimentalfaktors, also der unabhängigen Variablen festgelegt werden. Am einfachsten ist ein zweistufiger Faktor mit der Vorführung eines gewalttätigen und eines gewaltfreien Films. Dafür werden zwei Versuchsgruppen benötigt. Alternativ könnte man den Stimulus in drei Stufen unterteilen und drei Versuchsgruppen einen sehr gewalttätigen, einen mäßig gewalttätigen und einen gewaltfreien Film zeigen. Die abhängige Variable, die Legitimation von Gewalt in alltäglichen Konfliktsituationen, lässt sich durch einen Test zur Gewaltbereitschaft operationalisieren. So könnte man den Versuchspersonen verschiedene Konfliktsituationen schildern, und sie sollen jeweils angeben, ob sie eine bestimmte Gewaltform (von verbaler Beschimpfung, Androhung von Gewalt bis zur Handgreiflichkeit oder gar stärkeren Formen der Gewaltausübung) für gerechtfertigt halten. Unter der Voraussetzung, dass die Versuchspersonen mit einem Zufallsverfahren den beiden Versuchsgruppen zugeordnet wurden, dass sie vor der Filmvorführung in einem ähnlichen, möglichst durchschnittlichen emotionalen Zustand waren, was man in einer Vorher-Messung kontrollieren könnte, wäre die Hypothese dann bestätigt, wenn die Versuchsgruppe, die den gewalthaltigen Film gesehen hat, durchschnittlich häufiger bzw. in mehr Situationen bereit wäre, Gewalt für ein legitimes Mittel der Konfliktaustragung zu halten, als die Versuchsgruppe, die einen gewaltfreien oder weniger gewalthaltigen Film gesehen hat.

Diese Hypothese ist an einem einfachen Stimulus-Response-Modell orientiert und könnte durch weitere unabhängige Variablen ergänzt werden. So ist anzunehmen, dass zum einen die soziale Herkunft und zum anderen die Verarbeitung des Stimulus unterschiedliche Auswirkungen auf die Gewaltbereitschaft haben. Demnach müsste man bei der Zusammenstellung der Versuchsgruppen darauf achten, dass die Versuchspersonen aus verschiedenen sozialen Milieus stammen. Außerdem wäre die subjektive Interpretation der gezeigten Filme als gewalttätig zu erfassen. Dieser »Treatment Check« würde sicherstellen, ob der gewalttätige Film überhaupt als solcher wahrgenommen und ernst genommen wurde, sodass eine stimulierende Wirkung überhaupt eintreten kann. Schließlich besteht die Möglichkeit, das Stimulusmaterial selbst zu differenzieren. So kann es ausschlaggebend sein, ob die Gewalt realistisch (in einer zumindest als real vorstellbaren Situation), motiviert (mit der Verfolgung eines nachvollziehbaren Ziels), gerechtfertigt (als Mittel der Verteidigung) erfolgt oder nicht. Daraus können zusätzliche Experimentalfaktoren gebildet werden, sodass weiteren Versuchsgruppen unterschiedliche Gewaltfilmversionen präsentiert werden.

Eine besondere Herausforderung ist demzufolge die Rekrutierung von Versuchspersonen, denn die Teilnahme an einem Experiment ist zum einen freiwillig und wird zum anderen von vielen Ängsten oder Befürchtungen begleitet. Der häufige Rückgriff auf Gelegenheitsstichproben – verfügbar sind in der akademischen Forschung vor allem Studierende – schränkt die Reichweite der Aussagen deutlich ein. Um Personen aus anderen sozialen Schichten zu rekrutieren, werden oft Anreize geboten, meist eine kleine Geldsumme. Wenn die Versuchsanordnung keine komplizierte Installation von Technik erfordert, ist es sinnvoll, das Experiment nicht im Labor stattfinden zu lassen. So kann etwa ein Film auch in einem beliebigen Volkshochschulkurs vorgeführt werden, vorausgesetzt, man bekommt die Genehmigung, und die Kursteilnehmer sind mit ihrer Rolle als Versuchspersonen einverstanden. Aus forschungsökonomischen Gründen empfiehlt sich der Rückgriff auf Gruppensituationen zwar, allerdings kann eine intensive Gruppenkommunikation die Versuchsanordnung massiv stören. Auf jeden Fall sollte versucht werden, das Experiment bei soziodemografisch unterschiedlichen Gruppen durchzuführen, auch wenn eine bevölkerungsrepräsentative Stichprobe bei Experimenten praktisch nicht erreicht werden können. Bei Feldexperimenten dürfte die Rekrutierung von Versuchspersonen einfacher sein, da diese für den Versuch ihr alltägliches Umfeld nicht verlassen müssen. Demnach sind bei Feldexperimenten in der Regel auch größere Stichproben möglich als bei Laborexperimenten.

Nach der Rekrutierung der Versuchspersonen erfolgt ihre Zuteilung auf die Versuchsgruppen. Dabei sollte auf jeden Fall die Selbstselektion der Versuchspersonen vermieden werden. Mit Hilfe eines Zufallsverfahrens können die Teilnehmer jeweils einer Gruppe zugewiesen werden. In Feldexperimenten ist dies oft nicht möglich. Hier kann man aber zumindest die soziodemografischen oder sonstige untersuchungsrelevante Merkmale erheben und die Versuchsgruppen nach diesen Merkmalen parallelisieren oder deren Verteilung nach der Durchführung in der Analyse statistisch kontrollieren.

Im Laborexperiment wird nach der Gruppenzuteilung den Versuchspersonen einzeln oder in der Gruppe der Zweck des Experiments erklärt und welche Aufgaben sie bewältigen sollen. Bei der experimentellen Befragung müssen sie nach der Stimuluspräsentation einen Fragebogen ausfüllen. Bei Vorher-Nachher-Messungen füllen die Versuchspersonen zweimal einen Fragebogen aus. Diese sollten nicht identisch sein, damit kein Testeffekt eintritt. Sollen bestimmte Variablen mehrfach erhoben werden, müssen die diesbezüglichen Fragen in unterschiedliche Fragebogenkontexte eingebettet werden, damit die Wiederholung möglichst nicht auffällt. Wie viel Zeit zwischen dem Stimulus oder Treatment und den Messungen verstreicht, hängt von der Forschungsfrage ab. Geht es etwa um langfristige Erinnerungseffekte, kann die Befragung auch Tage später erfolgen oder wiederholt werden.

Eine besondere Aufgabe bei der Durchführung des Experiments kommt dem Versuchsleiter zu, der eine noch mehr informierende und kontrollierende Rolle einnimmt als der Interviewer. Er muss insbesondere zwei Probleme bewältigen (vgl. Huber 1987: 109ff.):

- Zum einen muss er der Angst der Versuchspersonen begegnen, die dadurch entsteht, dass sie zwar wissentlich an einem Experiment teilnehmen, aber keine genauen Erwartungen haben, was auf sie zukommt (Testangst). Deshalb muss der Versuchsleiter die Erwartungen an die Rolle der Versuchsteilnehmer klar kommunizieren. Seine Instruktionen dienen den Probanden in sachlicher Hinsicht als Information über ihre Aufgabe, in sozialer Hinsicht als Information über die Rolle, die sie auszufüllen haben, und in zeitlicher Hinsicht als Information über die Strukturierung und den Ablauf des Experiments. Ob die Instruktionen verstanden und eingehalten werden, muss kontrolliert werden, am besten, indem eine Art Probedurchlauf durch das Experiment durchgeführt wird. Aus diesem Grund beginnt ein Experiment oft mit einer Aufwärmphase.
- Zum anderen dürfen die Versuchspersonen nicht wissen, welchen Zweck genau die Untersuchung hat, damit sie sich nicht an den unterstellten Erwartungen des Versuchsleiters orientieren und sich nicht absichtlich hypothesenkonform als »gute« Versuchsperson oder gegen die Hypothese als »widerspenstige« Versuchsperson verhalten. Das Hauptproblem der Täuschung über den Versuchszweck besteht – abgesehen von der ethischen Bedenklichkeit – in der Gefahr, aufgedeckt zu werden. In diesem Fall ist das Experiment zumindest für die betreffende Versuchsperson oder Versuchsgruppe gescheitert. Nach dem Experiment sollten die Versuchsteilnehmer allerdings über den eigentlichen Zweck aufgeklärt werden (»debriefing«) (vgl. Brosius / Koschel 2001: 214), damit zumindest im Nachhinein die ungleiche Rollenverteilung zwischen Versuchsleiter und Versuchsteilnehmer ein wenig aufgehoben wird.

Eine schwierige Aufgabe ist weiterhin die Gestaltung der Versuchssituation selbst: Sie soll einerseits so natürlich wie möglich von den Versuchsteilnehmern erfahren werden, darf aber andererseits keine störenden Einflüsse zulassen, das heißt, dass die Randbedingungen, unter denen das Experiment stattfindet, kontrolliert werden müssen (vgl. Sarris 1992b: 244ff.). Dazu gehört beim Laborexperiment, dass die Räumlichkeit selbst keinen Einfluss auf das Verhalten der Versuchspersonen hat und für alle gleich ist (sofern es nicht Zweck des Experiments ist, genau diese Bedingungen zu variieren, um ihre Wirkung zu untersuchen). Wenn in einem kommunikationswissenschaftlichen Experiment die Wirkung von Medieninhalten getestet werden soll, sollte der Versuchsraum einem Wohnraum ähneln, um die alltägliche Rezeptionssituation nachzuempfinden. Auch physiologische Bedingungen können das Experiment stören, denn müde oder hungrige Versuchspersonen reagieren auf den experimentellen Stimulus möglicherweise anders als satte oder hellwache Versuchspersonen (vgl. Brosius / Koschel 2001: 242).

Störend sind neben externen Einflüssen auch die Kommunikation der Versuchsteilnehmer untereinander oder das Verhalten und die sichtbaren Merkmale des Versuchsleiters, sofern sie nicht ihrerseits Ziel des Experiments ist. Allerdings ist selbst bei einem gut vorbereiteten Versuch keine ideale, störfreie Situation herzustellen, weil die Versuchsanordnung und das Verhalten des Versuchsleiters immer auf die Versuchsteilnehmer ausstrahlen bzw. von ihnen interpretiert werden, um die eigene Rolle im Experiment zu strukturieren oder womöglich erst auszubilden. Man spricht bei diesem Problem von der Reaktivität des Experiments (→ Teil 1, Kapitel 7). Zwar kann der spezielle Einfluss eines Versuchsleiters und seines Verhaltens dadurch relativiert werden, dass mehrere Versuchsleiter eingesetzt werden oder die Versuchsleiter selbst über den Zweck des Experiments getäuscht werden (»Doppelblindversuch«), aber diese Maßnahmen führen nur dazu, dass diese unerwünschten Effekte gestreut werden; ihre Ausschaltung ist jedoch unmöglich. Unerlässlich ist allerdings eine genaue Protokollierung der Versuchsdurchführung, um die eingetretenen Störeffekte abschätzen und beschreiben zu können (vgl. Sarris 1992b: 251ff.).

3.7 Die Mehrthemen- und Mehrfachbefragung

Während sich die vorigen Abschnitte mit unterschiedlichen Standardisierungsgraden der Befragung befassten, geht es in diesem Abschnitt um zwei andere Formmerkmale: die Themenstruktur des Fragebogens und die Anzahl der Befragungen zu demselben Thema. Die meisten Befragungen sind monothematisch mit Fragebögen zu einem Thema. Allerdings sind unter bestimmten Umständen auch Mehrthemenbefragungen sinnvoll. Weiterhin werden die meisten Befragungen einmalig durchgeführt. Sie erfassen damit einen zeitlichen Querschnitt und beziehen sich – mit Ausnahme der biografischen Befragung (→ Teil 1, Kapitel 4.1) – auf einen einzigen Zeitpunkt. Daneben gibt es aber auch Befragungen, bei denen die Erhebung zu mehreren Zeitpunkten stattfindet, so genannte Längsschnitterhebungen.

3.7.1 Monothematische und mehrthematische Befragung

Insbesondere in der angewandten Kommunikations- und Medienforschung werden häufig Fragebögen mit Fragen zu mehreren Themen oder Themenkomplexen benutzt; man spricht dann von einer Omnibusbefragung. Unterschiedliche Auftraggeber kaufen sich jeweils mit einigen Fragen in einen »Bus« ein und bezahlen einen bestimmten Preis pro Frage. Die Vorteile der Omnibusbefragung umfassen folgende Aspekte (vgl. Stumpf 1992: 10f.):

- Die Auftraggeber bekommen neben den Ergebnissen zu den von ihnen bezahlten Fragen auch die nach den soziodemografischen Merkmalen aufgeteilten Prozentwerte.
- Aufgrund der Ersparnis ist es möglich, Längsschnittuntersuchungen durchzuführen, die immer noch preisgünstiger sind als monothematische Querschnitterhebungen, die ein Auftraggeber allein finanzieren muss.
- Das Einklinken in einen Omnibus ermöglicht die zeitlich präzise Erhebung, die bei bestimmten aktuellen Fragestellungen erforderlich ist (etwa die Stimmung vor einer Wahl).
- Durch die Themenwechsel während der Befragung treten geringere Lerneffekte bei den Interviewern und bei den Befragten auf. Eine Mehrthemenbefragung ist abwechslungsreicher als eine monothematische Befragung, bei der Gewöhnungseffekte (Langeweile) auftreten können. Außerdem erkennt der Befragte bei der monothematischen Befragung womöglich frühzeitig, worauf die Untersuchung hinauslaufen soll, sodass er unter Umständen strategisch antwortet.

Eine besondere Verwendung findet die Omnibusbefragung in »Single-Source-Untersuchungen« im Medienbereich: Die »Allensbacher Werbeträger-Analyse« fragt nach der Nutzung unterschiedlicher Medien und nach zahlreichen Konsumgewohnheiten. Diese Angaben können anschließend in einen Zusammenhang gestellt werden (→ Teil 2, Kapitel 1.2.2). Eine weitere bekannte sozialwissenschaftliche Mehrthemenbefragung ist die »Allgemeine Bevölkerungsumfrage der Sozialwissenschaften« (Allbus), die methodisch und organisatorisch vom ZUMA und vom ZA verantwortet. Der auf 50 Minuten angelegte Fragebogen beinhaltet die ZUMA-Standarddemografie, ein wechselndes Schwerpunktthema, Replikationsfragen sowie die ISSP-Umfrage (»International Social Survey Program«), die sozioökonomische Strukturen ermittelt (→ Teil 1, Kapitel 1.1; Teil 2, Kapitel 1.7; vgl. Terwey 1999; Koch 2002: 10f.).

Neben den Vorteilen sind allerdings auch gravierende Nachteile in Kauf zu nehmen (vgl. Stumpf 1992: 10f.):

- Eine Befragung zu unterschiedlichen Themen kann auf den Befragten inkohärent wirken. Hier müssen gute Übergänge zwischen den Themen gefunden werden, damit der Themenwechsel nicht zu abrupt erfolgt.
- Durch die Häufung von Themen wird der Fragebogen in der Regel länger als bei monothematischen Befragungen. Als Folge können Platzierungseffekte eintreten: Zwar ermüdet der Befragte nicht innerhalb eines Themenblocks, dafür möglicherweise aber gegen Ende der Befragung. Auf diese Weise sind die Auftraggeber der letzten Fragen im Nachteil, wenn es nicht gelingt, ans Ende ein besonders interessantes Thema zu platzieren. Der finanzielle Vorteil kann auf diese Weise in einen methodischen Nachteil umschlagen.
- Je mehr Themen ein Fragebogen enthält, desto weniger Fragen können zu jedem einzelnen Thema gestellt werden. Die Omnibusbefragung eignet sich folglich eher für kommerzielle als für akademische Fragestellungen.

3.7.2 Panel- und Trendbefragung

Bei der (einmaligen) Querschnittsbefragung geht es in der Regel um Korrelationen, also um die Analyse von Zusammenhängen zwischen mehreren Variablen, oder um die Bildung von Typen oder Gruppen von Befragten nach bestimmten Merkmalen. Die Zeitdimension wird nicht durch die Erhebungsart berücksichtigt, weil die Erhebung selbst nur zu einem Zeitpunkt bzw. nur in einem bestimmten Zeitraum stattfindet. Sind Zeitverläufe Gegenstand der Befragung, müssen sie retrospektiv erhoben werden – wie bei der biografischen Befragung (→ Teil 1, Kapitel 4.1). Sollen weiterhin über Korrelationen hinausgehende Kausalitäten ermittelt werden, ist dies experimentell durch die besondere Kontrolle der Bedingungen und die Unterteilung der Versuchspersonen in eine Experimental- und eine Kontrollgruppe oder durch die Vorher-Nachher-Messung möglich (→ Teil 1, Kapitel 3.6). Daneben gibt es aber auch nicht-experimentelle Formen der Mehrfacherhebung, die Längsschnittbefragungen. Sie haben gegenüber Experimenten den Vorteil, dass sie auf die Kontrolle der Bedingungen verzichten und wie Querschnittsbefragungen repräsentative Stichproben ziehen können, wenngleich der Nachweis von Kausalität weniger streng ist, weil mögliche Störfaktoren nicht ausgeschaltet und meist auch nicht kontrolliert werden können. Außerdem können mehr als zwei Messzeitpunkte berücksichtigt werden.

Man unterscheidet zwei Arten von Längsschnitterhebungen: die Trendbefragung und die Panelbefragung. Mit beiden können Prozess- und Kausalanalysen durchgeführt werden. Trendbefragungen sind wiederholte Befragungen vergleichbarer, aber nicht identischer Personenquerschnitte. Dabei bleibt der Fragebogen zumindest im Kern gleich, nur die Stichproben ändern sich bei jedem Befragungszeitpunkt bzw. bei jeder Befragungswelle. So gesehen handelt es sich um eine Aneinanderreihung mehrerer Querschnittserhebungen. Bei Panelbefragungen werden dagegen jedes Mal dieselben Personen mit demselben oder einem ähnlichen Fragebogen befragt.[17] Beide Befragungsarten messen den Wandel von Einstellungen oder Verhaltensweisen, ohne direkte Fragen danach zu stellen, indem die Ergebnisse zu verschiedenen Messzeitpunkten miteinander verglichen werden (vgl. Hansen 1982: 8f.).

Beide Arten der Längsschnittbefragung werden bevorzugt in der Wahlforschung und speziell begleitend zu Wahlkämpfen verwendet, um Stabilität und (meist kurzfristige) Veränderungen in den politischen Einstellungen und von (beabsichtigtem) Wahlverhalten zu messen und Verlaufskurven mit Prozessdaten zu erstellen. Der Begriff »Panel« meint ursprünglich eine Geschworenenliste in der U.S.-amerikanischen Gerichtsbarkeit, die bei mehreren Gerichtsverhandlungen eingesetzt wurde. Analog dazu handelt es sich bei der Befragung um eine Gruppe bzw. Stichprobe von Personen, die mehrfach befragt wird (vgl. Lazarsfeld / Rosenberg / Thielens ^{10}1976: 253). Das Verfahren wurde zum ersten Mal prominent von Lazarsfeld und seinen Mitarbeitern in der Studie »The People's Choice« zur Wahlforschung eingesetzt (→ Teil 2, Kapitel 4.2). Trendbefragungen werden vor allem in der Demoskopie häufig durchgeführt, zum Beispiel das Eurobarometer oder die Umfragen zum politischen Interesse (vgl. Noelle-Neumann / Petersen 1996: 487f.) sowie die mehrmals jährlich durchgeführten Studien »Media-Analyse« und »Allensbacher Werbeträger-Analyse« (→ Teil 2, Kapitel 1.2). Bekannte Grundlagenuntersuchungen sind der alle zwei Jahre stattfindende »ALLBUS« (→ Teil 2, Kapitel 1.7) oder die etwa alle fünf Jahre stattfindende Studie »Massenkommunikation« (→ Teil 2, Kapitel 1.4).

Die wichtigsten methodischen Entscheidungen betreffen die Anzahl der Untersuchungswellen und deren zeitliche Intervalle. Die Zeitabstände dürfen dabei nicht zu lang sein, weil zwischenzeitliche Einflüsse sonst unüberschaubar werden und sich gegenseitig neutralisieren oder verstärken können, ohne dass dies messbar und kontrollierbar ist. Bei Panelbefragungen variiert die Zahl der Wellen zwischen zwei und sieben (vgl. Lazarsfeld / Rosenberg / Thielens ^{10}1976: 253f., 263ff.).

---

17 Demnach ist eine experimentelle Befragung mit einer Vorher-Nachher-Messung eine Panelbefragung mit zwei Wellen.

Panelbefragungen sind dabei sowohl anspruchsvoller in der Durchführung als auch leistungsfähiger bzw. aussagekräftiger als Trendbefragungen:

- Im Unterschied zu Trendbefragungen ist mit Panelbefragungen nicht nur der Gesamtumfang der Veränderungen (Nettoveränderung), sondern auch die individuelle Veränderung und deren Richtung (Bruttoveränderung) messbar.
- Auf diese Weise können Personen typisiert werden, die stabil in ihren Einstellungen oder Verhaltensweisen bleiben (»Treue« und »Unbeteiligte«) oder sich verändern (»Zuwanderer«, »Abwanderer« einer bestimmten Einstellung oder Verhaltensabsicht). In der Wahlforschung lassen sich etwa Wechselwähler, der weiteste Anhängerkreis und der harte Kern der Anhängerschaft von Parteien ermitteln. Mit Hilfe von Fluktuationsberechnungen können statistisch individuelle Übergangsraten und Übergangswahrscheinlichkeiten bestimmt werden (vgl. Hansen 1982: 13ff., 89).
- Auf der Basis von verzögerten Kreuzkorrelationen (oder von komplexeren statistischen Verfahren, vgl. Engel / Reinecke 1994) können Veränderungen von Einstellungen und Verhaltensweisen als abhängige Variablen in Zusammenhang und mit unabhängigen Variablen gestellt werden. So lassen sich in Abhängigkeit von konstanten soziodemografischen Merkmalen und von externen Einflüssen (zum Beispiel Medienberichterstattung oder Anzeigenkampagnen) die gewonnene und verlorene Zustimmung zu einer bestimmten Partei ermitteln (vgl. Hansen 1982: 32, 35f.; Lazarsfeld / Rosenberg / Thielens [10]1976: 254f.).

Dieser Leistungsfähigkeit von Panelbefragungen stehen erhebliche Probleme gegenüber:

- Ähnlich wie bei der Vorher-Nachher-Messung im Experiment treten bei der Mehrfachbefragung derselben Personen Gewöhnungs- und Bewusstseinseffekte bei den Befragten auf. Diese können sogar gegenläufig sein: Zum einen ist es möglich, dass sich die Befragten auf eine bestimmte Meinung versteifen, wenn sie mehrmals dazu befragt werden. Diese Einstellungsstabilität wäre dann weniger ein Abbild ihrer Überzeugung als vielmehr ein Effekt sozialer Erwünschtheit, weil in demokratischen Gesellschaften eine feste Überzeugung höher eingeschätzt wird als wankelmütige Gesinnungsänderungen. Umgekehrt kann durch das wiederholte Interviewen auch eine kritische Haltung gefördert werden, wenn der Befragte über seine Einstellung nachdenkt und sie möglicherweise überdenkt und verändert. Wenn das Wissen eine Rolle spielt, kann es sein, dass sich der Befragte in der Zwischenzeit informiert, weil es ihm peinlich ist, bestimmte Fragen nicht richtig beantworten zu können.[18] Man kann dieses Problem nur umständlich und aufwändig lösen, indem man das Untersuchungsziel ähnlich wie beim Experiment so gut wie möglich verdeckt oder indem man in jeder Welle parallel eine Kontrollgruppe bildet, die nur in dieser Welle befragt wird. Unterscheiden sich Panel- und Kontrollgruppe nicht, sind keine Sensibilisierungseffekte anzunehmen (vgl. Lazarsfeld / Rosenberg / Thielens [10]1976: 261ff.; Noelle-Neumann / Petersen 1996: 282).

- Aufgrund der Mehrfachbefragung derselben Personen steigen etliche Befragte im Lauf der Untersuchung aus. Dieser Effekt wird Panel-Mortalität genannt und meint sowohl das Ausscheiden aus dem Panel aufgrund externer Faktoren (Umzug, Krankheit, Tod) als auch aufgrund interner Faktoren (nachlassende Motivation zur Teilnahme). Je höher die Panel-Mortalität ist, desto stärker wird die Stichprobe verzerrt. Insbesondere die am Thema uninteressierten Befragten steigen nach der ersten Welle aus (sofern sie überhaupt bei der ersten Welle teilgenommen haben). Außerdem verkleinert sich die Stichprobe in jeder weiteren Welle. Der Ausfall dürfte in den meisten Fällen jedoch nach der ersten Welle am größten sein. Insgesamt hängt die Ausfallquote auch von der Anzahl und den Zeitabständen der Wellen ab. Die Maßnahmen gegen die Verweigerung der Fortsetzung der Befragung reichen von der Variation des Fragebogens oder dem Wechsel von Interviewern, damit die Befragung nicht langweilig wird, bis zum materiellen Anreiz. Die Verkleinerung der Stichprobe lässt sich nur durch ein Wiederauffüllen kompensieren. Ähnlich zum Matching beim Experiment werden soziodemografisch vergleichbare Personen zu den Ausgeschiedenen für die weiteren Wellen rekrutiert. Alternativ dazu kann man die Ausgangsstichprobe so groß ansetzen, dass die Anzahl der Befragten auch in der letzten Welle noch hinreichend groß für die statistische Analyse ist (vgl. Lazarsfeld / Rosenberg / Thielens [10]1976: 257f., 267f.; Hansen 1982: 111, 114f.; Reuband 1998a).

Analog zu den Problemen der Panelbefragung haben Trendbefragungen Vorteile in der Durchführung:

- Da für jede Welle eine neue Stichprobe gezogen wird, können sie als Stichtagsbefragungen stattfinden, das heißt, dass die Erhebung jeweils nur an einem Tag erfolgt. Das ist insofern von Vorteil, als ein ausgedehnter Erhe-

---

[18] Bei einer Variante der Panelbefragung spielen diese Probleme keine Rolle: In der Delphi-Befragung soll gerade durch die Mehrfachbefragung eine Einigung hergestellt werden. Vorausgesetzt wird hier allerdings, dass sich die Befragten rational mit dem Problem auseinander setzen, zu dem sie Stellung nehmen sollen (→ Teil 1, Kapitel 4.4).

bungszeitraum pro Welle dazu führen kann, dass die Erhebungswellen zeitlich nicht eindeutig voneinander getrennt werden können. Je breiter der Erhebungszeitraum ist, desto größer ist die Wahrscheinlichkeit, dass externe Ereignisse die Befragungsergebnisse beeinflussen, sodass Unterschiede zwischen den Wellen überlagert werden und nicht mehr eindeutig identifizierbar sind. Aufgrund des geringeren Aufwandes der Stichprobenziehung gegenüber der Panel-Pflege können außerdem mehr Wellen und über einen längeren Zeitraum durchgeführt werden.

- Das Problem der Panelmortalität entfällt, sodass die Stichproben in jeder Welle in etwa gleich groß sein können. Auch die Stichprobenqualität ist besser, da die Ausfälle in den Wellen unabhängig voneinander sind und somit die Stichproben nur in geringerem Umfang systematisch verzerren (vgl. Engel / Reinecke 1994: 6).
- Der Fragebogen kann identisch bleiben, weil jedes Mal andere Personen befragt werden, während bei der Panelbefragung die für die Fragestellung interessanten Fragen mehr oder weniger in einem ansonsten unterschiedlichen Fragebogen geradezu versteckt werden müssen, damit kein Erinnerungs- oder Sensibilisierungseffekt auftritt.

4 Varianten der Befragung

Neben den grundlegenden Verfahren und Formen der Befragung kennt diese Methode zahlreiche Varianten, die für bestimmte Fragestellungen entwickelt wurden oder bestimmte Merkmale der Befragung herausstellen. Insbesondere der Zeitaspekt wird in mehreren Varianten berücksichtigt: Die biografische Befragung beschäftigt sich mit allgemeinen und typischen Lebensverläufen und mit individuellen vergangenen Ereignissen, Erlebnissen und deren Interpretationen (→ Kapitel 4.1). Einen engeren zeitlichen Horizont behandelt die Tagesablaufbefragung, welche mit einem Tagebuch die wichtigsten Ereignisse und Aktivitäten eines Tages erfasst. Während der Befragte das Tagebuch zu einem selbst gewählten Zeitpunkt ausfüllt, bestimmt bei der Experience Sampling Method der Forscher den Zeitpunkt der Beantwortung der Fragen zu aktuellen Handlungen (→ Kapitel 4.2).

Der sozial-kommunikative Aspekt spielt eine große Rolle in Varianten, welche die Kommunikation mit dem Befragten nicht nur als Mittel der Informationsgewinnung betrachten, sondern auch als Ziel der methodischen Bemühungen. In der Gruppendiskussion kommen die Befragten direkt miteinander ins Gespräch (→ Kapitel 4.3), in der Delphi-Methode indirekt, indem sie mit den Ergebnissen der anderen Befragungsteilnehmer konfrontiert werden (→ Kapitel 4.4). Bei der Struktur-Lege-Technik werden die Bedeutungszuweisung und die Wissensstruktur zwischen dem Forscher oder Interviewer und dem Befragten bis zum Konsens ausgehandelt (→ Kapitel 4.5).

In sachlicher Hinsicht versuchen einige Verfahren, die grundsätzliche Kluft zwischen Kommunikation und Kognition dadurch zu überbrücken, dass sie sehr detailliert und direkt nach den Gedanken des Befragten fragen. Der Copytest reproduziert die inhaltlichen Einzelheiten der Rezeption; beim lauten Denken sollen die Denkinhalte und Denkprozesse direkt vom Befragten wiedergegeben werden; bei der kontinuierlichen Messung werden subjektive Urteile permanent und punktuell registriert. Der Versuch, Kognitionen möglichst direkt und kommunikativ ungefiltert zu erheben, wird demnach häufig damit realisiert, dass der Erhebungsprozess temporalisiert und interpunktiert wird (→ Kapitel 4.6).

4.1 Die biografische Befragung

Die Erhebung biografischer Merkmale ist eine Variante der Befragung, die den Zeitaspekt in den Vordergrund stellt, weil die Befragten nicht nur Auskunft geben über ihre momentane Situation, sondern sich retrospektiv an vergangene Ereignisse und Wahrnehmungen erinnern sollen. In der Psychologie wurden wissenschaftliche Biografien bereits im 18. Jahrhundert erstellt, ihren Durchbruch erlebte die Methode aber erst Ende des 19. und Anfang des 20. Jahrhunderts. Im Mittelpunkt standen Kinderbiografien in der Entwicklungspsychologie und später die Lebensläufe von pathologischen Persönlichkeiten (vgl. Thomae 1987: 7f.). In der Soziologie wurde die biografische Forschung durch die Arbeit von Thomas und Znaniecki über die Lebensgeschichte polnischer Bauern zur Zeit des ersten Weltkriegs angestoßen (vgl. Paul 1987: 27).

Die biografische Befragung abstrahiert die Aussagen der Befragten nicht von ihrem biografischen Kontext, sondern rekonstruiert diesen.[1] Je nach Untersuchungsinteresse wird die Befragung offen oder standardisiert durchgeführt, zielt sie auf subjektive Einschätzungen oder auf objektive Fakten, geht es um den Befragten als Einzelfall oder um die Verallgemeinerung seiner Lebensumstände (vgl. Fuchs 1984: 154f., 159; Kluge / Kelle 2001; Giele / Elder 1998).

Die offene Form biografischer Befragungen basiert auf Leitfadeninterviews oder auf narrativen Interviews, mit deren Hilfe die individuelle Biografie und ihre Brüche ermittelt und gedeutet werden sollen. Das Problem der Retrospektive besteht in diesem Fall in der Frage, ob sich das biografische Interview auf vergangene Lebensumstände oder auf deren aktuelle Deutungsmuster bezieht. Sollen vergangene Daten ermittelt werden, wird der Befragte als Experte in eigener Sache angesprochen. Er hat dann die Möglichkeit, sich von der aktuellen Situation, in der er sich befindet, zu distanzieren. Dazu ist ein Leitfaden gestütztes Interview besser geeignet, weil das narrative Interview einen inneren »Zwang« zur »Gestaltschließung« der (eigenen) Geschichte hat und damit die Vergangenheit eher aus dem Licht der heutigen Erfahrung rekonstruiert. Geht es dagegen in erster Linie um die Deutung des Lebenslaufs, wird eher das narrative Interview verwendet, weil die Befragten detaillierter antworten und die Plausibilität ihrer

---

1 Eine besondere Verwendung findet die biografische Befragung im Bereich der Oral History. Hier steht nicht die individuelle Biografie des Befragten im Mittelpunkt, sondern mit Hilfe des subjektiven Erlebens von Geschichte seitens der Befragten soll Sozialgeschichte rekonstruiert werden (vgl. Brüggemeier 1987: 145). In der Kommunikationswissenschaft wurden zum Beispiel die Biografien von Exiljournalisten rekonstruiert (vgl. Hirzinger 1991: 33).

Erzählung erhöhen, indem sie Beispiele anführen, diese zu Gesamtdeutungen verdichten und somit ihre Identität abrunden (vgl. Fuchs 1984: 145, 167ff., 179ff.). Zudem kann es sinnvoll sein, direkt nach einzelnen Ereignissen zu fragen, um eine Vergleichbarkeit in thematischer Hinsicht zu erzeugen. Dies können individuelle Erlebnisse sein (wie man sein/e Partner/in kennen gelernt hat), wenn die individuelle Biografie im Zentrum der Fragestellung steht, oder historische Ereignisse (wie man den Tag der Kapitulation oder der Wiedervereinigung erlebt hat) im Kontext der Oral History (vgl. Brüggemeier 1987: 150).

Obwohl es im narrativen Interview um die subjektive Deutung von Ereignissen und Zeiterleben geht, schlägt sich auch hier das Problem der retrospektiven Zeitrekonstruktion nieder – als »Verzerrung« im Narrationsstil –, denn das Erleben der Dauer von Handlungen hängt davon ab, wie reichhaltig die erlebten Ereignisse im Bewusstsein verankert sind (vgl. Voges 1987: 137). Es bleibt folglich unklar und damit methodisch unkontrolliert, ob die Narrationsdichte auf eine momentane Stimmung bzw. auf die aktuelle Situation des Befragten zurückgeht oder auf tatsächlich intensiver erlebte Ereignisse in der Vergangenheit.

In der Auswertung offener biografischer Interviews wird deshalb danach unterschieden, ob der Befragte eine Leitidee oder Grundrichtung für seinen Lebensverlauf rekonstruiert oder diesen als Veränderung oder Fragmentierung erlebt. Eine Ebene konkreter können Kerngebiete des Lebenslaufs identifiziert werden, ebenfalls unter der Fragestellung, ob bestimmte Gebiete dominieren und ob sich die Dominanzverhältnisse verändern. Wird die thematische Struktur konkreter rekonstruiert, kann die weitere Analyse unterscheiden zwischen Gegenwarts-, Vergangenheits- und Zukunftserleben und dem Verhältnis dieser Zeitdimensionen zueinander. Diese Analysekategorien sind oft nur indirekt erschließbar, wenn der Befragte sie nicht explizit selbst als solche interpretiert. Dann muss auf die spezifischen offenen Relevanzen des Befragten zurückgegriffen werden, also ob er von selbst immer wieder auf bestimmte Themen oder Strategien der Lebensbewältigung zu sprechen kommt (vgl. Kruse 1987: 129ff.).

Eine andere Auswertungsstrategie unterscheidet zwischen erlebter und erzählter Lebensgeschichte. Dabei werden in zwei Schritten die zeitliche Abfolge der biografischen Ereignisse und Daten sowie ihrer Bedeutungszuweisungen und dann die Art der Selbstpräsentation im erzählerischen Aufbau rekonstruiert. Im dritten Schritt wird die Wechselbeziehung zwischen erlebter und erzählter Lebensgeschichte am Einzelfall beschrieben und überprüft (vgl. Rosenthal / Fischer-Rosenthal 2000: 463ff.). Schließlich kann ein Ziel der Auswertung die Bildung von Typen sein: Dazu wird zunächst für jeden Befragten eine Kurzbiografie erstellt, dann erfolgt eine fallinterne Feinanalyse, die den Interviewtext sequenziert, paraphrasiert und mit Kontextinformationen aus dem Interview anreichert. Abschließend findet eine fallübergreifende Feinanalyse statt, welche die Bildung von Typen von Personen und (Alltags-) Situationen zum Ziel hat und diese lebensweltlichen Milieus zuordnet (vgl. Haupert 1991: 228-250).

Die standardisierte Retrospektivbefragung erhebt in erster Linie individuelle Lebensverlaufsdaten, oft Bildungs- und Erwerbsverläufe. Dabei spielen sowohl weitgehend konstante Personenmerkmale als auch Episodendaten (Ausbildungs- und Arbeitsverhältnisse) eine Rolle. Die Angaben der Befragten sind in erster Linie Informationen über soziale und individuelle Fakten, weniger über subjektive Wahrnehmungen. Sie dienen als Datenquelle für allgemeine soziale Verhältnisse und Prozesse (vgl. Fuchs 1984: 142; Hillmert 2002: 121, 123).

Im Unterschied zur herkömmlichen (standardisierten) Querschnittsbefragung werden nicht repräsentative Bevölkerungsquerschnitte, sondern eine repräsentative Stichprobe aus spezifischen Geburtsjahrgängen (»Kohorten«) gezogen (vgl. Brückner 1990: 387). Der Vorteil der biografischen Befragung gegenüber der Querschnittsbefragung, bei der nur die aktuelle Situation des Befragten erhoben wird, ist die Berücksichtigung des Prozesses der Lebensbedingungen. So wird nicht nur nach dem jetzigen Beruf gefragt, sondern nach den beruflichen Stationen. Damit sind zum einen die Lebensumstände reliabler und valider erfassbar, weil die momentane Situation des Befragten untypisch für seinen Lebenslauf sein könnte, und zum anderen Kausalitäten wie die Motive für die Berufswahl oder für bestimmte Entscheidungen im Lebenslauf direkt nachweisbar. Darüber hinaus können die Beziehungen zwischen Individuum und Institutionen (Erwerbssystem, Familie) durch die Verweildauer ermittelt werden (vgl. Mayer 1987: 64f.). Dafür stehen komplexe statistische Verfahren der Ereignis- und der Mehrebenen-Analyse zur Verfügung (vgl. Mayer 1990: 12f., 20).

Allerdings sind retrospektive Daten auch in der standardisierten Befragung fehleranfällig, ihre Gültigkeit hängt vom Erinnerungsvermögen und vom Erinnerungswillen der Befragten ab. Die Zeitperspektive des Befragten ist methodisch schwer kontrollierbar, weil der rekonstruierte Zeithorizont vom zeitlichen Maßstab abhängt. Vergleichbar sind Biografien streng genommen nur, wenn dieselbe Zeitstruktur zugrunde liegt. Dies ist praktisch aber nie der Fall, denn ein 20-Jähriger rekonstruiert seine Biografie anders als ein 60-Jähriger.[2] Deshalb sollte

[2] Um die Probleme mit der retrospektiven Befragung zu lösen, ist es prinzipiell auch möglich, statt einer biografischen Befragung eine Panelstudie durchzuführen. Allerdings entstehen damit enorme Folgeprobleme, weil die Studie sehr langfristig (eventuell über Jahrzehnte) angelegt werden müsste (vgl. Mayer 1987: 66).

bei der standardisierten Befragung nicht das Zeitempfinden des Befragten erhoben werden, sondern objektivierbare Zeitangaben (vgl. Voges 1987: 136f.).

Zudem sieht das Fragenkonzept eine in sich geschlossene, systematische Rekonstruktion vor und nicht deren subjektive Einbettung. Das gilt auch für Schlüsselerlebnisse, von denen hauptsächlich Daten in Form von Jahres- und Monatszahlen von Interesse sind. Auf diese Weise entsteht ein Koordinatensystem mit der Definition des Ereignisses und dessen Zeitverankerung, sodass auch parallel ablaufende oder zeitlich sich überlappende Ereignisse in die mehrdimensionale Zeitachse eingetragen werden können. Als Erleichterung für die Befragten wird die Rekonstruktion in thematisch fokussierte Vorstellungen von zusammenhängenden Ereignisabfolgen eingebettet. Diese Sequenzierung des Fragebogens hat zur Folge, dass die Befragten ihren Lebenslauf mehrfach rekonstruieren müssen. Von den Interviewern wird eine flexible Handhabung der Anschlussfragen verlangt und damit eine für standardisierte Interviews besondere Vertrautheit mit den Gesprächstechniken und ein besonderes Einfühlungsvermögen, sodass die Umstellung auf computerunterstützte Befragungsverfahren sinnvoll ist, obgleich sie eine immense Vorarbeit in Bezug auf die Programmierung der Filterführung erfordert (vgl. Brückner 1990: 380ff.).

Bei der standardisierten Erhebung kommt noch ein weiteres Problem hinzu: Die entstehenden Daten sind komplex und passen nicht immer in die im Fragebogen vorgegebenen standardisierten Antwortkategorien. Sie müssen aus diesem Grund und wegen der Validitätsproblematik, die durch die retrospektive Rekonstruktion der Zeitstruktur entsteht, einzelfallbezogen korrigiert bzw. »editiert« werden; dies darf allerdings nicht zu einer fehlerhaften Korrektur führen, indem unplausibel erscheinende Zusammenhänge auf individueller Ebene durch einfache Plausibilitätserwägungen »geglättet« werden. Auf der anderen Seite sind die Angaben der Befragten für den außen stehenden Forscher oft nicht plausibel, sodass der Verzicht auf eine Edition ebenfalls zu fehlerhaften Daten führen würde (vgl. Hillmert 2002: 122f.). Die Interviewer werden deshalb zunächst trainiert, um die Angaben der Befragten beurteilen zu können und problematische Stellen im Interview zu entdecken. Darüber hinaus wird ein Editionshandbuch mit Editionsregeln entwickelt, das während der Editionsarbeiten überarbeitet und erweitert werden kann. Wenn die Befragten einverstanden sind, wird das Interview mitgeschnitten. Außerdem führen die Interviewer ein Protokoll. Dadurch entstehen weitere (Kontext-) Informationen, die zweifelhafte Eintragungen in den Fragebogen bereits oft aufklären können. Bei zusätzlichem Klärungsbedarf wird telefonisch nachrecherchiert, das heißt, die Befragten werden gebeten, bestimmte Unstimmigkeiten zu klären, sofern die Kontextinformationen aus dem Erstinterview dazu nicht ausreichen (vgl. Hillmert 2002: 125f.).

Unabhängig von der offenen oder standardisierten Erhebungsform soll in der biografischen Befragung meist ein kompletter Lebenslauf oder eine vollständige Biografie rekonstruiert werden. Dazu sind oft mehrere Interviewtermine notwendig. Dies ist zum einen von Vorteil, weil der Interviewer bzw. der Forscher das Material zwischendurch überprüfen und gezielte Nachfragen stellen kann (vgl. Brüggemeier 1987: 151). Außerdem kann dadurch die Befragung thematisch geteilt werden, etwa in getrennte Interviews zu den verschiedenen Lebensbereichen Wohnen, Bildung, Beruf (vgl. Mayer 1987: 66).

Andererseits erfordern mehrere Termine besondere Anforderungen an die Kooperation zwischen Interviewer und Befragten. Da bei der Erfassung des Lebenslaufs auch für den Befragten unangenehme Ereignisse oder Erlebnisse angesprochen werden, ist nicht nur auf die generelle Kooperation zu achten, sondern auch auf eine vertrauensvolle Gesprächsbeziehung. Darüber hinaus hat die Aktualisierung der eigenen Vergangenheit emotionale Folgen, weil der Befragte sich über seinen Lebensweg bewusst wird und diesen möglicherweise zu rechtfertigen versucht. Dies kann die Interaktion zwischen Interviewer und Befragten ebenfalls belasten und erfordert von den Interviewern ein hohes Maß an Rücksichtnahme und Zurückhaltung (vgl. Fuchs 1984: 234ff., 265ff.). Beim standardisierten biografischen Interview steht der Interviewer zusätzlich in einem Konflikt zwischen Empathie und Akribie. Zum einen muss er den formalisierten Fragebogen anwenden und ausschweifende Erläuterungen des Befragten disziplinieren, um den Fortgang zu gewährleisten; zum anderen muss er bestimmte Erzählungen zulassen, um die Gesprächssituation hinreichend flexibel zu gestalten (vgl. Brückner 1990: 392f.). Hierin ist das narrative Interview im Vorteil, weil es das Dilemma durch seine zeitliche Struktur auflöst, indem zuerst eine vertrauensvolle Atmosphäre geschaffen, also die Empathie vorangestellt und die akribische Rekonstruktion zeitlich nachgeordnet wird. Dadurch dauert allerdings das Interview deutlich länger, sodass die Kooperation des Befragten noch weiter reichen muss als beim standardisierten Interview.

In der Kommunikations- und Medienwissenschaft wird versucht, die Medienbiografie der Befragten zu rekonstruieren (→ Teil 2, Kapitel 1.6). Sie findet vor allem im Bereich der historischen Rezeptionsforschung (auch in Bezug auf Generationsunterschiede), der Verbindung von Lebenslauf und Mediennutzung (auch im Kontext der Familienforschung) oder bei der Erforschung von (historischen) Umbruchsituationen ihre Anwendung (vgl. Hirzinger 1991: 53ff.).

Die Sonderstellung einer Medienbiografie innerhalb der Gesamtbiografie kann mit dem thematischen Forschungsinteresse begründet werden, hängt aber auch mit einem gesellschaftlichen Phänomen zusammen: Medien spielen generell eine Rolle bei der Konstruktion von Biografien, weil sie einen erheblichen Anteil an der Sozialisation und Erfahrungsbildung haben. So ist zu vermuten, dass es biografische Fixpunkte oder gar Stränge gibt, die über die Medien definiert werden. Allerdings spielen die Medien gerade aufgrund ihrer Allgegenwärtigkeit nur eine marginale, wenig bewusste und damit auch wenig erinnerte Rolle bei der biografischen Rekonstruktion. Dies zeigt sich daran, dass in medienbiografischen Interviews oft nur Medienrituale, Genrevorlieben oder allgemeine Medienpräferenzen von den Befragten wiedergegeben werden. Zudem nehmen die Befragten nicht wahr, dass sie langfristig durch die Medien geprägt werden, und finden es prinzipiell nicht sozial erwünscht, dass Medien wichtig sind für die Ausbildung einer Identität. Die Medienbiografie ist folglich nicht exakt von der Gesamtbiografie zu trennen (vgl. Baacke / Sander / Vollbrecht 1990: 10ff.).

In der medienbiografischen Befragung ist es deshalb besonders wichtig, die Erinnerungsfähigkeit der Befragten zu stimulieren. Dazu gibt es mehrere Möglichkeiten (vgl. Hirzinger 1991: 105):

- Mit genügend Kenntnisse über die Rahmenbedingungen des Untersuchungszeitraums und -orts kann der Interviewer besser in einen Dialog mit dem Befragten treten und ihm konkretere Fragen stellen.
- Der Interviewer kann Bezug auf konkrete anschauliche Alltagsbezüge nehmen und etwa nach einem durchschnittlichen Wochentag in der für die Untersuchung relevanten Zeit fragen.
- Wenn der Befragte die Medienerinnerungen jahrzehnteweise durchgeht, erinnert er sich aktiver als ohne die zeitliche Orientierung.
- Als Anhaltspunkte können auch bestimmte Orte oder Ortswechsel dienen.
- Tief greifende historische oder individuell-biografische Zäsuren können ebenfalls Ausgangspunkt für weiter reichende Erinnerungen sein.
- Die Mediennutzungsgewohnheiten sind mit der Anschaffung von Mediengeräten (Telefon, Radio, Fernseher, Videogerät, Computer usw.) verbunden.
- Weitere Materialien und Dokumente (Fotoalben, Tagebuchaufzeichnungen, Poster, Zeichnungen, Urkunden usw.) erinnern an Stationen des Lebens, die wiederum die Erinnerung an die Mediennutzung auslösen können.[3]

---

3 Diese Materialien werden nicht erst für die Befragung gesammelt, sondern liegen bereits vor. Dies hat den Vorteil, dass sie authentisch sind, aber den Nachteil, dass sie nicht immer für den Forschungszweck zu gebrauchen sind (vgl. Fuchs 1984: 170f.).

4.2 Die Tagesablauf- und Tagebuchbefragung

Das »*Tagebuch*« kann als eigenständiges Instrument oder als schriftliches Modul im ansonsten mündlich stattfindenden Interview verwendet werden. Das Instrument wird – neben anderen Methoden – im Rahmen der Zeitbudgetforschung eingesetzt (vgl. Blass 1980: 106ff.) und dient der detaillierten Erfassung von Aktivitäten oder Tätigkeiten von Personen im Zeit- bzw. Tagesverlauf. Im kommunikationswissenschaftlichen Bereich wurde das Tagebuch zuerst in den 70er Jahren in der Hörerforschung in USA und Großbritannien eingesetzt (vgl. Köhler / Steinborn 1987: 159).

Unterschiedliche Varianten beziehen sich auf den Erhebungszeitraum und den erhobenen Zeitraum. Der Erhebungszeitraum reicht von einem Tag bis zu mehreren Tagen, wobei der Aufwand für den Befragten steigt und die Anzahl der erfassten Tage nicht zu groß werden soll, jedenfalls 14 Tage nicht überschreiten darf (vgl. Köhler / Steinborn 1987: 164). Der erhobene Zeitraum kann sich auf den gleichen Tag beziehen, das heißt, dass das Tagebuch am gleichen Tag und vom Befragten selbst ausgefüllt wird. Oder es bezieht sich auf vergangene Tage, wobei sich der Befragte an diese Tage erinnern muss, sodass aus methodischen Gründen allenfalls der vorige Tag protokolliert werden sollte. Solche »Yesterday-Interviews« finden persönlich oder telefonisch statt. Häufig werden sie auch mit der schriftlichen Tagebucherhebung kombiniert. Wenn sie am Vortag durchgeführt werden, dienen sie auch als Training, damit der Befragte das Tagebuch selbstständig ausfüllen kann; wenn sie am Tag danach durchgeführt werden, können sie zusätzlich als Kontrolle und mögliche Ergänzung des selbst ausgefüllten Tagebuchs eingesetzt werden (vgl. Blass 1980: 126; Ehling 1990: 163).

Bei der Wahl des Erhebungszeitraums ist ferner auf jahreszeitliche Besonderheiten zu achten. In Ferienzeiten ist der Tagesablauf anders als in Zeiten, in denen der Berufstätigkeit nachgegangen wird (vgl. Blass 1980: 162).

In der Regel soll der Befragte seinen Tagesablauf kontrolliert beobachten und seine Aktivitäten notieren, also das Tagebuch selbst ausfüllen. Geht es allerdings um die Erfassung der Aktivitäten von kleinen Kindern, übernehmen diese Aufgabe meist Erwachsene (Eltern, Erzieher). Dies hat den Vorteil, dass die Zielperson nicht gleichzeitig handeln und sich selbst beobachten bzw. diese Beobachtung protokollieren muss (→ Teil 2, Kapitel 1.5). Allerdings sind solche Fremdbeobachtungen bei Erwachsenen praktisch undurchführbar, und selbst bei Kindern ist der Aufwand groß, weil das Tagebuch in der Regel mit dem Kind wandern muss, wenn dieses seinen Standort ändert, ohne dass der beobachtende Erwachsene es begleitet (vgl. Krekeler 1995:117f.).[4]

Die Form des Tagebuchs reicht vom offenen Protokoll, bei dem der Befragte selbst entscheidet, welche Tätigkeiten, Aktivitäten oder Ereignisse er in das Tagebuch einträgt, bis zum standardisierten Protokollbogen, bei dem eine Matrix aus Tätigkeitskategorien zeilenweise und Zeiträumen spaltenweise vorgegeben sind und vom Befragten nur mit Kreuzen versehen werden. Das teilstandardisierte Tagebuch enthält ebenfalls vorgegebene Kategorien, lässt dem Befragten aber Platz für eigene Anmerkungen und Kommentare (vgl. Blass 1980: 128). Oft ist nicht nur von Interesse, welche Aktivität der Befragte zu welchem Zeitpunkt ausgeführt hat, sondern auch, ob dies in Anwesenheit oder unter Mitwirkung anderer Personen geschah (vgl. Blass 1980: 156). Darüber hinaus können bestimmte Tätigkeiten auch simultan erfolgen oder sich überlappen, sodass die vorgegebene Matrix die Nennung mehrerer Tätigkeiten im gleichen Zeitraum ermöglichen muss. Um die Tätigkeiten zusätzlich zu gewichten, wird nach Haupt- und Nebentätigkeiten unterschieden (vgl. Schäfer 1990: 181).

Die Klassifikation von Aktivitäten ist abhängig vom Forschungsinteresse (vgl. Blass 1980: 141ff.): Entweder soll der Tag mit allen Aktivitäten des Befragten vollständig erfasst werden, dann empfiehlt sich eine induktive und offene Vorgehensweise, bei der die Aktivitäten erst im Nachhinein klassifiziert werden. Oder es geht um bestimmte, für den Forschungszweck relevante Aktivitäten, die detailliert kategorisiert und zeitgenau protokolliert werden, wobei andere Aktivitäten, die weniger wichtig für das Forschungsinteresse sind, nur in groben oder abstrakten Kategorien erhoben werden. Man kann beide Vorgehensweisen kombinieren und die Aktivitäten offen erfassen, den Befragten aber eine Aktivitätenliste als Hilfestellung zur Verfügung stellen (vgl. Schäfer 1990: 181).

Die Relevanz einer Aktivität kann sich auch aus ihrer Dauer ergeben. Demnach werden Aktivitäten nur dann protokolliert, wenn sie einen bestimmten Zeitraum einnehmen, der zwischen zwei und 15 Minuten, meist bei fünf Minuten, liegt (vgl. Schäfer 1990: 170).[5]

---

4 Diese Variante der Zeitbudget-Beobachtung ist methodisch gesehen ein Grenzfall zwischen Befragung und Beobachtung, weil eine Person nicht über sich selbst, sondern über eine andere Person befragt wird, die sie wissenschaftlich kontrolliert beobachten muss.

5 Ähnlich geht die Fernsehquotenmessung vor: Eine Sendung wird vom Telemeter nur dann als rezipiert (automatisch) erfasst, wenn der Rezipient sie mindestens 30 Sekunden eingeschaltet hat. Ein rascher Programmwechsel durch Zapping wird nicht als Programmrezeption definiert (vgl. Koschnick [2]1995, Band 1: 714).

Auch die Skalierung der Zeiträume ist nicht einheitlich vorgegeben, sondern hängt davon ab, wie präzise bestimmte Aktivitäten erfasst werden sollen. Außerdem gibt es Aktivitäten, die nur kurz andauern, sodass die Vorgabe eines großen Zeitraums zu keiner gültigen Schätzung ihrer Dauer führen würde. Die Zeiteinteilung des Tagebuchs reicht von Intervallen über fünf Minuten bis zu über sechzig Minuten. Als Kompromiss zwischen der Präzision der Messung und dem zumutbaren Aufwand für den Befragten werden häufig 15-Minuten-Intervalle gewählt. Generell gilt: Je kleiner das Zeitintervall gewählt ist, desto länger wird der Protokollbogen, und mit der Länge nimmt die Zuverlässigkeit der Eintragungen ab. Auf der anderen Seite hängt die Zuverlässigkeit der Erinnerung von den Aktivitäten selbst ab. Statt einer Intervallvorgabe kann deshalb die Zeit als Dauer einer Aktivität auch offen eingetragen werden. Dies ist allerdings nur für länger andauernde Tätigkeiten sinnvoll, weil kurzfristige Aktivitäten nur schwer einer genauen Uhrzeit zugeordnet werden können (vgl. Blass 1980: 151ff.).

Da die Tagebucherhebung sehr von der Motivation und den Fähigkeiten der Befragten abhängt, müssen bei der Durchführung einige Aspekte beachtet werden (vgl. Köhler / Steinborn 1987: 164f.):

- Das Tagebuch sollte vom Interviewer persönlich übergeben werden. Bei dieser Übergabe findet auch die detaillierte Einweisung in die Handhabung des Tagebuchs statt.
- Bei mehrtägigen Untersuchungen empfehlen sich Zwischenkontrollen durch den Interviewer, damit Fehler, die sich beim Eintragen ergeben haben, korrigiert und für den Rest der Untersuchung vermieden werden können.
- Am Ende der Untersuchung sollte das Tagebuch persönlich vom Interviewer abgeholt werden. Auch dieser Besuch hat eine zusätzliche Kontrollfunktion, denn Fehler und offene Fragen können noch vor Ort statt erst im Nachhinein geklärt werden.
- Der Befragte sollte als zusätzliche Erinnerungshilfen für den täglichen Eintrag Sticker in verschiedenen Räumen (Küche) oder auf bestimmte häufig genutzte Möbel (Kleiderschrank) aufkleben.
- Das Tagebuchprotokoll muss einfach und formal ansprechend mit Ausfüllbeispielen und Eintragungshilfen gestaltet sein. Außerdem darf es nicht zu viele Kategorien enthalten, um den Aufwand in Grenzen zu halten und ein frühes Aussteigen zu vermeiden.
- Schließlich sind materielle Anreize empfehlenswert, um den Aufwand wenigstens ansatzweise auszugleichen.

Die beiden letzten Maßnahmen sollen verhindern, dass die Stichprobe durch die systematischen Ausfälle verzerrt wird. Vergleiche mit Stichtagsbefragungen, Ergebnissen der Media Analyse sowie mit telemetrischen Daten der GfK lassen jedoch eine hohe Übereinstimmung hinsichtlich der Mediennutzungsaktivitäten erkennen, sodass der Einsatz von Tagebüchern prinzipiell zu validen Ergebnissen führen kann (vgl. Köhler / Steinborn 1987: 162f.).

Ähnlich wie beim biografischen Interview werden routinierte oder sozial unerwünschte Tätigkeiten in geringerem Maß in das Tagebuch eingetragen. Außerdem ist – wie bei jeder schriftlichen Befragung – nur schwer kontrollierbar, wann das Tagebuch ausgefüllt wird, weil der Befragte den Zeitpunkt selbst auswählt. Dies kann mehrmals am Tag sein, wenn der Befragte gerade Zeit dafür hat, oder am Abend als Rückblick auf den Tag. Gerade bei der Tagebucherhebung hat der Zeitpunkt der Eintragung aber großen Einfluss auf die Gedächtnisleistung und damit die Zuverlässigkeit der Daten.

Um solche Gedächtnisprobleme zu beheben, ist es sinnvoll, den Zeitpunkt der Protokollierung durch ein geeignetes Stichprobenverfahren zu kontrollieren, indem nicht alle Aktivitäten am Tag erfasst werden, sondern bestimmte Erlebnisse ausgewählt werden. Mit der »Experience Sampling Method« (ESM) sollen die Tätigkeiten des Befragten zeitnah – am besten simultan – protokolliert werden. Dazu werden ausgewählte Personen mit kleinen Beepern und kurzen Fragebögen ausgestattet. Mehrmals am Tag – die Zeitpunkte sind mit einem Zufallsverfahren ausgewählt – bekommen die Befragten ein Signal, dass sie den Fragebogen zu den Tätigkeiten, die sie jetzt ausführen, ausfüllen sollen. Der Fragebogen muss sich dabei nicht nur auf die Tätigkeiten selbst (etwa die Nutzung von Medien) beschränken, sondern kann auch dazugehörige mentale Vorgänge (Motivation der Mediennutzung, Empfindungen oder Gedanken bei der Mediennutzung) abfragen. Die Zeitstichprobe kann dabei eng oder gedehnt erfolgen, allerdings dürfen die Befragten nicht durch zu häufige Signale und Aufforderungen zur Ausfüllung des Fragebogens überlastet werden. Wenn sich der Befragungszeitraum über mehrere Tage erstreckt, müssen die Stichproben pro Tag nicht so häufig erfolgen; erstreckt sich dagegen die Erhebung nur über einen Tag oder wenige Tage, kann die Zeitstichprobe enger gewählt werden (vgl. Kubey / Larson / Csikszentmihalyi 1996: 100ff.).

Schlütz und Scherer haben die Technik in einer Studie zur Medienrezeption angewendet und ausprobiert. Sie haben dabei festgestellt, dass die Befragten die Fragebögen durchschnittlich 20 Minuten nach der Signalaufforderung ausfüllten. Die Verzögerungen bei der Bearbeitung des Fragebogens kam vor allem durch nicht-mediale Aktivitäten zustande, die offenbar die Befragten zu sehr beanspruchten, um nebenbei den Fragebogen beantworten zu können. Dies bedeutet im Umkehrschluss, dass sich die Medienrezeption vergleichsweise gut für die Technik eignet, da es sich um eine Freizeitbeschäftigung handelt, die selten die volle Aufmerksamkeit und alleinige Konzentration auf die betreffende Tätigkeit erfordert (vgl. Schlütz / Scherer 2001: 147).

Der Vorteil der »Experience Sampling Method« besteht darin, dass aufgrund der zu den Tätigkeiten simultan erfolgenden Befragung kaum Erinnerungs- und Rekonstruktionsleistungen seitens des Befragten notwendig sind. Außerdem bewegt sich der Befragte bei der Befragung in seinem natürlichen Umfeld sowohl örtlich als auch in Bezug auf die Situation. Schließlich werden mit der Technik *konkrete* Ereignisse, Tätigkeiten und deren Motivationen gemessen. Dies dürfte sich vor allem für die Forschung im Kontext des Uses-and-Gratifications-Ansatzes als fruchtbar erweisen, weil die Messung von Motivationen für die Nutzung bestimmter Medien und Medieninhalte mit der konventionellen Befragung durch nachträgliche Rationalisierungen und Generalisierungen gekennzeichnet sind.

Als Nachteil erweisen sich zwei Aspekte: Zum einen ist für die Durchführung ein hohes Maß an Kooperationsbereitschaft notwendig. Zum anderen werden die an der Befragung beteiligten Personen durch die ständige Aufforderung zur Selbstreflexion sensibilisiert und möglicherweise in ihrem Verhalten beeinflusst (vgl. Schlütz / Scherer 2001: 147).

4.3 Die Gruppendiskussion (Focus Groups)

Die Gruppendiskussion ist die Weiterführung des fokussierten Interviews, allerdings nicht mehr auf individueller Basis, sondern in einer Gruppe. Bei der Gruppendiskussion stellt ein Moderator einer (in der Regel ad-hoc zusammengesetzten) Gruppe ein Thema zur Diskussion und regt die Teilnehmer dazu an, ihre persönlichen Meinungen zu äußern und mit den anderen Teilnehmern darüber zu diskutieren. Die Methode wurde von Robert K. Merton und seinen Mitarbeitern entwickelt und erstmals in USA in den 40er Jahren eingesetzt, um die Zuschauerreaktionen auf Propagandafilme zu erforschen. In Deutschland wurde sie in den 50er Jahren von dem Frankfurter Institut für Sozialforschung eingeführt als zur kritischen Gesellschaftstheorie korrespondierenden Methode. Heute wird sie in der Medienforschung vor allem im Kontext der Cultural Studies angewandt (→ Teil 2, Kapitel 3.4; vgl. Morgan 1988: 11; Loos / Schäffer 2001: 16, 19ff.).

Es handelt sich bei der Gruppendiskussion nicht um eine Gruppenbefragung, bei der mehrere Personen simultan oder nacheinander, jedoch einzeln befragt werden. Die Gruppendynamik wird dabei in dem Sinn ausgenutzt, als sich die Teilnehmer wechselseitig anregen und auf diese Weise ihre Meinungen detaillierter äußern als beim Einzelinterview. Außerdem werden tiefer liegende Einstellungen aktualisiert und expliziert (vgl. Mangold 1962: 210f.; Bohnsack / Schäffer 2001: 325). Um über die individuelle Meinungsäußerung hinaus den Prozess sozialer Bedeutungszuweisung zu simulieren, schließt die Gruppendiskussion an Alltagsformen der Konversation an, die vom Klatsch bis zur öffentlichen Diskussion reichen. Mit der Gruppendiskussion wird somit eine Art »öffentliche Meinung« im Kleinen erfasst (vgl. Gutjahr 1988: 218f.; Lunt 1996: 85).

Entgegen diesem additiven Zugriff, wonach Gruppendiskussionen individuelle und soziale Meinungen zum Ausdruck bringen, vertritt Röser (2000: 347) die Auffassung, dass Gruppendiskussionen nur geeignet sind, Sichtweisen sozialer Wirklichkeit und kollektive Bedeutungen hervorzubringen, wohingegen sich individuelle Themen und Differenzierungen nur insoweit erschließen, als sie sich in die kollektiven Themen einfügen, indem sie diese bestätigen oder widerlegen. Individuelle Zugänge, die dagegen in keinem Zusammenhang zu kollektiv relevanten Themen und Sichtweisen stehen, also auch nicht als Widerspruch in der Diskussion bedeutsam werden können, bleiben in Gruppendiskussionen zwangsläufig eher randständig[6] (vgl. Röser 2000: 139f.). Außerdem ist der Begriff der Diskussion zu eng gefasst, weil in das Gespräch auch biografische oder handlungsbezogene Erzählungen sowie gemeinsame Erinnerungen und wechselseitige Ergänzungen einfließen (vgl. Loos / Schäffer 2001: 13).

Gruppendiskussionen werden nicht nur in der akademischen Kommunikationsforschung eingesetzt (vgl. Lunt 1996: 80f.), sondern sind mittlerweile auch sehr beliebt in der Markt- und Meinungsforschung, weil sie die Möglichkeit bieten, dass sich die Konsumenten frei gegenüber dem Diskussionsleiter und dem Marketing äußern. Hier geht es gerade um Motivation als kollektiven Prozess und kollektive Wirkungsstruktur: Über die individuellen Aussagen hinaus wird die Gruppe als »Sprachrohr psychologischer Marktstrukturen« begriffen.[7] Die

[6] Gerade diese Ambivalenz und in der Gruppendiskussion nicht mehr trennbare Differenz zwischen individuellen Einstellungen und Gruppeneinstellungen wird oft als Nachteil dieser Befragungsform aufgefasst (vgl. Morgan 1988: 20f.).

[7] Der Einsatz von Miniplebisziten und Präferenzrankings (vgl. Dammer / Szymkowiak 1998: 56f.) leistet allerdings der Kritik Vorschub, dass die Gruppendiskussion in der Marktforschung als billiger Ersatz für aufwändigere standardisierte repräsentative Befragungen missbraucht werde.

Situation der Gruppendiskussion wird dazu benutzt, eine möglichst authentische Konversation herbeizuführen. Dabei stellen sich jedoch einige Fragen über die Gültigkeit der Aussagen (vgl. Dammer / Szymkowiak 1998: 40f.):

- Ist das explizit Gesagte ein gültiges »Datum« oder vermitteln Stimmungen, Atmosphären und nonverbale Ausdrucksweisen den eigentlichen Wert der Aussage?
- Welchen Stellenwert nimmt die Gruppendynamik ein? Hat sie einen Eigenwert, oder ist sie nur der Katalysator für gültige, authentische Aussagen?
- Welchen Erkenntniswert haben Verhaltensauffälligkeiten oder Fehlleistungen (Versprechen)?

Versteht man die Fragen als Entscheidungsfragen, ergeben sich je nach Beantwortung völlig unterschiedliche Ergebnisse oder Interpretationen. Man kann jedoch die Fragen auch so beantworten, dass die Gruppendynamik, also die von der Gruppe arrangierte Szene und ihr Verhalten dem Diskussionsleiter gegenüber, zusammen mit den Erzählungen der Diskutanten gleichermaßen als Kontextbedingung für die Entstehung der Ergebnisse (vgl. Röser 2000: 128) und als Indikator für die Wirkungsstruktur des Themas der Gruppendiskussion gilt (vgl. Melchers 1994b: 35f.).

Eine Vertiefung der Diskussion wird durch das Wechselspiel von Konsens und Konsensbruch erreicht. Dabei können Abschweifungen vom Thema möglicherweise auf einen wichtigen Seitenaspekt führen und dann funktional für die Fragestellung sein. Wenn ein Leitfaden verwendet wird, darf er nur zur Antizipation relevanter Sachverhalte dienen, nicht jedoch dazu, Abschweifungen vom Thema zu definieren und zu regulieren. Die Gruppendiskussion darf nicht zur Gruppenbefragung werden, bei der jeder einzelne dieselbe Frage gestellt bekommt, denn dadurch würde die spezifische Gruppendynamik unterdrückt und für die Fragestellung der Untersuchung relevante Informationen gingen verloren (vgl. Melchers 1994a: 5ff.; Melchers 1994b: 32ff.). Dennoch lässt sich auch die Beantwortung eines kleinen Fragebogens einbauen. Ferner kann man die Teilnehmer Bilder zeichnen lassen, oder sie bitten, etwas schauspielerisch in Szene zu setzen. Allerdings sind diese Instrumente kein Selbstzweck und müssen in die Dramaturgie der Gruppendiskussion an geeigneter Stelle, also flexibel, eingebaut werden.

Für die Durchführung einer Gruppendiskussion sind folgende methodische Entscheidungen wichtig:

- Die Anzahl der Gruppen hängt vom Forschungsziel ab. Je konkreter es abgegrenzt ist, desto mehr Gruppen sind empfehlenswert, weil die Gruppendiskussion dann quasi-experimentellen Status erlangt. Je explorativer dagegen die Untersuchung angelegt ist, desto weniger Gruppen sind erforderlich, weil der Bereich möglicher Sachverhalte nur strukturiert werden muss. Zudem ist die zu untersuchende Grundgesamtheit ein wichtiger Faktor: Je homogener sie ist, desto weniger Gruppen sind erforderlich. Dabei gilt die Regel, dass zwei Gruppen pro Segment bzw. Aspekt der Fragestellung gebildet werden sollten, was auf zwei bis acht Gruppen in den meisten Studien hinausläuft.

- Die Gruppengröße variiert zwischen sechs und zehn Gruppenmitgliedern. Kleinere Gruppen sind oft nicht so produktiv in der Diskussion, bei größeren Gruppen ist die Diskussion dagegen schwer durchzuführen. Dabei sollte die Bruttostichprobe aus einer Überrekrutierung von 20 Prozent bestehen (vgl. Morgan 1988: 42 ff.; Lunt 1996: 82f.).

- Bei der Gruppenzusammensetzung ist zu entscheiden, ob die Gruppen homogen (und damit getrennt) oder heterogen (gemischt) in Bezug auf die in der Forschungsfrage benötigten Segmente zusammengesetzt werden sollen. Die Homogenität bzw. Heterogenität bezieht sich dabei nicht auf die Einstellungen, sondern auf die (unabhängigen) Hintergrundvariablen (meist demografische Merkmale). Bei heterogenen Gruppen besteht die Gefahr unterschiedlicher Konversationsstile, die sich hinderlich auf den Gesprächsfluss auswirken können. Auf der anderen Seite bringen sie unterschiedlichere Perspektiven in die Diskussion ein. Schließlich ist zu bedenken, ob sich die Gruppen aus einander bekannten oder unbekannten Personen zusammensetzen sollen. Bei »Realgruppen« besteht ein Zusammenhang auch unabhängig von der Situation der Gruppendiskussion. Diese Gruppen haben eine gemeinsame Erfahrungsbasis, sodass sich Themen, die damit in Zusammenhang stehen, am besten eignen (vgl. Morgan 1988: 46 ff.; Loos / Schäffer 2001: 43ff.).

- Die Gruppe kann entweder unabhängig von der Gruppendiskussion bestehen (Realgruppe) oder speziell und ad hoc für die Gruppendiskussion zusammengesetzt werden (künstliche Gruppe). Realgruppen haben eine gemeinsame Erfahrungsbasis, sodass die Themen eher von ihnen selbst entwickelt werden und das Forschungsthema dazu passen muss. Gruppendiskussionen mit Realgruppen sollten auch mit dem Ort vertraut sein, damit keine Laborsituation entsteht. Bei künstlichen Gruppen kann das Thema stärker von dem Forschungsleiter bestimmt werden. Gruppendiskussionen mit Realgruppen sind authentischer, mit künstlichen Gruppen dagegen thematisch flexibler (vgl. Loos / Schäffer 2001: 43ff).

- Die Rolle des Moderators kann zwischen sehr zurückhaltend und ständig intervenierend variieren. Bei explorativen Untersuchungszielen ist eine geringe Beteiligung des Moderators sinnvoll, während bei detailliert explizierten Fragestellungen eine direktive Haltung des Moderators vorzuziehen ist, um das Thema nicht aus dem Blickfeld zu verlieren[8] (vgl. Morgan 1988: 48ff.). Insgesamt ist die Rolle des Moderators ambivalent, weil er zur Kommunikation motivieren muss, die Gruppe und ihre Gespräche leitet, sich am Gruppengeschehen beteiligt und es beobachtet. Bei Störungen durch Unübersichtlichkeit der Kommunikation, Widersprüchlichkeit der Aussagen, Zähigkeit des Gesprächsflusses oder absichtlich quertreibenden Entgleisungen muss der Moderator abwägen, ob er den Widerstand bricht oder ihn spontan analysieren und heuristisch nutzen kann (vgl. Dammer / Szymkowiak 1998: 60ff., 84f.).

Die Durchführung kann in Phasen unterteilt werden, die unterschiedliche Verhaltensweisen des Moderators erfordern (vgl. Loos / Schäffer 2001: 50ff.; Dammer / Szymkowiak 1998: 90ff.):

- Bei der Eröffnung muss der Moderator ein Frage-Antwort-Spiel zum Thema der Untersuchung vermeiden, denn die Gruppe soll untereinander ins Gespräch kommen und kein Zwiegespräch mit dem Diskussionsleiter halten (Prinzip der »Selbstläufigkeit«). Dies muss der Moderator bereits in der Anfangsphase kommunizieren. Seine Eingangsfrage darf deshalb auch nur den thematischen Rahmen vorgeben und nicht konkreter werden.
- In der Folgephase darf der Moderator auch nur gruppenimmanente Nachfragen stellen, welche die Teilnehmer zur Generierung von Erzählungen und Beschreibungen motivieren sollen. Zu diesem Zweck zerdehnt der Moderator die Kommunikation, indem er sich Einzelheiten schildern lässt und zu einer Schritt-für-Schritt-Erzählung ermuntert.
- Erst wenn sich das immanente Potenzial der Gruppe erschöpft hat, darf der Moderator »exmanent« weiterfragen und neue Themenaspekte ins Spiel bringen, dazu aber keine direktive Kommunikationsweise benutzen.
- In der letzten Phase, wenn das Thema umfassend besprochen und diskutiert wurde, wird die Rolle des Moderators direktiver. Zum einen kann er durch instrumentelle Naivität versuchen, den Konsens aufzubrechen, wenn dieser

8 Eine dezidiert einseitige Position nimmt Melchers (1994a: 6f.; 1994b: 34ff.) ein, der für eine größtmögliche Offenheit votiert, damit die Gruppendynamik möglichst wenig außengesteuert wird und die Informationen, die aus der spezifischen Gruppendynamik gewonnen werden, nicht verloren gehen.

ihm zu oberflächlich erscheint. Zum anderen spricht er jetzt Widersprüche zwischen Aussagen an, die er während des Gesprächs entdeckt hat. Dabei kann er die Teilnehmer auch provozieren, indem er ihre Aussagen zuspitzt.

Während die Vertreter einer konsequent offenen Gestaltung der Gruppendiskussion davon ausgehen, dass jedes Gruppenverhalten und jeder Ausgang einer Gruppendiskussion für sich betrachtet valide ist und die Ergebnisse in Abhängigkeit von dieser Gruppendynamik interpretiert werden müssen (vgl. Melchers 1994a, 1994b; Loos / Schäffer 2001), stellen Vertreter einer methodisch stärker kontrollierten Durchführung Kriterien auf, wonach der Wert einer Gruppendiskussion bestimmt werden kann. Diese Kriterien hängen mit einer direktiveren Position des Moderators zusammen und sind deshalb gleichzeitig als Regeln für seine Aufgabe zu verstehen (vgl. Dammer / Szymkowiak 1998: 37f.):

- Jeder Teilnehmer einer Gruppendiskussion soll etwas äußern; deshalb müssen »Schweiger« besonders zum Mitdiskutieren ermuntert werden.
- Auf der anderen Seite soll keiner der Teilnehmer die Gruppendiskussion dominieren und einen zu großen Redeanteil bekommen. Deshalb müssen die Meinungsführer gebremst werden.
- Die Gruppe soll »bewegt« sein, ohne »unordentlich« zu werden. Demnach muss der Moderator eine Grenze erkennen, ab der die Diskussion ausufert und sie dann gegebenenfalls thematisch wieder zurückführen.
- Die Diskussion soll geregelt ablaufen, ohne jedoch lahm zu werden. In dieser Hinsicht fällt dem Moderator eine motivierende Rolle zu. Dazu zählt auch das Erkennen und Befördern von kontroversen Stellungnahmen.
- Am Ende der Diskussion soll ein gewichtetes Meinungsbild oder sogar ein Konsens zustande kommen. Hierfür sammelt und bündelt der Moderator die geäußerten Positionen.

Durch die technischen Entwicklungen des Internet sind Gruppendiskussionen auch online möglich. Hierbei handelt es sich um einen Chat mit Moderator. Im Unterschied zur herkömmlichen Offline-Gruppendiskussion verläuft die Online-Gruppendiskussion dezentral, weil sich die Teilnehmer nicht an einem bestimmten Ort versammeln müssen, anonym, weil die Teilnehmer füreinander unbekannt bleiben, und sequentiell-asynchron, weil ein gleichzeitiges Sprechen nicht notwendig ist. Allerdings kann der letztgenannte Unterschied eingeebnet werden, wenn die Teilnehmer der Online-Gruppendiskussion mit audio-visuellem Equipment (Web-Cam, Head-Set) ausgestattet werden, um eine Quasi-Nähe herzustellen (vgl. Mühlenfeld 2002a).

Die Auswertung der Gruppendiskussion erfordert in der Regel eine auditive oder sogar audio-visuelle Aufzeichnung, die anschließend transkribiert werden muss. Dabei sollten die Teilnehmer anonymisiert werden. Die Auswertung kann sich nach den Regeln der qualitativen Inhaltsanalyse oder der Diskursanalyse richten. Im ersten Fall geht es teilweise um eine individuelle Rekonstruktion der Beiträge und um die Herstellung von Beziehungen zwischen Personen und Inhalten der Stellungnahmen; im zweiten Fall geht es dagegen um eine konsequente Gruppenanalyse, wobei die Beiträge in ihrer Gesamtheit als Diskurs aufgefasst werden.

Die inhaltsanalytische Vorgehensweise umfasst folgende Schritte (vgl. Dammer / Szymkowiak 1998: 123ff., 125ff., 129ff., 133ff.):

- Sammeln von »Materialqualitäten« (inklusive Besonderheiten und Auffälligkeiten)
- Ordnen durch In-Beziehung-Setzen dieser Materialqualitäten
- Konstruieren des Motivgefüges
- Zentrieren des Gesamtbildes der Gruppendiskussion
- Ergebniskontrolle

Die diskursanalytische Vorgehensweise wird dagegen wie folgt beschrieben (vgl. Loos / Schäffer 2001: 63f., 66ff., 69f.; Bohnsack / Schäffer 2001: 333ff.):

- Identifikation und Unterteilung der Elemente und Kategorien: Stellungnahmen (Propositionen), Schlussfolgerungen (Konklusionen), Ausarbeitungen (Elaborationen)
- Diskursorganisation: Verteilung der Redebeiträge, Ratifizierung des Themas, Aushandlung der Teilnehmerrollen
- Typenbildung: Organisation durch oppositionelle »Rahmung« (unterschiedliche Rahmen), konkurrierende »Rahmung« (unterschiedliche, antithetische Beiträge zum selben Rahmen), parallelisierende »Rahmung« (mehrere gleichgerichtete Beiträge zum selben Rahmen). Mit der Fokussierungsmetapher wird der übergreifende Orientierungsrahmen der Gruppe zum Ausdruck gebracht.

Übereinstimmend werden als Vorteile der Gruppendiskussion genannt, dass sie keinen großen Aufwand verursacht, weil sie vergleichsweise schnell und kostengünstig durchgeführt werden kann. Außerdem erbringt sie mehr Informationen als die Summe von Einzelinterviews, weil sich die Teilnehmer wechselseitig anregen. Durch den Einsatz mehrerer Instrumente und die Offenheit der Gesprächssituation ist sie eine besonders flexible Form der Befragung. Speziell die Online-Gruppendiskussion bietet die Möglichkeit, den Aufwand noch mehr zu reduzieren, weil die Teilnehmer in ihrem gewohnten Umfeld bleiben und die Daten nicht gesondert aufgezeichnet und transkribiert werden müssen (vgl. Melchers 1994a: 5; Gutjahr 1988: 219; Morgan 1988: 20f.; Mühlenfeld 2002a).

Die Gruppendiskussion bringt allerdings auch Nachteile mit sich. Dazu gehört die Künstlichkeit der Situation, die fast den Charakter eines Laborexperimentes annimmt, ohne jedoch wie dieses kontrollierbar zu sein. Eine Auswertung, die auch die Gruppendynamik und nonverbale Verhaltensweisen berücksichtigt, ist sehr aufwändig und bedarf psychologischer Kenntnisse. Schließlich ist die Rolle des Diskussionsleiters schwieriger auszufüllen als die eines Interviewers von einzelnen Befragten, weil er noch mehr als dieser auf die Beziehungsaspekte zu den diskutierenden Teilnehmern und darüber hinaus auch auf die Beziehungen unter diesen eingehen muss. Die Online-Gruppendiskussion hat den gravierenden Nachteil, dass sie auf schriftlicher Kommunikation basiert. Da wo sie diesen Nachteil durch audiovisuelle Unterstützung mit Web-Cam und Head-Set kompensiert, fällt der Vorteil des geringeren Aufwandes weg (vgl. Melchers 1994b: 36; Morgan 1988: 20f.; Mühlenfeld 2002a).

4.4 Die Delphi-Befragung (Consensus Panel)

Die Bezeichnung für die Delphi-Befragung geht auf die antike Orakelstätte Delphi zurück. Die Bedeutung des griechischen Ortes basiert zwar auf einer Sage, aber es gab tatsächlich einen Tempel mit einem Orakel, in dem Wahrsagungen für Rat Suchende gesprochen wurden. Die wissenschaftliche Nutzung in der Zeit nach dem Zweiten Weltkrieg hatte zunächst einen militärischen Zweck, um militärische Ziele der Sowjetunion auf die USA einzuschätzen (vgl. Häder 2002: 13ff.).

Das Ziel einer Delphi-Befragung ist die Lösung bestimmter Probleme oder die Prognose von Entwicklungen und Trends. Dazu werden die Meinungen von Experten benutzt, um Probleme zu lösen. Das Verfahren wird in mehreren Wellen durchgeführt, wobei ein anonymes Feedback eingebaut wird. Im kommunikationswissenschaftlichen Bereich werden vor allem technologische Entwicklungen (Telekommunikation, Redaktionstechnologie) prognostiziert (→ Teil 2, Kapitel 2.2). Die zahlreichen Varianten erschweren eine einheitliche Definition:

Ihr Schwerpunkt kann sowohl auf dem gruppendynamischen Aspekt als auch auf dem sachbezogenen Aspekt der Vorhersage liegen (vgl. Häder 2002: 22f.).

Das Erfolgskriterium für Delphi-Befragungen ist ebenfalls umstritten. Es kann in der korrekten Vorhersage zukünftiger Ereignisse oder Entwicklungen bestehen oder (nur) in der Erfassung (zukünftig) relevanter Problemsichten und Problemdimensionen zu einem bestimmten Sachverhalt. Außer diesen (theoretischen) Erkenntniszielen soll die Delphi-Befragung (praktische) Handlungs- und Entscheidungshilfen entwickeln. Häder (2002: 29ff.) unterscheidet die folgenden möglichen Leistungen, von denen die ersten beiden eher heuristisch und die letzten beiden eher prognostisch sind:

- Aggregation von Ideen
- Ermittlung und Qualifikation der Ansichten einer Expertengruppe
- Bestimmung oder Vorhersage eines unsicheren zukünftigen Sachverhalts
- Schaffung eines Konsenses unter den Teilnehmern des Panels[9].

Der Ablauf von Delphi-Befragungen ist nicht einheitlich, aber es gibt einige typische Merkmale (vgl. Häder / Häder 2000: 15ff.; Häder 2002: 24f.): Die befragten Personen sind ausgewählte Experten zu dem anstehenden Sachproblem, die möglichst unterschiedliche Meinungen haben sollen. Diese Meinungen werden in einer ersten Welle erhoben und in weiteren Wellen als aggregierte Ergebnisse allen Teilnehmern zur Verfügung gestellt. Ziel ist die Herstellung eines Konsenses oder zumindest einer klaren Alternative von Meinungen zur möglichen Entwicklung. Wie viele Befragungsrunden notwendig sind, um dieses Ziel zu erreichen, ist unterschiedlich. Allerdings ist die Anzahl durch den Aufwand für die teilnehmenden Experten beschränkt (in der Regel auf vier Wellen).

Folgende Entscheidungen sind bei der Planung einer Delphi-Befragung zu treffen:

- Bestimmung und Auswahl der Experten
- Anzahl der Experten (Größe der Stichprobe)
- Anzahl der Wellen (in Abhängigkeit vom Forschungsziel)

[9] Häder unterteilt deshalb die Delphi-Befragung in vier, sich ausschließende Typen. Im Unterschied zu dieser Auffassung soll hier davon ausgegangen werden, dass es zwar unterschiedliche Schwerpunkte in der Zielsetzung gibt, dass aber alle vier Leistungen in allen Delphi-Untersuchungen vorkommen.

- zeitlicher Abstand zwischen den Wellen
- Design: Standardisierung des Fragebogens in / nach der ersten Welle oder ausschließlich offene Runden; persönliche oder / und schriftliche Befragung.

Für die Auswahl der Experten ist zunächst eine Definition notwendig, wer als Experte gelten kann. Diese Definition richtet sich nach dem zu lösenden Sachproblem und der Kompetenz der Person auf diesem Gebiet. Je komplexer es ist, desto größer ist die Wahrscheinlichkeit, dass sich die Experten nur für bestimmte Teilgebiete kompetent fühlen. Der Begriff des Experten ist demzufolge abhängig vom Sachproblem und kann durchaus auch Betroffene, etwa einer technischen Erneuerung, einschließen. Wenn die Kompetenz des Experten nicht von vornherein feststeht oder das Thema so komplex ist, dass nicht davon ausgegangen werden kann, dass jeder Experte zu allen Fragen kompetent Stellung nehmen kann, sollten in der ersten oder zweiten Welle Fragen nach der subjektiv eingeschätzten Kompetenz der befragten Experten gestellt oder mit Indikatoren die Kompetenz ermittelt werden (vgl. Häder 2002: 124ff.).

Die Auswahl erfolgt nach Quoten, deren Kriterien aus der Struktur des Forschungsfeldes entwickelt werden. Das bedeutet, dass eine Zufallsauswahl in der Regel nicht anwendbar ist (→ Teil 2, Kapitel 2.2). Die konkrete Bestimmung der Experten erfolgt aufgrund der Definition des Forschungsfeldes, im Schneeballverfahren (Ko-Nomination) oder über Datenbanken. Entscheidend ist die Heterogenität der Gruppe in Abhängigkeit vom Forschungsthema, um möglichst viele Aspekte des zu behandelnden Sachproblems und unterschiedliche Meinungen zu dem Problem und seiner Lösung zu erfassen (vgl. Häder 2002: 98, 112ff.).

Über die optimale Anzahl von Delphi-Teilnehmern schwanken die Auffassungen extrem zwischen zehn und über 1.000 Personen (vgl. Häder 2002: 94f.). Die Stichprobengröße richtet sich deshalb sehr speziell nach dem Ziel der jeweiligen Delphi-Untersuchung. Je inhaltlich breiter und formal standardisierter die Befragung angelegt ist, desto mehr sind große Gruppen nötig; bei inhaltlich tiefen und formal offenen Untersuchungen genügt eine kleine Gruppe, die aber hoch motiviert sein muss. Der Kompromiss zwischen beiden Zielen besteht darin, die Gruppe so groß zu wählen, dass statistische Auswertungen auch von Untergruppen möglich sind, aber gleichzeitig die Gruppenmitglieder individuell »betreut« werden können. Dafür dürfte eine Stichprobengröße zwischen 50 und 100 Teilnehmern geeignet sein. Da es sich um eine Panelbefragung handelt, muss das Problem der Panelmortalität von vornherein mitbedacht werden (vgl. Häder 2002: 111).

Das klassische Delphi-Design umfasst vier Wellen: In der ersten Welle werden meist offene Befragungen (Leitfadeninterviews) durchgeführt, damit die Experten das Problem selbstständig und ohne Vorgaben definieren und Lösungen vorschlagen. Diese Interviews finden am Ort des Gesprächspartners statt, um den Kontakt zu den Experten persönlich herzustellen oder zu intensivieren. Die Befragung wird dadurch verbindlicher, und das Problem der Panelmortalität kann verringert werden. Allerdings ist es auch möglich, sofort mit einer schriftlichen Befragung zu beginnen, wenn begleitende Maßnahmen zur Sicherung der weiteren Teilnahme an den folgenden Wellen unternommen werden (→ Teil 1, Kapitel 2.3.5) oder wenn die Problemdefinition und ihre Kriterien nicht von externen Experten, sondern von der Forschergruppe selbst vorgenommen werden können (vgl. Häder 2002: 114ff.).

Während die Problembeschreibungen und Problemlösungen in der ersten Welle aus einer offenen Erhebung resultieren, wird in der Regel aus diesen Ergebnissen ein standardisierter Fragebogen entwickelt, der in den folgenden Wellen postalisch verschickt wird. Dazu werden die offenen Interviews transkribiert und inhaltsanalytisch so ausgewertet, dass sie in einen standardisierten Fragebogen eingebaut werden können. Die Experten nehmen in der zweiten Welle bereits Stellung zu Problemlösungen, die in der ersten Welle genannt wurden. Auf diese Weise entsteht ein Bild der quantitativen Verteilungen, deren Ergebnisse in der dritten Welle als Feedback dem Fragebogen, möglichst optisch aufbereitet, beigelegt werden. Daneben sollten auch offene Anmerkungen und Kommentare mitgeteilt werden (vgl. Häder 2002: 149ff.). Die Experten sollen nun ihre Meinung erneut bekunden, darüber hinaus begründen und sich eventuell der Mehrheitsmeinung anschließen. Alle Fragen, die nach der dritten Welle noch nicht im Konsens beantwortet werden, werden in einer vierten Welle nochmals zur Diskussion gestellt, um die Lösungsalternativen klar herauszustellen und im Kontext zu beschreiben. Auch in den standardisierten Fragebögen der zweiten bis vierten Welle sind offene Fragen vorgesehen, in denen die Befragten ihre Antworten begründen sollen oder können und in denen sie weitere Aspekte ansprechen, die durch die Frage oder die Antwortvorgaben (noch) nicht erfasst sind (vgl. Häder 2002: 135f.).

Je nachdem, welchen Stellenwert die Erzielung eines Konsenses hat und ob er sich nur auf die Problemdimensionierung oder auch auf die Problemlösung bezieht, sind mehr oder weniger Befragungswellen notwendig. Ist der Konsens nicht das Hauptziel, kann die Delphi-Befragung auch schon vorher abgebrochen werden, frühestens allerdings nach der zweiten Welle. Wenn dagegen der Konsens das primäre Forschungsziel darstellt, muss definiert werden, wie sehr die Auffassungen der Experten konvergieren müssen, um von Konsens sprechen zu können. In den wenigsten Fällen wird eine vollständige Übereinstimmung zu erreichen sein (vgl. Häder 2002: 118f.).

Der zeitliche Abstand zwischen den Befragungswellen richtet sich nach dem Aufwand für die Auswertung der jeweils letzten Welle. Nach der ersten Welle mit der offenen Befragung ist eine intensive Auswertung notwendig, aufgrund derer der (standardisierte) Fragebogen für die nächsten Wellen erst entwickelt werden muss. Demzufolge dürfte der Abstand zwischen der ersten und zweiten Welle größer sein als zwischen den folgenden Wellen, die hauptsächlich standardisiert ausgewertet werden. Insgesamt darf der zeitliche Abstand nicht zu groß sein, damit die Experten nicht vergessen, dass sie noch an dem Delphi-Panel teilnehmen; er darf aber auch nicht zu klein sein, damit die Experten die Mehrfachbefragung nicht als redundant oder zu aufwändig empfinden. Der Abstand hängt schließlich auch von der Anzahl und Intensität der Nachfassaktionen ab, um die nicht antwortenden Experten doch noch zur Teilnahme zu bewegen.

Die Problempunkte des Delphi-Verfahrens bestehen in der Auswahl der Experten, in der Definition von Konsens und in der Panelmortalität der Teilnehmer (vgl. Häder / Häder 2000: 18f.). Bei der Auswahl der Experten sollte darauf geachtet werden, dass sie ein möglichst breites Spektrum von Ansichten zu dem behandelten Problem abdecken und dass sie tatsächlich die Kompetenz besitzen, um an der Problemlösung oder an der Prognose möglicher Problemlösungen mitwirken zu können. Konsens kann in der Regel nicht als völlige Übereinstimmung aller Teilnehmer definiert werden, sondern muss oft weicher ausgelegt werden als weitgehende Gemeinsamkeit bei der Problemeinschätzung und der Problemlösung. Um die Panelmortalität zumindest in akzeptablen Grenzen zu halten, darf der Aufwand für die Teilnahme nicht zu groß werden. Deshalb werden oft nicht vier, sondern nur drei oder sogar nur zwei Befragungswellen durchgeführt. Allerdings sinkt die Chance auf Konsens, je weniger oft die Experten mit anderen Ansichten konfrontiert werden. Wenn eine Delphi-Befragung mehr als zwei Wellen umfasst, ist auch eine Nachrekrutierung von Experten möglich, um die Stichprobengröße zu erhalten.

4.5 Die Struktur-Lege-Technik

Bei der Struktur-Lege-Technik werden die Inhalte von Reflexionen (Einstellungen, Meinungen, Argumente) getrennt erhoben von ihrer Struktur. Die Struktur wird bei standardisierten Verfahren durch statistische Korrelationen errechnet und bei den qualitativen Verfahren durch den Forscher interpretativ rekonstruiert, also in beiden Fällen nicht mit dem Befragten abgestimmt. Insofern sind diese Vorgehensweisen monologisch. Im Gegensatz dazu ist die Struktur-Lege-Technik ein »Dialog-Konsens-Verfahren«, bei dem die subjektive Sichtweise des Befragten nicht nur inhaltlich abgefragt, sondern auch als Interpretation seiner subjektiven Struktur vom Forscher berücksichtigt wird. Der Befragte ist demzufolge aktiver und selbstbestimmter nicht nur bei seinen Aussagen, sondern auch bei deren Interpretation und strukturellen Relationierung (vgl. Scheele / Schreier 1994: 280f.).

Dieser Einbezug des Befragten in die Interpretation der Ergebnisse hat einige theoretische und methodologische Voraussetzungen: Prinzipiell werden dem Befragten (Handelnden) neben der generell für Befragungen notwendigen Sprach- und Kommunikationskompetenz die Fähigkeit zum Handeln, aber auch zur Reflexivität (des eigenen Handelns) und – zumindest potenziell – zur Rationalität unterstellt. Vor diesem Hintergrund umfasst die selbstinterpretative Innensicht der handelnden Person auch von außen nicht beobachtbare Kognitionen, die mit der Ausführung der Handlung verbunden sind. Darunter fallen Motive, Ziele und Absichten, welche die Handlung auslösen und die als hochkomplexe Handlungsbeschreibungen und Handlungsinterpretationen eine subjektive Theorie des Handelnden bilden. Diese Binnenperspektive des befragten Handelnden dient als Basisbeschreibung innerhalb des wissenschaftlichen Analyseprozesses. Sie stimmt nicht notwendig mit der Außenperspektive des Forschers überein, was jedoch nicht bedeutet, dass die Außenperspektive als Kriterium der Validierung der Innenperspektive geeignet wäre. Vielmehr muss eine Verständigung beider Perspektiven stattfinden, und dies kann nur unter optimalen Dialogbedingungen geschehen. Die Befragungsergebnisse werden folglich sowohl explanativ, also durch die Erklärungsversuche des Forschers, als auch kommunikativ durch die Zusammenführung beider Perspektiven validiert (vgl. Groeben 1992: 44f.).

- In der ersten Stufe werden herkömmliche qualitative Befragungstechniken wie die freie Assoziation, lautes Denken, Tagebuchaufzeichnungen, das halbstrukturierte Leitfadeninterview, aber auch standardisierte Interviews eingesetzt, um den Zugang des Befragten zu seinen mentalen Inhalten sowie zur möglichst präzisen Verbalisierung dieser Reflexionen und Intentionen zu gewährleisten.

- In der zweiten Stufe sollen die Befragten ihre eigenen Auskünfte strukturieren. Dazu wird ihnen ein spezifisches Regelsystem vorgegeben, das die Relationen zur Verknüpfung von einzelnen Konzepten, Gedanken, Argumenten usw. expliziert. Die aus der ersten Phase gewonnenen inhaltlichen Konzepte werden auf Kärtchen geschrieben und mit Hilfe des Regelsystems geordnet. Dadurch entstehen Strukturabbildungen aus den einzelnen Konzepten und deren formale Relationen (vgl. Scheele / Schreier 1994: 281f.).

Das Regelsystem enthält verschiedene logische Bezüge, mit denen der Befragte die Verknüpfung zwischen den Begriffen, Konzepten, Argumenten, die er in der ersten Stufe formuliert hat, charakterisieren kann. Dazu gehören die folgenden »Relationen« (vgl. Scheele / Schreier 1994: 284f.)[10]:

- logische Relationen: »gleich« (für Definitionen), »und« (für Aufzählungen), »oder« (einschließend im Sinn von »oder auch«, ausschließend im Sinn von »entweder oder«), »Ober-/Unterkategorie«
- abstrakte Relationen: »Manifestationen« (Beispiele für einen Begriff), »Indikatoren« (signalisieren das vorliegende Objekt, ohne es selbst zu sein)
- semantische Relationen: »Absicht, Intention« (Ziel oder Zweck, nicht dagegen die Wirkung einer Handlung), »Voraussetzung« (implizit unterstellte, notwendige Voraussetzung einer Handlung)
- kausale Relationen: A bewirkt B positiv (B hängt von A ab: je mehr A, desto mehr B), A bewirkt B negativ (B hängt von A ab: je mehr A, desto weniger B), A und B bewirken sich gegenseitig (beide sind voneinander abhängig).

Das Regelsystem ist in der Regel visuell (zum Beispiel als Flussdiagramm) angelegt, um die Aufgabe für die Befragten kognitiv zu erleichtern und zu ihrer Erledigung motivational anzuregen. Mit dieser Visualisierung soll ein Abbild der subjektiven Wissensstrukturen der Befragten angefertigt werden. Außerdem werden auf diese Weise die Beziehungen direkt und anschaulich statt semantisch oder numerisch mit Hilfe statistischer Korrelationen dargestellt. Schließlich sind die Strukturbilder leicht korrigierbar; sie können erweitert, reduziert, differenziert oder revidiert werden (vgl. Dann 1992: 3ff.).

Wenn die Befragten ihre eigenen Aussagen mit diesem Regelsystem selbst interpretieren und strukturieren, werden sie durch dieses beeinflusst. Allerdings ist die Beeinflussung ein gewollter Effekt, damit der Befragte differenzierter und sensibler über seine Aussagen und Argumente reflektiert und damit seine subjektive Perspektive genauer rekonstruiert, wobei diese Rekonstruktion stets selbstbestimmt bleibt. Auf diese Weise nähern sich Erkenntnissubjekt (Forscher) und

---

[10] Es gibt unterschiedliche Regelsysteme, die vom Untersuchungsziel abhängen und flexibel eingesetzt werden können. Die folgende Beschreibung bezieht sich auf das bekannteste Regelsystem, die »Heidelberger Struktur-Lege-Technik« (vgl. Dann 1992: 36).

Erkenntnisobjekt (Befragter) einander an und gelangen zu einem Erkenntniskonsens. Mehr noch ist mit dieser Zusammenarbeit auch die Möglichkeit der praktischen Veränderung von Handlungen für den Befragten verbunden (vgl. Scheele / Schreier 1994: 287f.).

Das Verfahren setzt voraus, dass das Regelsystem dem Befragten leicht vermittelbar sein muss, denn bei Schwierigkeiten mit der Umsetzung ist die prinzipielle Gleichberechtigung zwischen dem Forscher und dem Befragten gefährdet (vgl. Dann 1992: 7). Darüber hinaus muss eine »ideale Sprechsituation« hergestellt werden. Dies wird zum einen durch einen harten Interviewstil umgesetzt, indem präzise, insistierende und konfrontierende Fragen gestellt werden. Allerdings darf dadurch das Vertrauen des Befragten nicht zerstört werden, sodass auch weiche Techniken der Kommunikation und Metakommunikation öfter zum Einsatz gelangen (vgl. Groeben 1992: 54).

Die zweite Phase, welche die Struktur-Lege-Technik von allen anderen Befragungsverfahren und -varianten unterscheidet, kann unterschiedlich durchgeführt werden. Zu bevorzugen ist die Version mit dem eigenständigen Legeversuch des Befragten getrennt von dem Legeversuch des Forschers, weil diese Vorgehensweise eine aktivere und explizite Auseinandersetzung des Befragten mit seiner eigenen subjektiven Theorie gewährleistet. Allerdings ist der Legeversuch des Befragten oft deutlich weniger komplex als der des Forschers, selbst wenn er das Regelsystem hinreichend verstanden hat. Eine weitere Asymmetrie entsteht dadurch, dass der Forscher seinen Legeversuch auch inhaltsanalytisch unterstützen kann und somit über das kognitiv besser strukturierende Handwerkszeug verfügt. Der Verzicht eines eigenen Legeversuchs des Befragten führt ferner dazu, dass er sich zu stark an dem Legeversuch des Forschers oder auch nur an dessen Vorschlägen orientiert. Ein Kompromiss besteht darin, den Legeversuch gemeinsam durchzuführen, damit der Befragte nicht erst auf den Vorschlag des Forschers reagiert und damit in eine passive Rolle gedrängt wird, in der er nur noch den Forscher bestätigt (vgl. Groeben 1992: 58f., 63, 65).

Das Einsatzgebiet von Dialog-Konsens-Verfahren ist die Textrezeption, oft die Lektüre und Interpretation fiktionaler Texte. Mit dem Verfahren werden die Wissensvoraussetzungen hinsichtlich bestimmter Textsorten sowie weitere Voreinstellungen ermittelt und in Beziehung gesetzt zum eigentlichen Textverständnis (vgl. Scheele / Schreier 1994: 290f.).

Der Vorteil der Struktur-Lege-Technik besteht darin, dass die Gestaltung des Regelsystems viele Freiheiten lässt; nachteilig wirkt sich allerdings der vergleichsweise hohe Zeitaufwand aus (vgl. Dann 1992: 39).

4.6 Techniken zur direkten Messung von Kognitionen

Die Befragung misst streng genommen nur verbale Äußerungen. Dennoch wird von diesen kommunikativen Mitteilungen auf Wahrnehmungen, Einstellungen oder Gefühle geschlossen. Obwohl Kognitionen prinzipiell nicht direkt in Kommunikation überführbar sind, wurden Verfahren entwickelt, um näher an die kognitiven Prozesse zu kommen, um diese weniger indirekt zu messen (vgl. Huber / Mandl ²1994a: 21ff.). In diesem Abschnitt sollen einige interessante, wenngleich in der Kommunikations- und Medienwissenschaft bislang noch selten eingesetzte Befragungstechniken beschrieben werden. Die neueren Varianten setzen vor allem an dem Problem an, dass bei Befragungen selten momentane Prozessdaten, sondern in der Regel nachträgliche und aggregierte Erfahrungen ermittelt werden.[11]

4.6.1 Der Copytest

Bei dem vor allem in der Media- und Werbeforschung eingesetzten Copytest geht es darum herauszufinden, ob und wie Leser Zeitungen oder Zeitschriften (englisch: copy = Ausgabe) rezipieren. Die verschiedenen Arten des Copytests reichen von der groben Messung des »Lesekontaktes« von Zeitungsseiten bis zur detaillierten Erfassung der Lektüre einzelner Artikel oder Anzeigen (→ Teil 2, Kapitel 1.1.1). Dazu legt der Interviewer dem Befragten das Originalblatt vor und bittet ihn, auf jeder Seite anzugeben, ob er bestimmte Artikel, Illustrationen oder Anzeigen gelesen bzw. beachtet hat oder nicht. Darüber hinaus fragt der Interviewer nach, ob der betreffende Artikel gründlich oder nur flüchtig gelesen wurde (»claimed readership«). Um die Angaben über diese Selbstauskunft hinaus zu bestätigen, kann alternativ dazu auch der Artikel abgedeckt werden, und der Befragte soll dann angeben, an welche Einzelheiten er sich erinnert (»proven readership«) (vgl. Koschnick ²1995: Band 1: 330f.).

Der Copytest findet als Stichtagsbefragung jeweils einen Tag nach der Erscheinung der betreffenden Zeitungs- oder Zeitschriftenausgabe mit etwa 250 Personen statt. Da er in ein strukturiertes persönlich-mündliches Interview eingebettet ist, wird darüber hinaus in der Regel noch ermittelt, wie die befragten

---

[11] Auch bei Panelbefragungen oder Trendbefragungen handelt es sich nicht um originäre Prozessdaten, da die Zeiträume zwischen den Befragungszeitpunkten vergleichsweise groß sind. Als Prozessdaten können folglich nur solche bezeichnet werden, die einen Verhaltens- oder Handlungsprozess möglichst zeitnah begleiten.

Leser einzelne Ressorts bewerten und welches Image das Medium selbst hat. Außerdem werden Fragen zu Lesedauer, Lesemenge und Leser-Blatt-Bindung sowie zu Themeninteresse und zur subjektiven Einschätzung der Nutzung einzelner Ressorts gestellt. Schließlich werden gelegentlich Fragen zu einzelnen Artikeln (Gefallen, Gründe für die Nichtnutzung oder den Leseabbruch), zu einzelnen Seiten (Seitenaufbau, Leseanreiz, Übersichtlichkeit, Anmutung) oder zu einzelnen Ressorts eingebaut (vgl. Hippler 2001: 5f.).

Der Copytest wurde bereits in den zwanziger Jahren in den USA von Daniel Starch angewendet, um die Beachtung von Anzeigen zu messen, ebenso von George Gallup, um die Leserzahlen redaktioneller Beiträge in Zeitungen festzustellen. Seitdem ist das Verfahren weiterentwickelt worden und lässt sich prinzipiell auch auf Fernsehsendungen und Fernseh-Werbespots übertragen (vgl. Schaefer 1992).

Die Copytest-Ergebnisse dürfen allerdings nicht überbewertet werden, weil die Befragten dazu neigen, Auskunft über ihr normales anstatt über das konkrete, auf den speziellen Fall bezogene Leseverhalten zu geben. Deshalb sollte eine Reihe von Copytests über verschiedene Tage oder über verschiedene Ausgaben hinweg durchgeführt werden (vgl. Hippler 2001: 5). Weiterhin besteht die Gefahr, dass die Lesemenge über- oder unterschätzt wird, weil es sozial erwünscht ist, bestimmte Zeitungen oder Artikel zu lesen oder zu meiden. Schließlich hängt die Qualität der Ergebnisse von der Aufnahmefähigkeit und Aufnahmebereitschaft der Befragten ab. Nur bei einer sehr begrenzten Menge von Artikeln oder Anzeigen lässt sich überprüfen, ob sie wahrgenommen und gelesen wurden, sonst erlahmen Geduld und Konzentration der Befragten.

Auf der anderen Seite ist das Verfahren immer noch geeigneter als seine Alternativen. Legt man den Befragten Listen oder Karten mit Überschriften vor, riskiert man noch ungenauere Antworten, auch wenn damit wenigstens teilweise nachgeprüft werden kann, ob die Befragten die Wahrheit sagen, indem ihnen auch falsche Titel untergeschoben werden. Auch Befragungen, die mit dem Tagebuchverfahren arbeiten, hängen stark von der Disziplin der Befragten beim Eintragen ihrer Lektüre ab (vgl. Koschnick ^{2}1995: Band 1: 330f.).

4.6.2 Die Technik des lauten Denkens (Think Aloud Technique)

Die Antwort auf eine Frage ist das Ergebnis eines kognitiven Prozesses, der selbst nicht kommuniziert wird. Der Weg, wie eine Person zu ihrer Antwort oder einer anderen kommunikativen Äußerung gelangt, kann nur erfasst werden, wenn man diese Person bittet, ihre Gedanken in der betreffenden Situation (was sie denkt, wahrnimmt, fühlt, empfindet), in der sie etwas verbal geäußert hat, laut auszusprechen. Diese Technik des lauten Denkens wurde in der Denkpsychologie von Karl Bühler bereits zu Beginn des zwanzigsten Jahrhunderts entwickelt. In diesem Bereich und in der Unterrichtsforschung wird die Technik noch heute häufig verwendet (vgl. Weidle / Wagner ^{2}1994: 81, 86ff.).

Lautes Denken erfolgt parallel zu einer Primäraufgabe oder Primärtätigkeit, ist also selbst eine »Nebentätigkeit«. Die befragten Personen werden dabei aufgefordert, ihre aktuellen Gedanken auszusprechen.[12] Es geht also nicht darum, was eine Person im Allgemeinen über sich denkt, sondern was ihr im Moment tatsächlich durch den Kopf geht oder gegangen ist (vgl. Bilandzic / Trapp 2000: 186; Weidle / Wagner ^{2}1994: 82f.).

Die Gedanken müssen nicht unbedingt oder immer im Vollzug ihrer Produktion bzw. parallel dazu verbalisiert werden, sondern können auch nachträglich, dann aber in nur geringem Zeitabstand kommuniziert werden. Die nachträgliche Verbalisierung ist dann notwendig, wenn die Primäraufgabe bzw. Primärtätigkeit mit einer bestimmten Zeitvorgabe verbunden ist oder nur kurz andauert (etwa beim Umschalten von Fernsehprogrammen). In diesen Fällen wird das Verhalten der befragten Person oder die Erledigung der Aufgabe aufgezeichnet und dem Befragten danach vorgeführt, damit er retrospektiv die Gedanken, die er während der Tätigkeit empfunden hat, berichtet (vgl. Bilandzic / Trapp 2000: 186f.).

Je nachdem, ob sich das Ziel der Untersuchung auf Details des Rezeptionsprozesses (→ Teil 2, Kapitel 3.3) oder auf das Gesamtbild der Rezeption bezieht, kann die Technik unterschiedlich angewendet werden: Soll der Befragte während des Rezeptionsprozesses laut denken, können damit konkrete Prozesse verfolgt werden, während das nachträgliche laute Denken eher zu einem Gesamteindruck führt. Will man die lineare Seite der Rezeption – etwa des Leseprozesses – rekonstruieren, werden dem Befragten nur einzelne Ausschnitte (Sätze, Absätze eines Textes) dargeboten, während die Vorlage des gesamten Textes oder der gesamten Sendung eher für die Beschreibung der Makroprozesse geeignet ist. Eine weitere kommunikations- und medienwissenschaftliche Anwendung besteht

---

[12] Ob lautes Denken damit eine introspektive Methode ist, bei der subjektive »Theorien«, also Wahrnehmung inklusive ihrer Interpretationen wiedergegeben oder rekonstruiert werden, oder ob es im Unterschied zur Introspektion nur um die direkte Wiedergabe der Gedanken möglichst ohne zusätzliche Interpretation geht, wird in der Literatur unterschiedlich beschrieben und hängt vom Forschungsziel und von der Instruktion ab, mit der die befragte Person zum lauten Denken aufgefordert wird (vgl. Weidle / Wagner ^{2}1994: 82; Bilandzic / Trapp 2000: 186).

in dem Vergleich zwischen der Inhaltsanalyse von Texten und den durch lautes Denken ermittelten Daten der Rezeption von Texten[13] (vgl. Steen 1994: 299, 303). Schließlich lässt sich auch der Produktionsprozess kognitiv begleiten, etwa die Überlegungen beim Verfassen von Nachrichten (vgl. Shapiro 1994: 1).

Von großer Bedeutung für das Funktionieren der Methode ist die Instruktion, die der Interviewer dem Befragten gibt. Sie besteht aus den drei Elementen (Phasen): Im *Hauptteil* wird der Befragte aufgefordert, dass er während seiner Primärtätigkeit laut denken und alle seine Gedanken äußern (oder seltener: niederschreiben) soll. In der *Ergänzung* wird die Instruktion präzisiert. Mit der *Nachfrage* wird der Befragte an die Sekundäraufgabe des lauten Denkens erinnert, falls er seine Gedanken im Verlauf der Erledigung der Primäraufgabe zu selten verbalisiert. Die Nachfrage erfolgt in der Regel nach 15 bis 30 Sekunden Schweigen. Die Instruktion muss ungerichtet sein, also zur unzensierten, direkten Wiedergabe auffordern, bei der keine Relevanzselektion stattfindet. Gerichtete Instruktionen, bei denen der Interviewer den Befragten auffordert, über etwas Konkretes nachzudenken und dies zu äußern, etwa über einen bestimmten Aspekt der Erledigung der Primäraufgabe, lenken dagegen vom lauten Denken ab und führen dazu, dass der Befragte seine Gedanken weniger direkt äußert, sondern eher Schlussfolgerungen aus seinen Gedanken zieht. Auch bei einer scheinbar unzusammenhängenden, bruchstückhaften Verbalisierung darf der Interviewer den Befragten nicht zur Kohärenz seiner Aussagen drängen (vgl. Bilandzic / Trapp 2000: 189; Shapiro 1994: 4f., 7f.).

Allerdings gibt es Fragestellungen, die eine gerichtete oder fokussierte Instruktion sinnvoll machen: Die Aufmerksamkeit des Befragten wird dann auf ausgewählte Aspekte des Textes oder der Sendung gelenkt, die besonders verbal elaboriert werden sollen. Diese Art der Instruktion kann auch zweistufig erfolgen, indem der Befragte zunächst die relevante Stellen der Rezeption markieren soll, um im Nachhinein darüber laut zu denken (vgl. Steen 1994: 299).

In der Regel soll der Befragte alle Gedanken äußern, die ihm während einer Handlung in den Sinn kamen. Damit findet sozusagen eine Vollerhebung der

---

13 Steen (1994: 303f.) versteht dabei die Inhaltsanalyse des Textes als »Norm«, an der die Reliabilität der Rezeption bzw. des lauten Denkens über die Rezeption gemessen wird. Dieser Normbegriff ist allerdings rein methodisch und nicht theoretisch zu verstehen, denn man kann aus unterschiedlichen Rezeptionsweisen nicht auf die Richtigkeit der Textlektüre schließen, sondern eher den Grad der Polyvalenz eines Textes erkennen: Textstellen, über die alle Befragten ähnliche Gedanken haben, sind dann konventionell eindeutiger als solche, die höchst unterschiedliche Assoziationen hervorrufen.

Gedanken statt, die nur deshalb nicht vollständig sein kann, weil nicht alle Gedanken geäußert werden (können). Die Instruktion zum lauten Denken kann aber auch stichprobenartig erfolgen. Bei solchen »Gedankenstichproben« werden Zeitintervalle festgelegt, während derer der Befragte seine Gedanken berichten soll. Wenn die Stichprobenziehung mit dem Zufallsverfahren erfolgt, bekommt der Befragte ein Signal, nach dem er seine Gedanken auf ein Aufnahmegerät sprechen oder auf Papier aufschreiben soll. Eine bewusste Auswahl findet dagegen statt, wenn es dem Befragten selbst überlassen bleibt, wann er seine Gedanken äußert. Das laute Denken wird in diesem Fall etwa durch ein (subjektives) Relevanzkriterium gesteuert, das heißt, der Befragte denkt dann laut (nach), wenn er die Gedanken für wichtig hält (vgl. Huber / Mandl ^{2}1994b: 106f.).

Die Grenzen der Technik des lauten Denkens bestehen darin, dass grundlegende Wahrnehmungsoperationen nicht verbalisierbar sind. Bei Routineaufgaben ist die Technik ebenfalls ungeeignet, weil diese oft nicht den Bewusstheitsgrad erlangen, der zur Verbalisierung der Gedanken notwendig ist. Da ferner Gedanken schneller als das Sprechen ablaufen, findet notwendigerweise immer eine Selektion statt. Probleme entstehen auch, wenn innere Bilder, Gefühle oder Wahrnehmungen verbalisiert werden sollen und damit umcodiert werden müssen. So gesehen besteht praktisch immer die Gefahr, dass Gedanken erst sprachlich aufbereitet werden, indem Redundantes weggelassen wird, Kohärenz hergestellt wird und Inkonsistenzen vermieden werden (vgl. Bilandzic / Trapp 2000: 190ff.; Weidle / Wagner ^{2}1994: 84f.; Shapiro 1994: 3).

Darüber hinaus ist die Technik des lauten Denkens reaktiv, weil die Verbalisierung der Gedanken auf die Gedanken selbst zurückwirkt. Diese Rückwirkung vollzieht sich in drei Dimensionen:

- In zeitlicher Hinsicht verlangsamt sich die Gedankenproduktion, wenn gleichzeitig darüber gesprochen wird. Beim nachträglichen lauten Denken tritt zusätzlich noch der Gedächtniseffekt auf, denn hierzu muss das Langzeitgedächtnis abgerufen werden, selbst wenn die Verbalisierung zeitlich sehr schnell nach der Erledigung der Primärtätigkeit erfolgt. Außerdem wird es schwerer, die aktuellen, während der Tätigkeit produzierten Gedanken, von den nicht-aktuellen nachträglichen oder reflektierenden Gedanken zu trennen.
- In der sachlichen Dimension wird das Verhalten bei der Lösung der Primäraufgabe bewusster und rationaler. Das kann dazu führen, dass die Primäraufgabe besser gelöst wird oder dass der Befragte starrer an einem bestimmten Lösungsweg festhält. Beim nachträglichen lauten Denken gibt es keine Rückwirkung auf die Aufgabenlösung selbst, wenn der Befragte nicht bereits bei

der Erledigung der Aufgabe weiß, dass er hinterher laut über die Tätigkeit nachdenken soll.

- In der sozialen Dimension ist die Selektion der Verbalisierung auch von der Instruktion und Erscheinungsweise des Interviewers abhängig. Es werden nur die Gedanken ausgesprochen, die der Befragte für sinnvoll hält. Beim nachträglichen lauten Denken ist die Selektion noch mehr an den Kriterien der Rationalität und Kohärenz ausgerichtet. Ferner treten generell bei der Rezeption komplexer Texte oder Sendungen andere Komplikationen wie Irritation, Verwirrung oder Scham auf (vgl. Steen 1994: 302).

Um die Reaktivität zu vermindern, wird in der Regel ein »Aufwärmtraining« zur Einübung durchgeführt, damit der Befragte das laute Denken selbst routinisiert. Der Versuch muss so angelegt sein, dass die Hauptaufmerksamkeit auf die Primärtätigkeit gerichtet ist und dass das laute Denken dem Befragten keine Mühe bereitet. Die Instruktion des Interviewers muss dem Befragten suggerieren, dass er eine Art Selbstgespräch führt und der Interviewer dabei in den Hintergrund tritt. Trotz dieser Maßnahmen ist die Technik des lauten Denkens in hohem Maß kontext- und situationsgebunden (vgl. Bilandzic / Trapp 2000: 193ff.).

4.6.3 Die kontinuierliche Messung (Continuous Response Measure)

In besonderem Maß prozessorientiert ist die Technik der »Continuous Response Measure« (CRM) oder der »Real Time Response Measure« (RTR). Während der Nutzung eines audio-visuellen Mediums werden kontinuierlich introspektive Selbstberichte, Bewertungen oder Meinungen der Rezipienten gemessen. Die Technik wurde erstmals von Lazarsfeld und Stanton 1945 im Kontext der Radioforschung eingesetzt. Merton nannte sie »eindimensionales Introspektometer« (vgl. Biocca / David / West 1994: 20ff.).

Technisch kann das Gerät aus einer Box mit zwei oder mehr Knöpfen, einem Dreh- oder Schieberegler oder aus einem Joystick bestehen. Damit ist es möglich, binäre Urteile abzugeben (Programm gefällt mir vs. gefällt mir nicht; Sendung ist spannend vs. ist langweilig; Präferenz für Person A vs. für Person B usw.), indem der Befragte den betreffenden Knopf drückt oder den Regler in die jeweilige Richtung dreht. Abgestufte Urteile sind mit sieben-, zehn- oder gar hundertstufigen Skalen möglich, die auf einer Wählscheibe abgetragen sind. Der Joystick erlaubt sogar stufenlose Urteile. Solche Messungen erfassen normalerweise nur eine Urteilsdimension; sie können aber prinzipiell auch mehrdimensional durchgeführt werden, wenn dies den Befragten nicht kognitiv überfordert. Die Mehrdimensionalität kann ferner dadurch erreicht werden, dass die Stichprobe aufgeteilt wird oder die Befragten die Messung mehrfach durchlaufen (vgl. Biocca / David / West 1994: 32f., 53).

Das Verfahren der kontinuierlichen Messung findet im Labor statt. In der Regel ist eine Stichprobe von rund 50 Personen vorgesehen. Dadurch, dass die Befragten permanent das vorgeführte Stimulusmaterial beurteilen müssen, wird auch eine zeitliche Stichprobe aus der Menge aller möglichen Beurteilungen gezogen. Diese kann bei der Durchführung zeitlich variieren, wenn die Veränderungen sehr schnell in Millisekunden oder sehr langsam in Minuten gemessen werden. Jede Befragte urteilt individuell und privat, sodass die Anonymität des Urteils gewährleistet ist. Für die Auswertung wird die aggregierte kontinuierliche Kurve der Bewertungen über den Sendeverlauf gelegt, sodass jeder besondere Ausschlag der Bewertung einer bestimmten Stelle im präsentierten Stimulusmaterial zugeordnet werden kann (vgl. Biocca / David / West 1994: 33, 37f.; Bewley 2001 221ff.).

Neben der Erfassung von Veränderungen des (rezipierten) Medieninhaltes kann die kontinuierliche Messung als Selbstbericht des Befragten zu seinem momentanen mentalen Zustand oder zur Codierung von (medialem) Kommunikationsverhalten dargestellter Personen eingesetzt werden. Die Ergebnisse können demnach nicht nur in aggregierter Form von Bewertungsverläufen medienzentriert, sondern auch als individuelle Stimmungskurven rezipientenbezogen interpretiert werden.

Das Verfahren ist geeignet, affektive Reaktionen gegenüber dem präsentierten Stimulusmaterial, Wahrnehmungsurteile und Wahrnehmungsprozesse sowie semantische Urteile und Interpretationsprozesse zu erfassen. Indirekt ist auch die Aufmerksamkeit messbar als Häufigkeit des Wechsels von Bewertungen und Urteilen. Weiterhin werden die Bewertungen spontan, simultan zu ihrer Entstehung (nicht erst im Nachhinein) und permanent erfasst (vgl. Biocca / David / West 1994: 25f.).

Da diese Bewertungen spontan erfolgen, müssen andere Dimensionen nachträglich erfragt werden. Die Verwendungsmöglichkeiten der Technik sind dabei vielfältig (vgl. Biocca / David / West 1994: 35ff.):

- Die Bewertungen aus der CRM oder RTR-Messung können als Erinnerungsstütze für den Befragten benutzt werden: In einer anschließenden Befragung kann der Befragte die jeweiligen Bewertungen erläutern und kommentieren.
- Ebenso ist eine Einbettung der Technik in Gruppendiskussionen denkbar, um über interessante Spitzen in der Bewertung gemeinsam zu diskutieren. Die Befragten müssen dann nicht mehr (selektiv) auf ihre Erinnerung zurückgrei-

fen, sondern werden mit ihren eigenen simultan zur Rezeption erfolgten Urteilen konfrontiert, die sie im Nachhinein interpretieren und begründen sollen (vgl. Bewley 2001: 224).

- Die Technik lässt sich auch in quasi-experimentelle Designs einbauen. Auf diese Weise kann die Aufmerksamkeit gegenüber einem manipulierten Stimulusmaterial oder dessen Bewertung kontrolliert gemessen werden.
- Der Vergleich zwischen den kontinuierlichen Bewertungen, die mit CRM bzw. RTR gemessen werden, und Bewertungen im Nachhinein, die auf einen gewöhnlichen Fragebogen zurückgehen, ermöglicht die Beschreibung von Urteilsprozessen: Erfolgt eine nachträgliche, summarische und abschließende Bewertung aufgrund des Durchschnitts der permanenten Eindrücke, oder sind besondere Bewertungsspitzen ausschlaggebend?

In der angewandten Markt- und Mediaforschung werden mit dem Verfahren zum Beispiel Sendungspiloten getestet. Dazu werden bestimmte Sendungen oder Werbespots einer Gruppe von Personen vorgeführt, die mittels eines Dreh- oder Schiebereglers zeitlich parallel zur Rezeption ihre momentanen Empfindungen zu den gezeigten Szenen ausdrücken. Die aggregierten Bewertungskurven geben Auskunft über die positiv und negativ bewerteten Teile des gezeigten Materials. Eine besondere Variante ist ein roter »Kill-Button«, den die Befragten drücken sollen, wenn sie das gezeigte Programm verlassen wollen. Dies ist ein Indikator für das Zapping-Risiko eines Programms (vgl. Bewley 2001: 222f.).

Von einer kommunikationswissenschaftlichen Anwendung im Bundestagswahlkampf 2002 berichten Reinemann und Maurer, die 75 Personen gebeten haben, beim Fernsehduell der beiden Kanzlerkandidaten am 8. September 2002 jeweils anzugeben, welcher der Kontrahenten gerade einen positiven oder negativen Eindruck hinterlässt. Dazu bedienten die Befragten einen Drehregler: Bewegten sie ihn nach links, bedeutete dies, dass der parteipolitisch links stehende Kandidat (Gerhard Schröder) positiv oder der parteipolitisch rechts stehende Kandidat (Edmund Stoiber) negativ empfunden wurde. Wurde der Regler nach rechts gedreht, war es umgekehrt; befand er sich in der Mitte, waren die Eindrücke von den beiden Kandidaten neutral oder ausgewogen. Darüber hinaus wurden die Probanden unmittelbar nach der Fernsehdebatte und einige Tage später nochmals befragt zu ihren Eindrücken von den beiden Kandidaten (vgl. Reinemann / Maurer 2002).

5 Fragen und Antworten im Fragebogen

Das Kapitel über den Fragebogen nimmt in den Lehrbüchern in der Regel eine zentrale Stellung ein. Für den Fragebogen als das Instrument der Befragung wurden die meisten Regeln aufgestellt und Techniken entwickelt. Allerdings ist die Fragebogenkonstruktion nur eine Station im Prozess der Befragung. Der Fragebogen strukturiert zwar die Durchführung der Befragung, ist aber nur das Medium der Kommunikation. Es wäre vermessen zu glauben, dass sich mit bestimmten Techniken die Interaktion mit dem Befragten technisch steuern ließe. Eine solche Perspektive müsste mit einem Stimulus-Response-Modell der Befragungskommunikation arbeiten. Der Umkehrschluss, dass es auf den Fragebogen nicht ankomme, dass die in der Umfrageforschung erprobten und in den Lehrbüchern formulierten Regeln austauschbar wären, ist ebenso durch keine Erfahrung gerechtfertigt. Nur sollte sich eine auf die Befragungsmethode angewandte kommunikationswissenschaftliche Perspektive bewusst sein, dass solche Regeln nur den Rahmen abstecken können.

Der Fragebogen ist ferner das Kontaktinstrument des Wissenschaftlers mit dem Forschungsfeld und somit die methodische, empirische Umsetzung theoretischer Fragestellungen und theoretischer Konzepte. Es ist allerdings für die Befragung als Methode nicht von Belang, ob diese theoretischen Konzepte in exakte Hypothesen eingebettet sind oder explorativer Natur sind. Aus diesem Grund kann auf eine Diskussion der Bedeutung von Hypothesen verzichtet werden; es genügt eine Beschreibung des Weges von wissenschaftlichen Forschungsfragen zu den Fragen im Fragebogen.

Die Formulierung der Fragen und der Antwortvorgaben ist dabei besonders in der standardisierten und experimentellen Befragung von zentraler Bedeutung, wohingegen bei offenen Verfahren die Interviewsituation als wichtiger angesehen wird. Das folgende Kapitel bezieht sich demnach in erster Linie auf standardisierte Formen der Befragung; allerdings betreffen die Regeln für die Ausarbeitung von Fragen (und eingeschränkt auch von Antwortvorgaben) den Zusammenhang von Sprache und kognitiven Prozessen überhaupt und sind demzufolge auch für Anwender offener Befragungsformen von Interesse.

5.1 Der Fragebogen als Instrument der Operationalisierung

Die Fragen, die im Fragebogen gestellt werden, sind nicht identisch mit den Untersuchungsfragen, und seien diese noch so konkret. Die Untersuchungs- oder Programmfragen ergeben sich aus dem Untersuchungsziel und konkretisieren dieses. Diese Fragen stellt sich der Forscher selbst. Die (Test-) Fragen im Fragebogen werden jedoch dem Befragten gestellt und müssen auf ihn inhaltlich und sprachlich abgestimmt sein.

Der Prozess von der Forschungs-, Untersuchungs- oder Programmfrage zur Fragebogen- oder Testfrage ist die *Operationalisierung*, eine Art Übersetzung theoretischer Konzepte in das empirische Instrument. Nach der Durchführung der Befragung erfolgt eine zweite Übersetzung, eine »Rückübersetzung«[1] von der Frage im Fragebogen zur Variablen für die statistische Aufbereitung (bei standardisierten Befragungen) und für die textliche Aufbereitung (bei nichtstandardisierten Befragungen) (vgl. Noelle-Neumann / Petersen 1996: 93ff., 377ff.). Die von der Fragebogenfrage rückübersetzte Variable ist nicht identisch mit der ursprünglichen Untersuchungsfrage, sondern (nur) ein *Indikator* zu ihrer Beantwortung. Während die Operationalisierung zur Entwicklung des Instruments gehört, ist die Indikatorenbildung der empirischen Variablen für das theoretische Konzept oder Konstrukt eine Angelegenheit der Dateninterpretation. Deshalb sind beide Phasen des Forschungsprozesses nicht identisch (≡), sondern nur äquivalent (⇔):

theoretisches / latentes Konzept / Konstrukt (Untersuchungsfrage)

↑ ↓

Indikator (Dateninterpretation) ⇔ Operationalisierung (Instrumententwicklung)

↑ ↓

empirische / manifeste Variable (Fragebogenfrage und Antwort)

---

[1] Der Begriff suggeriert ein kreisförmiges Verhältnis zwischen Theorie und Empirie, bei dem sich Anfang und Ende treffen. Realistischer für die Beschreibung des tatsächlichen Forschungsprozesses ist die Vorstellung einer wechselseitigen Bedingung, bei dem sich Untersuchungs- oder Forschungsfrage (Konstrukt) und Fragebogenfrage (Variable) zwar aufeinander beziehen, aber nicht deckungsgleich werden. Die Kluft zwischen theoretischem Konstrukt und empirischer Variable lässt sich nie schließen, sondern nur »überbrücken«.

Die Forschungsfrage ist immer mit den Vorstellungen des Forschers verbunden und kann nicht direkt beantwortet (gemessen), sondern nur aus den Antworten der Befragten auf die Fragebogenfragen (indirekt) erschlossen werden. Die Forschungsfrage und die in ihr verwendeten theoretischen Konstrukte bleiben demzufolge im Untersuchungsprozess latent, manifest werden dagegen die direkt gemessenen Indikatoren in Form von Fragen im Fragebogen.

Während der gesamte Prozess der Umsetzung der Forschungsfrage in die Fragebogenfrage(n) Operationalisierung genannt wird, sprechen wir bei der Überführung der einzelnen theoretischen Konstrukte in empirisch messbare Indikatoren (Variablen) von operationaler Definition. Das ist eine Art Arbeitsdefinition, die festlegt, wie ein bestimmtes theoretisches Konstrukt gemessen, also in die Begrifflichkeit von Fragebogenfragen übersetzt werden soll. Operationale Definitionen sind auf der einen Seite mehr oder weniger frei wählbar (kontingent, arbiträr), haben sich aber auf der anderen Seite auch durch die Forschungstradition in vielen Fällen als Konventionen bewährt und sind mitunter sogar – in Tests (→ Teil 1, Kapitel 3.5) – normiert.

Die folgenden beiden Beispiele sollen diese Eigenschaften operationaler Definitionen veranschaulichen:

- Wenn in der Forschungsfrage die »politische Einstellung« eine Rolle spielt, so gibt es zahlreiche Möglichkeiten, dieses theoretische Konstrukt zu operationalisieren, das heißt operational zu definieren und in Fragebogenfragen zu übersetzen. Man kann etwa nach der Sympathie oder Präferenz für bestimmte politische Parteien oder ihre Kandidaten fragen, nach der Zustimmung zu bestimmten politischen Aussagen oder Forderungen, nach einer selbst eingeschätzten Position auf einer Links-Rechts-Skala oder im Vergleich zu wichtigen Referenzpersonen (vgl. Ehmig 2000: 131ff.). Aus diesen Fragebogenfragen werden Variablen für die statistische Auswertung oder für die sprachliche Interpretation gewonnen. So ist etwa die Sympathie für den Kandidaten einer bestimmten Partei eine Variable, die verschiedene (positive und negative) Ausprägungen haben kann. Dazu wird zum Beispiel die Frage gestellt: »Wie sympathisch finden Sie Herrn / Frau ...?« Die Frage kann offen gestellt werden, sodass der Befragte sie in eigenen Worten beantworten kann, oder sie kann mit Antwortvorgaben gestellt werden, sodass der Befragte die für ihn passende Antwort aussucht. Diese Antwortvorgabe kann eine Skala sein, die folgende Möglichkeiten umfasst: »sehr sympathisch«, »eher sympathisch«, »eher unsympathisch«, »sehr unsympathisch«, »weiß nicht« (→ Teil 1, Kapitel 5.5). Wählt der Befragte die erste oder zweite Antwortmöglichkeit oder gibt er eine offene Antwort, die sich als Sympathie für den betreffenden

Kandidaten interpretieren lässt, ist dies ein Indikator dafür, dass der Befragte eine positive Einstellung zu dem Kandidaten hat. Die dritte und vierte Antwortmöglichkeit oder eine ähnliche offene Antwort lassen dagegen auf eine negative Einstellung zu dem Kandidaten schließen. Das Nichtvorhandensein einer Einstellung zu dem Kandidaten ist daran zu erkennen, dass der Befragte dies offen zum Ausdruck bringt oder die Antwortvorgabe »weiß nicht« wählt.

- Auch ein weniger abstraktes Konzept als die politische Einstellung wie die Rezeption eines Mediums bedarf der Operationalisierung, also der Übersetzung in eine oder mehrere Fragebogenfrage(n). So fragt zum Beispiel die »Media-Analyse« in mehreren Schritten nach der Rezeption von Zeitschriften. Rezeption wird dabei operational definiert als »durchgeblättert oder gelesen«. Wer in einem bestimmten Zeitraum diese Bedingung erfüllt, wird zum »weitesten Leserkreis« dieser Zeitschrift gezählt. Die Zugehörigkeit zum weitesten Leserkreis ist folglich der Indikator für die Rezeption der Zeitschrift (→ Teil 2, Kapitel 1.2.1). Um die Rezeption noch genauer zu erfassen, kann ein Copytest durchgeführt werden, bei dem der Interviewer dem Befragten eine Ausgabe der Zeitschrift vorlegt und zu jedem Artikel (oder zu jeder Anzeige) fragt, ob der Befragte den Artikel gelesen hat (oder die Anzeige wahrgenommen hat). Dieser Indikator ist genauer als derjenige der Media-Analyse, aber mit viel größerem Aufwand bei der Erhebung verbunden (→ Teil 1, Kapitel 4.6.1, Teil 2, Kapitel 1.1.1).

Wenn bereits solche vermeintlich einfachen Merkmale wie das Lesen einer Zeitung oder Zeitschrift nur umständlich methodisch umzusetzen sind, dann wird deutlich, dass sehr abstrakte Begriffe oder Phänomene kaum mehr operationalisierbar sind. So ist etwa der Begriff »Medienwirkung« mit vielen Problemen verbunden, weil er zum einen einer Spezifierung bedarf, ob damit eine kognitive, emotionale, einstellungsbezogene oder gar verhaltensbezogene Wirkung gemeint ist. Zum anderen muss der logische Status einer Wirkung geklärt werden, also ob eine Wirkung nur dann als solche aufgefasst werden kann, wenn es um Veränderungen etwa von Einstellungen geht oder ob auch die Verstärkung eines vorherigen Zustandes (etwa einer Einstellung) eine Wirkung sein kann. Schließlich stellt sich die Frage wie man die Verstärkung oder Bestätigung methodisch erfassen kann, wenn sich die betreffende Einstellung nicht verändert.

Die obigen Beispiele sind eher typisch für die standardisierte Forschung, weil die Operationalisierung vom Forscher gesteuert bzw. vorgegeben wird. In der qualitativen Forschung beruht die Operationalisierung dagegen zu einem großen Teil auf den Interpretationsleistungen des Befragten selbst. Hier wird ein abstrakter Begriff also nicht vom Forscher in verschiedene konkrete Begriffe bzw. Indikatoren zerlegt, sondern das Verständnis des Befragten ermittelt. So würde man etwa den Befragten nicht nur nach seiner politischen Einstellung fragen, sondern auch danach, was er darunter versteht, welche Aspekte er unter diesen Begriff fasst. Auch beim Lesen einer Zeitung würde man genau nachfragen, was mit Lesen gemeint ist. Das ist zwar in der standardisierten Befragung prinzipiell ebenfalls möglich, führt aber zu einem erheblichen Mehraufwand, weil in den Antwortvorgaben die möglichen Interpretationsdimensionen bereits enthalten sein müssten oder – im Fall von offenen Fragen – die Antworten eindeutigen Kategorien zugeordnet werden müssten.[2]

5.2 Frageinhalte

Die Befragung kann sich auf höchst unterschiedliche kognitive und kommunikative Inhalte beziehen, die mit verschiedenen Fragearten erhoben werden.[3]

- *Faktfrage*: Bei Faktfragen wird vom Wissen des Befragten um einen Sachverhalt oder eine Person ausgegangen. Es geht um feststehende und konstante Merkmale. Dazu gehören etwa die demografischen Angaben (Geschlecht, Alter, (Hoch-) Schulbildung, Beruf, Einkommen, Wohnort, Religion oder Konfession, ethnische Herkunft oder Zugehörigkeit, regionale Herkunft, Staatsangehörigkeit usw.).

  Beispiel: »Besitzen Sie ein Radiogerät?« oder »Wer ist in Ihrer Redaktion für die Auswahl von Nachrichten verantwortlich?«

- *Wissensfrage*: Bei Wissensfragen wird das Wissen des Befragten nicht vorausgesetzt, sondern erst ermittelt. Dies kann offen (»ungestützt«) oder mit Vorgaben (»gestützt«, etwa in Form von Multiple-Choice-Fragen) erfolgen.

2 Die Beschreibung und Diskussion von Operationalisierungen ist der wichtigste Zweck des zweiten Teils dieses Lehrbuchs, sodass an dieser Stelle keine weiteren Beispiele erläutert werden müssen.

3 Die folgende Auflistung von Frageinhalten findet sich ähnlich, jedoch meist weniger ausführlich, in den meisten Lehrbüchern zur Befragung. Deshalb wird auf einen gesonderten Nachweis verzichtet. Die Beispiele sind noch nicht in dem für Fragebögen typischen Stil und auch noch ohne Antwortvorgaben formuliert, sie dienen nur der Illustrierung der Fragearten. Viele der Fragen würden im Fragebogen wahrscheinlich konversationsähnlicher formuliert oder in einen größeren (hinführenden) Fragetext eingebettet.

Das abgefragte Wissen kann sich auf einzelne Fakten bzw. Sachverhalte oder auf Strukturen beziehen, sofern die Richtigkeit der Antworten überprüfbar ist (→ Teil 2, Kapitel 2.1). Bei der Formulierung von Wissensfragen muss man beachten, dass die Fragen nicht zu einfach oder zu schwer sind, sondern dass sie es erlauben, die Befragten in Gruppen einzuordnen, die mehr oder weniger wissen. Da viele Wissensfragen von aktuellen Gegebenheiten abhängig sind, ist es schwer, einen zeitunabhängigen Wissenstest zu entwickeln (→ Teil 1, Kapitel 3.5.3).

Beispiel: »Wie heißen die beiden wichtigsten Nachrichtensendungen der ARD?«, »Welche Funktionen haben die Rundfunkräte der öffentlich-rechtlichen Sender?« oder »Welche Parteien sind gegenwärtig im (Deutschen) Bundestag vertreten?«

Manchmal müssen sie durch vorsichtige Kontextformulierungen in ihrem Prüfcharakter gemindert werden, damit die Befragten keine Prüfungs- oder Testangst empfinden. Dies ist allerdings nicht unproblematisch: Verkleidet man eine Wissensfrage als Einschätzungsfrage, könnte dies dem Befragten den (falschen) Hinweis geben, dass es nicht um nachprüfbares Wissen, sondern um seine subjektive Einschätzung gehe (»Was meinen Sie sind die Aufgaben des öffentlich-rechtlichen Rundfunks?«).

Auch die Frage nach dem Wissen des Wissens (»Kennen Sie die Politiker, die ich hier auf der Liste stehen habe?«) ist für sich genommen relativ wenig valide, wenn sie nicht durch Zusatzfragen überprüft wird (»Können Sie mir sagen, zu welcher Partei die Politiker gehören?« oder »Können Sie mir etwas zu den politischen Zielen des Politikers sagen?«).

- *Einschätzungsfrage*: Bei Einschätzungsfragen geht es ebenfalls um Fakten, bei denen allerdings nicht davon ausgegangen wird, dass sie auf festem Wissen basieren, sondern eher auf ungesicherten Plausibilitätsüberlegungen beruhen. Dazu zählen auch Prognosen, die sich auf zukünftige Entwicklungen oder Zustände beziehen (vgl. Häder 2002: 127ff.): Eingeschätzt werden können Eintrittswahrscheinlichkeiten für bestimmte zukünftige Ereignisse, Zustände oder Szenarios, Häufigkeiten von zukünftigen Verhaltensweisen oder faktischen Merkmalen sowie Zeiträume für den Eintritt bestimmter Entwicklungen (→ Teil 2, Kapitel 2.2). Nur bei Experteneinschätzungen zielen diese Prognosen auf die Schätzung des tatsächlichen Eintritts ab, während es bei der Einschätzung von Laien um ihre subjektive Wahrscheinlichkeitsvermutung und ihre subjektive Wahrnehmung geht, wie zum Beispiel bei der Frage nach dem Meinungsklima in einer Gesellschaft (→ Teil 2, Kapitel 4.3).

Beispiel: »Was denken Sie, welches Thema wird gegenwärtig in der deutschen Bevölkerung am häufigsten diskutiert?«, »Wie hoch wird in fünf Jahren der Anteil der erwachsenen Bevölkerung sein, die über einen Internet-Anschluss verfügen?« oder »Wird der Besitz von Fernsehgeräten in den nächsten fünf Jahren eher steigen, eher sinken oder ungefähr gleich bleiben?«

- *Interessens-, Präferenz- und Relevanzfrage*: Alle drei Fragearten beziehen sich auf subjektive Relevanzzuschreibung. Bei Interessensfragen geht es eher um den motivationalen Aspekt im Hinblick auf eine Tätigkeit, eine Person oder einen Sachverhalt. Ähnliches gilt für Präferenzfragen mit dem Unterschied, dass sie auf einen Vergleich abstellen und somit eine relative Relevanz ermitteln. Relevanzfragen im engeren Sinn sind eher kognitiver Art und erfordern vom Befragten mehr gedankliche Beschäftigung und Auseinandersetzung mit dem betreffenden Sachverhalt.

  Beispiel: »Interessieren Sie sich für politische Magazine im Fernsehen?« (Interessensfrage), »Sehen Sie eher fern, um sich zu informieren oder um sich zu unterhalten?« oder »Wenn Sie sich informieren wollen, greifen Sie dann eher zur Zeitung oder schauen Sie eher die Nachrichten im Fernsehen?« (Präferenzfrage), »Wie wichtig ist es Ihnen, dass Nachrichten ausgewogen sind?« (Relevanzfrage)

- *Bewertungsfrage*: Bei dieser Frageart werden Bewertungsobjekte (Personen, Sachverhalte) subjektiv, im weitesten Sinn ästhetisch oder affektiv beurteilt. Die Beurteilung lässt sich in einer evaluativen Dimension in positive und negative Kategorien einordnen.

  Beispiel: »Wie gefällt Ihnen die ›Lindenstraße‹?«, »Wie zufrieden sind Sie mit der neuen Gestaltung der ›Frankfurter Allgemeinen Zeitung‹?« oder »Finden Sie Bundeskanzler Schröder sympathisch?«

- *Stimmungsfrage*: Auch bei der Stimmungsfrage geht es um eine positive oder negative Beurteilung; im Unterschied zur Bewertungsfrage ist der Bewertungsgegenstand allerdings die eigene Person und ihr subjektiv empfundenes Gefühl, auch wenn dieses durch einen äußeren Zustand oder Einfluss verursacht wird.

  Beispiel: »Fühlen Sie sich durch Werbeunterbrechungen in Spielfilmen belästigt?«

- *Meinungs- und Einstellungsfrage*: Meinungs- und Einstellungsfragen beinhalten ebenfalls Bewertungen und Beurteilungen, zielen dabei aber im Unterschied zu Bewertungs- und Stimmungsfragen weniger auf ästhetische oder affektive, sondern eher auf normative oder ethische Urteile und deren Richtigkeit. Sie beziehen sich deshalb meist auf Handlungen von Personen oder auf normative Strukturen (Gesetze, Erlasse, politische Entscheidungen usw.).

Beispiel: »Befürworten Sie ein Verbot gewalthaltiger Fernsehsendungen?« »Halten Sie es für richtig, wenn die öffentlich-rechtlichen Sender auch nach zwanzig Uhr werben dürften?«

- *Verhaltensfrage*: Verhaltensfragen beziehen sich auf gegenwärtiges oder vergangenes, punktuelles und häufigeres unregelmäßiges oder regelmäßiges Verhalten der eigenen Person. In seltenen Fällen können sie sich auch auf das Verhalten anderer Personen beziehen, wenn der Befragte in der Lage ist, über diese Person exakt Auskunft zu geben (»Proxy-Befragung«). Ansonsten handelt es sich um eine Einschätzungsfrage, wenn es eher um die subjektive Einschätzung des Befragten als um die objektive Beschreibung des Verhaltens der anderen Person geht. Gerade bei unregelmäßigen Verhaltensweisen sollte der Zeitraum, auf den sich die Frage bezieht, weder zu klein noch zu groß sein und nicht zu weit in die Vergangenheit reichen, damit der Befragte die Frage überhaupt beantworten und sich richtig erinnern kann. Zu kleine Zeiträume bilden möglicherweise untypische Verhaltensweisen ab (Ausnahmesituationen), zu große Zeiträume sind für den Befragten nur schwer zu berechnen, etwa wenn es um die Häufigkeit von Verhaltensweisen geht.

  Beispiel: »Wie oft sind Sie in den letzten drei Monaten ins Kino gegangen?«, »Wie viele Stunden haben Sie gestern fern gesehen?« oder »Welche von den folgenden Zeitschriften lesen Sie mindestens einmal im Monat?«

- *Absichts- oder Projektivfrage*: Absichtsfragen zielen im Unterschied zu Verhaltensfragen nicht auf gegenwärtiges, sondern auf ein zukünftiges Verhalten oder auf eine geplante Handlung. Sie werden ähnlich wie Einschätzungsfragen unter Unsicherheit beantwortet und können deshalb mehr oder weniger verbindlich sein, beziehen sich im Unterschied zu Einschätzungsfragen allerdings auf eigenes Verhalten. Da solche Selbstfestlegungen nicht überprüft werden können, ist ihre Verbindlichkeit relativ gering. Dennoch ist die projektive Frage nach dem Wahlverhalten (»Sonntagsfrage«) ziemlich erfolgreich, weil sie nicht auf eine ferne, sondern auf eine nahe absehbare Zukunft gerichtet ist. Fragen zur weiter entfernten Zukunft sollten dagegen eher grundlegende Entscheidungen betreffen, die aus gegenwärtigen Wertmaßstäben abgeleitet werden und von daher ihre Verbindlichkeit bekommen.

  Beispiel: »Wenn am Sonntag Bundestagswahlen wären, welche Partei würden Sie dann wählen?« oder »Welche beruflichen Ziele haben Sie?«

Eine weitere inhaltsbezogene Kategorisierung von Fragen lässt sich nach ihrem Gegenstandsbezug vornehmen. Die folgende Kategorisierung wurde zwar ursprünglich für Prognosen entwickelt, lässt sich aber auch auf Meinungssachverhalte übertragen (vgl. Häder 2002: 127ff.):

- *Hypothetischer oder tatsächlicher Sachverhalt*: Zu hypothetischen Fragen lassen sich Meinungen unabhängig von realen Gegebenheiten und von bestimmten Bedingungen erheben. Allerdings sind sie anfälliger für Fehleinschätzungen, weil verschiedene Kontextaspekte nicht bedacht werden können (vgl. Fowler 1995: 78ff.). Tatsächliche Sachverhalte sind vollständiger und lassen mehr Abwägung zu, dafür sind sie situationsabhängiger. Der Beispielcharakter tatsächlicher Situationen lässt sich oft nicht verallgemeinern.
- *Abstrakter oder konkreter Sachverhalt*: Diese Unterscheidung hat ähnliche Merkmale. Abstrakte Sachverhalte lassen generelle Einschätzungen zu, dafür sind konkrete Sachverhalte stärker an Fakten oder Ereignissen orientiert, aber vielleicht zu detailliert. Insbesondere ist Vorsicht geboten, wenn der Befragte Gründe für sein Verhalten, kausale Zusammenhänge oder Lösungen komplexer Probleme erläutern muss, weil diese Antworten meist sehr spekulativ sind (vgl. Fowler 1995: 78ff.; Bourque / Fielder 1995: 46f.).
- *Neutrale Fragen oder Fragen mit Stimulusqualität*: Neutrale Fragen bewirken beim Befragten, dass er sich allgemeiner mit dem Sachverhalt beschäftigt, während eine Frage mit einem besonderen Stimulus (Zeitungsartikel, Zeichnung usw.) auf den Befragten direkter und leichter einschätzbar wirkt, dafür aber sehr stark vom jeweiligen Stimulus abhängig ist.
- *Depersonalisierte oder personalisierte Fragen*: Depersonalisierte Fragen haben keinen Bezug zu konkreten Personen, wahren Distanz und greifen nicht in die Privatsphäre ein, sind aber unverbindlicher als Fragen zu Personen.

5.3 Frageformulierungen

In der standardisierten Befragung stellt nicht der Interviewer die Nähe der wissenschaftlichen Befragung zur alltäglichen Konversation her, sondern dies ist die Aufgabe geschickter, alltagsnaher Formulierungen im Fragebogen. Das gilt sowohl bei der schriftlichen Befragung als auch bei den Verfahren, bei denen Interviewer eingesetzt werden, denn die Interviewer sollen sich möglichst exakt an den Fragebogen halten und dürfen Fragen nicht umformulieren oder ergänzen

(→ Teil 1, Kapitel 6.2). Folgende Regeln lassen sich für die Formulierung von Fragen aufstellen (vgl. Frey / Kunz / Lüschen 1990: 163f.; Frey / Mertens-Oishi 1995: 69ff.; Fink 1995: 22ff.; Brosius / Koschel 2001: 119f.; Foddy 1994; Fowler 1995: 82ff.; Bourque / Fielder 1995: 41ff.):

- *Gesprächslogik*: Jeder Frageinhalt muss für das Forschungsziel relevant sein. Damit wird zum einen vermieden, dass der Fragebogen zu lang gerät und die Befragung zu lange dauert. Zum anderen signalisiert die Vermeidung von Redundanz dem Befragten Stringenz und er bekommt nicht den Eindruck, unnütze oder überflüssige Fragen beantworten zu müssen.

  Darüber hinaus ist zu beachten, dass jede Frage mit vorherigen und folgenden Fragen konsistent ist, das heißt, dass sich ihre Inhalte nicht widersprechen dürfen und dass sie miteinander im Zusammenhang stehen müssen. Übergangsformulierungen erleichtern diese Verbindung und federn vor allem bei Mehrthemenbefragungen den abrupten Themenwechsel ab.

- *Fragenlogik*: Alle Fragen sollten jeweils nur einen Aspekt ansprechen. Dieses Gebot der Eindimensionalität ist deshalb so wichtig, weil es vermeiden hilft, dass der Befragte sich einen Aspekt aussucht und die Frage nur teilweise, also nur einen Aspekt beantwortet.

  Die Antwortkategorien müssen zur Fragedimension passen. Bei Häufigkeitseinschätzungen darf die Antwortvorgabe beispielsweise nicht die Kategorie »regelmäßig« enthalten, weil die Regelmäßigkeit eine andere Dimension als die Häufigkeit anspricht.

  Wenn in den Fragen Fakten genannt werden, müssen diese akkurat sein, damit der Interviewer bei einer möglichen Aufdeckung von Fehlern nicht bloßgestellt wird. Außerdem sollte die Unterstellung von Wissen und bestimmten Verhaltensweisen des Befragten nur vorsichtig gehandhabt werden, denn selten sind solche Voraussetzungen durch den Forscher hinreichend antizipierbar.

- *Antwortlogik*: Die Antwortkategorien bei geschlossenen Fragestellungen sollten erschöpfend (vollständig) sein, damit der Befragte nicht den Eindruck bekommt, der Fragebogen sei lückenhaft oder zu wenig sorgfältig erarbeitet.

  Die Antwortvorgaben sollten weiterhin disjunkt sein, das heißt sich wechselseitig ausschließen, damit der Befragte nur eine Antwortalternative auswählt. Ausnahmen sind Mehrfachnennungen.

  Der Befragte benötigt Interpretationshilfen und Instruktionen, wie er genau antworten soll. Die Antwortvorgaben müssen deshalb stets vollständig vorgelesen werden. Außerdem muss der Befragte wissen, ob er nur eine Antwortvorgabe auswählen darf (exklusive Antwortkategorien) oder ob Mehrfachnennungen erlaubt sind (inklusive Antwortkategorien).

Durch Pretests kann sichergestellt werden, dass eine hinreichende Variation im Antwortverhalten gewährleistet ist (→ Teil 1, Kapitel 6.4). Werden auf eine Frage nur bestimmte Antworten gegeben, kann man entweder die »überflüssigen« Antwortmöglichkeiten streichen oder die Frage muss so umformuliert werden, dass sie variabler beantwortet wird.

Die Fragen sollen nur ein Minimum von nicht-substanziellen Antworten (»weiß nicht«, »keine Angabe«) hervorrufen. Allerdings muss der Fragebogen diese Antwortvorgaben enthalten, damit der Interviewer diese Kategorien wählen kann, wenn der Befragte sich nicht auf eine der anderen vorgegebenen Antwortmöglichkeiten einlässt. Ob der Interviewer diese Kategorien auch vorliest, hängt von dem Untersuchungszweck ab: Bei Wissensfragen ist die Antwort »weiß nicht« eine substanzielle Antwort; bei Einstellungsfragen nicht immer und bei Verhaltensfragen überhaupt nicht. Sollen nur bewusste und tief verankerte Einstellungen erfasst werden, sollte der Interviewer »weiß nicht« als letzte Antwortvorgabe vorlesen. Geht es darum, auch oberflächliche Meinungen zu berücksichtigen, sollte der Interviewer diese Kategorie nicht explizit erwähnen, um den Befragten nicht zum Ausweichen zu motivieren (→ Teil 1, Kapitel 7.3.1).

- *Sprachlogik*: Die Sprache sollte natürlich, aber nicht volkstümlich sein. Fragen sollten eine konversationsähnliche Form haben, wie Leute sprechen. Ungeeignet sind allerdings Dialektbegriffe, umgangssprachliche oder subkulturelle Ausdrucksweisen, weil sie zum einen möglicherweise nur von einem Teil der Befragten verstanden werden und zum anderen lächerlich und anbiedernd wirken können.

  Wie sehr der Fragebogen tatsächlich Alltagssprache nachahmen kann, ist nicht eindeutig zu beantworten. Zum einen gibt es nicht *die* Alltagssprache, sondern sie variiert nach kulturellen Milieus, sodass bei (repräsentativen) Bevölkerungsumfragen eine angenommene Durchschnittssprache verwendet wird, die weder diejenigen überfordert, die ein geringes Sprachvermögen haben, noch diejenigen unterfordert, die sich sehr elaboriert ausdrücken. Ein allzu konversationsorientierter Sprachstil kann möglicherweise gerade als künstlich empfunden werden (»Wissen kann das ja niemand, aber was glauben Sie, ...«). Vielleicht ist es deshalb sinnvoll, das Alltagsgespräch nicht vollständig nachahmen zu wollen, sondern die für das Interview typische Zurückhaltung und Distanzwahrung auch gemäßigt in der verwendeten Sprache auszudrücken. Eine neutraler – weder bürokratischer noch konversationstypischer – Sprachstil hätte zudem den Vorteil, dass er für den Interviewer leichter vorzutragen ist als die nachgeahmte Alltagssprache, die möglicherweise von seinem eigenen, privaten Sprachstil abweicht und schwerer anzunehmen ist als der nüchterne, neutrale Sprachstil.

Grammatik und Satzstruktur müssen einfach sein. Deshalb sind doppelte Verneinungen oder Schachtelsätze zu vermeiden. Auf der anderen Seite ist auch ein Telegrammstil ungeeignet, weil er die für die gesprochene Sprache typische stilistische Flüssigkeit durch einen bürokratischen oder befehlsähnlichen Tonfall ersetzt.

Der Satzbau sollte ferner korrekt sein. Allerdings ist diese Forderung nur soweit gültig, als es die Regeln mündlicher Sprache erlauben. Gerade im persönlichen und telefonischen Interview kommt es darauf an, dass die Sätze flüssig gesprochen werden können, sodass leichte Verstöße gegen die in der Schriftsprache korrekte Satzstruktur oder Grammatik durchaus gelegentlich in Betracht gezogen werden können.

- *Verständlichkeit und Präzision*: Die Verständlichkeit jeder Frage muss auf einem Level liegen, das den Merkmalen der befragten Population entspricht. Fachbegriffe, Abkürzungen oder bürokratische Ausdrucksweisen können missverständlich interpretiert werden oder den Befragten einschüchtern.

  Die verwendeten Ausdrücke und Begriffe sollten ferner hinreichend spezifisch und präzise sein (nicht: »Regierung«, sondern: »Bundesregierung«, »Landesregierung« usw.).

  Für die Wiedererinnerung von Verhaltensweisen und zeitlichen Abläufen sollte nur nach konkreten Zeitangaben gefragt werden, damit die Befragten erkennen, dass es nicht um eine ungefähre Einschätzung geht, sondern um eine nachprüfbare präzise Antwort. Aus dem gleichen Grund sind Fragen zu zukünftigen Verhaltensweisen selten valide, sondern geben dem Befragten den Eindruck, er solle über sein Verhalten spekulieren.

  Die Frage sollte kurz sein, damit der Befragte nicht zwischendurch ihre Absicht vergisst. Sollte es dennoch notwendig sein, eine längere Frage zu stellen, sollte sie die wichtigsten Schlüsselbegriffe abschließend wiederholen.

- *Neutralität*: Die Fragen sind wertneutral zu stellen. Dies betrifft sowohl den Inhalt der Frage als auch das Interviewerverhalten (etwa durch nonverbale Kommunikation). So sind zum Beispiel Suggestivfragen zu vermeiden. Die Suggestivität einer Frage kann durch ideologisch geladene Begriffe (»Kommunist«, »Rassist«, »entfremdet«, »Ausbeutung«, »Neger« usw.) oder durch Wortbildungen aus den Medien (»Tarifstreit«, »Asylanten«) signalisiert werden. Daneben können die Antwortvorgaben Hinweise liefern, dass bestimmte Antworten sozial erwünschter sind und anderen vorzuziehen sind (→ Teil 1, Kapitel 7.3.2).

Ungeeignet sind zu private Fragen oder solche, bei denen sich der Befragte bloß stellen kann (→ Teil 1, Kapitel 7.3.2).

- *Antwortschwierigkeit und Antwortaufwand*: Die Fragen sollten darauf ausgerichtet sein, dass ihre Beantwortbarkeit vom Befragten keinen allzu großen (kognitiven) Aufwand erfordert und dass sie auch bei Ermüdung noch leicht beantwortbar sind. Deshalb sollten Fragen, die vergangene Erfahrungen des Befragten betreffen, mit Erinnerungshilfen arbeiten, um die Erinnerungsfähigkeit zu erleichtern.

  Aufzählungen von mehr als fünf Items überfordern das Gedächtnis und sollten vermieden oder durch visuelle Auflistungen unterstützt werden.

- *Nachfragen*: Damit der Interviewer neutral nachhaken kann, wenn der Befragte auf eine Frage keine oder eine nicht-substanzielle Antwort gibt, sollte eine Liste mit Möglichkeiten bereit gestellt werden (→ Teil 1, Kapitel 6.2).

5.4 Fragetypen und Fragetechniken

Der Fragebogen enthält in formaler Hinsicht inhaltsbezogene und instrumentelle (oder funktionsbezogene) Fragen: Die Antworten auf die inhaltsbezogenen Fragen werden als substanzielle Informationen der Befragten angesehen und diesbezüglich ausgewertet, während instrumentelle Fragen dazu dienen, die Gesprächsführung zu erleichtern und zu regulieren, das Interview kognitiv steuern oder den Befragten zu aktivieren. Für die Gesprächsführung werden die folgenden Fragetypen benutzt (vgl. Maindok 1996: 91ff.; Brosius / Koschel 2001: 123ff.; Noelle-Neumann / Petersen 1996: 133ff., 146f., 168f. ; Frey / Kunz / Lüschen 1990: 144; Frey / Mertens-Oishi 1995: 73ff.):

- *Kontaktfragen* dienen der Ermittlung des Befragten als Element der Grundgesamtheit (»screening«) und der Herstellung von Teilnahmebereitschaft. Sie werden demnach noch vor dem Interview gestellt. Wenn die Befragung zum Beispiel nur die Leser von Tageszeitungen als Grundgesamtheit hat, müsste vor dem Interview danach gefragt werden, ob die Zielperson eine Tageszeitung liest, um überhaupt in die Stichprobe aufgenommen zu werden.

- *Eisbrecherfragen* eröffnen das Interview und lockern die Gesprächsatmosphäre und sollen deshalb unterhaltsam und nicht zu schwer sein, aber auch nicht banal wirken. Sie leiten erst zu dem (ersten) Thema der Befragung hin und sind inhaltlich für den Forscher oft noch ohne Bedeutung für die Ergebnisse. Sie können aber prinzipiell auch schon als erste inhaltliche Fragen genutzt werden.

- *Filter- und Trichterfragen* regulieren komplexe Abfragen im Fragebogen: Filterfragen dienen der Weiterführung des Interviews in Abhängigkeit von der Antwort des Befragten. Sie unterteilen sich in die »Auskoppelung«, das heißt, der Befragte darf bestimmte Fragen überspringen, weil die Bedingungen für die Beantwortung nicht vorliegen, oder in die »Gabelung«, bei der die Befragten je nach Antwort verschiedene Folgefragen beantworten müssen. Eine Auskoppelung liegt etwa vor, wenn der Befragte angibt, dass er keine Tageszeitung liest und deshalb keine weiteren Fragen zu Tageszeitungen gestellt bekommt, sondern erst wieder beim nächsten Frageblock einsteigt. Bei der Gabelung wird zum Beispiel gefragt, ob der Befragte eine Tageszeitung liest oder nicht, und je nach Antwort soll er einige Fragen zu den Lesegewohnheiten oder den Gründen für seine Tageszeitungsabstinenz beantworten.

  Trichterfragen spezifizieren in einem mehrstufigen Prozess das Thema der Befragung. So kann etwa zuerst danach gefragt werden, wie zufrieden der Befragte allgemein mit den Informationsmöglichkeiten vor Ort ist, um danach die Zufriedenheit mit speziellen Medien zu ermitteln. In einigen Fällen ist eine umgekehrte Trichtertechnik möglich, wenn zuerst spezifische Fragen zum Verhalten des Befragten gestellt werden und danach allgemeine Fragen, zum Beispiel zur Einstellung gegenüber dem Verhalten allgemein in der Bevölkerung.

- *Überleitungsfragen oder Übergangsstatements* verbinden verschiedene Themenaspekte in monothematischen Befragungen oder unterschiedliche Themen bei Omnibusbefragungen (→ Teil 1, Kapitel 3.7.1). Sie dienen auch der »Erholung« des Befragten, weil sie ihm signalisieren, dass ein Frageblock inhaltlich abgeschlossen ist und bereiten den Befragten auf den nächsten Frageblock vor.

- *Schlussfragen* runden das Interview bzw. den Fragebogen ab. Ob sie noch eine inhaltliche Bedeutung für die Auswertung haben oder nicht, hängt vom Thema ab. Sie signalisieren dem Befragten, dass er an einer logisch strukturierten Konversation teilgenommen hat und entlassen ihn aus dem Gespräch mit einem möglichst guten Gefühl.

- *Kontaktfragen* dienen der Beurteilung und Überprüfung des Interviews. Hierzu gehören Einträge zur Anzahl der Kontaktversuche bis zur Realisierung des Interviews, zur Interviewzeit, zur Länge des Interviews und einige Einschätzungen des Antwortverhaltens des Befragten durch den Interviewer (vgl. Diekmann 1995: 415, 418).

Die zweite Gruppe instrumenteller Fragen und Techniken soll den Befragten aktivieren und mögliche Probleme bei der Beantwortung der Fragen antizipieren:

- *Erinnerungsfragen* aktivieren das Gedächtnis für Sachverhalte, deren Wissen für die Beantwortung weiterer Fragen benötigt wird.
- Mit *Trainingsfragen* werden bestimmte Antwortskalen eingeübt. So kann bereits vor der ersten inhaltlich relevanten Frage festgestellt werden, ob die Skala richtig verstanden und verwendet wird.
- Mit *Sondierungsfragen* können bestimmte, für den weiteren Verlauf der Befragung wichtige Sachverhalte vorermittelt werden.
- Die *Frageteilung* (»unfolding technique«) dient dazu, geschachtelte Informationen schrittweise abzuarbeiten. Wenn der Befragte zum Beispiel aus einer langen Liste von Vorgaben die drei wichtigsten Möglichkeiten auswählen soll, kann man diese Aufgabe zweiteilen, indem man ihn zuerst die prinzipiell wichtigen Listenvorgaben herausnehmen und erst dann aus diesen die drei wichtigsten aussortieren lässt.
- Bei Fragen mit vielen Antwortmöglichkeiten werden *Listen* und *Kartenspiele* benutzt. Die Antwortvorgaben stehen auf einem DIN A4-Blatt, das dem Befragten überreicht wird, damit er nicht zu viele Antwortalternativen im Gedächtnis behalten muss. Noch besser geeignet ist das Kartenspiel, das denselben Zweck erfüllt, aber im Unterschied zu Listen gemischt werden kann, um Reihenfolgeeffekte zu verhindern, denn die Befragten neigen dazu, sich nicht alle Antwortmöglichkeiten mit der gleichen Sorgfalt anzuschauen, sondern schauen vor allem auf den Anfang und das Ende der Liste (→ Kapitel 7.2.2).

  Auf Listen kann man neben den *Antwortvorgaben*, die zur Auswahl stehen, auch wichtige *Zusatz- oder Kontextinformationen* aufführen, die die Befragten benötigen, um eine Meinung oder eine Einschätzung zu einem Sachverhalt äußern zu können, ferner die *Instruktionen*, die den Befragten zeigen, wie sie antworten sollen, sowie die *Antwortskalen* selbst (vgl. Frey / Mertens-Oishi 1995: 92).

- *Ablenkungs- und Pufferfragen* sollen vermeiden, dass der Befragte einen Zusammenhang zwischen zwei Fragen herstellt, die getrennt voneinander zu beantworten sind. Allerdings ist ihre Wirkung davon abhängig, wie intensiv die Frage zuvor behandelt wurde. Eine richtige Ablenkung dürfte mit einer oder wenigen Ablenkungsfragen kaum zu bewerkstelligen sein.
- *Kontroll- oder Fallgrubenfragen* sollen Inkonsistenzen in den Antworten der Befragten aufdecken. Dazu gehören auch Lügenfragen wie die Vorgabe falscher Antworten (etwa bei Wissensfragen), um zu ermitteln, ob der Befragte falsches Wissen vorgibt. Um herauszufinden, ob ein Befragter zur Vermeidung sozial unerwünschter Antworten neigt (→ Teil 1, Kapitel 7.3.2), kann man ihn nach Verhaltensweisen fragen, die zwar alltäglich vorkommen, aber nicht sozial erwünscht sind und deren Verneinung ein Indiz für sozial erwünschtes Antwortverhalten ist (etwa ob man sich mindestens zweimal am Tag die Zähne putzt, ob man schon einmal in einer geschwindigkeitsbegrenzten Straße zu schnell gefahren ist, usw.).
- *Statements mit »Daten neutralisierender Wirkung«* dienen der Antizipation von Antwortverzerrungen bei sozial unerwünschten Antwortmöglichkeiten. Mit einleitenden Sätzen vor der eigentlichen Frage soll dem Befragten die Angst vor einer ihm peinlichen und sozial unerwünschten Antwort genommen werden (»Es gibt ja viele Leute, die lesen die BILD-Zeitung nur so aus Unterhaltung. Lesen *Sie* die BILD-Zeitung ab und zu?«).

Die inhaltsbezogenen Fragen lassen sich vor allem danach unterscheiden, ob sie direkt oder indirekt gestellt werden. Die direkte Frage nach Wissen, Gefühlen, Meinungen, Einstellungen oder Verhalten hat den Vorteil, dass sie ohne Umschweife zur Sache kommt, allerdings den Nachteil, dass sie bei heiklen oder sozial erwünschten Sachverhalten abwehrende oder beschönigende Antworten provoziert. Indirekte Fragen kleiden den Sachverhalt in einen Kontext ein und verdecken oder entschärfen die Problematik, die in dem Inhalt der Frage steckt. Wenn es etwa darum geht, warum Boulevardmedien wie die BILD-Zeitung so gern gelesen werden, riskiert man bei einer direkten Frage, dass zumindest Intellektuelle nicht zugeben, dass sie an dem Medium etwas Gutes finden. Folgende Techniken der indirekten Frage könnten alternativ zur direkten Frage angewendet werden (vgl. Noelle-Neumann / Petersen 1996: 143f., 156-166, 171ff.):

- *Verallgemeinerung*: Statt direkt nach der Attraktivität von Boulevardmedien wie der BILD-Zeitung zu fragen, lautet die verallgemeinernde Frage: »Was glauben Sie, finden die Leser und Leserinnen an der BILD-Zeitung gut?«

- *Rollenspiel*: Das Rollenspiel wird in der Regel anhand von Dialogbildblättern durchgeführt. Auf einem Blatt Papier sieht man zwei schemenhafte Personen mit jeweils einer Sprechblase. Der Interviewer überreicht dem Befragten das Bildblatt und stellt zum Beispiel die folgende Frage: »Zwei Personen unterhalten sich über die BILD-Zeitung. Person A meint: ›BILD ist so unseriös, dass sie für mich nicht in Frage kommt, wenn ich aktuelle Informationen haben will‹. Person B meint: ›BILD schlägt oft über die Stränge, aber manchmal bringen sie auch seriöse Informationen‹ Person C meint: ›BILD bringt zwar sensationelle und manchmal unangenehme Informationen, aber seriös sind sie schon.‹ Welcher Person würden Sie am ehesten zustimmen?«
- *Assoziationstest*: Assoziationen können verbal mit der Nennung bestimmter Begriffe initiiert werden (»Sagen Sie mir bitte einmal ganz spontan, was Ihnen zur ›BILD-Zeitung‹ einfällt!«) oder grafisch durch das Vorzeigen eines Bildes oder eines Logos (bei Werbewirkungstests). Bekannt ist auch der Rorschachtest aus der Psychodiagnostik, bei dem die Befragten ihre Assoziationen zu Fantasiefiguren und Klecksgebilden erzählen sollen, um ihre Fantasie, geistige Beweglichkeit oder Interessensschwerpunkte herauszufinden. Die Assoziation selbst muss nicht sprachlich, sondern kann auch dadurch erhoben werden, dass der Befragte etwas zeichnet.
- *Satzergänzungstest*: Diese Technik kann rein verbal abgefragt (»Ohne die BILD-Zeitung wäre ... «) oder durch ein Dialogbildblatt unterstützt werden. Die Abfrage könnte lauten: »Hier unterhalten sich zwei über die BILD-Zeitung. Der eine sagt: ›Was, du liest die BILD-Zeitung?‹. Von dem Anderen haben wir nur den Anfang von dem, was er gesagt hat, mitbekommen: ›Wieso, ich ... ‹. Was meinen Sie könnte der Zweite geantwortet haben?«
- *Anekdotische Einkleidung*: »Stellen Sie sich vor, ein Politiker der Regierung macht auf Einladung eines Konzerns kostenlos einen Luxusurlaub. Was meinen Sie würde ein BILD-Zeitungs-Reporter berichten, wenn er den Politiker begleiten und mit ihm ein Interview machen dürfte?«
- *Realitätseinschätzung*: Dem Befragten werden Aussagen vorgelegt und er soll einschätzen, wie realistisch sie sind. Auch diese Technik kann bildgestützt angewendet werden. Ein solches Bild könnte etwa einen Leser mit der BILD-Zeitung in der Hand abbilden, der sagt: »Wenn die BILD-Zeitung den hohen Tieren nicht so hart hinterher wäre, würden die uns kleinen Leute doch ständig über'n Tisch ziehen.« Weitere Bilder könnten Personen mit anderen Zeitungen abbilden.

5.5 Frageformen

Ebenso wie sich Befragungen im Ganzen nach einer offenen oder standardisierten Form unterscheiden lassen (→ Teil 1, Kapitel 3), können im Einzelnen offene und standardisierte Fragen verwendet werden, wobei offene Fragen auch in standardisierten Fragebögen vorkommen können.

Bei offenen Fragen besteht die »Messung« in der genauen (wörtlichen) Aufzeichnung der frei formulierten Antwort des Befragten *und* in der nachfolgenden Kategorisierung dieser Antwort durch den Forscher. Erfolgt die Aufzeichnung technisch, ist sie vollständiger und der Interviewer von der Protokollaufgabe entlastet. Trotz der offenen Erhebungsform wird die Komplexität der Antwort spätestens bei der nachträglichen Kategorisierung und Abstrahierung reduziert.

Bei Fragen mit Antwortvorgaben kategorisiert der Befragte selbst seine Antwort in das vorgegebene Schema von Antwortmöglichkeiten. Das Maß ist demnach schon vorgegeben, sodass im Nachhinein keine Kategorisierung durch den Forscher mehr erfolgt. Je nach Anforderung an die Antwort wählt der Befragte nur eine Antwortmöglichkeit oder mehrere Antwortalternativen (»Mehrfachnennungen«) aus. Hier erfolgt die Reduktion der Komplexität bereits bei der Erhebung und kann bei der Auswertung erst wieder durch die statistische Analyse von Zusammenhängen zwischen den Antworten gesteigert werden.

Beispiel für eine offene Fragestellung:

> »Was meinen Sie, was sind so die wichtigsten Fragen und Probleme, mit denen sich die deutsche Bevölkerung zur Zeit beschäftigt?«
>
> Anweisung an den Interviewer: Bitte die Antwort wörtlich notieren!

Beispiel für eine Fragestellung mit Antwortvorgaben:

> »Ich lege Ihnen jetzt eine Liste mit mehreren Themen vor. Bitte nennen Sie mir die Themen, die Ihrer Meinung nach im Augenblick von der deutschen Bevölkerung für wichtig gehalten werden.«

Anwachsen der Gewalt in der Gesellschaft	[ ]
Arbeitslosigkeit	[ ]
Umweltverschmutzung	[ ]
Autobahnbau	[ ]
Finanzierung der Wiedervereinigung	[ ]
... (hier würden in einer realen Befragung weitere Themen folgen)	[ ]

Anweisung an den Interviewer: Bitte die genannten Themen ankreuzen!

Prinzipiell sind offene und geschlossene Fragen auch miteinander kombinierbar (»Hybridfragen«). Mit der Kombination kann überprüft werden, ob die Antwortvorgaben des Forschers mit den offenen Antworten des Befragten übereinstimmen oder ob der Befragte in eine andere Richtung antwortet, wenn er keine Vorgaben bekommt. In diesem Fall wird die offene Frage vor die dazugehörige geschlossene Frage platziert. Wenn dagegen die Antwortvorgaben die Antwortbreite bereits weitgehend abdecken, aber dem Befragten die Möglichkeit eingeräumt werden soll, eigene Antworten, die der Forscher in seinen Vorgaben nicht berücksichtigt hat, zu ergänzen, wird die offene Frage als Ergänzung nach der geschlossenen Frage gestellt: »Fällt Ihnen sonst noch etwas Wichtiges ein, was ich eben nicht erwähnt habe bzw. was nicht auf der Liste stand?« Außerdem kann eine offene Nachfrage gestellt werden, um die Wahl der Antwort zu erläutern oder zu begründen oder um zu ermitteln, wie der Befragte die Frage verstanden hat.

Die Entscheidung, offene oder geschlossene Fragen zu verwenden, hängt mit dem Ziel der Auswertung zusammen. Die Vor- und Nachteile beider Frageformen sind komplementär. Offene Fragen empfehlen sich demnach, wenn

- die Bandbreite möglicher Antworten nicht vorhersehbar ist
- die eigenen Worte des Befragten für die Untersuchung wichtig sind (etwa bei der Nacherzählung von Nachrichten)
- sich die Befragten in eigenen Worten ausdrücken können
- sich die Befragten in ihren eigenen Worten ausdrücken wollen (etwa bei Eliten oder Experten)
- Unwissenheit und Meinungslosigkeit aufgedeckt werden sollen (Antwortvorgaben könnten Anregungen für spontane Meinungsbildungen geben).

Geschlossene Fragen sollten eingesetzt werden, wenn

- die Dimensionen der Antworten vereinheitlicht und vergleichbar gemacht werden sollen
- die Häufigkeiten und Zusammenhänge der Antworten ermittelt werden sollen
- nur eine begrenzte Anzahl von Antworten (logisch) möglich ist
- der Befragte auf ein vorgegebenes Set von Antworten reagiert und sich an der (für ihn) richtigen Stelle einordnen soll (vgl. Fink 1995: 34).

Vor allem bei Wissensfragen muss eine Entscheidung getroffen werden, ob das Wissen offen (»free recall«) oder mit Vorgaben (»aided recall«) abgefragt wird, zum Beispiel mit »multiple choice«-Antworten, von denen eine oder mehrere richtig sind, aber nicht alle. Bei Panelbefragungen kann darüber hinaus sogar noch die gebundene Wiedergabe (»bounded recall«) zum Einsatz kommen, wenn man den Befragten in einer Folgewelle darauf hinweist, was er bereits in einer vorherigen Welle gesagt hat, um ihn wieder auf den vorherigen Wissensstand zu bringen bzw. um seine jetzige Einstellung bewusst mit einer vorher geäußerten Einstellung zu kontrastieren (vgl. Frey / Mertens-Oishi 1995: 92).

Eine weitere Formunterscheidung von Fragen bezieht sich auf die einseitige (unbalancierte) oder zweiseitige (balancierte) Formulierung. Ist eine Frage oder eine Aussage (Statement) einseitig formuliert, kann man zustimmen oder ablehnen: »Befürworten Sie ein Verbot von Werbung im Fernsehen nach 20 Uhr oder nicht (oder sind Sie anderer Meinung / oder lehnen Sie ein solches Verbot ab)?« Der Vorteil der einseitigen Formulierung besteht in seiner strikten Eindimensionalität, das heißt, es besteht nicht die Gefahr, dass der Befragte mit einer Frage auf zwei Ebenen antwortet. Da keine inhaltlichen Alternativen vorgestellt werden, besteht allerdings die Gefahr, dass der Befragte einfach zustimmt, wenn seine Einstellung zu dem Sachverhalt emotional nicht sehr intensiv oder kognitiv nicht fest verankert ist.

Bei der balancierten Frage oder dem balancierten Statement wird die inhaltliche Alternative explizit formuliert: »Sollte der öffentlich-rechtliche Rundfunk auch nach 20 Uhr werben dürfen, um sich zu finanzieren, oder sollen statt dessen die Gebühren erhöht werden, oder soll beim Programm und den Mitarbeitern eingespart werden?« Die ausformulierten Alternativen haben den Vorteil, dass sie dem Befragten verdeutlichen, zwischen welchen sinnvollen Alternativen er auswählen kann, während er bei der unbalancierten Frage möglicherweise überhaupt nicht an Alternativen denkt (vgl. Noelle-Neumann / Petersen 1996: 195f.). Allerdings sollte auch der Nachteil bedacht werden, dass die balancierte Frage mehr Unterstellungen benutzt. Sie suggeriert, als seien die vorgegebenen Alternativen die einzig möglichen oder doch zumindest die plausibelsten. Außerdem ist es nicht immer einfach, eine inhaltliche Alternative zu finden, die logisch passt, sodass die Frage eindimensional bleibt.

Mit dem Problem der unbalancierten und balancierten Frageformulierung korrespondiert die verbale Benennung nur eines Pols oder beider Pole. Ein Beispiel hierfür ist das Polaritätenprofil (→ Teil 1, Kapitel 5.6), bei dem Personen oder Sachverhalte nach Eigenschaftswörtern eingeschätzt werden sollen. Einen Pol zu benennen, bedeutet, dass den Befragten einzelne Eigenschaftswörter (»arrogant«, »herrschsüchtig«, »liebevoll« usw.) vorgegeben werden, die sie als mehr oder weniger zutreffend in Bezug auf den Gegenstand beurteilen sollen.

Bei der Benennung beider Pole wird mit einem Gegensatzpaar von Eigenschaftswörtern eine Skala aufgespannt, innerhalb derer der Befragte den betreffenden Sachverhalt beurteilen soll (»großzügig vs. kleinlich«, »dumm vs. intelligent«, »sympathisch vs. unsympathisch« usw.). Auch hier gibt die Formulierung beider Pole dem Befragten mehr Informationen für die Antwort, sodass sich manchmal beide Pole gegenseitig definieren. Allerdings ist es nicht immer einfach, zu einem Eigenschaftswort *den* semantischen Gegensatz zu finden (zum Beispiel zu »arrogant«). Deshalb muss man in manchen Fällen auf die bloße Negation ausweichen (»arrogant vs. nicht arrogant«), bei der im Prinzip aber nur der eine Pol bestimmt wird.

5.6 Antwortvorgaben und Skalen

Die Verwendung standardisierter, geschlossener Fragen erlaubt ihre statistische Analyse. Vergibt man für jede Antwortvorgabe eine Zahl, kann man jedem Befragten für jede Frage genau eine Zahl, die zur gegebenen Antwort passt, zuordnen. Auf diese Weise entsteht aus der Frage eine *Variable* und aus den Antwortmöglichkeiten bzw. den tatsächlich gegebenen Antworten die *Ausprägungen* der Variablen: Eine Variable ist demnach eine eindeutige Zuordnung einer Menge von Objekten (hier: befragten Personen) zu einer Menge von Zahlen (hier: numerische Abbildungen von Antworten). Dieselbe Zahl, also dieselbe Antwort, kann zwar mehreren Personen zugeordnet werden, weil unterschiedliche Personen dieselbe Antwortmöglichkeit aus den Vorgaben ausgewählt haben können. Die umgekehrte Relation, dass derselben Personen mehrere Zahlen, also mehrere Antworten (auf eine Frage) zugeordnet werden, ist dagegen nicht möglich, weil sich der Befragte auf eine Antwort festlegen muss[4] (vgl. Rost 1996: 83).

Zwei Bedingungen müssen für eine Variable gelten: Zum einen muss eine Frage mindestens zwei Antwortmöglichkeiten zulassen, das heißt, der Befragte muss sich entscheiden können. Zum anderen darf als Ergebnis der Beantwortung

4 Ob man bei Antworten auf offene Fragen ebenfalls von Variablen sprechen kann, hängt vom Ziel der Auswertung ab. Wird eine Standardisierung der Antworten angestrebt und damit der Kontext, in dem die Antwort entstanden ist, ausgeblendet, also nur die denotative Bedeutung berücksichtigt, kann die so codierte Antwort in der Tat als Variable verstanden werden. Wird dagegen der Kontext der Antwort mit unterschiedlichen Bedeutungsmöglichkeiten (Konnotationen) so weit wie möglich rekonstruiert, kann die Antwort nicht als Zahl codiert werden und ist demnach auch keine Variable.

einer Frage nicht herauskommen, dass sämtliche Befragten dieselbe Antwort gegeben haben, also dasselbe Merkmal haben. Werden diese Bedingungen verletzt, handelt es sich um eine Konstante. So wird das (biologische) Geschlecht konstant gehalten, wenn in einer Stichprobe nur Frauen oder nur Männer befragt werden. Konstant wäre auch die Verhaltensweise gegenüber der Volkszählung, wenn alle mitmachen und niemand falsche Angaben macht, einzelne Angaben verweigert, oder im umgekehrten Fall, wenn die gesamte Volkszählung boykottiert wird.

Wird die Antwort eines Befragten als Ausprägung einer Variablen gemessen, bezeichnet man die Antwortvorgaben als Skala. Skalen kann man nach mehreren Kriterien unterscheiden (vgl. Rost 1996: 63ff.; Bortz / Döring ^{2}2001: 175ff.).

Das wichtigste Klassifikationskriterium ist das *Skalen - oder Datenniveau*: Die Antwortvorgaben lassen sich im Hinblick auf die statistische Auswertung zwischen nominal-, ordinal- und intervallskalierten Variablen unterscheiden. Bei *nominalskalierten* oder *kategorialen* Variablen kann man nur Unterschiede messen, diese aber nicht hierarchisch ordnen. Ein Beispiel dafür ist die Variable »Geschlecht« mit den Merkmalsausprägungen »männlich« und »weiblich«. Bei *ordinalskalierten* Variablen ist es möglich, eine Rangfolge zwischen den Antwortmöglichkeiten zu bilden, allerdings sind die Abstände zwischen den Rängen nicht zu bestimmen. Ein Beispiel dafür ist die Variable »Schulabschluss« mit den Merkmalsausprägungen »ohne Schulabschluss«, »Volksschul- oder Hauptschulabschluss«, »mittlere Reife«, »Fachabitur«, »Abitur«. Bei *intervallskalierten* Daten sind zusätzlich die Abstände zwischen den Ausprägungen gleich, wie bei der Variable »Alter«.[5]

Ein Beispiel mag den Gesamtzusammenhang unterschiedlicher Datenniveaus verdeutlichen: Wenn man den Befragten eine Liste von Fernsehsendungen vorlegt und sie bittet, diejenigen anzukreuzen, die sie am Abend zuvor gesehen haben, so handelt es sich bei den Sendungsnamen um die Ausprägungen einer nominalskalierten Variablen. Man kann diese Liste nach den Inhalten der Sendungen auch in ebenfalls nominalskalierte Oberkategorien wie »(aktuelle) Information« (1), »Unterhaltung« (2), »Bildung« (3) zusammenfassen. Die für die

5 Nicht immer ist das Datenniveau einer Variablen eindeutig zu bestimmen, sondern nur in Abhängigkeit von der Bedeutung, die man ihr beimisst. So kann etwa bereits eine dichotome Ja-Nein-Entscheidung als ordinalskaliert betrachtet werden, weil »ja« eine positivere Einschätzung als »nein« ist. Umstritten sind beispielsweise auch Schulnoten, weil nicht klar ist, ob die Abstände gleich sind. Je nachdem, wie dies eingeschätzt wird, handelt es sich um eine Ordinal- oder eine Intervallskala.

Kategorien vergebenen Zahlen bedeuten nur, dass man die Kategorien voneinander unterscheiden kann; die Größe der Zahl hat keine Bedeutung. Stellt man die Frage, ob bestimmte immer wiederkehrende Sendungen (Nachrichtensendungen, tägliche oder wöchentliche Unterhaltungsserien) »oft« (3), »manchmal« (2), »selten« (1) oder »nie« (0) gesehen werden, handelt es sich um eine ordinale Variable, weil man die Ausprägungen in eine eindeutige Reihenfolge nach der Häufigkeit bringen kann. Allerdings kann man die Zahlen nicht dahingehend interpretieren, dass die Abstände zwischen ihnen gleich sind. Erhebt man dagegen die genaue Zahl der gesehenen Folgen in einem bestimmten Zeitraum (zum Beispiel in einem Monat oder in einem Jahr), sind die Daten intervallskaliert, weil der (Zahlen-) Abstand zwischen einmal und zweimal und zwischen zweimal und dreimal usw. gleich groß ist.

Eine weitere Klassifizierung erfolgt nach der *Anzahl der Antwortmöglichkeiten*: Eine Skala kann zweigeteilt (dichotom) oder mehrgeteilt (polytom) sein. Beispiele für dichotome Skalen sind die Antwortvorgaben »ja / nein«, »richtig / falsch«, »kommt vor / kommt nicht vor«, »stimme zu / stimme nicht zu«, »richtig beantwortet / falsch beantwortet« usw. Für die positive Antwort wird eine 1 vergeben, für die negative Antwort eine 0. Bei gleichwertigen Antworten oder Kategorien (zum Beispiel bei Geschlecht) werden die Ziffern 1 und 2 bevorzugt.

Bei polytomen Skalen werden mindestens drei Antwortmöglichkeiten vorgegeben. Sie können sogar längere Listen mit Vorgaben enthalten wie im obigen Beispiel für eine geschlossene Fragestellung. Zu viele Antwortmöglichkeiten sollten aber nicht zur Auswahl stehen, da sonst die Befragten die Auswahl nicht mehr bewältigen können (oder wollen).

Ob eine Variable dichotom oder polytom ist, hängt nicht nur von der Anzahl der Antwortvorgaben ab, die dem Befragen zur Verfügung gestellt werden, sondern auch vom Auswertungsinteresse. So ist es durchaus möglich, im Nachhinein viele Antwortvorgaben einer polytomen Skala zu wenigen Oberkategorien bis hin zu einer dichotomen Skala (mit nur zwei Oberkategorien) zusammenzufassen. Wenn man etwa den Befragten aus einer Liste von fünf Nachrichtensendungen die glaubwürdigste auswählen lässt, so kann diese Nachrichtensendungen danach zusammenfassen, ob sie vom öffentlich-rechtlichen oder vom privatkommerziellen Fernsehen gesendet werden, um so die Glaubwürdigkeitszuschreibung im dualen Rundfunksystem zu ermitteln.

Bei nominalen oder kategorialen Vorgaben müssen die Alternativen vollständig sein und sich wechselseitig ausschließen, das heißt, sie dürfen keine logischen Überlappungen aufweisen (vgl. Fink 1995: 43ff.). Sollen etwa die wichtigsten Probleme einer Gesellschaft ermittelt werden, ist es kaum möglich, eine erschöpfende Liste mit allen denkbaren und sinnvollen aktuellen Themen aufzustellen. Deshalb kann man mit der zusätzlichen Vorgabe »sonstige Probleme« als offene Kategorie alles eintragen lassen, was die Befragten erwähnen und nicht auf der Liste zu finden ist. Problematisch ist allerdings, dass selbst die unvollständigen Antwortvorgaben das Nachdenken des Befragten unterstützen und lenken, sodass er die offene Kategorie nur benutzt, wenn ihm etwas sehr Wichtiges einfällt oder er sich bereits vorher viele Gedanken zu der Frage gemacht hat. Wenn dagegen sehr häufig Gebrauch gemacht wird von dieser Restkategorie, deutet dies darauf hin, dass die vorgegebenen Antworten bei weitem nicht das Spektrum der Möglichkeiten abdecken oder dass eine spezielle Antwortmöglichkeit vergessen wurde. Es ist dann schwer, sie quantitativ auszuwerten, weil man nicht weiß, ob die Kategorie noch häufiger genannt worden wäre, wenn sie auf der Liste gestanden hätte (vgl. Bourque / Fielder 1995: 67ff.).

Eine andere Möglichkeit besteht darin, die Antwortalternativen so sehr zu abstrahieren, dass es möglich ist, sie logisch erschöpfend zu formulieren. Die einfachste und weitgehendste Abstrahierung besteht in der Reduktion auf zwei Antwortmöglichkeiten (»innenpolitische« oder »außenpolitische« Probleme), bei der allerdings viele Informationen verloren gehen. Eine weniger reduktionistische Vorgehensweise könnte von den Ministerien ausgehen und die möglichen Probleme in die Kategorien »innere Sicherheit«, »internationale Beziehungen«, »Rechtsprechung / Kriminalität«, »Bildung«, »Umwelt« usw. unterteilen. Je mehr Kategorien benutzt werden, desto schwieriger ist es, sie inhaltlich überschneidungsfrei zu formulieren. Die Zahl der Kategorien ist demzufolge eine Güterabwägung zwischen Informationswert (spricht für viele, detaillierte Kategorien) und Reliabilität (spricht für weniger, grobere Kategorien).

Neben den Fragen, auf die nur eine Antwort aus den vorgegebenen Möglichkeiten gegeben werden darf, gibt es auch Fragen, bei denen mehrere Antwortmöglichkeiten ausgewählt werden dürfen wie im obigen Beispiel zu den wichtigsten Fragen in der Gesellschaft. Streng genommen dürfte man nicht mehr von einer Variablen sprechen, weil zu der Frage mehr als nur eine Antwort gegeben werden darf. Tatsächlich handelt es sich um mehrere Variablen, wenn man so argumentiert, dass sich der Befragte bei jeder Antwortmöglichkeit gesondert entscheiden muss, ob er sie wählt oder nicht. Die Antwortmöglichkeiten sind demnach nicht mehr als *eine* polytome Variable anzusehen, sondern als so viele dichotome Variablen, wie es Vorgaben gibt. Wenn man den Befragten eine Liste mit mehreren Fernsehsendungen vorlegt und sie bittet, jeweils anzukreuzen, welche der Sendungen sie gesehen haben, so wird aus jeder vorgegebenen Antwort (Sendung) eine eigene Variable mit den impliziten Antwortvorgaben »Sendung x gesehen / nicht gesehen«.

Bei der Erhebung von Einschätzungen, Präferenzen, Interessen, Relevanzen, Gefühlen, Meinungen, Einstellungen oder Verhaltensweisen werden oft »Ratingskalen« benutzt, die Ordinaldaten- oder Intervalldatenniveau haben. Die Anzahl der Stufen variiert von zwei bis hundert; dabei werden in der Regel drei-, vier-, fünf-, sechs-, sieben-, zehn- oder elfstufige[6] Skalen verwendet. Hier ist analog zu den polytomen Nominalskalen eine Güterabwägung zu treffen zwischen Genauigkeit und Zuverlässigkeit. Je mehr Stufen vorgegeben werden, desto genauer ist die Skala, allerdings wird die Wahl einer bestimmten Stufe unzuverlässiger und zufälliger, weil der Befragte zu viele Auswahlmöglichkeiten hat.

Einfache dichotome Ratingskalen sind insofern problematisch, als sie keine Abstufung zulassen, sondern nur Entweder-Oder-Entscheidungen. Eine Lösungsmöglichkeit besteht darin, mehrere Items (= Statements, Aussagesätze) zu formulieren und daraus einen »Itemscore«, also einen additiven (Summen-) Index oder einen gewichteten Index zu bilden. Die Zustimmungen bzw. ja-Antworten werden jeweils mit 1 gezählt und addiert (oder gewichtet addiert). Je höher die Summe ist, desto stärker ist die betreffende Einstellung oder Verhaltensdisposition. Die addierten Antworten auf mehrere Vorgaben wird demzufolge wie die gestufte (polytome) Antwort auf eine Vorgabe interpretiert (vgl. Rost 1996: 94ff.). Um zum Beispiel zu ermitteln, wie informationsorientiert die Fernsehzuschauer sind, könnte man ihnen zahlreiche Informationssendungen vorlegen und sie fragen, ob sie diese schon einmal gesehen haben oder nicht. Für jede gesehene Sendung wird ein Punkt vergeben. Die Summe der gesehenen Informationssendungen kann interpretiert werden als Informationsorientierung des Befragten. Eine einfache Addition suggeriert allerdings, als seien alle vorgegebenen Sendungen gleich zu bewerten im Hinblick auf ihren Informationsgehalt. Deshalb kann man bestimmte Sendungen höher gewichten, was allerdings inhaltlich-theoretisch begründet werden muss.

Neben der Anzahl der Stufen insgesamt ist auch zu entscheiden, ob diese *ungerade* oder *gerade* sein soll: Ratingskalen mit ungerader Stufenzahl haben eine Mittelkategorie. Dies hat den Vorteil, dass der Befragte eine unentschiedene Meinung ausdrücken kann. Der Nachteil besteht darin, dass diese Mittelkategorie auch gewählt wird, um auszudrücken, dass der Befragte mit der Frage oder dem

---

6 Bei zehnstufigen (1 bis 10) und elfstufigen Skalen (von 0 bis 10 oder von –5 über 0 bis +5) werden die Befragten durch die Auswahlmöglichkeiten oft überfordert und kreuzen mehr oder weniger zufällig eine bestimmte Zahl an, das heißt, die Reliabilität (Stabilität der Messung) dieser Skalen ist eher gering (→ Teil 1, Kapitel 1.3). Sie werden deshalb am häufigsten angewendet, wenn es um Stimmungen und spontane Meinungsäußerungen geht.

Item nichts anfangen kann oder dass er der Beantwortung der Frage ausweicht (implizite Verweigerung). Eine gerade Zahl von Stufen zwingt den Befragten, eher in die eine oder andere Richtung zu antworten, auch wenn er unentschieden ist. Der Vorteil besteht darin, dass in jedem Fall eine Tendenz ausgedrückt wird. Nachteilig ist allerdings, dass damit Meinungen auch künstlich hergestellt werden, obwohl der Befragte sich keine Gedanken zu der betreffenden Frage gemacht hat. Außerdem kann diese Beschränkung dazu führen, dass sich der Befragte in seinem Antwortverhalten eingeengt fühlt und dass er deshalb häufiger die Beantwortung verweigert. Beide Probleme sind weniger gravierend, wenn die Skala mehr Stufen enthält (sechs oder sieben).

Ratingskalen können weiterhin *unipolar* oder *bipolar* aufgebaut sein: Unipolare Skalen gehen von einem Punkt (meist Nullpunkt oder die Zahl 1) lediglich in eine Richtung aus. Sie werden in der Regel bei Einschätzungen zur Häufigkeit verwendet: »(fast) immer«, »oft«, »manchmal«, »selten«, »nie«. Bipolare Skalen reichen von einem negativen Pol über eine vorgegebene (bei ungerader Stufenanzahl) oder fiktive Mitte (bei gerader Stufenanzahl) bis zu einem positiven Pol[7]. Eine vierstufige Ratingskala verwendet zum Beispiel die Vorgaben »stimme voll und ganz zu«, »stimme weitgehend zu«, »lehne weitgehend ab«, »lehne völlig ab«. Bei einer fünfstufigen Ratingskala könnte zwischen »stimme weitgehend zu« und »lehne weitgehend ab« die Vorgabe »stimme teils zu / lehne teils ab« oder »unentschieden« eingefügt werden.

Für die *Benennung* oder *Kennzeichnung* der Stufen bestehen zahlreiche Möglichkeiten; sie können numerisch, verbal oder grafisch spezifiziert werden:

Bei der verbalen Benennung wird jede Stufe semantisch gekennzeichnet, zum Beispiel »häufig«, »gelegentlich«, »selten«, »nie«. Verbale Benennungen haben den Vorteil, dass sie vom Befragten nicht mehr in Sprache »übersetzt« werden müssen. Allerdings ist es schwierig, semantisch gleichwertige Abstände zu erzeugen, sodass diese Art der Ratingskalen streng genommen nur ordinales Datenniveau erreicht. Dagegen kann man argumentieren, dass die Skala als intervallskaliert interpretiert werden kann, wenn die verbale Kennzeichnung strikt

---

7 Bipolare Skalen sind in der Regel symmetrisch, aber das ist nicht zwingend. Wenn etwa der positive Pol als sozial erwünschter gilt und die Wahrscheinlichkeit, dass er gewählt wird, größer ist als die Wahl einer negativen Antwortmöglichkeit, dann kann es sinnvoll sein, die Skala asymmetrisch aufzubauen und die negative Seite stärker abzustufen als die positive: »sehr zufrieden«, »ziemlich zufrieden«, »ein bisschen unzufrieden«, »ziemlich unzufrieden«, »sehr unzufrieden«. Allerdings sind solche Skalen nicht mehr auf Intervalldatenniveau auszuwerten und zu interpretieren.

spiegelbildlich formuliert ist (»stimme voll und ganz (völlig) zu«, »stimme weitgehend (eher) zu«, »stimme teils zu / lehne teils ab (unentschieden)«, »lehne weitgehend (eher) ab«, »lehne voll und ganz (völlig) ab«) *und* wenn die Skala aus mindestens fünf Stufen besteht.

Für die verbal-sprachliche Benennung der Stufen gibt es zahlreiche Möglichkeiten. Hier sind außer durch die Untersuchungsfrage der Kreativität fast keine Grenzen gesetzt[8] (vgl. Fink 1995: 48ff.):

- *Zustimmung / Ablehnung*: Wenn die Skala unipolar formuliert wird, lauten die Antwortmöglichkeiten »stimme voll und ganz (völlig) zu«, »stimme weitgehend (eher) zu«, »stimme teilweise zu«, »stimme weitgehend nicht zu«, »stimme überhaupt nicht zu«.

  Bipolar formuliert, lautet die Skala: »stimme voll und ganz (völlig) zu«, »stimme weitgehend (eher) zu«, »unentschieden«, »lehne weitgehend (eher) ab«, »lehne voll und ganz (völlig) ab«.

  Die bipolare Formulierung ist symmetrischer und man kann die Mittelkategorie weglassen, wenn man die Antworten der Befragten polarisieren will.

- *Befürwortung / Gegnerschaft*: Im Unterschied zur Zustimmung bezieht sich die Befürwortung oder Gegnerschaft auf ein imaginiertes Abstimmungsverhalten. Die Skala kann unipolar formuliert werden: »bin voll und ganz dafür«, »bin weitgehend dafür«, »bin unentschieden«, »bin weitgehend (weniger) nicht dafür«, »bin überhaupt nicht dafür«.

  Bipolar formuliert klingt sie jedoch realistischer: »bin voll und ganz dafür«, »bin eher (weitgehend) dafür«, »bin weder dafür noch dagegen (unentschieden) «, »bin eher (weitgehend) dagegen«, »bin voll und ganz (völlig) dagegen«.

- *Richtigkeit*: Die Einschätzung der Richtigkeit eines Sachverhalts lässt sich semantisch besser bipolar formulieren. Ob auf die Mittelkategorie verzichtet werden kann oder nicht, hängt von der Fragestellung der Untersuchung ab: »völlig richtig«, »weitgehend (eher) richtig«, (»teils richtig / teils falsch«), »weitgehend (eher) falsch«, »völlig falsch«.

---

8 Die folgende Auswahl berücksichtigt deshalb nicht alle Varianten, sondern dokumentiert einige häufig eingesetzte Skalen mit vier oder fünf Stufen. Dreistufige Skalen werden relativ selten verwendet und verschenken in der Regel eine differenzierte Messung. Sechs- oder höherstufige Skalen werden dagegen meist nicht vollständig verbalisiert, sondern nur die Pole werden benannt.

- *Häufigkeit*: Die Einschätzung der Häufigkeit lässt sich mit zahlreichen Varianten erheben. Die folgenden Beispiele können je nach Untersuchungszweck verändert werden:

  »immer« (»ständig«), »oft«, »manchmal« (»gelegentlich«), »selten« (»fast nie«), »nie« oder »immer« (»ständig«), »sehr oft«, »ziemlich oft«, »einige (wenige) Male«, »einmal«, »nie«

  Diese Varianten erfordern die subjektive Einschätzung des Befragten. Sie sind dann zu empfehlen, wenn die abgefragten Verhaltensweisen eher unregelmäßig vorkommen. Aus diesem Grund sollte auch die Vorgabe »regelmäßig« in dieser Skala vermieden werden, weil sie eine andere Dimension als die Häufigkeit erfasst.

  (bei Medienkonsum): »täglich«, »drei- bis viermal in der Woche«, »einmal in der Woche«, (»einmal im Monat«), »seltener«

  Hier sind die Vorgaben direkt zählbar und besser nachprüfbar. Sie setzen allerdings stärker voraus, dass das abgefragte Verhalten gut verallgemeinerbar ist, also relativ regelmäßig ausgeübt wird.

- *(Un-) Zufriedenheit*: »voll und ganz (völlig) zufrieden«, »weitgehend zufrieden«, »teils zufrieden, teils unzufrieden«, »weitgehend unzufrieden«, »voll und ganz (völlig) unzufrieden«

  Da die Mittelkategorie relativ künstlich wirkt, bietet sich bei der Zufriedenheit eine sechsstufige Skala ohne Mittelpunkt an »voll und ganz (völlig) zufrieden«, »weitgehend zufrieden«, »einigermaßen zufrieden«, »ein wenig unzufrieden«, »weitgehend unzufrieden«, »voll und ganz (völlig) unzufrieden«. Allerdings lässt sie sich nicht vollständig symmetrisch formulieren, denn »ein wenig zufrieden« klingt schon eher nach »unzufrieden«, und »einigermaßen unzufrieden« suggeriert eine stärkere Unzufriedenheit als auf der anderen Seite »einigermaßen zufrieden« mit Zufriedenheit in Verbindung gebracht wird.

- *Bewertung*: Auch diese Skala kann unipolar oder bipolar (Ausdrücke in Klammern) formuliert werden: »sehr gut«, »eher gut«, »durchschnittlich«, »weniger gut« (= »eher schlecht«), »überhaupt nicht gut« (= »sehr schlecht«) oder »sehr gut«, »gut«, »es geht so«, »überhaupt nicht gut«.

- *Intensität* und *Einfluss*: Bei Intensitäts- und Einflussskalen ist die Verwendung einer Mittelkategorie eher unüblich. Außerdem macht semantisch nur eine bipolare Formulierung Sinn: »sehr stark«, »eher stark«, (»durchschnittlich«), »eher schwach«, »sehr schwach«.

- *Vergleich*: Bei Skalen zum Vergleich ist eine Mittelkategorie zwingend vorgeschrieben, weil zwei Objekte auch gleich beurteilt werden können:

  vergleichende Bewertung zwischen Sachverhalten oder Objekten: »viel mehr (besser) als andere«, »etwas mehr (besser) als andere«, »genauso viel (gut) wie andere«, »etwas weniger (schlechter) als andere«, »viel weniger (schlechter) als andere«

  vergleichende Bewertung zwischen Zeitpunkten oder Zeitperioden: »viel schlechter als gewöhnlich (früher)«, »etwas schlechter als gewöhnlich (früher)«, »etwa so wie gewöhnlich (früher)«, »etwas besser als gewöhnlich (früher)«, »viel besser als gewöhnlich (früher)«

  vergleichende Häufigkeitsangaben zwischen Zeitpunkten oder Zeitperioden: »zu wenig«, »zu viel«, »gerade richtig« und »wird (zukünftig) zunehmen«, »wird (zukünftig) abnehmen«, »wird (zukünftig) so bleiben, wie es ist«.

- *Rangeinteilung* vorgegebener Objekte: Hier wird der Befragte aufgefordert, eine Menge von Antwortvorgaben nach ihrer Wichtigkeit oder Präferenz zu ordnen. So kann man etwa dem Befragten eine Liste von gesellschaftlichen Problemen vorlegen, die er danach sortieren soll, welches das wichtigste oder schwerwiegendste, das zweitwichtigste und das drittwichtigste Problem seiner Meinung nach ist. Insbesondere bei Telefoninterviews darf diese Liste nicht sehr lang sein, bei persönlichen Interviews muss sie optisch unterstützt sein, am besten dadurch, dass die Vorgaben auf Karten geschrieben sind, die der Befragte nach Wichtigkeit sortieren soll. Dabei ist darauf zu achten, dass bei einer langen Liste vom Befragten nicht verlangt werden darf, dass er alle Antwortvorgaben in eine Rangfolge bringt, um ihn nicht zu überfordern, sondern nur die drei wichtigsten (vgl. Fink 1995: 59).

Neben der verbal-sprachlichen Benennung sind numerische oder grafische Kennzeichnungen üblich. Die rein numerische Benennung ist nur möglich, wenn die Zahlen im Alltag bereits eine semantische Bedeutung haben (bei Schulnoten) oder wenn zumindest die Pole in der Frage als Anweisung zur Beantwortung erläutert werden. Die Befragten müssen die betreffende Zahl einkreisen oder ankreuzen, die sie für am zutreffendsten halten. Für grafische Kennzeichnungen werden vor allem Kästchen, Kreise oder Minus- und Pluszeichen benutzt (zum Beispiel: + + +, + +, +, (±), –, – –, – – –). Auch hier werden meist die Pole verbal genannt. Ausschließlich grafische Skalen benutzen Symbole wie Smilies (☺, 😐, ☹); sie eignen sich insbesondere zur emotionalen Einschätzung von Stimmungen oder Sympathie.

Es gibt eine Menge von Verknüpfungen verbaler mit numerischen und grafischen Kennzeichnungen. Ein Beispiel für die Verwendung numerischer oder grafischer Skalen mit verbalisierten Polen ist das *Polaritätenprofil* oder *semantische Differential*. Dieses besteht aus zahlreichen gegensätzlich formulierten Eigenschaftswörtern, welche die verbalen Pole markieren, und den meist fünf oder sieben Stufen, die numerisch oder grafisch mit Kästchen oder Kreisen markiert werden. Die folgenden Beispiele zeigen die Variationsmöglichkeiten:

(1) sympathisch □ □ □ □ □ unsympathisch

(2) sympathisch o o o o o unsympathisch

(3) sympathisch □ □ □ □ □ unsympathisch

(4) sympathisch O o o o O unsympathisch

(5) sympathisch □ □ □ □ □ unsympathisch

(6) sympathisch O O o o o unsympathisch

(7) sympathisch 1 2 3 4 5 unsympathisch

(8) sympathisch +2 +1 0 –1 –2 unsympathisch

In den Darstellungen (1) und (2) werden alle Stufen gleich gestellt, während (3) und (4) versuchen, den Trend zur Mitte optisch auszugleichen, indem die äußeren Stufen größer dargestellt werden oder bei (5) und (6) mit absteigender Größe der Kästchen und Kreise die absteigende Sympathie symbolisieren. Bei den Zahlenreihen wird dem Befragten signalisiert, dass höhere Zahlen negativere Bewertungen bedeuten (7), oder die negative und positive Bewertung wird direkt durch negative und positive Zahlen ausgedrückt (8).

Mit der »Grid-Technik« wird das individuelle Konstruktsystem der Befragten ermittelt. Während beim semantischen Differential der Befragte eine Person oder einen Sachverhalt mit Hilfe einer Liste von Eigenschaften oder Eigenschaftspaaren auf einer fünf- oder siebenstufigen Skala beurteilen soll, geht es hierbei um den Vergleich vieler Objekte (Personen, Rollen, Sachverhalte), bei denen der Befragte selbst die Unterscheidungsmerkmale entwickelt. Im ersten Schritt wird eine Auswahl der Vergleichsobjekte getroffen. Aus dieser Menge werden jeweils drei miteinander verglichen. Bei diesem Triadenvergleich soll der Befragte jeweils angeben, inwiefern sie zwei Objekte ähneln und vom dritten Objekt unterscheiden. Auf diese Weise entstehen bipolare Konstrukte ähnlich dem semantischen Differential, die im dritten Schritt dazu benutzt werden, um alle Objekte einzeln danach zu beurteilen. Die Ergebnisse können in eine Matrix (»grid« =

Gitter) eingetragen und statistisch mit multivariaten Verfahren ausgewertet werden (vgl. Bortz / Döring ^{2}2001: 184ff.).

Weiterhin besteht bei persönlichen Interviews im Unterschied zu telefonischen Interviews die Möglichkeit, grafische und numerische Kennzeichnungen miteinander zu kombinieren. Die »Leiter« ist dabei eine unipolare Skala, während die »Stapel-Skala« bipolar aufgebaut ist (vgl. Noelle-Neumann / Petersen 1996: 200; Noelle-Neumann / Petersen 2000: 185, 198):

»Leiter«

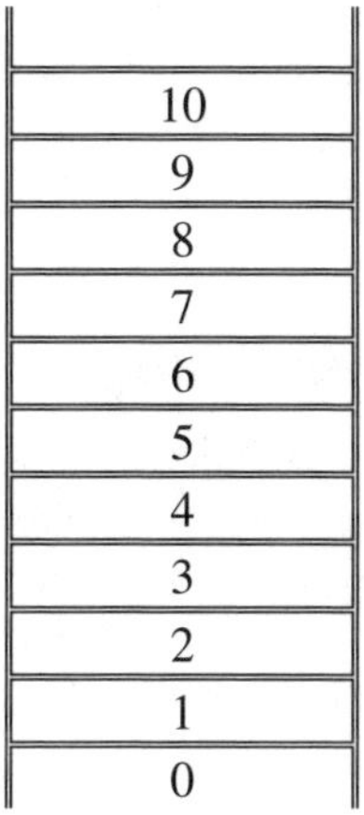

»Stapel-Skala «

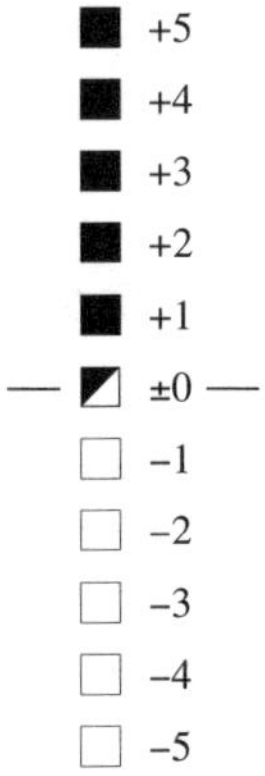

Man kann die Leiter auch perspektivisch darstellen, sodass die erste Stufe im Bildvordergrund groß gezeichnet ist und Nähe darstellt, wohingegen die höchste Stufe im Bildhintergrund klein gezeichnet ist und in die Ferne des Raums weist (vgl. Noelle-Neumann / Petersen 1996: 151).

Während bei den zehn- oder elfstufigen Skalen die Nummern noch eine gewisse Bedeutung haben, dienen sie bei hundertstufigen Skalen nur noch als grobe Orientierung und können praktisch als eher grafische Darstellungen interpretiert werden. Hierzu zählen das Bandmaß, das etwa zur Verwendung des eigenen politischen Standorts im Links-Rechts-Kontinuum (0 = »ganz links«, 100 = »ganz rechts«) benutzt wird, oder das Thermometer, mit dem das Interesse an einem Thema gemessen werden kann (0 = »interessiert mich überhaupt nicht« im Sinn von »lässt mich kalt«, 100 = »interessiert mich sehr stark« im Sinn von »interessiert mich brennend«) (vgl. Noelle-Neumann / Petersen 1996: 149).

Während die Leiter und die Stapel-Skala abstrakte Darstellungen sind und die Temperaturskala und das Bandmaß einen symbolischen Ankerpunkt für den

Befragten bilden, gibt es weitere rein symbolische Bildblätter ohne numerische oder verbale Unterstützung. Um die Distanz zwischen der eigenen Position (Einstellung) und dem Standpunkt einer Partei oder anderer Personen zu ermitteln, kann man zwei Kreise nebeneinander anordnen: Wie die Positionen zwischen zwei Personen können sich die Kreise völlig überschneiden, zum größten Teil überlappen, zu einem geringeren Teil überlappen, nur ein wenig überlappen oder sich überhaupt nicht überschneiden. Um die Belastung im Alltag oder durch Gesetze zu symbolisieren, kann man ein sehr großes Quadrat, ein ziemlich großes, eine kleineres und ein sehr kleines Quadrat untereinander abbilden. Schließlich kann man das Zeitgefühl mit Strichmännchen symbolisieren, von denen das langsamste steht und das schnellste mit riesigen Schritten rennt (vgl. Noelle-Neumann / Petersen 1996: 153ff.).

5.7 Fragebogenaufbau und Fragebogengestaltung

Dass beim Aufbau des Fragebogens darauf zu achten ist, die Konversationslogik einzuhalten und nicht zwischen den Themen zu springen, wurde bereits begründet (→ Teil 1, Kapitel 5.3). Ein Großteil der folgenden Vorschläge (vgl. Rost 1996: 74f.; Frey / Mertens-Oishi 1995: 100ff., 107) wird durch die Forschung zur kognitiven Verarbeitung von Fragen und Antwortvorgaben durch den Befragten bestätigt (→ Teil 1, Kapitel 7.2):

- Zu Beginn des Interviews sollten einfache Fragen gestellt werden, damit sich der Befragte in das Thema und den Ablauf der Befragung eingewöhnen kann.
- Am Ende sollten ebenfalls wieder einfachere Fragen gestellt werden, weil zumindest bei längeren Fragebögen ab 15 bis 20 Minuten Interviewzeit oder schriftlicher Bearbeitungszeit Ermüdungserscheinungen auftreten können. Der Schluss eignet sich deshalb besonders für demografische Fragen. Bestimmte demografische Merkmale müssen allerdings am Anfang erhoben werden, wenn deren Kenntnis wichtig ist, damit die Zielperson überhaupt für die Befragung ausgewählt werden kann (»screening«). Manchmal sind demografische Fragen auch als Einstieg geeignet, insbesondere wenn sie zum eigentlichen Thema der Befragung gehören (etwa bei biografischen oder Lebensverlaufsbefragungen).
- Komplexe, schwierige oder sensible Fragen sollten nicht an den Anfang platziert werden, jedoch bevor ein Ermüdungseffekt einsetzen könnte. Be-

sonders heikle Fragen gehören an den Schluss, um keinen Abbruch der Befragung zu riskieren.

- Bei der Reihenfolge der Fragen sollte nicht nur darauf geachtet werden, dass sie der Gesprächslogik folgen, sondern auch darauf, ob eine Frage durch die vorherige beeinflusst wird oder auf folgende Fragen ausstrahlt (→ Teil 1, Kapitel 7.2). Um diese Effekte zu vermeiden, können Scheinfragen und Pufferfragen eingestreut werden, deren Wirkung aber nicht überschätzt werden sollte, denn wenn der Befragte konzentriert bei der Sache ist, wird er sich an die vorherigen Fragen erinnern, wenn sie im Zusammenhang mit einer bestimmten Frage stehen.
- Bei längeren Listen mit Vorgaben sollte die Reihenfolge dieser Vorgaben rotiert werden, um zu verhindern, dass die ersten und letzten Vorgaben vorwiegend behalten werden. Eine Zufallsreihenfolge kann etwa beim Kartenspiel durch vorheriges Mischen erreicht werden.
- Insgesamt sind längere Listen, zumal wenn sie mit denselben Antwortskalen arbeiten, möglichst zu vermeiden, damit der Fragebogen den Befragten nicht langweilt, ermüdet und zu einer weniger gewissenhaften Beantwortung der Fragen führt (vgl. Noelle-Neumann / Petersen 1996: 138). Auf der anderen Seite suggeriert die formal einheitliche Formatierung dem Befragten mehr Konsistenz, wohingegen eine zu häufige Abwechslung des Formats einen konfusen Eindruck beim Befragten hinterlässt. Zudem ist eine einheitliche Skalierung günstiger für die statistische Auswertung, etwa wenn Korrelationen berechnet werden sollen. So lange die Listen nicht zu viele Fragen, Statements oder Kategorien beinhalten, dürfte eine einheitliche Skalierung vorzuziehen sein. Ansonsten müssen sie durch andere Frageformen und Skalierungstypen aufgelockert werden.

Auch die Gestaltung des Fragebogens wurde im Kontext spezieller Empfehlungen für schriftliche Befragungen bereits angesprochen. Obwohl es bei der schriftlichen Befragung am meisten darauf ankommt, mit der Gestaltung den des Fragebogens den Befragten zu motivieren und deutlich zu machen, wie die Fragen zu verstehen sind und wie der Befragte antworten soll, gelten die folgenden Ausführungen auch für (standardisierte) Fragebögen, die von einem Interviewer vorgelesen werden (vgl. Fowler 1995: 92ff.; Frey / Mertens-Oishi 1995: 94ff., 106; Bourque / Fielder 1995: 93ff.):

- Die Schrift muss gut lesbar (gefällig) sein. Dieser scheinbar selbstverständliche Vorschlag verdeutlicht, dass bei der Schriftwahl von zu engen oder zu breiten Schriften, überhaupt von ungewöhnlichen Schriften abzusehen ist.

- Um die Antwortvorgaben von den Interviewerinstruktionen gut unterscheiden zu können, sollten ferner unterschiedliche, aber nur wenige Schrifttypen, Grafiken und Abstände benutzt werden. Hervorhebungen werden unterstrichen oder fett, aber nicht kursiv gekennzeichnet, denn das kann leichter übersehen werden. Die Anweisungen an den Interviewer zur Führung durch den Fragebogen können grafisch unterstützt werden, etwa mit Pfeilen oder Achtung-Zeichen.

- Das Antwortformat sollte vertikal und möglichst einspaltig sein. Ausnahmen können breitere »Tabellen« im Querformat sein, in die der Befragte verschiedene, meist zeitlich zusammenhängende Antworten eintragen muss. Eine solche Tabelle kann etwa die Rezeption bestimmter Nachrichtensendungen im Wochenverlauf (von Montag bis Sonntag) sein.

- Seitenumbrüche innerhalb einer Frage oder Antwortvorgabenliste sind zu vermeiden, weil das dazu führen kann, dass der Interviewer – zumindest bei den ersten Interviews, wenn er den Fragebogen noch nicht gut genug kennt – vergisst, die weiteren Vorgaben auf der nächsten Seite vorzulesen und dies erst nachholt, wenn er umgeblättert hat.

- Der Interviewer sollte auch nicht zurück oder vorwärts blättern müssen, weil eine Frage nur im Rückgriff oder Vorgriff auf eine andere Frage zu beantworten ist. Deshalb wiederholt der Fragebogen an dieser Stelle besser die benötigten Informationen.

- Antwortmuster sollten so oft, wie es praktikabel ist, variiert werden, um Ermüdungseffekte zu vermeiden, aber nicht zu oft, um den Befragten nicht zu verwirren. Gerade Ratingskalen müssen manchmal und bei manchen Befragten etwas eingeübt werden. Hat der Befragte den Mechanismus einmal verstanden, ist der Wechsel auf einen anderen Skalentyp ungeeignet.

- Fragen, deren Beantwortung mehrere Ankreuz- bzw. Ausfüllstrategien erfordern, sind zu vermeiden, weil dies zu komplex ist. Deshalb sollten solche Fragen besser aufgeteilt werden, sodass sie nacheinander beantwortet werden können.

- Bei Fragebatterien mit multiplen Items sollten die Aussagen und bei semantischen Differentialen sollten die Endpunkte in unterschiedliche Richtungen gepolt werden (also nicht immer die positive Seite links und die negative rechts, sondern gemischt), damit kein Jasager- oder Neinsager-Effekt entsteht (→ Teil 1, Kapitel 7.3.1).

- Bei offenen Fragen muss ein angemessener Raum für alle freien Texteinträge zur Verfügung gestellt werden. Mit der Raumvorgabe und der Anzahl der Zeilen setzt der Forscher einen kognitiven Anker und Erwartungen, denn der Befragte schreibt oder sagt wenig, wenn er wenig Platz zur Verfügung hat, und der fühlt sich zu längeren Ausführungen genötigt, wenn der dafür vorgesehene Platz großzügig bemessen ist.
- Fragetechniken wie Trichter, Filter, optische Unterstützungen usw. können Reihenfolgeeffekte vermeiden; sie sollten aber nicht exzessiv eingesetzt werden, weil komplexe Frageabfolgen für den Interviewer oder Befragten schwerer zu handhaben sind und mehr Konzentration erfordern, die besser für die inhaltliche Beantwortung der Fragen als für die richtige formale Bearbeitung des Fragebogens verwendet werden sollte.
- Als weitere optische Hilfen zur Gedächtnisstütze sind Listen, Kartenspiele, gezeichnete Szenen oder Szenarios geeignet, die aber ebenfalls nicht exzessiv verwendet werden sollten. Sie sorgen zwar für Abwechslung, verlängern aber auch die Interviewzeit.
- Die Antwortcodierungen sollten im Fragebogen nur sichtbar sein, wenn sie nicht störend wirken. In der Regel machen sie jedoch den optischen Eindruck des Fragebogens für den Interviewer oder den Befragten eher unruhig oder kompliziert.
- Insbesondere bei schriftlichen Befragungen sollte der Befragte am Ende die Möglichkeit haben, eigene Anmerkungen oder Kommentare zu machen.

6 Planung und Ablauf von Befragungen

Die Durchführung einer Befragung hängt wesentlich vom Verfahren ab. Nur bei der schriftlichen Befragung beschränkt sie sich auf den administrativen Teil der Produktion und Distribution des Fragebogens. Ansonsten ist der Einsatz von Interviewern notwendig, der besondere Organisationsformen und Maßnahmen für die Durchführung erfordert. Die Darstellung beginnt mit einer kurzen Abhandlung über die wichtigsten Schritte im Forschungsprozess allgemein (Kapitel 6.1). Die folgenden Ausführungen über die Organisation der Interviewer und die Interviewregeln (Kapitel 6.2) beziehen sich fast ausschließlich auf standardisierte Interviewformen, ebenso die Diskussion um den Interviewstil, bei dem es um das Gesamtverständnis von der Interaktion zwischen Interviewer und Befragtem geht (Kapitel 6.3). Da es eigenständige Regeln für qualitative Interviews gibt, ist ihnen ein eigener Abschnitt gewidmet (Kapitel 6.4). Die abschließenden Ausführungen zum Pretest und zur Hauptuntersuchung ergänzen die allgemeinen organisatorischen um die konkreten studienbezogenen Vorbereitungen einer Untersuchung (Kapitel 6.5). Obwohl nur bei standardisierten Befragungen strikt zwischen Pretest und Hauptuntersuchung unterschieden wird, können die Regeln zur Durchführung von Pretests auch auf offene Befragungen angewandt werden.

6.1 Stationen des Forschungsprozesses

Der Forschungsprozess wird in den meisten Lehrbüchern wissenschaftstheoretisch und idealtypisch beschrieben. An dieser Stelle erfolgt dagegen eine pragmatische Darstellung der wichtigsten Stationen.[1] Der entscheidende Aspekt

---

[1] In der wissenschaftstheoretischen Abhandlung dieses Themas wird im Anschluss an den »Kritischen Rationalismus« zwischen Entdeckungs-, Begründungs- und Verwertungszusammenhang unterschieden. Der Begründungszusammenhang ist dabei im engeren Sinn der eigentliche Forschungsprozess, während die Entdeckung eines Forschungsproblems und die Verwertung der Forschungsergebnisse eher eine gesellschaftspolitische Angelegenheit sind. Allerdings ist diese Unterteilung aus der wissenschaftstheoretischen Perspektive der »Kritischen Theorie« heftig kritisiert worden, weil der Begründungszusammenhang nicht gesellschaftlich neutral sei, sondern die Wahl bestimmter Methoden die Ergebnisse und damit auch deren Verwendung beeinflusse (vgl. Friedrichs [14]1990: 50ff.).

empirischer Forschung ist die Operationalisierung, also der Weg von theoretischen Überlegungen zum empirisch handhabbaren Instrument.

Die Fragestellung oder das Thema einer Untersuchung kann dabei unterschiedliche Hintergründe haben: Es kann sich um praktische Probleme eines Auftraggebers handeln, der etwa wissen will, wie viele Leser seine Zeitung hat und wie man diese Leser näher beschreiben kann. Der größte Teil demoskopischer Untersuchungen gehört zu diesem Typ deskriptiver Auftragsforschung, deren Ziel in der Beschreibung von Sachverhalten oder Gegenständen besteht. Theoretische Annahmen bleiben implizit (vgl. von Alemann 1977: 163). Davon zu unterscheiden ist die Bildung oder Überprüfung von Hypothesen oder Theorien, die von Ad-hoc-Hypothesen bis zu aus übergeordneten Theorien deduktiv abgeleiteten Hypothesen reichen können (vgl. von Alemann 1977: 166). Diese Zielsetzung ist meist akademischer Herkunft, folgt also eher einem wissenschaftlichen denn einem praktischen Interesse. Man spricht hier oft von Grundlagenforschung im Unterschied zur angewandten Forschung. Allerdings ist diese Unterscheidung nicht trennscharf zu treffen, denn bei vielen Untersuchungen kommen beide Zielsetzungen vor.

Unabhängig vom auftragsgebunden-angewandten oder akademisch-grundlegenden Erkenntnisinteresse können fünf Schritte im Forschungsprozess unterschieden werden: Definition des Forschungsproblems, Methodenkonzeption und Datenerhebung, Datenaufbereitung, Datenauswertung und Daten- bzw. Ergebnispräsentation.[2]

Die Definition des Forschungsproblems steht am Anfang jeder Untersuchung und ist insofern nicht spezifisch für empirische Forschung. In der akademischen Forschung werden zunächst die Theoriebestände, die für die Untersuchung des Forschungsproblems geeignet sind, gesichtet und bewertet. In der angewandten Forschung wird das Forschungsproblem ohne Rückgriff auf Forschungsliteratur definiert und bearbeitet. Die »Theoriebildung« hat hier allenfalls den Charakter einer Konvention. Ein Beispiel dafür ist die Vereinbarung zwischen Werbewirtschaft und angewandten Forschungsinstituten, was als Werbekontakt definiert wird (→ Teil 2, Kapitel 1.2).

---

2 Eine ähnliche Unterteilung findet sich bei von Alemann (1977: 148f.): Definitionsphase (Forschungsproblem, Literaturstudium, Theorie, Begriffe, Grundgesamtheit, Forschungsplan), Durchführungsphase (Forschungsinstrument, Auswahlplan, Exploration, Hauptuntersuchung, Datenvercodung), Analysephase (Datenerfassung, Datenbereinigung, Datenanalyse), Disseminationsphase (Forschungsbericht, Publikation)

In Bezug auf die *Konzeption der Methode* und *Datenerhebung* sind mehrere methodische Entscheidungen zu treffen, die miteinander zusammenhängen:

- Zuerst müssen die allgemeine Methode (hier: die Befragung) und das konkrete *Verfahren* (→ Teil 1, Kapitel 2) bestimmt werden. Diese Wahl hängt in erster Linie von der Fragestellung ab, aber auch von den methodischen Fähigkeiten und methodologischen Präferenzen des Forschers ab.

- Danach wird ein *Instrument* entwickelt, also ein Fragebogen bei standardisierten Befragungen (→ Teil 1, Kapitel 5) und bei Leitfadeninterviews (→ Teil 1, Kapitel 3.1) oder eine Konzeption der Interviewführung bei narrativen Interviews (→ Teil 1, Kapitel 3.1).

- Mit der Festlegung des Instruments einher geht auch die *Aufzeichnung* der Datenerhebung. Während bei standardisierten Befragungen der Fragebogen gleichzeitig als Aufzeichnungsmedium genutzt wird, bedarf es bei offenen Formen einer gesonderten, in der Regel technisch gestützten Audio- oder audiovisuellen Aufzeichnung.[3]

- Je nach Forschungsziel wird die *Grundgesamtheit* der zu erforschenden Population definiert. Dies ist etwa bei Wahlumfragen die wahlberechtigte Bevölkerung. Aus der Grundgesamtheit wird nach bestimmten Vorgehensweisen eine *Stichprobe* von Befragten gezogen (→ Teil 1, Kapitel 2) oder bei Studien mit eng begrenzter Reichweite gelegentlich eine Vollerhebung der untersuchten Personen oder Organisationen durchgeführt.

- Bei vielen Varianten der Befragung sind eigenständige Überlegungen und Planungen erforderlich, wie der *Zugang zum Feld* organisiert werden kann. Dies ist insbesondere notwendig, wenn besondere Populationen und Milieus erforscht werden sollen, denn in diesen Fällen ist die Herstellung des Kontaktes manchmal problematisch.

- Bevor die Befragung durchgeführt wird, ist es notwendig, das Instrument und die Befragungssituation zu testen. Dieser *Pretest* dient darüber hinaus der Verbesserung des Fragebogens sowie der Planung für die Hauptuntersuchung (→ Teil 1, Kapitel 6.5).

---

3 Bei Online-Befragungen fallen mit den Logfiles weitere Aufzeichnungen automatisch an, die zusätzlich Auskunft über den Antwortprozess des Befragten geben können.

- Für die *Hauptuntersuchung* müssen die Feldzeit und die finanziellen, organisatorischen und personalen Ressourcen kalkuliert werden (→ Teil 1, Kapitel 6.2, vgl. Jacob / Eirmbter 2000: 75ff., 121ff., 124f.).

Die *Datenaufbereitung* besteht aus zwei Schritten oder Phasen:

- Zuerst erfolgt die *Datenübertragung*. Dazu müssen in der standardisierten Befragung die bereits standardisiert protokollierten Befragtenantworten in ein statistisches Auswertungsprogramm eingetragen werden (vgl. Jacob / Eirmbter 2000: 267ff.). Dieser Schritt wird bei computerunterstützten Verfahren automatisch vollzogen (→ Teil 1, Kapitel 2.4). Bei offenen Befragungsformen ist eine schriftliche Transkription der Befragtenantworten erforderlich (→ Teil 1, Kapitel 3.1).
- Zur Datenaufbereitung gehört auch die Prüfung der Daten, die *Datenbereinigung*. Datenfehler können in der standardisierten Befragung bereits bei der Datenerhebung auftreten, wenn der Interviewer die Antworten des Befragten falsch notiert oder den Antwortvorgaben falsch zugeordnet hat, wenn die Filterführung im Fragebogen falsch gehandhabt wurde (→ Teil 1, Kapitel 5.4) oder wenn der Befragte nachvollziehbar logisch inkonsistent geantwortet hat. Weitere Fehlerquellen können bei der Übertragung auftreten, wenn die Fragebogeneinträge falsch in die Auswertungssoftware eingegeben werden. Bei offenen Befragungsformen, können diese Fehler nur auftreten, wenn das Interview nicht aufgezeichnet, sondern vom Interviewer protokolliert wird.

Die *Datenauswertung* erfolgt bei standardisierten Befragungen mit statistischen Verfahren und wird heute nur noch EDV-gestützt durchgeführt. Die Wahl der Verfahren hängt neben dem Auswertungsziel von der Skalierung der Antwortvorgaben ab (→ Teil 1, Kapitel 5.5). Auch für offene Befragungsformen stehen EDV-Programme zur Verfügung, mit denen die Auswertung technisch verwaltet werden kann (vgl. Kuckartz 1999). Die Auswertung selbst erfolgt hier textanalytisch entweder mit Hilfe der qualitativen Inhaltsanalyse (vgl. Mayring [6]1997), mit hermeneutischen Verfahren (vgl. Roller / Mathes 1993) oder konversationsanalytisch (vgl. Titscher et al. 1998).

Die *Daten- oder Ergebnispräsentation* hängt ebenfalls von der Form der Befragung ab. Standardisierte Befragungen werden mit Hilfe von Zahlen (Prozentwerte, statistische Kennwerte) tabellarisch oder grafisch präsentiert (vgl. Henry 1994; Jacoby 1997; 1998) und textlich interpretiert. Bei offenen Befragungen besteht die Präsentation in erster Linie aus textlichen Interpretationen mit eingebauten beispielhaften Zitaten von Aussagen der Befragten (vgl. Silverman 1993; Wolcott [2]2001). Wenn Tabellen verwendet werden, beinhalten sie jedoch keine

Zahlendarstellungen, sondern textliche Klassifikationen in Form von typologisierenden Beschreibungen der Befragten und ihrer untersuchten Merkmale. Unabhängig von der Befragungsform muss ein Methodenbericht erstellt werden, in dem die Stichprobenkonzeption und Stichprobenziehung, die Feldzeit der Durchführung, der Fragebogen und mögliche Instrumententests und Indexbildungen erläutert (vgl. Jacob / Eirmbter 2000: 263ff.).

6.2 Interviewerorganisation und Interviewerregeln

Die Qualität der Feldarbeit hängt wesentlich von der Auswahl, Schulung, Motivierung und Kontrolle der Interviewer ab (vgl. Niehoff 1998: 65). Die Organisation des Interviewerstabes ist dabei nicht nur eine logistische Aufgabe, sondern verfolgt ein breiter gestecktes Ziel:

> »Interviewer und Befragte müssen bei Repräsentativ-Erhebungen von jeder nicht unbedingt notwendigen Anstrengung intellektueller, psychologischer, sprachlicher und technischer Art entlastet werden.« (Noelle-Neumann / Petersen 1996: 63)

Die Verfahren der Interviewerrekrutierung und Interviewerverwaltung unterscheiden sich zwar unter den Markt- und Meinungsforschungsinstituten (vgl. Bliesch 1998; Hullmann / Schmidt 1998; Niehoff 1998; Noelle-Neumann 1998), bilden allerdings überall einen Kostenschwerpunkt. Folgende Merkmale werden in der Regel von den Instituten erwartet (vgl. Fuchs 1994: 179; Költringer 1992: 19f.; Niehoff 1998: 54; Noelle-Neumann / Petersen 1996: 319f., 337ff.; Pohlmann 1993: 17ff.; Frey / Mertens-Oishi 1995: 110ff.):

- Da die Interviewertätigkeit nur im Nebenberuf ausgeübt wird, sind insbesondere Bevölkerungsgruppen geeignet, die keinen oder keinen ausfüllenden Hauptberuf haben, aber genug Zeit mitbringen und zeitlich flexibel sind, um diese Tätigkeit auszuüben und auch an Wochenenden bzw. zu ungewöhnlichen Zeiten eingesetzt werden können. Dies sind in erster Linie Hausfrauen, Rentner und Studierende.[4] Bei bestimmten Fragestellungen und bestimmten

---

[4] Studenten sind allerdings weniger erwünscht, weil man ihnen unterstellt, dass sie aufgrund ihrer intellektuellen Fähigkeiten erfolgreicher Interviews fälschen als andere Interviewergruppen. Ebenfalls ungeeignet sind Vertreter, weil man befürchtet, dass sie die Interviews dazu nutzen, auch andere berufliche Interessen zu verfolgen, was die Institute unbedingt vermeiden wollen, um nicht als unseriös zu gelten.

Befragtenpopulationen kommen auch (besondere) Interviewer mit anderen soziodemografischen Merkmalen zum Einsatz.

- Wichtig für die Interviewertätigkeit ist neben der zeitlichen die räumliche Mobilität. Vorausgesetzt werden deshalb ein Führerschein und der Besitz eines Autos.

- Umstritten ist die soziodemografische Zusammensetzung von Interviewerstäben. Zum einen gibt es die Strategie, diese möglichst homogen zusammenzusetzen, mit dem Ziel, dass sich auch die Verhaltensweisen der Interviewer möglichst gleichen und somit Stimuluskonstanz gewährleistet ist. Der Nachteil besteht allerdings darin, dass ein homogener Interviewerstab einen bestimmten Fehler dann auch systematisch begeht. Die gegenteilige Strategie besteht darin, einen heterogenen Interviewerstab zu haben, am besten ähnlich der soziodemografischen Verteilung der gesamten Bevölkerung. Dies strebt etwa die GfK an. Mögliche Interviewereffekte können sich dann gegenseitig aufheben. Allerdings dürfte es in der Praxis kaum zu realisieren sein, dass die Interviewer soziodemografisch die Bevölkerung repräsentieren. Deshalb sind Hausfrauen, ältere Menschen, Mittelschichtangehörige überrepräsentiert.[5]

  In einer Untersuchung hat Reuband (1984: 80) erhebliche Unterschiede in den Ergebnissen je nach Zusammensetzung der Interviewerstäbe festgestellt. Daraus resultiert die Forderung, zumindest die soziodemografischen Merkmale der Interviewer auf dem Fragebogen zu erheben, damit sie statistisch kontrolliert werden können.

- Interviewer sollten sowohl kontaktfreudig sein, also offen, freundlich und nicht menschenscheu, als auch sicher auftreten, das heißt neutral und gepflegt gekleidet zu sein und auszusehen. Dazu gehört auch eine hinreichend laute und deutliche Aussprache. Dies ist ein entscheidendes Auswahlkriterium für Telefonbefragungen, für die äußerlich sichtbare Kriterien unwichtig sind. Damit können die Zielpersonen besser zur Teilnahme an dem Interview motiviert werden. Allerdings darf diese Offenheit nicht übertrieben sein, um die Befragten nicht zu erschrecken oder einzuschüchtern.

- Interviewer müssen ferner flexibel und einfühlsam sein, sich auf andere Menschen einzustellen, sich in verschiedenartige Menschen hineinzudenken und

[5] Die Auswahl der Interviewer bzw. die Zusammensetzung der Interviewerstäbe ist für die Institute schon deshalb wichtig, weil die Ausschöpfungsquote auch von einigen Interviewermerkmalen abhängig ist. So sind weibliche, ältere, gut ausgebildete, erfahrene oder intrinsisch motivierte Interviewer auch erfolgreicher (vgl. Koch 1991: 47; Költringer 1992: 102ff.).

sich an verschiedene Situationen im Interview anzupassen. Dazu gehört auch eine gute Konzentrationsfähigkeit, zuhören zu können, sich nicht ablenken zu lassen und rasch arbeiten zu können.

- Darüber hinaus muss der Interviewer gewissenhaft und bereit sein, sich an Vorgaben und Vorschriften zu halten. Die bezieht sich auf alle Stationen des Befragungsprozesses von der Auswahl der Befragten (wenn Adressermittlung und Befragung zusammenfallen) über die korrekte Vorlesung der Fragen, Antwortvorgaben und Erläuterungen, das korrekte Notieren der Antworten des Befragten, das richtige Nachhaken bei methodisch ungültigen oder unzureichenden Antworten und schließlich die vorgeschriebene Art, eventuelle Nachfragen der Befragten zu beantworten.

Interviewer müssen vielfältige kommunikative und kognitive Kompetenzen mitbringen, die in Kombination kaum von allen Bewerbern zu erwarten sind und zum Teil auch gegenläufige Persönlichkeiten voraussetzen. Für die Auswahl der Interviewer werden deshalb oft Eignungstests durchgeführt und Probeinterviews verlangt, die bereits als erstes Training dienen. Nach den Erfahrungen des Instituts für Demoskopie Allensbach werden aus 100 Bewerbern auf diese Weise etwa 20 ausgewählt, die durchschnittlich zwei Jahre beim Institut als Interviewer tätig sind. Das Interviewernetz des IfD umfasst zwischen 1.600 und 1.800 Interviewern, von denen jährlich 30 Prozent ausgewechselt werden. Ein Interviewer führt für eine bevölkerungsweit repräsentative persönliche Befragung fünf bis sieben Interviews durch[6], sodass 300 bis 400 Interviewer eingesetzt werden (vgl. Noelle-Neumann / Petersen 1996: 330ff.; 359). Költringer (1992: 20) beschreibt zwei Einstellungsstrategien: Die Hire-and-Fire-Einstellung führt zu einer hohen Fluktuation, vermeidet aber Gewöhnungseffekte. Wer dagegen auf langfristige Einstellung und institutsinterne Ausbildung setzt, hat einen hohen Anteil an erfahrenen Interviewern, muss dann aber Maßnahmen ergreifen, die verhindern, dass ein Interviewer durch zu viel Routine nachlässiger arbeitet.

Neben den persönlichen Voraussetzungen, welche die Interviewer mitbringen sollen, sind spezifische Fähigkeiten erforderlich, die trainiert werden müssen. Das Interviewertraining muss zwei Bereiche umfassen: die allgemeinen Regeln

---

6 Je mehr Interviews ein Interviewer für *eine* Studie durchführen muss, umso größer wird die Gefahr der Neigung zur Fälschung. Die Qualität des Interviews selbst nimmt ab, weil der Fragebogen langweilig wird und der Interviewer Erwartungen über mögliche Antworten ausbildet, was dazu führen kann, dass er die Antworten der Befragten gemäß seinen Vorerwartungen selektiv notiert (vgl. Noelle-Neumann / Petersen 1996: 359).

des Interviewens und das spezielle Wissen von der durchzuführenden Studie. Allgemein zu beachten sind folgende Regeln:

- Die Interviewer erlernen die Regeln, wie sie das Interview einleiten und den Kontakt herstellen. Diese Einleitung umfasst neben der Begrüßung die Zusicherung von Anonymität, die Erläuterung der Auswahl der Zielperson sowie eine kurze Einführung in das Thema oder in den Zweck der Studie, zu der die Befragung durchgeführt wird. Darüber hinaus werden dem Interviewer mögliche Argumente an die Hand gegeben, mit denen er Zielpersonen, die das Interview verweigern wollen, doch noch zur Teilnahme motivieren kann.

- Die Interviewer müssen die Design-Konventionen von Fragebögen kennen lernen. Dazu gehören die Regeln, wie standardisierte Fragen gestellt und die betreffenden Antwortvorgaben vorgelesen werden. Wichtig sind ferner die Beachtung von Filterführungen oder die Handhabung besonderer Fragetechniken (Karten, visuelle Unterstützungen usw.). Die Antworten des Befragten müssen richtig notiert und eventuell richtig zugeordnet werden, wenn sie (etwas) von den vorgegebenen Antwortmöglichkeiten abweichen.

- Weiterhin müssen konkrete Verhaltensweisen angewendet werden, wenn die Befragten überhaupt nicht, nicht präzise, nur stockend oder nicht direkt auf die Frage bezogen antworten. Hier gibt es verschiedene Techniken des Nachhakens, das zu verschiedenen Zwecken eingesetzt wird. Es dient zum einen der *Klärung* bei für den Interviewer unverständlichen Antworten des Befragten (»Was meinen Sie jetzt genau?«). Ist die Antwort dagegen vage oder zu allgemein, ermöglicht richtiges Nachhaken eine *Spezifizierung* der Antwort (»Können Sie mir mehr darüber sagen?«). Weiterhin signalisiert es die *Relevanz* einer Frage (»Lassen Sie mich die Frage noch einmal stellen! ... «). Schließlich wird nachgehakt zur *Vervollständigung* einer Antwort (»Was noch?« oder: »Können Sie mir ein (weiteres) Beispiel nennen?«).

  Bei unklaren Antworten muss der Interviewer vor allem vermeiden, dass er eigenständige Antworthilfen anbietet, man spricht von »neutralem Nachhaken«. Antwortet der Befragte etwa auf die Frage nach der Anzahl von Stunden täglichen Fernsehkonsums, dass er eigentlich den ganzen Tag fernsieht, darf der Interviewer nicht nachfragen: »Also so etwa zwölf Stunden meinen Sie?«, sondern: »Könnten Sie das genauer sagen? Wie viele Stunden sehen Sie an einem Tag fern?« (vgl. Frey / Mertens-Oishi 1995: 123f.).

- Auch für das interpersonale Verhalten des Interviewers bzw. für sein gesamtes Auftreten gibt es Richtlinien. So soll der Interviewer zurückhaltend sein, aber den Befragten zum Antworten (nicht zu bestimmten Antworten!) ermuntern. Er soll eine Balance zwischen Steuern (des Gesprächs), Motivieren (des Befragten) und Flexibilität (bei der Handhabung der Situation) finden (vgl. Maindok 1996: 47, 61; → Teil 1, Kapitel 6.4).

Bezüglich der Studie müssen die Interviewer Auskünfte geben können über

- Ziel und Auftraggeber der Studie, Nutzen für die Forschung oder die Praxis;
- Stichprobenansatz;
- Zwecke, die mit bestimmten Fragen verbunden sind;
- konkrete Schritte zur Herstellung von Vertraulichkeit (vgl. Fowler ^{2}1988: 115; Saris 1991: 20ff.; Frey / Kunz / Lüschen 1990: 187ff.).

Für das Interviewertraining muss schriftliches Material erstellt werden, das ein allgemeines Interviewerhandbuch und ein spezielles Studienhandbuch zum Befragungsprojekt umfasst. Die Vermittlung dieser Informationen sollte sich nicht darauf beschränken, dass der Interviewer das Material selbstständig durchliest, sondern durch Vorlesungen und Demonstrationen sowie durch Übungen und Rollenspiele ergänzt werden. Bei der Durchführung des ersten Interviews ist es darüber hinaus sinnvoll, dass der Interviewer von einem Supervisor begleitet wird, der mögliche Probleme beobachtet und dem Interviewer zur Seite steht (vgl. Fowler ^{2}1988: 116f; Költringer 1992: 35; Frey / Mertens-Oishi 1995: 119; exemplarisch für das Institut für Demoskopie Allensbach: Noelle-Neumann / Petersen 1996: 337-358).

Zur Interviewerschulung gehört im weiteren Sinn auch, dass im Institut für Demoskopie in Allensbach die Interviewer auf eine spielerische Art »betreut« werden. Bei einem Preisausschreiben sollen die Interviewer Fragen zum richtigen und falschen Interviewerverhalten anhand eines fiktiven Szenarios beantworten (vgl. Noelle-Neumann 1998: 37ff.). Durch solche Maßnahmen wird versucht, das Wissen über richtiges Interviewen zu verbessern. Dieses bezieht sich auf folgende Verhaltensweisen (vgl. Költringer 1992: 6, 49):

- Nur die vorgegebene Zielperson und keine andere Person des ausgewählten Haushalts darf befragt werden.
- Alle den Befragten betreffenden Fragen müssen vorgelesen werden. Der Interviewer darf keine eigene Filterführung einführen, die nicht im Fragebogen vorgesehen ist.
- Alle vorgesehenen Antwortvorgaben und Hilfsmittel müssen vorgelesen oder vorgelegt werden, selbst wenn der Befragte diese scheinbar nicht benötigt. Umgekehrt darf der Interviewer aber auch keine Hilfestellung geben, die

nicht im Fragebogen vorgesehen ist. Dies gilt insbesondere bei Nachfragen des Befragten.

- Die Fragen müssen wörtlich vorgelesen werden. Der Interviewer darf keine eigenständigen Formulierungen benutzen, weil er glaubt, dass der Befragte sie besser verstehen könnte.
- Der Interviewer darf nur die Antworten des Befragten notieren bzw. die dazu passenden Vorgaben ankreuzen, aber keine stellvertretenden Antworten dem Befragten (was er gemeint haben könnte) nahe legen.
- Korrekturen notierter Antworten dürfen nur während des Interviews (und auf Wunsch des Befragten) erfolgen. Nachträgliche Korrekturen oder Auffüllen bei nicht gegebenen Antworten sind nicht erlaubt.

Solche standardisierten Regeln erfordern eine enorme Disziplin seitens des Interviewers und führen gelegentlich zu Dilemmasituationen. Költringer (1992: 49ff.; 59f.) bezweifelt aufgrund der Ergebnisse seiner Befragung von Interviewern, dass die drei letztgenannten Normen, alle Fragen wörtlich vorlesen zu müssen, dem Befragten nicht stellvertretend bei der Beantwortung behilflich sein zu dürfen, und das Verbot einer nachträglichen Korrektur bei den Interviewern internalisiert sind. Wenn sich der Befragte in einem ganzen Fragebereich für nicht kompetent erklärt und der Interviewer dennoch alle Fragen vorlesen muss, riskiert er, dass sich der Befragte beschwert und das Gesprächsklima schlechter wird. Interessant ist ferner, dass die korrekte Befolgung der Regeln leicht negativ korreliert mit der Leistung des Interviewers (gemessen als Anzahl der vollständig durchgeführten Interviews). Wenn solche Normkonflikte entstehen, müssen die Markt- und Meinungsforschungsinstitute diese entschärfen durch ein entsprechendes Design des Fragebogens und durch ein ausdifferenziertes Entlohnungssystem, welches nicht nur pauschal das vollständig durchgeführte Interview umfasst, sondern stärker auch Güte des Interviewens berücksichtigt.

Ein besonderes Problem, das oft aus den Normenkonflikten der Interviewer resultiert, stellt die Fälschung von Interviews dar[7]. Diese kann sich nur auf einzelne Fragen beziehen, wenn etwa der Interviewer vermeintlich heikle Fragen überspringt und eine (vermutete) Antwort einträgt. Unter Teilfälschungen ver-

---

[7] Im Prinzip stellt bereits die Nichtbeachtung der obigen Regeln des korrekten Interviewens ein Täuschungsverhalten dar. Der Übergang zur Fälschung ist also fließend. Gefälschte Angaben zum Kontaktverhalten oder regelwidriges Kontaktverhalten fallen ebenso darunter wie die bewusste Unterschlagung von Informationen, die für den Befragten relevant sind, um das Interview abzukürzen oder zu beschleunigen (Költringer 1992: 63ff.).

steht man jene Fälle, in denen größere Teile des Fragebogens ausgelassen werden. Beides ist schwer zu kontrollieren, weil die Interviews geführt wurden, sodass der Befragte sich bei einer Kontrolle daran erinnern kann. Am gravierendsten ist die vollständige Fälschung, also das komplette Selbstausfüllen des Fragebogens durch den Interviewer, das allerdings auch am schwersten durchzuführen ist, weil es gewisser Fähigkeiten bedarf, einen Fragebogen so konsistent auszufüllen, dass es nicht auffällt.

Obwohl die Fälschung eines Interviews nicht notwendig die Güte der Ergebnisse verringert – es gibt auch gute Fälschungen (vgl. Reuband 1990b; Költringer 1992: 61f.) –, wird die Problematik von den Instituten sehr ernst genommen, weil sie ihren Ruf in der Öffentlichkeit schädigen, wenn Fälschungen in größerem Ausmaß bekannt werden. Insofern kommt der Kontrolle eine besondere Bedeutung zu. Man kann davon ausgehen, dass das Täuschungsverhalten umso geringer ausfällt, je größer die Kontrollangst des Interviewers vor negativen Folgen des Fehlverhaltens ist. Folgende Maßnahmen werden je nach Bedarf durchgeführt (vgl. Noelle-Neumann / Petersen 1996: 369ff.; Költringer 1992: 44f.):

- Bereits bei den Probeinterviews zur Einstellung der Interviewer werden Fälscherfallen in den Fragebogen eingebaut, um unkorrekte Vorgehensweisen zu identifizieren.
- Bei der Einstellung müssen die Interviewer eine Erklärung unterschreiben, mit der sie sich verpflichten, keine unkorrekten Interviews durchzuführen. Außerdem wird den Interviewern mitgeteilt, dass Kontrollen stattfinden.
- Wenn die Adressen der Befragten vorliegen, werden in einem bestimmten Prozentsatz Kontroll-Interviews durchgeführt, vor allem, um Teilfälschungen zu entdecken. Dies geschieht oft noch während der Feldarbeit oder unmittelbar danach. Dazu wird entweder eine Teilstichprobe der Befragten gezogen oder bei einem konkreten Verdacht nachgehakt.
- Oft werden Befragte angeschrieben oder angerufen und um Informationen über das Interview und den Interviewer gebeten. Dazu werden sie danach befragt, ob sie interviewt wurden, zu welchen Themen und wie lange das Interview gedauert hat.
- Eine weitere Möglichkeit der Kontrolle besteht darin, den Interviewern fiktive Adressen von Befragten zu geben. Wenn sie dann einen ausgefüllten Fragebogen abliefern, ist entweder dieser selbst gefälscht, oder der Interviewer hat sich unerlaubt eine andere Zielperson ausgesucht.

- Eine wichtige Maßnahme ist die sorgfältige Durchsicht der Fragebögen. Allerdings sind inhaltliche Inkonsistenzen kein hinreichendes Indiz für eine Fälschung, denn es kommt häufig vor, dass die Befragten scheinbar unlogisch antworten. Insofern kann das Entdecken von logischen Inkonsistenzen sogar ein Beleg für vorschriftsgemäßes Verhalten des Interviewers sein.
- Bei Telefoninterviews ist die Kontrolle der Durchführung von Interviews deutlich weniger aufwändig und flächendeckend möglich. In Deutschland darf das Interview stichprobenartig mitgehört werden; in USA ist sogar das Mitschneiden des Erhebungsgesprächs erlaubt (vgl. Fuchs 1994: 179, 187).

Diese Kontrollmaßnahmen können nur die eklatanten Regelverstöße verringern. Der eigentliche Kernbereich des Interviewens kann dagegen nur positiv beeinflusst werden durch einen guten Kontakt des Instituts mit seinen Interviewern. Dies bedeutet auch, dass die Probleme der Interviewer beim Interviewen ernst genommen werden. Solche Schwierigkeiten betreffen drei Dimensionen (vgl. Költringer 1992: 71f., 75f., 79):

- Fragebogendesign: Darunter fallen zu lange Interviews, zu lange Fragetexte oder zu lange Fragebatterien.
- Themen: Als heikle Themen gelten Fragen zu sexuellem Verhalten, zur politischen Gesinnung oder zum Einkommen.
- Befragte: Schwer zu befragen sind insbesondere alte Menschen, Angehörige der Unterschicht und der Oberschicht (→ Teil 1, Kapitel 7.4).

Nach Veränderungswünschen befragt, geben Interviewer hauptsächlich an, dass auch abgebrochene Interviews und die Einarbeitungszeit in die Studie bezahlt werden.[8] Darüber hinaus soll die Fragebogenkritik der Interviewer verstärkt berücksichtigt werden. Zu lange Interviews belasten offenbar die Interviewer sehr stark, zumal es ihnen dann schwer fällt, Verständnis beim Befragten einzufordern. Schließlich schlagen die Interviewer vor, dass die Institute generelle Maßnahmen zur Verbesserung der Umfrageforschung durchführen sollen, mit denen die konkrete Teilnahmebereitschaft der Befragten erhöht werden kann (vgl. Költringer 1992: 112ff.).

---

8 Die Bezahlung erfolgt in der Regel als Honorar für vollständig ausgefüllte Fragebögen. Darüber hinaus gibt es eventuell Prämien für bestimmte Leistungen. Außerdem werden die Kosten für die Anfahrt vergütet. Allerdings umfasst die tatsächliche Interviewleistung auch noch die Wegzeiten, die Zeit für die Terminvereinbarung sowie spezielle Aufwendungen (vgl. Költringer 1992: 109).

Man kann aus diesen Ausführungen lernen, dass die Schulung der Interviewer keine einseitig direktive Vermittlung von Techniken sein darf, sondern dass Organisationen, die Interviewer beschäftigen, auf deren Bedürfnisse eingehen und die Rückmeldungen und Erfahrungen der Interviewer aus dem Feld ernst nehmen müssen. Wieweit diese Rücksichtnahmen gehen, ob sie zur Relativierung des Untersuchungszwecks führen dürfen, wenn die Interviewer von bestimmten Vorgehensweisen oder Frageweisen als undurchführbar oder zumindest als die Gesprächsatmosphäre hemmend berichten, wäre dann zwischen Auftraggeber, durchführender Organisation und Interviewern auszuhandeln.

6.3 Interviewstil

Die Qualität eines Interviews hängt nicht nur vom Fragebogen und den Regeln, wie dieser vom Interviewer gehandhabt werden muss, ab, sondern auch von der Interaktion zwischen dem Interviewer und dem Befragten. Aus der Perspektive des Interviewers betrachtet, ist insbesondere der Interviewstil wichtig. Dieser beschränkt sich nicht auf einzelne Verhaltensweisen oder nonverbale Zeichen des Interviewers, sondern umfasst das komplette strategisch eingesetzte und trainierte Verhaltensrepertoire. Der Interviewstil ist demzufolge auch nicht identisch mit den Interviewregeln.

In den älteren Lehrbüchern werden der neutrale, weiche und harte Stil der Interviewführung durch den Interviewer unterschieden. Obwohl fast durchgängig für das standardisierte Interview ein neutraler Interviewstil empfohlen wird, damit der Interviewer keinen unerwünschten Einfluss auf den Befragten ausübt, werden auch Situationen geschildert, in denen es erforderlich ist, weich oder hart zu interviewen (vgl. Scheuch 1962: 151ff.).

Vertreter des nicht-standardisierten qualitativen Interviews haben jedoch die Präferenz für ein neutrales Interviewen angezweifelt und einen konversationsähnlichen Charakter auch des wissenschaftlichen Interviews angemahnt (vgl. Rubin / Rubin 1995:110f.). Diese Diskussion hat wiederum Eingang in die Debatte um den Interviewstil im standardisierten Interview gefunden. Wenn das oberste Ziel der Befragung darin besteht, valide Antworten vom Befragten zu bekommen, muss geklärt werden, inwiefern das Verhalten des Interviewers zum Erfolg oder Misserfolg des Interviews und zur Qualität der Antworten beitragen kann.

Befürworter der standardisierten Interviewführung argumentieren in der Regel, dass sich der Interviewer zurücknehmen muss und nur neutral nachhaken darf, um zu gewährleisten, dass die Fragen identisch kommuniziert werden (Stimulusgleichheit) und der Interviewer keine unerwünschten und unbeabsichtigten Zusatzinformationen liefert. Außerdem soll der Befragte auf diese Weise zur aufgabenorientierten Antwort gelenkt werden. Diese Position sieht also im Interviewer in erster Linie einen Verursacher von Verzerrungen und Fehlern, die es zu vermeiden gilt.

Eine flexible, konversationsähnliche Interviewführung impliziert dagegen, dass der Interviewer dem Befragten behilflich sein muss bei der Beantwortung der Fragen und das bedeutet auch bei der Interpretation der Frageninhalte. Vertreter dieser Position argumentieren, dass der Befragte diese durch die Hilfe des Interviewers erzeugte Sicherheit benötigt, um valide antworten zu können (vgl. Schober / Conrad 1997).

Beide Positionen zeigen das Dilemma, in dem das Interview steckt: Der Interviewer motiviert und unterstützt den Befragten, lenkt ihn aber auch – möglicherweise gerade dadurch – in eine bestimmte Richtung. Wenn Interviews konversationsähnlich geführt werden, sind die Befragten zufriedener mit der Interviewsituation, es besteht jedoch die Gefahr, dass ihre Antworten abhängig sind von der Art, wie der Interviewer die Fragen stellt und erläutert. Der Fragebogen sollte daher selbst so gut wie möglich eine mündliche Konversation simulieren, damit der Interviewer ihn nicht erst übersetzen muss. Dennoch ersetzt selbst der beste Fragebogen den Interviewer nicht: Nimmt sich der Interviewer sehr stark zurück und reduziert seine Rolle auf die Übermittlung der Fragen, ohne das Gespräch sozial zu unterstützen, erzeugt er damit noch mehr Irritation und Unsicherheit beim Befragten und gefährdet gerade durch seine Zurückhaltung die Validität der Antworten. Gelingt es dem Interviewer dagegen, eine konversationsähnliche Atmosphäre herzustellen, ruft der Befragte möglicherweise auch andere Konversationsregeln ins Bewusstsein, die der Validität der Antworten abträglich sind, wie etwa die Verhaltensorientierung am Gesprächspartner und die Vermeidung von vermeintlich sozial unerwünschten Meinungskundgaben.

Hinter der Kontroverse um einen standardisierten oder flexiblen Interviewstil stehen unterschiedliche Betonungen der Aufgabenorientierung von Interviewern entweder auf die korrekte Vermittlung der Fragen oder auf der Herstellung einer kooperativen Interviewatmosphäre (vgl. Scholl 1993: 38ff.). Werden beide Aufgaben als voneinander unabhängige (nicht: sich widersprechende) Dimensionen aufgefasst, lässt sich das Dilemma der Realisierung beider Anforderungen durch eine zeitliche Trennung auflösen: Der Interviewer sollte am Anfang eine kooperative Atmosphäre durch einen flexiblen Interviewstil herstellen, dann aber zurückhaltender werden, wenn er den Eindruck hat, dass sich der Befragte auf die

Aufgabe der validen Antwort eingestellt hat. Der Preis für eine solche Doppelstrategie der Interviewführung besteht in einer Verlängerung der Interviewzeit (vgl. Schober / Conrad 1997: 600). Angesichts der Tatsache, dass die Interviewsituation unvermeidlich sozial ist und der Interviewer kein Neutrum sein kann (vgl. Scholl 1993: 96ff.; 136ff.), ist dieser Preis allerdings zu zahlen, um die Qualität der Auskünfte der Befragten zu sichern oder zu steigern.

6.4 Interviewerregeln für qualitative Interviews

Die Regeln, die in der Markt- und Meinungsforschungspraxis sowie in den meisten Methodenlehrbüchern formuliert werden, sind eindeutig auf standardisierte Interviews bezogen. Da qualitativ-offene Interviews nicht mit standardisierten Fragebögen, sondern allenfalls mit einem Leitfaden arbeiten oder den Befragten zur freien Narration ermuntern, scheint das Aufstellen von Regeln in diesem Bereich vordergründig überflüssig. Allerdings lastet auf dem Interviewer bei offenen Interviews eine selbstständigere Verantwortung für die Gesprächsführung, weil er nicht durch die Vorgaben eines Fragebogens entlastet wird. Es wäre deshalb verkürzt, sich einfach auf die kommunikativen Fähigkeiten der Interviewer zu verlassen und darauf zu hoffen, dass das Gespräch, wenn es nur offen ist, auch produktiv gerät.

Die Interviewerschulung für die Durchführung qualitativ-offener Interviews bezieht sich weniger auf spezielle Studien und deren technische Durchführung, sondern allgemein auf die Erfordernisse für ein offenes Gespräch und eine nichtdirektive Gesprächstechnik. Sie muss deshalb auch langfristig angelegt werden. Außerdem lassen sich bei offenen Interviewformen die Interviewregeln und die Interviewsituation nicht voneinander trennen, sondern hängen eng miteinander zusammen (vgl. Maindok 1996: 17ff.).

Die Interviewregeln hängen ferner auch von der dem Befragten zugeschriebenen Rolle ab. Standardisierte Interviews basieren auf einer deutlich asymmetrischen Beziehung, innerhalb derer der Befragte seine Rolle als Auskunftgeber auszufüllen hat. Bei qualitativen Interviews bestimmt der Befragte jedoch stärker, wie er seine Rolle gestaltet. Dennoch besteht auch hier eine gewisse Asymmetrie, da der Interviewer die Rolle des interessierten Zuhörers und der Befragte die des relativ freien Erzählers übernimmt. Das bedeutet, dass »der Interviewer das Gespräch führt, während der Befragte es bestreitet«. (Maindok 1996: 87)

Um den Anforderungen der nicht-direktiven Gesprächsführung gerecht zu werden, lohnt sich ein Blick in die Psychotherapie, genauer in das Konzept der »klientenzentrierten Therapie« nach Rogers. Zwar wurde diese Gesprächstechnik für die Behandlung psychisch kranker Menschen entwickelt, aber sie lässt sich auf die Situation des sozialwissenschaftlichen Interviews übertragen und ist insbesondere mit den Zielen des narrativen Interviews vereinbar. Im narrativen Interview geht es darum, dass der Interviewer einerseits zurückhaltend sein muss und den Befragten nicht beeinflussen oder in eine bestimmte Richtung drängen darf; er muss andererseits den Befragten motivieren, die eigene Erzählung zu beginnen und weiterzuführen. Die Regeln, die sich aus der klientenzentrierten Therapie für das Interview ableiten lassen, haben den Vorteil, dass sie nicht auf der Intuition des Interviewers beruhen, sondern als professionelle Techniken erlernt werden können (vgl. Maindok 1996: 154ff.).

Der Interviewer soll analog zum Therapeuten oder Berater als verbaler Spiegel fungieren, um die vom Befragten zur Sprache gebrachte eigene phänomenale Welt zu reflektieren. Deshalb benutzt der Interviewer immer wieder Begriffe und Symbole des Befragten. Er nimmt sich zwar zurück, um die Beiträge und Äußerungen des Befragten nicht in eine bestimmte Richtung zu drängen, greift aber erzählungs- und verständnisgenerierend in das Gespräch ein. Das Interview wird somit als gemeinsamer rekonstruktiver Suchprozess der beiden Gesprächspartner gedeutet. Dieser Rekonstruktionsprozess ist nicht nur eine kognitiv-intellektuelle, sondern auch eine emotionale Angelegenheit, wobei das wissenschaftliche Interview im Unterschied zur Psychotherapie affektiv nicht so tief in die Persönlichkeit des Befragten eindringt (vgl. Maindok 1996: 158ff.).

Da das Forschungsinterview anders als die Therapie nicht der Heilung des Befragten dient, sondern der Gewinnung von Informationen, muss die Technik des Spiegelns ergänzt werden durch aktivere Techniken, mit denen der Interviewer die Aussagen des Befragten zuspitzt und kontrastiert oder bisher nicht thematisierte Aspekte anspricht. Auf diese Weise wird das Gespräch dialogischer, ohne jedoch die phänomenale Welt und die subjektiven Relevanzen des Befragten zu verlassen oder zu vernachlässigen. Der Interviewer muss demnach seine eigenen Gefühle und seine Betroffenheit auch nicht unterdrücken, sondern er kanalisiert sie durch die Technik des Spiegelns und nutzt sie dadurch produktiv für das Gespräch. Wichtig ist allerdings, dass der Interviewer den richtigen Zeitpunkt seiner spiegelnden (Rück-) Fragen erkennt und nicht voreilig die Gedanken des Befragten stört und dass er beim Fragen keine Unterstellungen und Interpretationen verwendet (vgl. Maindok 1996: 168ff.).

Man kann das qualitative Interview in dieser Sichtweise als »Drama« auffassen, das eine eigenständige Regie mit eigenen Regeln und einem eigenen Ablauf der Interviewführung erfordert (vgl. Hermanns 2000: 367f.):

- Im ersten Schritt findet ein Briefing des Befragten durch den Interviewer statt, das zum einen den Zweck der Untersuchung umfasst. Zum anderen muss das Setting und der Ablauf des Interviews, also Ort, Termin und (voraussichtliche) Länge vorab geklärt werden.
- Die nächste Aufgabe des Interviewers besteht darin, eine gute und gesprächsfördernde Atmosphäre zu schaffen. Dazu muss er eine ruhige Haltung an den Tag legen. Die Aufzeichnung des Gesprächs ist dabei oft ein heikler Punkt, weil sie den Befragten ängstigt. Der Interviewer muss den Befragten von der Notwendigkeit der Aufzeichnung überzeugen und ihm durch ein probeweises Vorführen die Angst vor der Benutzung des Audio-Rekorders (oder gegebenenfalls sogar der Videokamera) nehmen. Damit überprüft er gleichzeitig das Funktionieren der Technik.
- Im Hauptteil des Interviews muss der Befragte genügend Raum für seine Selbstdarstellung haben. Zwar unterscheiden sich die verschiedenen Formen des qualitativen Interviews in der Zuweisung der Rolle des Befragten, aber für den Interviewer lassen sich dennoch einige verallgemeinerbare Regeln ableiten: Er darf keine eigene Position zu einem Thema entwickeln oder dem Befragten Übereinstimmung mit dessen Position signalisieren, sondern muss stets seine Unabhängigkeit wahren und dies auch dem Befragten gegenüber deutlich machen. Darüber hinaus muss der Interviewer in der Lage sein, unterschiedliche Rollen des Befragten zu akzeptieren und darf ihn nicht auf eine Rolle festlegen. Auf der anderen Seite darf er den Befragten aber auch nicht schonen, das heißt, ihn präventiv vor peinlichen oder intimitätsverletzenden Äußerungen schützen, sondern er muss dem Befragten gegenüber kommunizieren, dass er die Wahrheit aushalten kann. Dies umfasst auch, peinliches Schweigen auszuhalten und nicht vorschnell zu intervenieren und eine Frage zu reformulieren, um sie vermeintlich verständlicher auszudrücken.
- Die Entwicklung des Interviewgesprächs muss gekennzeichnet sein durch kurze, leicht verständliche Fragen nach konkreten Erfahrungen des Befragten aus dessen Lebenswelt. Dabei sollte der Interviewer seine eigene Sprache sprechen und weder einen wissenschaftlichen Jargon benutzen noch eine Milieusprache oder einen Dialekt zu imitieren versuchen.
- Auch im weiteren Verlauf des Interviews darf der Interviewer nicht voreilig theoretisieren, also generalisieren oder abstrahieren. Er nimmt auch in späte-

ren Phasen noch die Doppelrolle zwischen Empathie und Naivität ein. Die Empathie ist gekennzeichnet durch Rollenübernahme, die der Interviewer durch ein sich in den Befragten hineinversetzendes Nachfragen sichert. Dabei muss er sich aber eine professionelle Naivität und Distanz bewahren und darf die impliziten Äußerungen des Befragten nicht durch vermeintliches Verstehen kompensieren, sondern muss sich diese Äußerungen erläutern lassen.

6.5 Pretest und Hauptuntersuchung

Zur Planung einer Befragung gehört der Test, ob das Instrument funktioniert. Dieser vor der eigentlichen Studie durchgeführte Versuch dient der Verbesserung des Fragebogens oder der gesamten Untersuchungsanlage. Da empirische Untersuchungen jedoch oft unter Zeitdruck entstehen, liegt die Versuchung nahe, auf diesen Schritt im Forschungsprozess zu verzichten, um Zeit zu sparen. Allerdings sind bei Befragung im Unterschied zur Inhaltsanalyse Fehler durch ein ungeprüftes, schlechtes Instrument nicht mehr revidierbar, weil das Objekt (der Befragte) nicht ein weiteres Mal mit einem anderen, verbesserten Instrument untersucht werden kann. Die Unterteilung der Feldphase in einen Pretest und eine Hauptuntersuchung ist für alle Fälle unerlässlich, bei denen ein eigenes Instrument entwickelt wird.

Im Einzelnen kann ein Pretest Informationen zu folgenden Fragen liefern (vgl. Kurz / Prüfer / Rexroth 1999: 85; Jacob / Eirmbter 2000: 239ff.):

- Haben die Befragten Probleme mit ihrer Aufgabe?
- Hat der Interviewer Probleme mit dem Fragebogen und den Befragungshilfen? Sind die Intervieweranweisungen gut handhabbar?
- Wie verständlich sind die Fragen?
- Wie groß sind das Interesse und die Aufmerksamkeit der Befragten bei einzelnen Fragen?
- Wie groß sind das Interesse und die Aufmerksamkeit der Befragten während des gesamten Interviews? Gibt es bestimmte Stellen im Verlauf des Interviews, bei denen Interesse und Aufmerksamkeit sinken?
- Wie schätzt der Befragte die Themen der Befragung ein? Welche Themen oder Fragen sind heikel?

- Wie verteilen sich die Häufigkeiten der Antworten? Gibt es Fragen, die konstante Antworten produzieren?
- Fehlen wichtige Kategorien bei den Antwortvorgaben?
- Hat die Reihenfolge der Fragen Auswirkungen auf die Antworten?
- Wie lange dauert die Befragung? Gibt es große Unterschiede zwischen den Befragten?

Der üblicherweise durchgeführte Standard-Pretest besteht darin, dass eine kleine Stichprobe[9] von Personen entweder von speziell ausgebildeten Interviewern (oft von den Forschern selbst) oder von einem Querschnitt der in der Hauptstudie eingesetzten Interviewer befragt wird. Diese Stichprobe muss nicht ihrerseits eine Zufallsstichprobe der Gesamtstichprobe sein, sondern oft eignet sich eine bewusste Stichprobe besser, um möglichst unterschiedliche Typen von Personen zu erfassen.

Anschließend verfassen die Interviewer Erfahrungsberichte, deren Ergebnisse mit dem Forschungsleiter ausgetauscht werden. Dabei muss der Interviewer die doppelte Aufgabe erfüllen, das Interview durchzuführen und gleichzeitig auf eventuelle Probleme zu achtet. Allerdings sind selbst bei ausgebildeten Interviewern die Beobachtungen während des Interviews unsystematisch und selektiv. Außerdem ist ein formal korrektes Beantworten der Fragen noch kein hinreichender Indikator für ein korrektes Verständnis der Fragen durch den Befragten (vgl. Prüfer / Rexroth 1996: 97; Pohlmann 1992: 20).

In frühen Stadien der Fragebogenentwicklung empfiehlt sich auch die Verwendung offener, qualitativer Verfahren zu explorativen Zwecken. Dazu gehören intensive Einzelinterviews mit ausgewählten Befragten, Expertenbeurteilungen oder Gruppendiskussionen (vgl. Prüfer / Rexroth 1996: 103, 109f.).

Aus diesem Grund werden elaboriertere Formen des kognitiven Pretests empfohlen, bei denen mit verschiedenen Techniken der Gedankengang des Befragten bei der Beantwortung der Frage ermittelt werden soll. Hierbei spielt der Befragte die Rolle eines Mithelfers des Forschers. Folgende Techniken können verwendet werden (vgl. Kurz / Prüfer / Rexroth (1999: 85ff.):

---

9 In der Regel werden 10 Prozent der späteren Hauptstichprobe empfohlen. Es sollten jedoch mindestens 10 Personen sein. Mehr als 200 Personen ist ebenfalls nicht empfehlenswert, weil mit dieser Anzahl bereits komplexere Überprüfungen der Häufigkeitsverteilung von Fragen möglich sind und darüber hinaus der Forschungsaufwand zu groß wird (vgl. Prüfer / Rexroth 1996: 97).

- *Technik des lauten Denkens* (»think aloud technique« → Teil 1, Kapitel 4.6.2): Hierbei wird der Befragte aufgefordert, seine Gedankengänge, die zur Antwort führen, zu formulieren. Diese erläuterten Antworten werden protokolliert oder aufgezeichnet und systematisch analysiert. Allerdings hängt diese Technik von der Fähigkeit des Befragten ab, sich selbst beim Denken zu beobachten und diese Selbstbeobachtungen zu verbalisieren.
- *Paraphrasierung* (»paraphrasing«): Der Befragte wird gebeten, die Frage nach der Beantwortung mit eigenen Worten zu wiederholen. Damit können Erkenntnisse zum Verständnis der Frage gewonnen werden. Diese Technik ist in erster Linie sinnvoll bei komplexeren Meinungsfragen.
- *Verlässlichkeitseinschätzung* (»confidence rating«): Die Befragten bewerten nach der Beantwortung die Genauigkeit, Verlässlichkeit oder Sicherheit der gegebenen Antwort. Das eigentliche Problem einer nicht-verlässlichen Antwort kann damit allerdings nur indirekt erschlossen werden.
- *Nachhaken* (»probing«): Der Interviewer fragt nach zum Frageverständnis des Befragten; zu Aspekten der Informationsbeschaffung, etwa bei retrospektiven Faktfragen oder zum gewählten Skalenwert des Befragten. Die Fragen des Nachhakens beeinflussen die Antwort ihrerseits, ihre Validität müsste demnach gesondert überprüft werden.
- *Sortierverfahren* (»sorting«): Die Befragten klassifizieren vorgegebene Items in selbstdefinierte oder vorgegebene Gruppen. Auf diese Weise wird das Antwortverständnis der Befragten ermittelt.

Die Erfahrungen mit den empirisch überprüften Techniken des kognitiven Pretests sind unterschiedlich, so dass sie nur behutsam und kombiniert eingesetzt werden sollten. Sie sind schnell und günstig einsetzbar, mit ihnen können aber stets nur einzelne Frage evaluiert werden, ohne dass die Ergebnisse verallgemeinerbar sind (vgl. Kurz / Prüfer / Rexroth 1999: 104f.; Prüfer / Rexroth 1996: 106ff.).

Weniger auf einzelne Fragen als auf die Interaktionen im Interview bezogen, ist die Verhaltenscodierung (»behavior coding«). Dazu wird das Interview aufgezeichnet und mit einem Codiersystem das Verhalten von Interviewer und Befragtem bewertet und analysiert. Die Aufzeichnung erfolgt in der Regel mit einem akustischen Aufnahmegerät, prinzipiell wäre auch eine Videoaufzeichnung möglich, die allerdings wesentlich aufwändiger und störender ist. Zwar sind hiermit reliable Messungen möglich, aber die Ursachen für unangemessenes, das heißt nicht aufgabengerechtes Verhalten seitens des Interviewers oder des Befragten sind nur indirekt erschließbar.

Eine Variante ist die Problemcodierung (»problem coding«), bei der der Interviewer selbst codiert mit einem einfachen Codiersystem. Er bezieht sich dabei nur auf die Angemessenheit des Befragtenverhaltens und notiert mögliche Ursachen für unangemessene Antworten. Diese Vorgehensweise hat sich als informatives Instrument in Methodenstudien bewährt, stellt allerdings hohe Anforderungen an den somit mehrfach belasteten Interviewer. Außerdem kann unangemessenes Verhalten des Interviewers nicht erfasst werden (vgl. Prüfer / Rexroth 1996: 99ff.).

Die umfangreichen Ausführungen zu verschiedenen Varianten des Pretests sollen belegen, wie wichtig die Planung der Hauptuntersuchung ist. Allerdings können selbst die besten Pretests nicht alle Probleme antizipieren. Diese Probleme können in die Zeit-, Sach- und Sozialdimensionen unterteilt werden:

- In der Zeitdimension spielt die Planung und Kontrolle der Feldphase die wichtigste Rolle. Dazu wird zunächst der Zeitraum der Durchführung festgelegt und bei persönlichen und telefonischen Interviews zusätzlich die Anzahl der Kontaktversuche. Bei schriftlichen Befragungsverfahren sollte eine Rücklaufstatistik geführt werden, mit deren Hilfe der günstigste Zeitpunkt für eine mögliche Mahnaktion ermittelt werden kann. Bei unvorhersehbaren Verzögerungen des Zeitplans ist der Einsatz von weiteren Interviewern oder eine Verlängerung der Rücklaufzeit in Betracht zu ziehen. Vor allem bei schriftlichen Befragungen ist die Verlängerung oft erforderlich, damit die Rücklaufquote nicht zu gering ausfällt. Allerdings kann die Feldzeit nicht beliebig ausgeweitet werden, um keine zusätzlichen Einflüsse auf die Befragungsergebnisse durch besondere (gesellschaftliche) Ereignisse zu riskieren. Bei Panel- oder Trendbefragungen müssen die Feldzeiten ziemlich genau eingehalten werden, damit sich die Befragungswellen nicht überschneiden.

  Bei Leitfadeninterviews mit Experten ist zwar die Feldphase ebenfalls vorher festgelegt, aber die Terminplanung mit einzelnen Befragten ist oft kompliziert und hängt von deren Bereitschaft ab, sodass hier eine große zeitliche Flexibilität seitens des Forschers oder Interviewers notwendig ist.

- In der Sachdimension geht es um die Bewährung des Instruments und um unvorhersehbare Probleme, die auch durch ausführliche Pretests nicht antizipiert werden konnten. Für alle Verfahren und Formen der Befragung gilt, dass sowohl typische als auch ungewöhnliche Ereignisse bei der Durchführung protokolliert und in den Methoden- und Feldbericht integriert werden sollten. Eine Veränderung des Instruments in der Hauptuntersuchung ist bei standardisierten Formen nicht mehr möglich, während es bei offenen Befragungen sogar erwünscht ist und bereits einen Teil des Ergebnisses bildet.

Bei Leitfadeninterviews wollen die Befragten oft den Fragebogen (Leitfaden) im Vorhinein einsehen, um sich vorbereiten zu können oder um sich prinzipiell für oder gegen die Kooperation zu unterscheiden. Dies ist besonders bei etwas heiklen Fragen (etwa zu der Organisation des Befragten) problematisch, da der Befragte dann seine Antwort strategisch planen kann und damit mehr Möglichkeiten hat, ausweichend zu antworten, ohne dass dies aus der Antwort selbst ersichtlich wäre. Je wichtiger ein bestimmter Experte für die Befragung ist, desto kompromissbereiter muss der Forscher in diesem Punkt sein. Eine Möglichkeit, nicht den gesamten Fragebogen bereits vorher preiszugeben, besteht darin, dem Befragten nur die Schlüsselfragen zukommen zu lassen, während im Interview zusätzliche Eventualfragen (aber keine weiteren Schlüsselfragen) gestellt werden.

Bei Laborexperimenten ist zusätzlich die Einrichtung des Labors zu beachten, die oft von speziellen Erfordernissen der Forschungsfrage abhängt. Darüber hinaus ist eine Kontrolle der Durchführungsbestimmungen des Experiments erforderlich, damit die experimentellen Bedingungen exakt eingehalten werden.

- In der Sozialdimension geht es um den Einsatz und die Kontrolle der Interviewer sowie um die Betreuung der Befragten. Dazu ist es erforderlich, während der Feldphase permanent auf Rückmeldungen durch die Interviewer und durch die Befragten zu achten. Dazu muss der Forscher oder Projektleiter gut erreichbar sein, und es sollte ein »Problemtelefon« eingerichtet werden. Darüber hinaus werden Kontrollen durchgeführt, um Fälschungen zu entdecken. Telefonische Interviews – insbesondere, wenn sie technisch unterstützt mit CATI durchgeführt werden – bieten eine gute Möglichkeit der Kontrolle des Interviewprozesses, weil die Interviewer zentral eingesetzt werden. Bei persönlichen Interviews kann der Interviewprozess nur nach den Interviews rekonstruiert werden, wenn die Interviewer von ihren Erfahrungen berichten. Zu diesem Zweck sollten vor allem am Anfang der Feldphase öfter Treffen zwischen den Interviewern und dem Projektleiter stattfinden. Führt der Projektleiter die Interviews selbst durch, was bei qualitativen Befragungsformen oft der Fall ist, entfallen die Kontrollen.

Für alle Verfahren gilt, dass die Feldphase der Befragung aufmerksam verfolgt werden muss, um jederzeit flexibel auf Probleme reagieren zu können. Eine genaue Protokollierung der Durchführung ist für die Herstellung von Transparenz erforderlich, denn die Qualität der Ergebnisse ist nicht nur an deren Auswertung erkennbar, sondern vor allem an der Sorgfalt der Durchführung der Untersuchung.

7 Probleme der Befragung

Dieses Kapitel soll zum einen prinzipielle Probleme der Befragung aufzeigen, indem Gegenstandsbereiche aufgeführt werden, in denen die Methode an die Grenze ihrer Leistungsfähigkeit stößt (zum Beispiel bei heiklen Themen). Zum anderen geht es um konkrete Probleme, die aus der Befragungssituation heraus oder aufgrund des Instruments entstehen. Für deren Lösung hat sich parallel mit der Entwicklung der Methode ein eigener Forschungszweig entwickelt, die so genannte Reaktivitätsforschung. Die Probleme können sich dabei entweder auf kognitive Aspekte beziehen, also auf das Verständnis der Fragen und auf die Fähigkeit zu validen Antworten, oder auf soziale Aspekte, also auf die Interaktionsbeziehungen in der Befragung, hauptsächlich im Interview zwischen dem Interviewer und dem Befragten. Darüber hinaus haben spezielle Populationen aus unterschiedlichen Gründen Probleme mit der Befragung und sind daher unterschiedlich gut geeignet für ihre Erforschung mit dieser Methode. Umgekehrt verursachen der Forscherehrgeiz oder bestimmte Forschungsfragen ethische Probleme im Umgang mit den Befragten. Abschließend sollen Qualitätskriterien aufgestellt werden, die es dem Außenstehenden, etwa Journalisten, erlauben, die Güte und die Probleme einer Befragung rational zu beurteilen.

7.1 Reaktivitätsforschung

Der Begriff der Reaktivität besagt, dass das Forschungsobjekt, bei der Befragung also der Befragte, aufgrund der tatsächlichen oder vorgestellten Anwesenheit des Forschers bzw. bei der Befragung des Interviewers anders reagiert, als er in sonstigen alltäglichen Situationen reagieren bzw. sich verhalten würde (vgl. Scholl 1993: 14f.). Wir kennen das Phänomen aus dem Alltag, etwa wenn wir fotografiert werden: Wenn wir bemerken, dass wir fotografiert werden, beginnen wir zu lächeln, was wir in dem Moment nicht getan hätten, wenn die Kamera nicht auf uns gerichtet wäre. Reaktivität ist also kein spezifisches Phänomen der Befragung, sondern ein Alltagsphänomen.

Die in den vorherigen Kapiteln dargestellten Regeln sind in erster Linie als (sinnvolle) normative Absichtserklärungen und als methodologische Ansprüche zu verstehen, welche die Durchführung von Befragungen anleiten und Reaktivität vermeiden oder zumindest kontrollieren sollen. Sie sind allerdings nicht identisch mit der praktischen Anwendung der Regeln, mit der Durchführung und den dabei entstehenden Problemen selbst. Auf der anderen Seite werden Probleme der Befragung allgemein und im konkreten Befragungsprozess oft nur theoretisch behauptet statt empirisch belegt.

Genau diese beiden Zwecke sollen Reaktivitätsstudien erfüllen, normative Ansprüche und theoretische Behauptungen empirisch zu überprüfen. Sie sind dazu entweder (quasi-) experimentell angelegt, um bestimmte vermutete Effekte systematisch zu testen, oder sie erweitern die Befragung um die Einschätzungen der Interviewer (und eventuell der Befragten) vom Interview selbst.

Die *experimentellen Studien* werden vor allem zu kognitiven Fragestellungen genutzt, um das Verständnis von Fragen, Skalen, Antwortvorgaben und Reihenfolgeeffekte der Fragen im Fragebogen zu testen. Die Interviewer bekommen unterschiedliche Fragebogenversionen (gegabelte Befragung oder »Split-Ballot-Experimente«), in denen Frage- oder Antwortformulierungen systematisch variiert und unterschiedlichen Teilstichproben vorgelegt werden (vgl. Petersen 2002: 81ff.). Die *Einschätzungen der Interviewer* im Anschluss an das eigentliche Interview dienen ebenfalls der Ermittlung des Verständnisses, aber auch der Akzeptanz der Fragen. Die Interviewer sollen in erster Linie die Interviewsituation und das Rollenverständnis des Befragten sowie die Auswirkungen auf das Antwortverhalten bestimmen.

Solche Reaktivitätsbefragungen werden in Deutschland in erster Linie von den grundlagenwissenschaftlichen Methodeninstituten »Zentralarchiv für empirische Sozialforschung« (ZA) in Köln und »Zentrum für Umfragen, Methoden und Analysen« (ZUMA) in Mannheim, aber auch von privat-kommerziellen Meinungsforschungsinstituten (vor allen vom »Institut für Demoskopie Allensbach«) sowie in eigenständigen Dissertationen (vgl. Hartmann 1991; Reinecke 1991; Scholl 1993) durchgeführt. Für die Erforschung einiger Probleme sind keine wissenschaftlichen Studien erforderlich, sondern nur die Erfahrungsberichte der Interviewer. Dies ist der Fall, wenn die Gründe für die Verweigerung der Teilnahme an der Befragung erfasst werden sollen.

Ist die Reaktivitätsforschung theoriegeleitet, ergeben sich methodologische Konsequenzen, die fast immer darauf hinauslaufen, dass die Annahme eines wahren Wertes problematisiert wird. Die traditionelle Methodologie (zum Beispiel die klassische Testtheorie; → Teil 1, Kapitel 3.5.2) geht davon, dass nicht nur Verhaltensweisen und Fakten, sondern auch Einstellungen und Gefühle unabhängig von (und vor) der Messung existieren. Da die Befragung solche Phänomene nur indirekt erfassen kann, ist sie in dem Maß fehlerhaft, wie die Antworten der Befragten nicht den tatsächlichen, unabhängig von der Befragung existierenden Gegebenheiten (Fakten, Einstellungen, Gefühle, Verhalten) entsprechen. Die Frage-Antwort-Kommunikation wird dabei als Stimulus-Response-Prozess modelliert. Die Befragung stößt dann an ihre Grenzen, wenn dem Befragten der »wahre Wert« (einer Einstellung usw.) nicht zugänglich ist oder wenn er ihn falsch abruft aufgrund von Vergesslichkeit, Schamgefühl, oder weil er sich nicht die Mühe machen will nachzudenken.

Wird jedoch ein *kognitionstheoretischer Ansatz* verfolgt, wonach die Antwort auf eine Frage einen Prozess der Informationsverarbeitung bedingt, sind die Kontextbedingungen dieser Informationsverarbeitung ebenso wahr oder real wie der kognitive Zustand des Befragten vor der Frage, die wie eine kognitive Intervention wirkt. Dieser kognitive und kommunikative Kontext ist nicht neutralisierbar oder auszuschalten, sondern notwendige Bedingung dafür, dass die Befragung überhaupt funktioniert (vgl. Strack 1994: 127ff.).

Auch ein *sozial-situativer Ansatz* führt zur Anerkennung der Kontextabhängigkeit jeder Datenerhebung (nicht nur) durch Befragungen. Wenn die Befragung als Kommunikationsprozess zwischen Interviewer und Befragtem aufgefasst wird, muss jede Antwort des Befragten als soziale Handlung aufgefasst werden. Das Ergebnis einer Befragung kann mit ähnlichen Konversationen und Formen der interpersonellen Kommunikation verglichen werden. Gibt eine Person in jedem Gespräch nur Einstellungen zu erkennen, die sozial erwünscht sind, dann ist dies auch in der Interviewsituation zu erwarten. Das Interview ist dann eine soziale Situation, die mehr oder weniger typisch sein kann für vergleichbare alltägliche Situationen (vgl. Scholl 1993).

Akzeptiert man die Kontext- und Situationsabhängigkeit jeder Befragung, impliziert dies noch lange nicht, dass damit alle Ergebnisse relativiert würden, sodass letztlich überhaupt keine Schlussfolgerungen mehr gezogen werden könnten. Die Ergebnisse sind gültig unter den Bedingungen, in denen sie entstehen. Da es keine idealen Bedingungen gibt, können sie jedoch nie ganz falsch und nie ganz richtig, sondern immer nur begrenzt richtig sein. Das Erkennen der Grenzen erhält damit denselben Stellenwert wie die Produktion der Ergebnisse selbst und ist vor allem an theoretische Überlegungen rückgebunden:

> »In der diskutierten experimentellen Perspektive (des kognitiven Ansatzes, Anm. A.S.) ist die Antwort auf eine Frage nicht länger der mit einer Validitätsgarantie ausgestattete Bericht über ein subjektives Merkmal, sondern lediglich ein unter kontrollierten Bedingungen beobachtetes Verhalten, das der theoretischen Interpretation bedarf.« (Strack 1994: 133)

Die Quintessenz der Reaktivitätsforschung lautet daher, die Befragung auf sich selbst anzuwenden, sozusagen als Meta-Informationen über die Qualität der

Befragungsergebnisse. Die praktischen Konsequenzen für die Konzeption einer Befragung sind deshalb zweierlei: Zum einen muss die Fragestellung so klar expliziert sein, dass hinreichend spezifische und geeignete Instrumente (Fragen im Fragebogen) gewählt werden können. Zum anderen können die Ergebnisse aus Reaktivitätsstudien allgemeine Hinweise geben, welche Effekte durch bestimmte Fragen, Antwortvorgaben, Interviewerverhaltensweisen und Befragtenmotivationen erzeugt werden. Beide Ratschläge gehen in die Richtung, Theorie und Operationalisierung eng miteinander zu verzahnen.

Aus einem konstruktivistischen Verständnis von Wissenschaft und Methodologie heraus sind diese Schlussfolgerungen selbstverständlich, für eine realistische Auffassung bedeuten sie dagegen eine immense Herausforderung, die aber in erster Linie aus der Furcht vor der Relativität der Gültigkeit von Ergebnissen (hier: der Antworten durch die Befragten) resultiert. Wenn allerdings deutlich wird, dass die Anerkennung der Relativität nicht gleichbedeutend ist mit Gleich-*gültigkeit* aller wie auch immer zustande gekommener Ergebnisse, dann dürfte sich die wissenschaftstheoretische Kontroverse entschärfen lassen.

7.2 Kognitive Effekte

Wie eine Frage beantwortet wird, hängt nicht nur vom Wissen des Befragten, von seiner Einstellung, Meinung, Gefühlslage oder von seinen Verhaltensweisen ab, über die er Auskunft geben soll, sondern auch davon, wie eine Frage formuliert ist, welche Antwortvorgaben zur Verfügung gestellt werden, und in welcher Reihenfolge die Fragen platziert werden. Der Grund dafür besteht darin, dass die Befragten aus diesen Merkmalen des Fragebogens nach Zusatz- und Kontextinformationen suchen, wie sie antworten sollen. Die Antwort des Befragten liegt also nicht kognitiv parat und wartet nur darauf, von ihm abgerufen und mitgeteilt zu werden, sondern sie wird erst in der Befragung konstruiert. Diese Konstruktion ist nicht willkürlich oder erratisch (unsystematisch), aber sie hängt nicht nur von den bereits bestehenden kognitiven Strukturen des Befragten ab, sondern auch von den kognitiven Hinweisen, die der Fragebogen (und möglicherweise der Interviewer) ausstrahlt bzw. nach denen der Befragte sucht, um seine Konstruktion kommunikativ umsetzen zu können. Insbesondere die Kognitionspsychologie hat sich mit diesem Phänomen befasst und ihre Theorien auf den Befragungsprozess übertragen (vgl. Tanur 1994; Sudman / Bradburn / Schwarz 1996).

7.2.1 Frageformulierungen und Antwortvorgaben

Ein in fast allen Lehrbüchern diskutierter Effekt ist das Verbieten-Erlauben-Paradox: Fragt man in einer Version danach, ob der Staat öffentliche Reden gegen die Demokratie erlauben soll oder in einer anderen Version, ob der Staat öffentliche Reden gegen die Demokratie verbieten soll, dann sind die Ergebnisse nicht komplementär, obwohl beide Frageversionen logisch identisch sind. In den USA ist der Anteil der Befragten, welche die Frage nach der Erlaubnis öffentlicher Reden gegenüber der Demokratie verneinen, größer als der Anteil der Befragten, welche die Frage nach dem Verbot öffentlicher Reden gegen die Demokratie bejahen. Als Begründung wird vermutet, dass mit »verbieten« eher die sozial härtere Norm der Gesetzgebung konnotiert wird, während »nicht erlauben« eher die informelle Normebene impliziert (vgl. Reuband 2001: 52).

Dieses Phänomen lässt sich auch auf andere Fragen mit der gleichen Frageart übertragen. Offensichtlich wirkt sich die linguistische Differenz auf die kognitive Verarbeitung und auf die Mitteilung von Einstellungen aus. Man könnte die Relevanz des Problems bezweifeln, weil eine einseitige Fragestellung nicht den Regeln der Frageformulierung entspricht, wonach beide Alternativen hinreichend und mit dem gleichen kognitiven und wertbeladenen Gewicht spezifiziert werden müssen. Damit ist allerdings nicht der kognitive Prozess erklärt, der das Phänomen auslöst. Offenbar sind es gerade nicht die kognitiv weniger kompetenten oder die weniger gebildeten Befragten, bei denen der Effekt auftritt, sodass die Vermutung, dass sich hinter dem Antwortverhalten eine nur gering kristallisierte Einstellung verbirgt, nicht zutrifft. Vielmehr machen sich gerade die kognitiv und sprachlich kompetenten Befragten bei der Beantwortung der Frage mehr Gedanken und reagieren demnach sensibler auf die Frageformulierungen (vgl. Reuband 2001: 45f., 52f.).

Eine andere Erklärung könnte die Einstellungsstärke sein. Diese resultiert zum einen aus motivationalen Faktoren wie der Intensität und der Ichbeteiligung (»involvement«). Eine Einstellung ist umso stärker, je intensiver oder emotionaler sie ist und je mehr sie mit der eigenen Person zu tun hat. Daneben spielen kognitive Faktoren eine Rolle: Dazu gehören die Zentralität, also die subjektive Relevanz, die der Einstellung beigemessen wird, die Kristallisation, also ob die betreffende Einstellung mit ähnlichen Einstellungen eine einheitliche Struktur bildet, sowie ihre Sicherheit und das Wissen, auf dem sie basiert. Schließlich ist für die Stärke der Einstellung auch die Handlungsverpflichtung entscheidend. Wenn eine Einstellung direkt handlungsrelevant ist und zu den eigenen Verhaltensweisen passt, ist sie stärker ausgeprägt und kognitiv gestützt und sollte auch eher in der Befragung mitgeteilt werden. Aber genau diese Zusammenhänge zwischen Kognition und Kommunikation konnten empirisch nicht eindeutig nachgewiesen werden (vgl. Schuman / Presser 1981: 231ff.; Krosnick / Abelson 1994: 179ff., 192f.).

Der Einfluss von sprachlichen Formulierungen in der Frage wirkt nicht nur auf Einstellungs- und Meinungsfragen, sondern setzt viel grundlegender bei kognitiven Prozessen, etwa bei Einschätzungen, an. So werden sogar numerische Äquivalente (zum Beispiel »jeder Dritte«, »ein Drittel«, »einer von drei«, »etwa 33 Prozent«) unterschiedlich wahrgenommen und führen je nach Verwendung zu unterschiedlichen Ergebnissen (vgl. Lamp 2001).

Offensichtlich ist die Beantwortung von Fragen sehr stark von Gedächtnisfunktionen abhängig, das heißt zum einen, welche Informationen überhaupt aktiviert werden, und zum anderen, welche Kontextinformationen mit den betreffenden Informationen zusammenhängen. Insbesondere die Wortwahl sendet unterschiedliche, vom Forscher möglicherweise nicht bewusste und nicht beabsichtigte Signale aus, die der Befragte verwendet, um die für ihn günstigste Antwort geben zu können (»impression management«) oder um die (vermeintlichen) Erwartungen des Interviewers oder Forschers zu erfüllen. Sobald im Fragetext Schlüsselreizwörter oder geladene Begriffe – auch typische Medienbegriffe – enthalten sind, lenken diese die Aufmerksamkeit des Befragten und konditionieren (nicht determinieren!) das Verständnis von der Frage, unabhängig davon, welche Informationen der Rest der Frageformulierung noch enthält (vgl. Petersen 2002: 234ff., 239f.).

Die Schlussfolgerung, auf Schlüsselreizwörter zu verzichten, verkennt allerdings, dass der zugrunde liegende kognitive Prozess beim Befragten prinzipieller Art ist: Es existieren keine neutralen Fragen, die nicht vom Befragten eigenständig oder sogar eigenwillig gedeutet werden könnten. Jede noch so offen gestellte Frage etabliert eine Perspektive, die zusätzlich noch stabilisiert wird durch Antwortvorgaben. Umgekehrt kann jede präzise Frage wiederum unterschiedliche Vorstellungen wecken, was darunter zu verstehen und wie sie zu beantworten ist (vgl. Clark / Schober 1994: 27ff.).

Die Antwortvorgaben etablieren nicht nur einen kognitiven Rahmen, innerhalb dessen der Befragte antworten soll, sondern aktivieren nebenbei zahlreiche Kontextinformationen, die auch soziale Hinweise geben. In einem häufig zitierten Experiment nach der »Split-Ballot-Technik« (→ Teil 1, Kapitel 7.1) bekamen zwei Gruppen von Befragten auf die Frage, wie viele Stunden sie fernsehen, unterschiedliche Antwortkategorien vorgelegt. Die erste Skala war im niedrigen Bereich differenziert, die zweite im hohen Bereich. Die Befragten interpretierten offensichtlich die Antwortskala als Indiz für die tatsächlich erwartbare Verteilung in der Bevölkerung; die Skalenmitte benutzten sie als »normalen« Mittelwert und als Ausgangspunkt für ihre Schätzung des eigenen Fernsehkonsums:

Antwortskala A

bis ½ Stunde
½ bis 1 Stunde
1 bis 1½ Stunden
1½ bis 2 Stunden
2 bis 2½ Stunden
mehr als 2½ Stunden

83,8 % vs. 62,5 %
16,2 % vs. 37,5 %

Antwortskala B

bis 2½ Stunden
2½ bis 3 Stunden
3 bis 3½ Stunden
3½ bis 4 Stunden
4 bis 4½ Stunden
mehr als 4½ Stunden

Sind die Kategorien im unteren Bereich differenzierter, ist der Anteil der Befragten, die eine niedrigere Kategorie ankreuzten, deutlich höher als die unterste Kategorie bei der Skala, die im unteren Bereich undifferenziert ist. Umgekehrt ist der Fernsehkonsum höher, wenn die Skala im oberen Bereich differenzierter ist (vgl. Schwarz / Hippler / Strack 1988: 22).

Um solche Effekte auszugleichen, müssen die Kontextinformationen verändert werden (vgl. Menon / Yorkston 2000: 71ff.):

- Man kann den Befragten erläutern, dass die betreffende Skala selbst auf ihre Eignung getestet werden soll. Dies soll ein Signal sein, dass die Befragten sie nicht als Maßstab für mehrheitliches Verhalten in der Bevölkerung ansehen, sondern sie exakt mit ihrem tatsächlichen Verhalten abgleichen.
- Durch eine Aufteilungsfrage kann das abgefragte Verhalten in Unterkategorien gesplittet werden, um den Prozess der Erinnerung zu erleichtern. Statt allgemein nach der Häufigkeit des Restaurantbesuchs im letzten Jahr zu fragen, wird die Frage situationsabhängig nach der Häufigkeit des Restaurantbesuchs mit Freunden, mit Geschäftspartnern usw. gestellt, was insbesondere bei unregelmäßigen Verhaltensweisen empfehlenswert ist.

Weitere Beispiele zeigen, dass nahezu jede Antwortvorgabe als kognitiver Anker benutzt wird. Auch die grafisch-numerischen Leiter- und Stapelskalen (→ Teil 1, Kapitel 5.6) bewirken eine Tendenz zur Mitte, die bei zehnstufigen Skalen irrtümlich bei 5 angenommen wird. Selbst mit Teilungstechnik kann dieser Effekt nicht behoben werden. Fragt man zuerst, ob der Befragte sich politisch eher rechts oder links einordnet und erst im zweiten Schritt danach, wie weit links oder rechts, ist auch beim zweiten Schritt die Tendenz zur Mitte erkennbar (vgl. Petersen 2002: 206-217).

7.2.2 Reihenfolgeeffekte

Nicht nur die Formulierung der Frage und der Antwort sowie die Form der einzelnen Frage erzeugen kognitive Wirkungen, sondern auch die Reihenfolge, in der die Fragen gestellt werden. Dabei lassen sich verschiedene Kontext- oder Abfolgeeffekte unterscheiden (vgl. Schuman / Presser 1981: 28ff., 56ff.; Petersen 2002: 226ff.; Sudman / Bradburn / Schwarz 1996: 263f.):

Bei dem Konsistenz- oder Assimilationseffekt gibt die erste Frage zu einem Thema die Grundrichtung vor, welche die Beantwortung der folgenden Fragen so beeinflusst, dass diese an die erste Antwort angeglichen werden. Wenn etwa zuerst die allgemeine Frage nach der Zufriedenheit mit dem eigenen Leben insgesamt gestellt wird und danach spezifiziert wird nach der Zufriedenheit mit der Ehe, dem Beruf usw., neigen die Befragten dazu, insbesondere bei positiven Antworten auf die allgemeine erste Frage auch die konkreten »Nachfragen« in die gleiche Richtung, also positiv zu beantworten. Der Effekt ist allerdings stärker bei der umgekehrten Reihenfolge: Wird zuerst eine spezifische Frage und erst abschließend die allgemeine Frage gestellt, wird die erste spezifische Frage vom Befragten als »Indikator« angesehen. Die kognitiven Prozesse sind wahrscheinlich unterschiedlich: Im ersten Fall ist die Festlegung auf die allgemeine Frage zu einer logischen Rationalisierung. Wer gesagt hat, er sei mit dem Leben allgemein zufrieden, kann nicht mehr bei spezifischeren Fragen seine Unzufriedenheit beklagen. In der Reihenfolge von der spezifischen zur allgemeinen Frage findet ebenfalls eine Rationalisierung statt. Die Antwort auf die allgemeine Frage wird als eine Art Summe oder Durchschnitt auf die Antworten zu den spezifischen Fragen »errechnet«. Konsistenz kann aber auch zwischen zwei spezifischen Fragen auftreten, wenn diese inhaltlich so zusammenhängen, dass eine logische Verbindung besteht (»Wer A sagt, muss auch B sagen.«)

Beim Kontrasteffekt wird die erste Frage als Gegenpol zur folgenden Frage angesehen. Die Antwort auf eine frühere Frage führt zu einer größeren Differenz zwischen dieser und der folgenden Frage als wenn die Ausgangsfrage nicht gestellt worden wäre. Wenn etwa zuerst die allgemeine Frage nach der Erlaubnis für einen Schwangerschaftsabbruch gestellt wird und danach speziell nach der Erlaubnis für einen Abbruch in dem Fall, dass das Kind behindert ist, ist der Anteil der Befürworter des Schwangerschaftsabbruchs eines behinderten Kindes höher als wenn die allgemeine Frage vorher nicht gestellt wird. Der Grund liegt wahrscheinlich darin, dass man die spezifische Situation als Ausnahme betrachtet. Im umgekehrten Fall, wenn zuerst die spezifische und dann die allgemeine Frage gestellt wird, ist der Anteil der Befürworter des allgemeinen Schwangerschaftsabbruchs geringer, als wenn die spezifische Frage nicht gestellt wird. Entweder versucht der Befragte Wiederholungen zu vermeiden und stellt dadurch einen (größeren) Gegensatz zwischen zwei Fragen her, oder durch die Ausgangsfrage wurde eine unterschiedliche Grundstimmung erzeugt bzw. die Kontrastierung als solche suggeriert. Kontrasteffekte treten auch auf, wenn allgemeine Normen und spezifische Verhaltensweisen abgefragt werden oder bei zwei spezifischen Fragen. So entsteht zum Beispiel ein Differenzierungsbedürfnis, wenn Meinungen über Eltern und Jugendliche nacheinander abgefragt werden.

Zu vermeiden sind solche Kontexteffekte nicht, es sei denn, man verzichtet darauf, mehrere Fragen zum gleichen Thema zu stellen. Eine andere Möglichkeit besteht darin, die Fragen zu trennen und an unterschiedlichen Stellen im Fragebogen abzufragen. Allerdings gefährdet diese Maßnahme die Stringenz der Befragung. Außerdem ist ihre Wirkung zweifelhaft, weil das Gedächtnis des Befragten durch die Folgefrage(n) reaktiviert wird. Wenn bekannt ist, wie sie funktionieren, kann man sie je nach Forschungsziel nutzen.

Während Konsistenz- und Kontrasteffekte vorwiegend bei der Erfassung von Einstellungen auftreten, betreffen die »Primacy-Recency-Effekte« eher Aufmerksamkeitsprozesse. Sie treten vor allem bei langen Listen mit vielen Antwortvorgaben auf. Demnach ist die Aufmerksamkeit für die vorgetragenen Antwortmöglichkeiten am Anfang hoch, nimmt danach langsam ab und steigt gegen Schluss wieder an. So werden auch die Antworten, die am Anfang und am Ende präsentiert werden, von den Befragten häufiger ausgewählt als die mittleren Antwortvorgaben. Um diesen Effekt zu entschärfen, gibt es mehrere Möglichkeiten:

- Mit kürzeren Listen werden die Aufmerksamkeitsschwankungen vermieden.
- Man kann die Listen auch aufteilen und systematisch rotieren. Während eine Teilstichprobe von Befragten die Liste in der Originalreihenfolge der Listenpunkte vorgelegt bekommt, werden in der zweiten Teilstichprobe zuerst die ersten drei Viertel der Listenpunkte und dann das letzte Viertel jeweils in umgekehrter Reihenfolge präsentiert: bei 18 Listenpunkten von 14 bis 1 und von 18 bis 15 der ursprünglichen Reihenfolge (vgl. Petersen 2002: 174ff.).
- Bei Karten können die Vorgaben durch Mischen zufallsrotiert werden.

Bei balancierten Dialogfragen können Primacy-Recency-Effekte auch in Bezug auf Meinungen auftreten. Werden etwa zwei entgegengesetzte Argumente zu einem Thema nacheinander vorgelesen oder als Dialog-Bildblatt vorgelegt, tritt ein Recency-Effekt auf, da das zuletzt genannte Argument häufiger genannt wird, auch wenn man die Reihenfolge vertauscht. Dafür gibt es mehrere Erklärungen: Das zweite Argument wird als Widerlegung des ersten Arguments statt als bloße Gegenüberstellung interpretiert. Außerdem ist das zweite Argument noch besser im Kurzzeitgedächtnis präsent. Wenn es einigermaßen passt – unabhängig davon, ob das andere Argument besser mit der eigenen Meinung korrespondiert – wird es ausgewählt. Eine dritte Erklärung hat sich experimentell bestätigen lassen: Recency-Effekte sind themenabhängig. Sie treten insbesondere bei im Wandel begriffenen Themen auf, also wenn ein Umschwung der öffentlichen Meinung erkennbar oder erwartbar ist. Das zweite Argument wird dann als Reaktion auf den moralischen Druck, der durch das erste Argument erzeugt wird, eher gewählt, um dem Druck auszuweichen (vgl. Petersen 2002: 184ff.).

Reihenfolgeeffekte im Sinn von unterschiedlichen Informationsaktivierungen treten auch bei der Verwendung offener und geschlossener Fragen auf. Wird die erste Frage mit Antwortvorgaben geschlossen gestellt, legen die Antwortvorgaben den kognitiven Anker für den Befragten fest und lenken seine Gedächtnissuche. Er wird in der anschließenden offenen Frage kaum mehr zusätzliche Aspekte nennen. Im umgekehrten Fall führt die offene Nennung eines Aspekts möglicherweise zu einer vorzeitigen Festlegung, sodass der Befragte nicht mehr offen ist für die zusätzlichen Möglichkeiten der geschlossenen Frage. Die Antwortmöglichkeiten auf der vorgegebenen Liste werden also nicht gleich beurteilt (vgl. Schuman / Presser 1981: 82ff.).

7.3 Soziale Effekte

Die Frage »Können Befragte lügen?« (Esser 1986) scheint auf den ersten Blick trivial und selbstverständlich mit »ja« beantwortbar zu sein, denn aus dem Alltag wissen wir um die Fähigkeit zu lügen, auch wenn es im Gespräch nicht gutgeheißen wird. Falsche Antworten sind folglich auch in der wissenschaftlichen Befragung zumindest gelegentlich erwartbar. Doch das Problem, eine falsche Antwort zu identifizieren und grundlegender noch, zu definieren, was eine falsche Auskunft überhaupt sein kann, ist in der Umfrageforschung nicht leicht zu lösen. Die folgenden Abschnitte beschäftigen sich mit den wichtigsten Problemen, die sich aus der Interaktion zwischen dem Interviewer und dem Befragten in der Befragung ergeben und das Ergebnis, die Antwort des Befragten, beeinflussen.[1]

[1] Da diese Probleme typisch für das Interview sind, scheinen sie nicht für schriftliche Befragungen zu gelten. Dies trifft allerdings nur ansatzweise zu, da auch in der schriftlichen Befragung ein Interviewer oder Forscher zumindest virtuell »präsent« ist.

7.3.1 Soziale Erwünschtheit

Ein wichtiges Problem der Befragung ist die bewusst irreleitende Aussage, die Lüge des Befragten gegenüber dem Interviewer. In der Methodenliteratur wird sie häufig unter dem Etikett »soziale Erwünschtheit« beschrieben. Dies ist jedoch bereits ein Erklärungsansatz für das Phänomen und nicht mit diesem selbst zu verwechseln. Bei unaufrichtigen Falschaussagen im Interview oder im Fragebogen wird vermutet, dass die Befragten die Preisgabe unerwünschter Verhaltensweisen vermeiden oder erwünschte Verhaltensweisen vortäuschen wollen. Sozial erwünschte Verhaltensweisen sind solche, die allgemein sozial akzeptiert sind oder sogar als besonders prosozial gelten (zum Beispiel Hilfeverhalten). Unerwünscht sind dagegen vom Durchschnitt der Bevölkerung bzw. von privaten oder öffentlichen normativen Vorstellungen abweichende Verhaltensweisen (zum Beispiel ungesetzliche Handlungen, Drogenkonsum, ungewöhnliche Sexualpraktiken). Dabei ist zu berücksichtigen, dass eine sozial erwünschte Antwort nur dann falsch ist, wenn der Befragte die sozial erwünschte Verhaltensweise oder Einstellung nur vortäuscht, selbst aber gar nicht ausübt oder teilt, oder wenn der Befragte eine tatsächlich praktizierte sozial unerwünschte Verhaltensweise bzw. ein sozial unerwünschte Einstellung in der Befragung verschweigt. Da sozial erwünschte Einstellungen oder Verhaltensweisen jedoch nicht universell gelten, sondern kulturspezifisch, milieuabhängig und persönlichkeitstypisch sind, kann aus einer Antwort nicht (unmittelbar) auf ihren Erwünschtheitscharakter geschlossen werden (vgl. Esser 1986: 325).

Hinzu kommt ein zweites Problem: Wie im Interview kommt auch in der Alltagskonversation Unaufrichtigkeit nach dem Prinzip der sozialen Erwünschtheit vor, sodass eine Lüge im Interview in psychologischer Hinsicht zwar eine bewusste Täuschung darstellt, in sozialer Hinsicht aber durchaus normal sein kann, wenn der betreffende Befragte auch im Alltag die gleiche Lüge verwendet. Es hängt demzufolge vom Zweck der Fragestellung ab, ob eine Lüge eine nichtvalide Antwort darstellt oder nicht. Dabei sind vier Konstellationen denkbar:

- Der Befragte antwortet in Bezug auf ein bestimmtes Thema psychisch aufrichtig und tut dies in allen alltäglichen Situationen (und nicht nur im Interview). Diese Antwort gilt als valide und dürfte in der Befragung bei allen Themen vorkommen, die nicht Normen sozialer Erwünschtheit ansprechen.
- Der Befragte antwortet psychisch aufrichtig, tut dies jedoch nur in der Interviewsituation, während er sonst im Alltag auf die betreffende Frage Falschauskünfte gibt. Der Grund für dieses Antwortverhalten besteht darin, dass der Befragte das Interview als besondere Kommunikationsform ansieht, in der Aufrichtigkeit erforderlich und auch ohne soziale Kosten (Gesichtsverlust)

möglich ist. Diese Antwort gilt in der Methodenliteratur ebenfalls als valide, weil unterstellt wird, dass das Ziel der Befragung darin besteht, die psychische Einstellung zu messen und nicht das Kommunikationsverhalten der Befragten. Sollte letzteres jedoch Ziel der Fragestellung sein, wäre die gleiche Antwort nicht valide. Diese Variante dürfte dann im Interview vorkommen, wenn das Thema zwar im Alltag des Befragten normative Erwartungen erzeugt, wenn es dem Interviewer aber gelingt zu verhindern, dass der Befragte diese Alltagserwartungen auf das Interview überträgt. Die Interviewsituation erscheint dem Befragten dann als geschützter Raum, in dem man frei kommunizieren darf, was man denkt.

- Der Befragte antwortet psychisch unaufrichtig, tut dies aber auch in allen alltäglichen Situationen (und nicht nur im Interview). Diese Antwort ist zumindest in sozial-kommunikativer Hinsicht valide, weil sich der Befragte sozial konsistent verhält. Dennoch wird dieser Fall in der Methodenliteratur in der Regel als nicht valide angesehen. Dies ist jedoch nur dann zutreffend, wenn die Einstellung als psychische Variable gemessen werden soll und nicht als kommunikative Meinungsäußerung in einer sozialen Situation. Auch in dieser Variante werden Themen im Interview angesprochen, die normative Alltagserwartungen aktualisieren, mit dem Unterschied, dass diese auf die Interviewsituation übertragen wird, weil es dem Interviewer nicht gelingt, das Interview als soziale Situation von sonstigen Alltagssituationen abzukoppeln.
- Eindeutig invalide ist die Antwort, wenn der Befragte situationsspezifisch nur im Interview auf eine bestimmte Frage lügt, im Alltag jedoch nicht. Allerdings dürfte dieser Fall in der Praxis nicht häufig vorkommen, es sei denn, der Befragte wollte die Ergebnisse in eine bestimmte Richtung manipulieren.

Da die Erforschung des Alltagsverhaltens nicht gesondert erfolgen kann, sondern nur im Interview zu simulieren ist, werden meist pauschal die ersten beiden Fälle als valide Antworten angenommen und die letzten beiden Fälle mit sozial erwünschtem Verhalten gleich gesetzt, das es im Interview zu vermeiden gilt.

Ein Verfahren, sozial erwünschte Antworten zu identifizieren, besteht darin, in den Fragebogen besondere Skalen zu integrieren, die soziale Erwünschtheit als Persönlichkeitsmerkmal messen. Damit bekommt das Phänomen der sozialen Erwünschtheit allerdings eine neue Dimension: das persönliche Bedürfnis nach Anerkennung. Personen mit hohem Bedürfnis, von anderen anerkannt zu werden, sind dann besonders anfällig, sozial erwünscht zu antworten, auch wenn diese Antwort nicht mit ihrer persönlichen Meinung oder Einstellung übereinstimmt. Allerdings ist es logisch nicht zwingend, dass eine Person, die sich aufgrund solcher Persönlichkeitsskalen als anfällig für sozial erwünschtes Verhalten (im Alltag) erweist, auch konkret im Interview eine sozial erwünschte Antwort gibt, denn die Befragung gilt als eine »low-cost-Situation«, bei der es weder viel zu verlieren noch zu gewinnen gibt. Außerdem kann man an einer sozial erwünschten Antwort nicht ablesen, ob sie falsch ist, denn oft denken und handeln Personen mit hohem Bedürfnis nach sozialer Anerkennung auch im Alltag sozial erwünscht, sodass die im Interview geäußerte sozial erwünschte Meinung der tatsächlichen Meinung des Befragten entspricht (vgl. Scholl 1993: 67ff.; Strack 1994: 20f.).

Eine andere Strategie, um verzerrte sozial erwünschte Antworten zu vermeiden, besteht darin, die soziale Erwünschtheit zu verstecken. Dies kann zum einen bedeuten, auf Fragen, die soziale Erwünschtheit signalisieren, ganz zu verzichten, oder bei den Antwortvorgaben oder Instruktionen durch den Interviewer zu kommunizieren, dass jede Antwort gleichermaßen erwünscht ist. Diese Strategien setzen allerdings voraus, dass der Forscher antizipieren kann, welche Fragen oder Antwortvorgaben inhaltlich sozial erwünscht sein können. Ist dies nicht der Fall, kann man experimentell überprüfen, ob bestimmte Fragen sozial erwünschte Reaktionsweisen begünstigen oder nicht, indem die Experimentalgruppe dahingehend instruiert wird, dass sie sich bewusst günstig (positiv, sozial erwünscht) darstellen soll, während die Kontrollgruppe diese Instruktion nicht bekommt. Der Vergleich der Antworten identifiziert diejenigen Fragen, auf die unterschiedliche Antworten zwischen Experimental- und Kontrollgruppe gegeben werden, als Indikatoren für soziale Erwünschtheit.

Schließlich gibt es noch die laborexperimentelle Möglichkeit, einen simulierten Lügendetektor (»bogus pipeline«) einzusetzen. Die Befragten werden an ein Gerät angeschlossen, von dem behauptet wird, es könne die wahre Meinung oder Einstellung an den physiologischen Reaktionen (Schweiß, Hautwiderstand usw.) ablesen. Auf diese Weise sollen sich die Versuchspersonen kontrolliert fühlen und davon abgehalten werden, sich positiv sozial erwünscht darzustellen. Allerdings lässt sich das Verfahren nur im Labor anwenden. Sein Erfolg ist ferner davon abhängig, dass die Täuschung glaubwürdig ist (vgl. Hartmann 1991: 93-96).

Eine Ursache für eine unaufrichtige Antwort liegt im Bedrohungsgrad der Frage. Der Befragte schätzt eine Frage dann als bedrohlich ein, wenn seine (aufrichtige) Antwort mit sozialen Kosten verbunden wäre. Im Interview könnte dies die Angst vor der Blamage beim Interviewer oder vor dessen Missachtung sein, wenn der Befragte bestimmte Meinungen äußert oder Verhaltensweisen zugibt, die als sozial unerwünscht gelten (vgl. Schaeffer 2000: 116ff.). Deshalb wird empfohlen, das Interview allein mit dem Befragten zu führen und das Interviewerverhalten möglichst neutral zu halten, weil auf diese Weise die sozialen Einflüsse auf ein Minimum reduziert werden können. Die schriftlichen Befragungsarten, die ohne Interviewer auskommen, gelten diesbezüglich ebenfalls als vorteilhaft. Allerdings ist es nicht immer zu vermeiden, dass dritte Personen, die nicht interviewt werden sollen, anwesend sind. Diese können zum einen störend wirken (wenn sie den Befragten behindern), aber auch sozial kontrollierend (wenn sie verhindern, dass der Befragte falsche Auskünfte gibt). Der Befragte kann entweder antworten, wie es der anwesende Dritte für gut (sozial erwünscht) oder für wahr (valide) hält. Methodische Sekundäranalysen von Befragungen belegen, dass die Anwesenheit Dritter je nach Konstellation zwischen Interviewer, Befragtem und anwesender dritter Person zu einer komplexen Situation mit kaum prognostizierbaren Effekten führt (vgl. Hartmann 1991: 45, 59).

Anfällig für Antwortverzerrungen im Sinn der sozialen Erwünschtheit sind insbesondere heikle oder sensible Themen, bei denen die Forschung als bedrohlich von den am Forschungsprozess Beteiligten empfunden wird, also hauptsächlich von den Befragten selbst, aber auch von den Interviewern, die den Bedrohlichkeitsgrad für den Befragten antizipieren. Hierbei geht es nicht um die Überschätzung von Verhaltensweisen (»overreporting«), mit den der Befragte einen guten Eindruck beim Interviewer erwecken will, sondern darum, dass die Befragten bestimmte Verhaltensweisen nicht zugeben (»underreporting«), um keinen schlechten Eindruck beim Interviewer zu hinterlassen. Diese Bereiche sind in der Regel private, Stress erzeugende oder Tabu behaftete Themen wie Praktiken des Geschlechtsverkehrs oder Hygieneverhalten, abweichendes Verhalten und soziale Kontrolle wie außerehelicher Geschlechtsverkehr, Abtreibung, Drogen, Kriminalität sowie (politische) Herrschaftsverhältnisse wie ungewöhnliches Protestverhalten. Die Bedrohlichkeit ergibt sich aber nicht nur aus den Themen selbst, sondern auch aus dem sozialen Umfeld oder aus dem Lebensabschnitt. So ist bei Jugendgruppen ist eine bestimmte Drogenerfahrung nicht ungewöhnlich. Ferner resultiert die Bedrohlichkeit nicht notwendigerweise nur aus dem Kontrast zwischen dem normalen Verhalten und dem davon abweichenden eigenen Verhalten; über einige Themen (Einkommen, Geschlechtsverkehr, Hygiene) spricht man nicht, selbst wenn man sich konform verhält (vgl. Lee 1993: 4ff.; Schaeffer 2000: 113).

In der Kommunikationswissenschaft gibt es nicht viele Themen, die per se heikel sind und bedrohlich auf die Befragten wirken. Dazu gehören zum Beispiel

- die Nutzung illegaler und politisch extremistischer Medien zur Information
- die Nutzung illegaler oder gesellschaftlich geächteter Medien zur Unterhaltung (indizierte Videos allgemein, Pornografie in Zeitschriften oder im Inter-

net, besonders grausame Gewaltfilme, kriegsverherrlichende oder rassistische Computerspiele)

- die Nutzung von Medien mit geringem Prestige (Intellektuelle geben ungern zu, Boulevardmedien zu rezipieren)
- Auskünfte über das Verhältnis zu Kollegen und Vorgesetzen (in der Journalismusforschung, Unternehmenskommunikation)
- politische oder wirtschaftliche Strategien von Medienunternehmen (bei Experteninterviews)

Die Fragestrategien bei heiklen, sensiblen, bedrohlichen Themen sind vielfältig. Ihr Ziel ist es, den Bedrohlichkeitsgrad zu reduzieren und zu vermeiden, dass der Befragte tatsächlich vorkommendes abweichendes oder unerwünschtes Verhalten nicht oder zu wenig zugibt (vgl. Lee 1993: 75-96):

- Das unerwünschte oder abweichende Verhalten wird durch die Frage einfach unterstellt, sodass nicht mehr nach dem Vorkommen überhaupt, sondern direkt nach der Häufigkeit gefragt wird: »Wie häufig ...?«
- Das Vorkommen des unerwünschten oder abweichenden Verhaltens wird als normal definiert: »Viele Leute ...?«
- In der Frage wird der Ausnahmecharakter des unerwünschten oder abweichenden Verhaltens betont: »Ist es schon mal vorgekommen, dass Sie ...?«
- In der Frage wird die Unterstellung einer Autorität eingebaut: »Viele Ärzte denken mittlerweile, dass ...?«
- Mit offenen Fragen kann die typische Tendenz zur Mitte bei Ratingskalen vermieden werden. Der Befragte kann dann selbst den angemessenen Begriff für ein bestimmtes Verhalten finden, der im Verlauf des Fragebogens bei den standardisierten Fragen weiter benutzt wird. Insgesamt ist das offene Tiefeninterview weniger anfällig für unaufrichtige Antworten des Befragten. Allerdings sind bedrohliche Themen heikel in allen Befragungsformen.
- Mit langen Fragen kann das Gedächtnis der Befragten stimuliert werden. Der Befragte erinnert sich dann an das Vorkommen eines bestimmten Verhaltens und berichtet darüber leichter, als wenn er durch eine kurze Frage überhaupt nicht zum Nachdenken über sich und seine Verhaltensweisen animiert wird.
- Die Frage zum abweichenden oder unerwünschten Verhalten wird in einen nicht bedrohlichen Kontext eingebettet, zum Beispiel Alkoholismus in die allgemeine Frage nach dem Trinkverhalten.

- Der Frage wird kurze Beschreibung von Personen oder sozialen Situationen vorangestellt, die vom Befragten als Beispiel oder Entscheidungsgrundlage für seine Antwort benutzt werden kann. Durch diese konkrete und detaillierte Schilderung soll sich der Befragte besser in die Situation hineinversetzen können.
- Bei der »Randomized-Response-Technik« bekommt der Befragte mehrere sensible oder bedrohliche Fragen gestellt und soll zufällig eine davon auswählen, auf die er ehrlich mit »ja« oder »nein« antworten will oder soll, wobei der Interviewer aber nicht weiß, auf welche Frage der Befragte antwortet. Eine Variante besteht darin, dass der Befragte bei Häufigkeitsangaben eine konstante Zahl bei allen Verhaltensweisen ergänzt, die der Interviewer aber nicht kennt. Mit wahrscheinlichkeitstheoretischen Berechnungen kann die Häufigkeit bestimmter Verhaltensweisen geschätzt werden. Allerdings ist es nicht möglich, Zusammenhänge mit anderen Merkmalen des Befragten zu berechnen, weil die Antworten vollständig anonymisiert sind (vgl. Diekmann 1995: 418ff.). Außerdem hängt die Ehrlichkeit des Befragten davon ab, ob er dem Mechanismus vertraut oder ob er die Befürchtung hat, dass die Angaben doch wieder seiner Person zugeordnet werden können.
- Bei der »nominativen Technik« soll der Befragte angeben, ob ein bestimmtes Verhalten bei Freunden, Bekannten oder Nachbarn vorkommt. Diese Person ist dann vom Befragten »nominiert«, zu ihr werden auch weitere Fragen beantwortet, sie bleibt aber unidentifiziert. Auf diese Weise entsteht eine Schattenstichprobe, die größer ist als die Ausgangsstichprobe und somit eine verlässlichere statistische Schätzung des tatsächlichen Vorkommens bestimmter Verhaltensweisen erlaubt. Allerdings funktioniert die Technik nicht bei sehr privaten Themen oder wenn die Verhaltensweisen bei sozial isolierten Personen auftritt, wenn also das abweichende oder unerwünschte Verhalten nicht beobachtbar ist. Außerdem akzeptieren die Befragten möglicherweise ihre Informantenrolle nicht.

Sämtliche Techniken und Fragetaktiken sind nur begrenzt einsetzbar, sehr voraussetzungsreich, weil sie auf ungeprüften Annahmen sozialer Interaktion beruhen, und können auch nur eine begrenzte Wirkung haben. Hier stößt die Befragung an die Grenze ihrer Leistungsfähigkeit.

7.3.2 Formale Antwortstile (Response-Set)

Die Ausführungen zur sozialen Erwünschtheit zeigen, dass zum einen die als bedrohlich empfundene Frage ausweichend mit einer (vermeintlich) normativ angepassten Antwort vom Befragten bewältigt wird und dass zum anderen die Selbstpräsentation des Befragten die Antwort in die Richtung einer (vermeintlich) positiven Selbstdarstellung verzerrt. Beide Strategien sind insofern offensiv, als sie eine bewusst von der eigenen subjektiven Wirklichkeit abweichende Außendarstellung konstruieren müssen. Daneben gibt es aber auch defensive Strategien, die eher auf die Vermeidung einer konkreten Konstruktion und damit einer Festlegung der eigenen Außendarstellung zielen.

Die konsequenteste Form der Abwehr einer unangenehmen Frage ist die Verweigerung der Antwort oder gar insgesamt der Teilnahme an der Befragung, die im nächsten Abschnitt gesondert behandelt werden soll. Unterhalb dieses Verweigerungsniveaus gibt es andere Möglichkeiten, die eigene Unsicherheit zu kompensieren. Dazu zählen sogenannte Antwortstile, das heißt die durchgehende Benutzung bestimmter Antworten unabhängig vom Inhalt der Frage (vgl. Rost 1996: 68f.):

- Die bekanntesten Antwortstile sind die Ja-Sage-Tendenz (»Akquieszenz«) und die Nein-Sage-Tendenz. Hierbei geben die Befragten auf eine Reihe von Ja/Nein-Fragen oder anderen dichotomen Skalen immer dieselbe Antwort, selbst wenn diese sich inhaltlich widersprechen. Die häufiger vorkommende Ja-Sage-Tendenz ist dabei noch defensiver als die Nein-Sage-Tendenz, weil Zustimmung weniger Widerspruch provoziert als ständige Verneinung.
- Die Tendenz zum mittleren Urteil oder zum extremen Urteil tritt insbesondere bei mehrstufigen Ratingskalen auf. Durch das mittlere Urteil muss sich der Befragte nicht festlegen und die eine oder andere Seite einer Einstellung präferieren. Mit dem selteneren extremen Urteil erspart sich der Befragte zu differenzieren.
- Eine ähnliche Antworttendenz ist die Wahl einer »weiß-nicht-Option« oder die »Pseudo-Meinung«. Eine Einstellungsfrage mit »weiß nicht« zu beantworten, entledigt den Befragten, sich Gedanken machen, eine Präferenz äußern und diese möglicherweise begründen zu müssen. Umgekehrt ist die Kundgabe einer Meinung zu einem Sachverhalt, obwohl der Befragte sich dazu keine Meinung gebildet hat, ebenfalls eine Strategie zur Vermeidung von möglichen Nachfragen, weil es in demokratischen Gesellschaften üblich und erwünscht ist, eine Meinung zu allen möglichen Themen zu haben.

Diese Antwortstile sind zwar unterschiedliche Strategien, denen aber dieselbe Motivation zugrunde liegt, nämlich die Angst, etwas Falsches zu sagen, und der Umgang mit Erwartungsunsicherheit. Sie kommen demzufolge am ehesten bei Personen vor, die mit Meinungsforschung relativ wenig vertraut sind, also oft bei älteren Menschen (vgl. Bungard 1979: 222, 230) oder in der sozialen Unterschicht (vgl. Esser 1977: 259f.).

Auch hier ist es nicht einfach zu entscheiden, wann die Antwort falsch ist, denn die Wahl eines bestimmten Antwortstils kann durchaus auch dem Kommunikationsverhalten in anderen, alltäglichen sozialen Situationen ähneln. Identifizierbar werden Antwortstile, indem man die Einstellungen auf unterschiedliche Arten abfragt. Wenn etwa Statements benutzt werden, denen der Befragte auf einer Skala mehr oder weniger zustimmen kann, dann werden diese Statements in der Tendenz variiert, also positive und negative Statements mit ähnlichen Inhalten gemischt. Allerdings ist mit der Identifikation von Antwortstilen noch nichts darüber ausgesagt, wie diese zu interpretieren sind.

Besonders schwierig ist die Interpretation einer »weiß nicht«-Antwort, da sie mehrere Bedeutungen haben kann (vgl. Reuband 1990a; Scholl 1993: 62ff.):

- Der Befragte fühlt sich nicht genug über einen Sachverhalt informiert, hat bisher noch nicht darüber nachgedacht und sich deshalb noch keine Meinung dazu gebildet. In diesem Fall ist die Wahl der »weiß-nicht-Option« eine valide Antwort.

- Das Thema ist dem Befragten zwar bewusst und bekannt, aber seine Meinung ist (noch) indifferent. Auch hier ist »weiß nicht« durchaus eine für wissenschaftliche Zwecke korrekte Antwort.

- Der Befragte hat die Frage nicht verstanden, will dies aber nicht zugeben oder gibt sich keine Mühe nachzufragen, um das Interview möglichst kurz zu halten. Die »weiß-nicht-Option« ist demnach ein Ausweichmanöver und eine invalide Antwort.

- Der Befragte interessiert sich nicht für die Befragung und das darin angesprochene Thema und gibt keine Meinung kund (obwohl er eine hat), um keine weiteren Nachfragen beantworten zu müssen. Die Einschätzung einer »weiß-nicht-Antwort« ist ambivalent: Geht es nur um Meinungen, die durch eine intensive Beschäftigung mit dem betreffenden Thema zustande kommen, ist die Antwort valide; in der Regel werden jedoch Meinungen erhoben unabhängig von ihrer kognitiven Verankerung, sodass »weiß nicht« nicht zutrifft.

- Der Befragte hat Angst vor der Beantwortung der Frage, weil ihm die Äußerung seiner Meinung oder Einstellung peinlich ist. In diesem Sinn stellt die »weiß-nicht-Antwort« eine implizite Verweigerung dar, die Frage zu beantworten und ist nicht valide im Sinn des Forschungszwecks.

In den ersten beiden Varianten äußert der Befragte keine Meinung, weil er subjektiv empfunden keine hat bzw. sie für zu schwach ausgeprägt hält, sie zu äußern. In den anderen Fällen verbirgt er dagegen seine Meinung. Möglicherweise hängt die Äußerung einer Meinung oder Einstellung sowohl von der kommunikativen Extravertiertheit des Befragten als auch von der kognitiven Ausbildung der Einstellung ab. Je stärker die Meinung kognitiv und affektiv ausgeprägt ist, desto größer ist die Wahrscheinlichkeit, dass sie auch im Interview geäußert wird. Je häufiger der Befragte in alltäglichen Situationen seine Meinung äußert, also kommunikativ aktiv ist, desto eher äußert er sie auch im Interview.

Um meinungslose Befragte (»Non-Attitudes«) zu identifizieren und vor allem das dahinter steckende Motiv für »weiß-nicht-Antworten« zu entdecken, wird in den Lehrbüchern empfohlen, verstärkt auf offene Fragen zurückzugreifen, Ergänzungsfragen nach der Kenntnis des Themas, der Intensität oder Relevanz der Meinung zu stellen. Allerdings besteht bei diesen Maßnahmen wiederum die Gefahr, künstliche, das heißt in der Interviewsituation vom Befragten ad hoc gebildete Meinungen abzufragen, also tatsächlich meinungslose Befragte zu Pseudo-Meinungen zu verführen (vgl. Scholl 1993: 65).

Pseudo-Meinungen (»Pseudo-Opinions«) sind relativ leicht zu identifizieren mit Hilfe von Fangfragen, bei denen nach Sachverhalten oder Personen gefragt wird, die es nicht gibt. Wenn der Befragte zu diesen eine Meinung äußert, kann es nur eine artifizielle Meinung sein. Allerdings ist auch hier die Interpretation nicht eindeutig. Auf der einen Seite kann es durchaus sein, dass der Befragte nicht zugeben will, zu dem betreffenden Sachverhalt keine Meinung zu haben; auf der anderen Seite kann es aber auch sein, dass er irrtümlich einen ähnlichen Sachverhalt, zu dem er tatsächlich eine Meinung hat, auf den abgefragten überträgt und diese äußert.

Sowohl das Problem der Meinungslosigkeit als auch der Äußerung einer Pseudo-Meinung verweisen erneut auf die Differenz zwischen Kognition und Kommunikation. Der Sozialforscher kann Kognitionen nur über den Umweg von Kommunikationen messen, von denen er auf Kognitionen (zum Beispiel Einstellungen) schließt. Allerdings bilden sich Kognitionen erst durch Kommunikationen aus, zum Teil sogar erst durch das Interview oder die Befragung selbst. Zwar geht es in der Sozialforschung prinzipiell um die Erfassung bereits bestehender Meinungen und nicht um solche, die erst durch das Interview zustande kommen, aber die spontane Bildung von Meinungen ist gerade bei neuen Themen auch für Alltagssituationen außerhalb der Befragung typisch. Eine Trennung spontan geäußerter Meinungen und grundlegender verankerter Einstellungen ist demzufolge nur durch zusätzliche Fragen im Fragebogen zu ermitteln.

7.3.3 Nicht-Erreichbarkeit und Nicht-Kooperation (Verweigerung)

Während sich Antworten, die durch Erwartungen sozialer Erwünschtheit oder nach einem Response-Set erfolgen, auf die Validität der Daten auswirken, entstehen durch das Problem der Nichtbeantwortung (»Nonresponse«) Einbußen in der Repräsentativität der Stichprobe. Unter Nonresponse versteht man zwei unterschiedliche Phänomene, die unterschiedliche Ursachen, aber die gleichen Auswirkungen haben und beide als systematische Stichprobenfehler (→ Teil 1, Kapitel 2.1.3) gelten: die Nicht-Erreichbarkeit und die Nicht-Kooperation (Teilnahmeverweigerung) der Zielpersonen, die beide dazu führen, dass die Befragung nicht durchgeführt werden kann.[2] Nicht erreichbar sind Personen, die besonders mobil und deshalb wenig verfügbar sind. Das sind in der Regel Angehörige bestimmter Berufsgruppen (etwa Akademiker, Handelsvertreter), die zur Oberschicht oder gehobenen Mittelschicht gehören. Nicht erreichbar sind ferner Obdachlose, die überhaupt keinen Wohnsitz haben, also Personen der Unterschicht. Kooperationsunwillig sind in der Regel ältere oder isolierte Personen (vor allem Rentner), die zwar erreichbar sind, aber ihr gesellschaftliches Leben stark reduziert haben.[3]

Demnach müssen entsprechend den unterschiedlichen Gründen oder Ursachen für beide Phänomene auch unterschiedliche Maßnahmen ergriffen werden, um die Effekte zu reduzieren. Für den Umgang mit Nicht-Erreichbarkeit werden zwei Strategien empfohlen (vgl. Költringer 1992: 85f.):

- Der »Nonresponse-Bias« kann statistisch geschätzt werden durch Trendextrapolationen auf der Basis von Indikatoren der Erreichbarkeitswahrscheinlichkeit. Ein solcher Indikator ist etwa die Anzahl der Kontaktversuche bei erfolgreichen Befragungen. Je mehr Kontaktversuche notwendig waren, desto schwerer erreichbar ist die Zielperson. Korreliert man die Kontaktversuche mit soziodemografischen Merkmalen, kann man schwer erreichbare Bevölke-

---

2 Neben der Totalverweigerung, die sich auf die Teilnahme an der Befragung überhaupt bezieht, gibt es auch Teilverweigerungen, die sich auf einzelne Fragen oder Frageblöcke bezieht. Der Übergang ist fließend, denn wenn zu viele Fragen verweigert werden, gilt der Fragebogen nicht mehr als vollständig.

3 Költringer (1992: 85f.) ist deshalb der Auffassung, dass sich beide Nonresponse-Effekte gegenseitig aufheben und insgesamt keinen Einfluss auf die Repräsentativität der Stichprobe haben. Diese Sichtweise ist allerdings zu optimistisch, da es Bevölkerungsgruppen und Schichten gibt, die weder besonders unkooperativ noch schwer erreichbar und deshalb auf jeden Fall überrepräsentiert sind (etwa Hausfrauen).

rungsgruppen identifizieren und die Stichprobe entsprechend durch Gewichtung korrigieren.

- Die Anzahl der Kontaktversuche kann erhöht werden. Allerdings ist hierbei die Kosten-Nutzen-Relation zu beachten. Ab etwa fünf Versuchen – möglichst an verschiedenen Tagen und zu verschiedenen Tageszeiten – wird eine erfolgreiche Kontaktierung unwahrscheinlich bzw. lohnt sich nur noch bei sehr mobilen Personen. Bei Telefoninterviews kann die Anzahl der Kontaktversuche wegen des deutlich geringeren Aufwandes viel höher sein.
- Ist eine Zielperson nicht erreichbar, kann sich der Interviewer – bei persönlichen Interviews – in der Nachbarschaft erkundigen, wann die Zielperson üblicherweise erreichbar ist. Dies setzt allerdings ein intensives Gemeinschaftsleben voraus und ist in der Regel in ländlichen Gegenden erfolgreicher als in Städten.
- Der Interviewer kann vor dem ersten Interviewversuch seinen Interviewwunsch ankündigen (postalisch mit einer Karte seines Instituts[4] oder telefonisch). Allerdings riskiert die Ankündigung eine erhöhte Quote der Teilnahmeverweigerung, weil die Zielperson damit »vorgewarnt« ist.
- Der Einsatz unterschiedlicher Befragungsverfahren kann ebenfalls den Effekt der Nicht-Erreichbarkeit verringern. So sind Angehörige bestimmter Berufsgruppen besonders mobil und deshalb schwer persönlich erreichbar, sie sind dafür aber oft telefonisch (über Mobilfunk) besser erreichbar. Wer dagegen nur zu bestimmten Tageszeiten nicht persönlich erreichbar ist (etwa Nachtarbeiter, die tagsüber viel schlafen, oder Geschäftsleute, die erst spät nach Hause kommen), kann dafür postalisch gut erreicht werden.

Das Phänomen der Kooperationsbereitschaft oder Kooperationsverweigerung ist häufiger Gegenstand in der Forschungsliteratur. Die Teilnahme an einer Befragung sollte nicht als selbstverständlich vorausgesetzt werden, sondern ist von einigen Faktoren abhängig. Es gibt einige Gründe, die für eine Teilnahme an Befragungen sprechen. Die Kommunikation mit dem Interviewer kann anregend sein: in sachlicher Hinsicht aufgrund des interessanten Themas der Befragung, in sozialer Hinsicht aufgrund der als angenehm empfundenen Interaktion mit dem Interviewer und in zeitlicher Hinsicht, um Einsamkeit oder Langeweile zu kompensieren. Darüber hinaus spielen altruistische Merkmale eine Rolle: Der Be-

4 Dies funktioniert offensichtlich insbesondere bei telefonischen Interviews, deren Ausschöpfung sich signifikant durch ein vorheriges Anschreiben erhöht (vgl. Porst 1991: 65ff.).

fragte sieht die Teilnahme als soziales Engagement oder demokratische Pflicht, weil Sozialforschung als Wissenschaft oder zur Lösung gesellschaftlicher Probleme akzeptiert wird (vgl. Scholl 1993: 59).

Die Verweigerung der Teilnahme an einer Befragung kann unterschiedliche Ausmaße annehmen. Sie reicht von der Totalverweigerung bis zur Verweigerung nur einzelner Fragen und ist dann vom Thema abhängig. Am interessantesten sind Zielpersonen, die eine Teilnahme vollständig verweigern. Dies kann verursacht werden durch

- eine generelle negative Einstellungen gegenüber der Umfrageforschung wegen schlechter Erfahrungen mit Umfragen in der Vergangenheit, Unklarheit in der Verwendung der Daten bzw. über den Zweck von Umfragen insgesamt
- situationsbezogene Gründe wie Zeitmangel, wichtigere andere Beschäftigungen, Probleme in der Familie, Krankheit der Zielperson
- interaktionsbezogene Faktoren wie Ungeschicklichkeit des Interviewers, äußere Merkmale des Interviewers, die Antipathie beim Befragten auslösen, Furcht vor Übervorteilung (Hausierersyndrom) oder vor einem Eingriff in die Privatsphäre, Abneigung gegen den Prozess des interviewt Werdens
- themenbezogene Aspekte wie Unklarheit über die Relevanz des Themas, Desinteresse am Thema (vgl. Költringer 1992: 93f.; Scholl 1993: 60).

Während die Verweigerer aus Überzeugung prinzipiell verweigern und deshalb schwer konvertierbar oder zur Teilnahme zu überreden sind, gibt es für die anderen Gruppen eine Reihe von Maßnahmen, um sie zur Kooperation zu bewegen. Man kann die Techniken danach unterteilen, ob sie struktureller Art sind und die Intervieweroganisation betreffen oder ob sie sich auf die konkrete Interaktion bei der Anbahnung des Interviews beziehen und inhaltliche Argumente beinhalten, die der Interviewer an die Hand bekommt und die er je nach Ablehnungsgrund des Befragten verwenden kann.

Zu den strukturellen Maßnahmen zählen die folgenden Vorschläge (vgl. Schnell 1997: 245ff., 252ff.; Költringer 1992: 85f.):

- Eine Möglichkeit besteht in der Professionalisierung von Umfragen im akademischen Bereich. Um den guten Ruf wissenschaftlicher Forschung auszunutzen, sollte sich die akademische Forschung deutlich von der privat-kommerziellen Forschung absetzen und diese Unterschiede auch betonen. Dies impliziert einen Verzicht auf »Quick-and-dirty-Untersuchungen«, die Abkehr von Mehrthemen-Befragungen zugunsten von kürzeren monothematischen Befragungen, deren wissenschaftliche Fragestellung klar erkennbar und unterscheidbar ist vom als willkürlich und kommerziell empfundenen Themenmix. Der Vorschlag reicht bis zur Etablierung einer (ausschließlich) akademisch orientierten Erhebungsorganisation.

- Mit Verbesserungen der Instrumentenkonstruktion kann die Seriosität von Umfragen verbessert und die Teilnahmequote mittelbar erhöht werden. Dazu sollten im Fragebogen auf allzu viele Einstellungserhebungen, auf hypothetische Fragen, subjektiv wahrgenommene Gründe für das eigene Verhalten sowie auf Retrospektivfragen verzichtet werden. Dieses Argument berührt nicht diejenigen Studien, die genau solche Fragestellungen untersuchen wollen, sondern bezieht sich auf die extensive Benutzung solcher Fragearten im kommerziellen Bereich.

- Weiterhin sollten Interviewerausbildung und Supervision verbessert werden (→ Teil 1, Kapitel 6.2).

- Bei den Feldprozeduren kann die Kontaktaufnahme durch flankierende Maßnahmen (Anschreiben, mehr Kontaktversuche usw.) verbessert werden. Die Dokumentation der Kontaktaufnahme und weitere Angaben des Interviewers über den Befragten können zudem Erkenntnisse bringen, welche Interviewerstrategien bei welchen Befragten erfolgreich sind. Außerdem haben Versuche, Teilnahmeverweigerer zu »konvertieren«, einige Erfolge gezeigt, auch wenn sie aufwändig sind. Dazu ist es notwendig, mehrere Interviewer pro Befragten einzusetzen oder dem Befragten anzubieten, wenigstens einen verkürzten Basisfragebogen zu beantworten.

- Auch bei der anschließenden Auswertung der Ergebnisse kann versucht werden, die Verzerrung der Stichprobe zu kompensieren. Dies kann zum einen durch Gewichtungsverfahren geschehen, indem die Stichprobe nach bekannten Merkmalsverteilungen der Grundgesamtheit (Geschlecht, Alter, Familienstand, Ortsgröße) gewichtet wird. Problematisch ist diese Vorgehensweise allerdings insofern, als diese Merkmale nicht notwendigerweise mit den anderen im Fragebogen erhobenen Merkmalen zusammenhängen, sodass die Gewichtung zu willkürlich veränderten Ergebnissen führt. Darüber hinaus gibt es statistische Verfahren der Trendextrapolation zur Schätzung der Wahrscheinlichkeit für Antwort- oder Teilnahmeverweigerung, wenn bestimmte Kontextmerkmale exakt erhoben wurden (Anzahl der Kontaktversuche, Überredungsdauer zur Teilnahme an der Befragung, Dauer des Interviews selbst, weitere Einschätzungen des Befragten zur Befragung usw.).

Die Interaktion mit dem Befragten und das Auftreten des Interviewers können mit folgenden Maßnahmen und Argumenten zur höheren Kooperationsbereitschaft führen (vgl. Költringer 1992: 90f., 96ff.; Scholl 1993: 61f.; Frey / Mertens-Oishi 1995: 121f.):

- Der Interviewer nennt eine kürzere Interviewzeit, als realistisch ist. Allerdings riskiert er damit einen Abbruch mitten im Interview, falls die tatsächliche Befragungszeit die angekündigte allzu sehr überschreitet.
- Der Interviewer nennt einen alternativen Termin, zu dem das Interview stattfinden kann.
- Der Interviewer hinterlässt dem Befragten den Fragebogen zum Selbstausfüllen und vereinbart einen Termin, zu dem er den ausgefüllten Fragebogen wieder abholt. Diese Maßnahme ist jedoch nur geeignet, wenn der Fragebogen so gestaltet ist, dass er vom Befragten selbst und ohne Hilfe ausgefüllt werden kann, oder wenn das Befragungsthema es zulässt, dass keine bestimmte Reihenfolge der Fragen eingehalten werden muss, weil diese beim Selbstausfüllen nicht kontrolliert werden kann.
- Der Interviewer trägt seinen Interviewwunsch schnell, direkt und bestimmt vor und stellt der Zielperson bereits die erste Frage, bevor sie viel einwenden kann. Die Überrumpelungstaktik ist aber nur erfolgreich, wenn der Befragte darauf eingeht. Außerdem besteht die Gefahr, dass die instruktive Einführung als harter Stil im Interview fortgesetzt wird, was nicht in jedem Fall wünschbar ist. Eine weiche Gegenvariante ist die »Fuß-in-die-Tür-Technik«, bei der der Interviewer nicht gleich mit der Bitte um ein Interview beginnt, sondern zum Beispiel mit einer allgemeineren Frage nach dem Interesse an einem als interessant und relevant unterstellten Thema und erst dann den Befragten darum bittet, ein paar Fragen zu beantworten. Allerdings riskiert der Interviewer mit dieser schrittweisen Vorgehensweise, dass der Befragte die Absicht durchschaut und Misstrauen entwickelt, was ebenfalls die Kooperation erschwert, selbst wenn das Interview auf diese Weise zustande kommt. Eine andere Anwendung der Technik besteht darin, auf eine ablehnende Reaktion des Befragten vorsichtig zur ersten Frage hinzuleiten: »Vielleicht kann ich Ihnen einfach mal die ersten Fragen vorlesen ...«.
- Hat ein Befragter generell Zweifel am Nutzen von Umfragen, kann der Interviewer auf eine Menge immaterieller Gründe zurückgreifen und auf die Vorzüge der Umfrageforschung hinweisen. Solche Gründe können sein: Die Befragung dient der Wissenschaft; sie schafft Transparenz über die öffentliche Meinung in der Demokratie und jeder kann ohne Druck seine Meinung frei äußern; sie macht Spaß; es geht um interessante Themen; die Beantwortung der Fragen bringt den Befragten zum Nachdenken über sich selbst.

- Hält der Befragte Umfragen generell oder speziell Telefonbefragungen für unseriös oder zweifelt an ihrer Wissenschaftlichkeit, sollte der Interviewer darauf hinweisen, dass er nichts verkaufen will und dass er die Daten zu keinem anderen als wissenschaftlichen Zweck benutzen will. Aus finanziellen Gründen ist es darüber hinaus sinnvoll, telefonisch zu interviewen. Das Argument trifft möglicherweise nicht die Stoßrichtung des zweifelnden Befragten, wenn dieser generell nichts von Sozialforschung als Wissenschaft hält, aber es interpretiert die Frage so, dass überhaupt eine positive Antwort darauf möglich ist.
- Der Interviewer sagt dem Befragten mündlich die Vertraulichkeit seiner Angaben oder Anonymität seiner Person zu oder übergibt ihm eine schriftliche Erklärung darüber. Allerdings besteht die Gefahr, dass die vorweggenommene Zusage den Befragten sensibilisiert, dass er heikle Fragen im Fragebogen vermutet und gerade deswegen skeptisch bis ablehnend auf die Teilnahmebitte reagiert (vgl. Hippler / Schwarz / Singer 1990: 65f.). Deshalb sollte dieses Argument erst angeführt werden, wenn der Befragte diesbezüglich Misstrauen signalisiert. Hier kann der Interviewer auf Vertraulichkeit und die Anonymität der Auswertung verweisen sowie erläutern, dass es keine Möglichkeit gibt, die Antworten individuell zuzuordnen, weil entweder der Name des Befragten nicht erfasst oder später vom Fragebogen getrennt wird.
- Der Interviewer erläutert die Notwendigkeit, dass der Befragte zwar zufällig ausgewählt wurde, aber dennoch individuell für die Untersuchung benötigt wird, damit die Ergebnisse repräsentativ sind. Insbesondere alte Menschen verweigern oft mit der Begründung, dass sie unwichtig und schon zu alt für solche Untersuchungen seien. Hier muss der Interviewer vermitteln, dass jede Meinung gleich wichtig ist.
- Wenn sich die Zielpersonen nicht kompetent für das Thema der Untersuchung fühlen, muss der Interviewer darauf hinweisen, dass es keine richtigen und falschen Antworten gebe, sondern dass es um die persönliche Meinung des Befragten gehe. Der Interviewer kann auch erwähnen, dass andere Befragte mit dem Thema keine Schwierigkeiten hatten, obwohl sie vorher die gleichen Bedenken geäußert hätten.
- Wenn ein Befragter kein Interesse am Thema der Befragung hat, sollte der Interviewer auf die wissenschaftliche Notwendigkeit hinweisen, die Meinung jedes Einzelnen zu erfassen, weil sonst die Ergebnisse nicht brauchbar seien.
- Schließlich kann der Interviewer materielle Anreize geben. Solche Geschenke können sein: Kugelschreiber, Korkenzieher, Buchgutscheine, Briefmarken

oder sonstige nützliche kleine Utensilien. Es ist nicht ganz sicher, ob dieser Schritt die letzte Maßnahme sein sollte oder bereits am Anfang erfolgen sollte. Für das sofortige Anbieten materieller Anreize spricht der Verpflichtungscharakter, der damit verbunden ist. Dagegen sprechen die hohen Kosten. Für den späteren Einsatz sprechen die niedrigeren Kosten, weil nur diejenigen etwas bekommen, die überredet werden müssen. Dagegen spricht die offensichtliche Absicht, nur dann etwas zu verschenken, wenn die Teilnahme der Zielperson gefährdet ist, die als Kuhhandel empfunden werden könnte.

Gerade die Maßnahme der materiellen Anreize zeigt, wie viel Sensibilität, Flexibilität und Augenmaß die Verwendung und die Reihenfolge des Einsatzes vom Interviewer verlangen. Damit die Versuche der Konvertierung von Kooperationsunwilligen erfolgreich sein können, bedarf es intensiven Trainings und kommunikativer Fähigkeiten. Die Gesamterscheinung und der Auftritt des Interviewers dürften entscheidend sein, ob die Argumente überzeugend und glaubwürdig wirken. Diese Interviewermerkmale und -verhaltensweisen sind allerdings nicht absolut wirksam, sondern interaktionsspezifisch, das heißt, erst das Zusammenwirken von Interviewerverhalten und Befragtenverhalten, von Interviewermerkmalen und Befragtenmerkmalen resultieren in der Realisation des Interviews oder in der Verweigerung der Teilnahme (→ Teil 1, Kapitel 6.2, 6.3).

7.4 Befragung spezieller Populationen

Bei bevölkerungsrepräsentativen Umfragen werden in der Regel deutschsprachige Personen ab 14 Jahre befragt. Für viele Forschungsfragen ist dagegen eine ganz spezielle Bevölkerungsgruppe relevant, etwa Kinder und Jugendliche, Alte, Ausländer (bzw. Nicht-Deutschsprachige) oder (sozio-ökonomische) Eliten. In allen Fällen müssen bei der Befragung besondere, der jeweiligen Population angemessene Verfahren eingesetzt werden. Diese betreffen die Konzeption des Fragebogens, die Interviewsituation und die Auswahl der Befragten.

Bei der Befragung von *Kindern* wird deutlich, dass die Methode sehr stark abhängig ist vom kognitiven Entwicklungsstand der Befragten. Die unterschiedlichen Phasen kindlicher Entwicklung machen eine einheitliche Vorgehensweise unmöglich. Dennoch können einige allgemeine Regeln bei der Befragung von Kindern befolgt werden. Bei Kindern spielen alltägliche Normen und Routinen eine noch viel größere Rolle als bei Erwachsenen. Die Aufmerksamkeit unterliegt großen Schwankungen. Ferner sind die Antworten stärker von momentanen

Eindrücken abhängig. Problematisch sind Transferleistungen und Abstraktionen. Demgegenüber neigen Kinder weniger zu sozial erwünschten Antworten.

Die Interviewer müssen deshalb besonders ausgebildet oder zumindest geschult werden und sich in die Lebenswelt von Kindern (unterschiedlicher Entwicklungsstufen) hineindenken können, um das Interview besser führen zu können. Dabei ist es auch möglich, eine Kommunikation zwischen dem befragten Kind und einer Handpuppe zu simulieren und damit das Statusgefälle zum Interviewer abzubauen. Weiterhin sind insbesondere als Einstieg Gruppeninterviews geeignet, um dem befragten Kind Schutz vor der isolierten Befragungssituation zu gewähren. Die Interviewer sollen dabei Akzeptanz der Kinderantworten signalisieren, die Fragen einfach, aber nicht verniedlichend stellen, die Antworten der Kinder gelegentlich in der nächsten Frage paraphrasierend aufgreifen, um Vertrautheit der Kommunikationsform zu schaffen, und vor allem keine Suggestivfragen stellen (vgl. Kubisch / Lampert 2000: 69; Neuß 2000: 138f.).

Die eingesetzten Instrumente müssen abwechslungsreich sein. Dazu empfehlen sich auch Bebilderungen, etwa Bilderskalen mit Gesichtern, die Gefühlsäußerungen repräsentieren (»Smilies«). Allerdings sollten sie vorsichtig eingesetzt werden, weil die Antworten von Kindern auf visuelle Stimuli leicht fehlinterpretiert werden können (vgl. Lang 1998: 75).

Zwar sind prinzipiell auch standardisierte Fragebögen anwendbar, dennoch sind kinderzentrierte Tiefeninterviews in der Regel besser geeignet, um individuell auf die Fähigkeiten der befragten Kinder einzugehen. Außerdem ist die offene Form insbesondere des narrativen Interviews besser geeignet, die aktive Teilnahme der Kinder zu gewährleisten (vgl. Kubisch / Lampert 2000: 69).

Da Kinder mittlerweile bereits früh Computer benutzen und deshalb mit diesem Medium technisch versiert umgehen, werden bereits erste Versuche unternommen, Online-Befragungen mit Kindern durchzuführen (vgl. Reips 1999).

Bei bestimmten Fragestellungen ist es empfehlenswert, stellvertretend die Eltern zu befragen. Allerdings sind nicht immer validere Antworten zu erwarten, weil Eltern etwa den Medienkonsum ihrer Kinder systematisch unterschätzen, während die Kinder selbst ihn eher überschätzen (vgl. Dammer / Häcker 1997: 48f.; Lang 1998: 72ff.).

Gerade bei Kindern ist aufgrund ihrer noch nicht voll entwickelten verbalen Fähigkeiten der Einsatz mehrerer Methoden sinnvoll. Dazu gehören Beobachtungen oder die Interpretation von Kinderzeichnungen, die mit der Befragung kombiniert werden können (vgl. Kubisch / Lampert 2000: 70f.; Lampert 2000: 126; Lang 1998: 75; Neuß 2000: 138f.). Um Präferenzen – etwa bei der Medienselektion – zu ermitteln, kann man auch experimentell vorgehen. So hat Süss (2000: 106) Kinder gebeten, sich an einem Wühltisch jeweils ein Bilderbuch, das ihnen am besten gefällt, auszuwählen.

Alte Menschen sind in mehreren Hinsichten schwerer zu befragen als der soziodemografische Durchschnitt. Zum einen ist mit einer höheren Ausfallquote zu rechnen, zum anderen mit Verständnisproblemen in der Befragung selbst. Für die höhere Ausfallquote gibt es zwei Gründe: Alte Menschen sind öfter wegen gesundheitlicher Probleme nicht befragbar[5], oder sie fühlen sich nicht mehr in die Gesellschaft integriert und hegen Zweifel an der Meinungsforschung generell. Außerdem verweigern sie häufiger die Teilnahme an einer Befragung aus Furcht vor Kriminalität (Hausierersyndrom), aus mangelndem Interesse am Befragungsthema oder weil sie Angst haben, die Fragen nicht zu verstehen und sich deshalb zu blamieren. Kommt das Interview dennoch zustande, besteht die Gefahr, dass alte Befragte sich leicht vom Interviewer beeinflussen lassen und aus Unsicherheit unabhängig von ihrer eigentlichen Einstellung zur Zustimmungstendenz neigen (vgl. von dem Knesebeck / Hüfken / Dübbert 2001: 68ff.).

Das Verständnisproblem resultiert zum einen ebenfalls aus gesundheitlichen Gründen, zum anderen daraus, dass alte Menschen den Aufgabencharakter von Befragungen oft nicht hinreichend berücksichtigen wollen oder können. Allerdings versteckt sich dahinter ein Bildungs- und Statuseffekt, der sich gerade im Alter besonders deutlich bemerkbar macht: Gebildete und statushöhere alte Menschen kommen leichter mit den Anforderungen einer Bevölkerungsumfrage zurecht als Statusniedrige und weniger Gebildete (vgl. Bungard 1979: 222).

Gerade einsame Menschen nutzen den Kontakt zum Interviewer, um bei der Beantwortung der Fragen abzuschweifen und von Ereignissen zu erzählen – etwa aus ihrer lebensweltlichen Vergangenheit –, die ihnen als relevant erscheinen, aber nicht themenbezogen sind. Insofern sind insbesondere narrative Interviews für eine Zeitzeugenbefragung geeignet, weil sie dem Befragten die Themenrelevanz nicht vorgeben, sondern diese den Befragten eigenständig setzen lassen.

Soll dagegen eine standardisierte Befragung durchgeführt werden, können die sorgfältige Gestaltung des Erhebungsinstruments, eine kürzere Befragungsdauer, Vertrauen schaffende Vorkontaktierungen und besondere Konvertierungsbemühungen bei Verweigerern die Kooperationsbereitschaft der Befragten erhö-

---

5 Bei Personen, die nicht befragungsfähig sind, besteht die Möglichkeit, eine nahestehende Personen, die mit ihrer Situation vertraut ist, zu befragen (»Proxy-Interview«) (vgl. von dem Knesebeck / Hüfken / Dübbert 2001: 69).

hen und die Validität ihrer Antworten steigern[6] (vgl. von dem Knesebeck / Hüfken / Dübbert 2001: 81).

Die Befragung von *Ausländern* kann in zwei Aspekten problematisch werden. Zum einen ist oft nicht garantiert, dass sie ausreichend Deutsch sprechen, um die Fragen zu verstehen. Dann ist es erforderlich, dass der Fragebogen in die jeweilige Muttersprache des Befragten übersetzt wird, was vom Aufwand her jedoch nur durchführbar ist, wenn eine bestimmte Ethnie zur Zielpopulation gehört. Zum anderen befürchten ausländische Befragte – zum Teil aufgrund der Erfahrungen, die sie im Herkunftsland gemacht haben –, dass die Befragung nur als bürokratisches Kontrollinstrument dient, und verweigern die Teilnahme. Hier sind besondere vertrauensbildende Maßnahmen erforderlich. So können etwa Interviewer derselben Ethnie eingesetzt werden. Dies ist besonders in den Fällen sinnvoll, wenn die Stichprobe regional bedingt einen hohen Ausländeranteil hat oder wenn das Forschungsthema in einem inhaltlichen Zusammenhang mit der betreffenden Ethnie steht.

Angehörige von *Eliten* sind in der Regel zu individualistisch, um sich auf eine standardisierte Befragung einzulassen. Sie fühlen sich durch Vorgaben eingeengt und nivelliert in ihrem Antwortverhalten. Die Standardisierung der Befragung wird übertragen auf eine Standardisierung sozialer Differenzierungen. Im Prinzip will der Oberschichtangehörige nicht mit der gesamten Bevölkerung gleichgesetzt werden, sondern sich distingiert, also von der Menge abgehoben, artikulieren. Für diese Gruppe sind Leitfadeninterviews am besten geeignet (→ Teil 1, Kapitel 3.2). Außerdem sind Oberschichtangehörige bei repräsentativen Befragungen oft unterrepräsentiert, weil sie mobiler sind und häufiger aus Zeitmangel verweigern.

Unterprivilegierte Personen oder *Unterschichtangehörige* befürchten dagegen oft, den Anforderungen an die richtige Beantwortung der Fragen nicht gerecht zu werden. Sie empfinden die Befragungssituation als eine Art kognitiven und sozialen Test, den sie zu vermeiden versuchen. Während beim Oberschichtangehörigen Überlegenheitsgefühle gegen den alle Befragten gleich behandelnden Fragebogen aufkommen, entwickelt der Unterschichtangehörige gelegentlich Minderwertigkeitsgefühle, die ängstliche Reaktanz bewirken und überdurch-

---

6 Die Maßnahme, zur Erhöhung der Teilnahmebereitschaft ältere Interviewer einzusetzen, um die Barrieren »entfernter Subkulturen« zu verringern, ist dagegen nur bedingt empfehlenswert, weil zwischen Gleichaltrigen vermehrt die Gefahr besteht, dass sich der Befragte vor dem Interviewer profilieren will und deshalb verstärkt sozial erwünscht antwortet (vgl. Bungard 1979: 224, 229).

schnittlich zur Verweigerung führen. Hier sind besondere vertrauensbildende Maßnahmen notwendig. Für diese Gruppe sind narrative Interviews am besten geeignet (→ Teil 1, Kapitel 3.1).

7.5 Ethik und Qualität in der Befragung

Zwar hängen Qualitätsaspekte einer Methode auch mit ethischen Erwägungen zusammen, sie sind aber dennoch nicht identisch. Umso erstaunlicher ist die Vermischung in den Ethik-Kodizes. Der »Code of Professional Ethics and Practices« der »American Association for Public Opinion Research« (AAPOR) formuliert etwa Regeln für eine vorbildliche Praxis, die gleichermaßen Qualitäts- wie auch Ethikaspekte beinhalten (vgl. Deutsche Forschungsgemeinschaft 1999: 130ff.). In der Tat kann eine qualitativ minderwertige Umfrage durchaus auch als Problem der professionellen Ethik betrachtet werden, allerdings erschöpfen sich ethische Fragen nicht in Qualitätsmerkmalen, sondern beziehen sich auch auf den Umgang mit den Befragten und können durchaus auch in Widerspruch zu qualitativen Anforderungen an die Methode treten.

7.5.1 Ethische Probleme

Die Beschäftigung mit ethischen Fragestellungen ist in Lehrbüchern zur Befragung relativ ungewöhnlich und selten. Meist findet man ein Ethikkapitel eher im Zusammenhang mit dem Experiment, weil beim Experiment die Versuchspersonen über den Zweck der Forschung getäuscht werden (vgl. Bortz / Döring [3]2001: 44ff.). Allerdings beginnen ethische Probleme nicht erst mit der Täuschung der untersuchten Personen; die Schwelle für ethisch problematische Vorgehensweisen ist niedriger anzusetzen.

Generell gilt: Wenn die wissenschaftliche Fragestellung methodische Anforderungen stellt, die im Widerspruch zu ethischen (Selbst-) Verpflichtungen des Forschers oder der Forschergemeinschaft geraten könnten, dann sollten solche Befragungsziele von vornherein eingeschränkt werden. Die in diesen Fällen nötige Güterabwägung zwischen ethischen Bedenken und methodischen Erfordernissen sollte auf keinen Fall vorschnell und einseitig zugunsten der letzteren erfolgen. Wichtig ist ferner zu beachten, wer Adressat ethischer Gebote ist:

- Im Interviewprozess ist dies zweifellos der *Interviewer*, der sich um eine angemessene Umgangsweise mit dem Befragten bemühen muss.

- Im Hinblick auf die Forschungsthematik ist der *Forscher* der Adressat. So darf er weder von den Interviewern verlangen, dass sie ethisch bedenkliche Fragen stellen, noch darf er dies den Befragten zumuten.
- Eine ähnliche Fürsorgepflicht hat auch das durchführende *Forschungsinstitut*, sofern es nicht identisch ist mit dem Forscher. Es muss bei der Auftragsannahme bedenken, ob der Forschungsauftrag mit einem ethisch vertretbaren Einsatz der Befragungsmethode zu erfüllen ist.
- Schließlich muss sich der *Auftraggeber*, sofern er nicht identisch ist mit dem Forscher, ebenfalls überlegen, ob sein Forschungsinteresse und die methodische Umsetzung ethisch zu legitimieren sind, soweit dies bereits vorher absehbar ist.

Wenn im Forschungsprozess mehrere Instanzen (Auftraggeber, Forscher, Forschungsinstitut, Interviewer) zusammenarbeiten, muss jede dieser Instanzen für sich die ethischen Überlegungen anstellen und kann die Verantwortung nicht an die jeweils anderen Instanzen delegieren.

Die folgende Liste mit ethischen Problemen soll die Forscher sensibilisieren. Sie stellt allerdings keinen abschließenden oder vollständigen Katalog dar:

- Eine elaborierte Theorie verlangt in der Regel die Überprüfung einer Menge von Variablen oder Sachverhalten und verführt dazu, einen langen Fragebogen auszuarbeiten oder ein langes Interview durchzuführen. Dabei sollte allerdings bedacht werden, dass den Befragten nicht zu viel Aufwand bereitet wird. Die Teilnahme an einer Befragung ist ein Entgegenkommen des Befragten, und diese Bereitschaft sollte nicht überstrapaziert werden.
- In der Alltagskommunikation ist in der Regel die Thematisierung von heiklen oder sensiblen Bereichen nicht üblich, sondern allenfalls guten Freunden vorbehalten. In der Umfrageforschung sollte deshalb sorgfältig mit derartigen Themen umgegangen werden. Das bedeutet auch, dass ablehnende Antworten des Befragten akzeptiert werden müssen und der Befragte nicht unter Druck gesetzt werden darf, unbedingt Auskunft geben zu müssen.
- Die Erkenntnisziele der Befragung dürfen keinesfalls mit anderen Zielen vermischt werden, etwa mit dem Verkauf von Zeitschriften, dem Einwerben von Spenden oder dem Sammeln von Adressen (wie bei Gewinnspielen) zu weiteren Marketingmaßnahmen. Geht man diesen Aspekt grundlegender an, ist auch Auftragsforschung problematisch, die dazu dient, die Lebensgewohnheiten der Befragten so genau zu erforschen, dass der Auftraggeber die Ergebnisse manipulativ einsetzen kann, also etwa kommerzielle Werbung oder

politische Propaganda effektiver gestalten kann. Legt man diesen ethischen Grundsatz streng aus, wird in der angewandten Markt- und Meinungsforschung sowie in der akademischen Auftragsforschung praktisch permanent gegen ihn verstoßen, weil die Forschung die Verwendung ihrer Ergebnisse nicht kontrollieren oder beeinflussen kann.

- Weitgehend Konsens besteht in Bezug auf die Zusicherung von Anonymität und Vertraulichkeit im Umgang mit den erhobenen Daten und Auskünften. Darunter fällt insbesondere das Verbot, die Adressen der befragten Personen weiter zu verkaufen. Auch die versteckte Markierung von Fragebögen durch Nummerierung oder die Beifügung eines Codes ist problematisch. Allerdings gibt es Forschungsziele, die eine Entlassung aus dieser Verpflichtung erfordern. Dies ist etwa der Fall, wenn die Stichprobe nach dem Schneeballprinzip gezogen wird oder wenn bei Panel-Befragungen mehrfach dieselben Personen befragt und zu diesem Zweck über die Befragungszeitpunkte identifiziert werden müssen, um die Antworten vergleichen zu können. Unbedingt erforderlich ist deshalb die Einholung der Erlaubnis, individuell zurechenbare Daten des Befragten zu erfassen.
- Oft sind Täuschungen über das eigentliche Untersuchungsziel methodisch notwendig. Unabhängig davon, dass solche Täuschungen äußerst maßvoll eingesetzt werden sollten, muss genau überlegt werden, ob die getäuschten Befragten nach der Befragung über die Täuschung aufgeklärt werden sollen oder nicht. Eine Aufklärung ist zwar ethisch erstrebenswert und wird in den Lehrbüchern in der Regel verlangt, aber sie kann insofern problematisch sein, als sie das Vertrauen des Befragten zutiefst verletzt. Hier ist folglich ebenfalls eine Güterabwägung notwendig, die sich genau mit der Art der Aufklärung auseinander setzt.
- Das Verhalten der Interviewer muss an vorgegebene Regeln ausgerichtet sein. Die Interviewer dürfen die Befragten nicht unter Druck setzen, provozieren, herablassend behandeln oder gar sexuell nötigen[7]. Diese Forderungen erscheinen zwar trivial, weil selbstverständlich, aber angesichts häufiger Teilnahmeverweigerungen bleibt die Frustration allein beim Interviewer zurück, zumal in der Regel nur (vollständig) durchgeführte Interviews bezahlt werden.

---

7 Ein Flirt zwischen Interviewern und Befragten wäre zwar unter ethischen Gesichtspunkten prinzipiell vertretbar, unter der Bedingung, dass er auf wechselseitiger Freiwilligkeit beruht, muss aber aus methodischen Gründen unterbleiben, um das Ziel der Befragung nicht zu gefährden.

Dieser ethische Katalog ist nicht vor dem Hintergrund einer speziellen Ethik-Theorie deduktiv abgeleitet, sondern induktiv entwickelt, was aber seiner Verbindlichkeit nicht abträglich sein sollte.

7.5.2 Qualitätskriterien

Die Beschäftigung mit den verschiedenen Aspekten der Befragung könnte allgemein unter die Fragestellung ihrer Qualität gestellt werden. So gesehen beschäftigt sich das gesamte Lehrbuch, jedes Methodenlehrbuch, mit Qualitätsfragen. Allerdings gibt es über einzelne methodische Schritte hinaus Richtlinien für eine qualitativ gute Befragung, die verallgemeinerbar sind. Für die (standardisierte) Umfrageforschung, die die Beschreibung der gesamten Bevölkerung oder zumindest größere Teile der Bevölkerung (zum Beispiel alle Wahlberechtigten) zum Ziel hat, hat die Deutsche Forschungsgemeinschaft (1999) eigens eine Denkschrift zu Qualitätskriterien verfasst. In Bezug auf die Durchführung von Befragungen – auf die Feldarbeit – kann eine Liste von Kriterien für eine gute Praxis (»best practice« oder » good practice«) aufgestellt werden, die die Stichprobenziehung, die Dokumentation der Stichprobenrealisation, die Kontaktierung der Zielpersonen, die Durchführung der Interviews, die Kontrolle der Interviewer sowie die Anreize für die Befragten betreffen. Auf diese Weise können Verfahrensmodelle für den Ablauf von Umfragen entwickelt werden, die auf eine ganzheitliche Qualitätsbewertung von Umfragen (»Total Quality Management«) hinauslaufen (vgl. Deutsche Forschungsgemeinschaft 1999: 34ff., 96f.).

Auch die Privatwirtschaft bemüht sich um Qualitätsvorschriften: Zu nennen wären zum Beispiel die Richtlinien, die der »Zentralausschuss der Werbewirtschaft« (ZAW), ein Zusammenschluss von Verbänden der Werbetreibenden, Werbeagenturen und Werbung Durchführenden, aufstellt. Diese sehen für Untersuchungsanlagen zur Reichweitenanalyse und Kontaktmessung vor, dass die Nettostichprobe zu 70 Prozent ausgeschöpft werden muss – wenn nicht, muss dies begründet werden –, dass die realisierte Stichprobe mindestens 500 Nettofälle umfasst und dass eine vollständige Marktübersicht angestrebt werden soll, das heißt, dass bei der Stichprobenziehung möglichst viele Titel für die Reichweitenerhebung zu berücksichtigen sind (vgl. Hess 1996: 10, 27ff.; → Teil 2, Kapitel 1.2).

Über den Einsatz der Methode hinaus ist ihre Darstellung in der Publikation oder im Methodenbericht ein Indiz für ihre Qualität und das Qualitätsbewusstsein des Forschers. Der Methodenbericht zu einer empirischen Studie sollte folgende Informationen beinhalten (vgl. Jacob / Eirmbter 2000: 263, ergänzt um weitere Aspekte):

- Benennung der durchführenden Einrichtung (Forschungsinstitut)
- Angaben über die Definition der Grundgesamtheit und die Stichprobenziehung (Bruttostichprobe, Nettostichprobe, Ausschöpfung)
- Beschreibung der soziodemografischen Struktur der Stichprobe
- Darstellung des eingesetzten Befragungsverfahrens
- Darstellung der Operationalisierung der wichtigsten theoretischen Konstrukte
- Besonderheiten in der Feldphase (Ausfallgründe, Anwesenheit Dritter)
- Befragungszeitraum (Feldphase)
- durchschnittliche Interviewlänge, Anzahl eingesetzter Interviewer, Anzahl der Interviews pro Interviewer
- maximale und durchschnittliche Anzahl der Kontaktversuche pro Zielperson
- soziodemografische Merkmale der Interviewer
- Schulung und Kontrolle der Interviewer
- Begründung und Beschreibung der Gewichtungsverfahren (wenn verwendet)
- Dokumentation des Instruments (Fragebogen und zusätzliche Mittel).

Diese Liste gilt im Prinzip modifiziert für jede Methode und auch für jede Form der Methodenanwendung. Obwohl sie für die standardisierte bevölkerungsrepräsentative Umfrage erstellt wurde, sind etliche Punkte auch auf die qualitative Befragung übertragbar, denn die Transparenz des Forschungsprozesses ist ein Qualitätsmerkmal für wissenschaftliche Forschung schlechthin. Die Sicherung der Qualitätskriterien in der Durchführung von Untersuchungen ist im Wesentlichen von zwei »Instanzen« zu leisten: der Methodenforschung und der Methodenausbildung.

Teil 2

Praxis der Befragung: Kommunikationswissenschaftliche Studien

1 Mediennutzung

Die Erhebung der Mediennutzung kann sich auf verschiedene Ebenen beziehen. Die konkreteste Ebene ist die Nutzung bestimmter *Inhalte* einzelner Artikel oder Sendungsbeiträge durch die Rezipienten. Etwas allgemeiner ist die Nutzung bestimmter Sparten oder Rubriken innerhalb eines Mediums. Noch allgemeiner ist die Nutzung eines bestimmten Mediums oder Medienorgans, und schließlich kann sich die Nutzung auf eine ganze Mediengattung bzw. auf einen ganzen Medienbereich oder Medientyp beziehen. Die Darstellung der folgenden Studien hält diese Reihenfolge von der speziellen zur allgemeinen Nutzung ein.

Von besonderem Interesse ist die Erfassung der Nutzung von Medien. Diese kann entweder in die Breite oder in die Tiefe gehen. Beide Vorgehensweisen gemeinsam zu verfolgen, erscheint angesichts der Fülle der Medien und der Individualität der Nutzungsstile nicht durchführbar zu sein. Eine breit angelegte Studie zielt eher auf den intermedialen Vergleich ab und fragt die Zielperson nach allen Medien, die sie nutzt (»Single-Source-System«), kann aber die Nutzung nicht genauer erfassen (»Massenkommunikation« → Teil 2, Kapitel 1.4 und »Allbus« → Teil 2, Kapitel 1.7), während sich eine Studie, welche die Nutzung detaillierter erfassen will und eher den intramedialen Vergleich im Blick hat, auf einen Medienbereich spezialisieren muss und nicht mehr die Nutzung aller Medien anhand einer Zielperson ermitteln kann (»W3B-Studie« → Teil 2, Kapitel 1.3.1, »ARD/ZDF-Online-Studie« → Teil 2, Kapitel 1.3.2). Die Kompromisslösungen zwischen beiden Vorgehensweisen bestehen darin, entweder mit dem Single-Source-Verfahren zu arbeiten, aber wegen der großen Länge der Interviews diese nach Bedarf des Befragten in zwei Teile zu zerlegen (»AWA« → Teil 2, Kapitel 1.2.2), oder mit getrennten Stichproben zu arbeiten und diese mit Hilfe einer Bindevariablen, die in allen Stichproben erhoben wird, miteinander zu verrechnen (*Fusion*), wobei diese Hilfskonstruktion nur Wahrscheinlichkeiten der Übereinstimmung angeben kann (»MA« → Teil 2, Kapitel 1.2.1).

1.1 Die Nutzung bestimmter Medieninhalte

Wenn mit einer Befragung die Nutzung bestimmter Medieninhalte erfasst werden soll, muss diese immer im Nachhinein rekonstruiert werden, weil sie im Unterschied zu habitualisierten und dauerhaften Verhaltensweisen einmalig und bereits vergangen ist. Diese Rekonstruktion kann methodisch entweder gestützt (als »Recognition« etwa im standardisierten »Copytest«) oder offen (als nichtstandardisierter »Free Recall«) erfolgen. Dabei ist selten die bloße Nutzung von Medieninhalten von Interesse, sondern meist werden zusätzlich die motivationalen und kognitiven Prozesse, die sie bedingen oder begleiten, ebenfalls erhoben. Studien, in denen diese Kontexte von größerem Interesse als die Nutzung selbst sind, werden unter den jeweiligen Bereichen (→ Teil 2, Kapitel 2, Kapitel 3) behandelt.

1.1.1 Die Rezeption von Presseartikeln

Die Selektion bestimmter Medieninhalte muss nicht immer von (externen) situationalen Faktoren, deren sich die Befragten nicht bewusst sind, gesteuert werden, sondern kann auch aufgrund von (internen) Einstellungen erfolgen. So lässt sich unter Berufung auf die Dissonanztheorie von Festinger die Hypothese aufstellen, dass die selektive Zuwendung zu bestimmten Medieninhalten aus einem Abgleich zwischen der eigenen (politischen) Einstellung und der vermuteten (politischen) Einstellung des auszuwählenden Medieninhaltes erfolgt. Führt dieser Abgleich zur Konsonanz, ist die Selektion wahrscheinlich, während bei Dissonanz die Zuwendung zu dem betreffenden Medieninhalt eher vermieden wird. Hauptmotiv für die Zuwendung zu Medieninhalten ist die Vermeidung von Dissonanz oder die aktive Suche nach Konsonanz (vgl. Donsbach 1992: 27ff.).

In einer 1985 durchgeführten Studie zur Medienselektion und Medienzuwendung sollte geprüft werden, »welche Rolle die bestehenden Einstellungen und Beziehungen der Rezipienten zu in den Medien behandelten Themen und Personen bei der Informationsselektion spielen.« (Donsbach 1992: 33). Dazu mussten die Medieninhalte, die konkrete Zuwendung zu diesen Medieninhalten und die Prädispositionen der Rezipienten erhoben werden. Dies wurde durch ein Mehrmethoden-Design einer Befragung mit einem integrierten Copytest und einer Inhaltsanalyse möglich. Für die Stichprobenziehung zur Befragung wurde ein Mischverfahren aus Quotenverfahren und Adressenauswahl von 1.397 regelmäßigen Lesern der vier Tageszeitungen FAZ, SZ, Allgemeine Zeitung Mainz und Südkurier Konstanz benutzt.

- Die *Zuwendung* der Leser zu einzelnen Artikeln wurde im *Copytest* gemessen. Dazu wurden den Befragten insgesamt rund 35 Artikel aus drei aufeinander folgenden Originalausgaben der vier genannten Zeitungen vorgelegt. Zu jedem sollten die Befragten auf einer vierstufigen Skala angeben, ob sie den betreffenden Artikel »überwiegend oder ganz gelesen, genauer betrachtet«, »überflogen und teilweise gelesen«, »nur die Überschrift gelesen, nichts weiter gelesen» oder »nicht gesehen und nicht gelesen, auch nicht die Überschrift» hatten. Darüber hinaus wurde bei ausgewählten Artikeln auch noch die Zuwendung zu einzelnen Informationseinheiten gemessen. Als Leser des Artikels galten alle Befragten, die mindestens seine Überschrift gelesen hatten. Die vom Institut für Demoskopie Allensbach durchgeführten Befragungen waren drei bis vier Tage nach dem Erscheinen der letzten Nummer beendet, sodass die Befragten keine Erinnerungsprobleme in Bezug auf ihre Zuwendung zu bestimmten Artikeln hatten.

- Im Fragebogen wurden die Meinungen der Leser zu sechs aktuellen, vorwiegend politischen Konfliktthemen sowie zu 17 Politikern erfasst. Darüber hinaus wurden soziodemografische und Persönlichkeitsmerkmale (Dogmatismus-Skala), die generelle Nutzungsdauer der Leser sowie die Leser-Blatt-Bindung (als Differenz zwischen der eigenen politischen Einstellung und der wahrgenommenen Tendenz der Zeitung jeweils auf einer Links-Rechts-Skala) als intervenierende Variablen operationalisiert.
- Für die *Inhaltsanalyse* wurden neben den im Copytest verwendeten Ausgaben der vier Zeitungen auch deren Vorberichterstattung berücksichtigt. Alle Artikel wurden nach inhaltlichen und formalen Merkmalen und hauptsächlich nach Bewertungen der Themen und Politiker analysiert. Insgesamt wurden 4.643 Artikel mit 7028 wertenden Aussagen aus der Vorberichterstattung sowie 378 redaktionelle Beiträge aus den Copytest-Ausgaben untersucht. Die Copytest-Ausgaben wurden auf drei Ebenen codiert, um die Daten mit den Angaben aus dem Copytest verknüpfen zu können: Überschrift allein, Überschrift und erster Absatz sowie ganzer Artikel.
- Die *Verknüpfung der Methoden* erforderte eine komplexe Datenaufbereitung. Die verschiedenen Datensätze wurden nach dem Individualdatenmodell zusammengeführt. Dies bedeutete, dass nicht mehr der einzelne Befragte oder Artikel als Analyseeinheit verwendet wurde, sondern eine neue, relationale Analyseeinheit, der potenzielle Kontakt zwischen Leser und Artikel, gebildet wurde. Auf diese Weise mussten die Daten aus der Befragung so oft den neuen Analyseeinheiten zugespielt werden, wie der Leser potenziell eine Entscheidung über Lesen oder Nicht-Lesen des Artikels zu treffen hatte. Die Daten aus der Inhaltsanalyse wurden der neuen Analyseeinheit so oft zugeordnet, wie der betreffende Artikel vom Leser ausgewählt wurde. Auf diese Weise konnte auch die Konsonanz bzw. Dissonanz bestimmt werden: Ein konsonanter Kontakt lag vor, wenn der Leser zu dem betreffenden Konfliktthema oder Politiker und der Artikel entweder eine Pro- oder eine Kontra-Haltung einnahm. Ein dissonanter Kontakt lag vor, wenn der Leser eine Pro-

Haltung, der gelesene Artikel aber eine Kontra-Haltung einnahm und umgekehrt (vgl. Donsbach 1991: 109ff.; Donsbach 1992: 34ff., 40ff.).

Die komplexen Verfahren der Datenerhebung und Datenaufbereitung gewährleisteten die in einer Feldstudie präzisest mögliche Erfassung der Rezeption. Dennoch stößt auch der Copytest dort an seine Grenze, wo er nicht konkret die Rezeption von Informationseinheiten, sondern nur allgemein des Artikels bzw. von Teilen des Artikels messen kann. Deshalb wurden die Leser-Artikel-Relationen von Donsbach auch als »potenzielle Kontakte« bezeichnet.

Donsbach, Wolfgang (1991): Medienwirkung trotz Selektion. Einflußfaktoren auf die Zuwendung zu Zeitungsinhalten. Mit einem Vorwort von Elisabeth Noelle-Neumann, Köln, Wien, Weimar: Böhlau.

Donsbach, Wolfgang (1992): Die Selektivität der Rezipienten: Faktoren, die die Zuwendung zu Zeitungsinhalten beeinflussen, in: Winfried Schulz (Hrsg.): Medienwirkungen. Einflüsse von Presse, Radio und Fernsehen auf Individuum und Gesellschaft. Untersuchungen im Schwerpunktprogramm »Publizistische Medienwirkungen«, Weinheim: VCH: 25-70.

1.1.2 Die Rezeption bestimmter Fernsehsendungen und Genres

Um die Nutzung bestimmter Fernsehsendungen und Genres zu erheben, kann man diese als Liste vorgeben und den Befragten auffordern, anzugeben, welche davon er entweder gestern genutzt hat oder normalerweise nutzt. Diese Vorgehensweise erfordert allerdings, dass die Liste mit den Fernsehsendungen oder Genres vollständig ist und dass die Befragten sich korrekt an die Nutzung erinnern. Alternativ zur geschlossenen Listenvorgabe kann die Nutzung auch offen als »Free Recall« erhoben werden.

Insbesondere wenn die Nutzung bestimmter Medieninhalte mit weiteren Werturteilen (Präferenzen) verknüpft werden sollen, können diese mit narrativen Interviews offen erhoben werden. Narrative Interviews dienen in erster Linie explorativen Zwecken und zur Ermittlung von Tiefenstrukturen. Das von Margot Berghaus am Medien Institut Ludwigshafen geleitete Forschungsprojekt »Zuschauerblicke aufs Fernsehen« verfolgte darüber hinaus zwei weitere Ziele:

- Kompensation des Effekts der sozialen Erwünschtheit: Dieses Problem taucht gelegentlich bei standardisierten Befragungen auf, etwa wenn die Befragten die Rezeption bestimmter Sendungen verschweigen. Dies muss nicht unbedingt Täuschung sein, sondern kann aus einem unterschiedlichen Verständnis von Fernsehen bei Forschern und Rezipienten resultieren. Aus diesem Grund war nicht nur die Nachfrage nach der Rezeption bestimmter Sendungen sinnvoll, sondern auch die in der freien Erzählung ermittelte Kenntnis der Befragten von nicht direkt nachgefragten Sendungen.

- Bildung von Kategorien für die Inhaltsanalyse von Fernsehshows aus der Sicht der Zuschauer: Aus den erzählenden Antworten auf offene Fragen ließen sich Kategorien für die Inhaltsanalyse von Fernsehsendungen bilden, die nicht auf theoretisch vorgefassten Überlegungen der Forscher, sondern auf Rezeptionsmustern der Rezipienten basierten. Damit wurde einem an Rezipienten orientierten theoretischen Ansatz auch methodisch Rechnung getragen (vgl. Berghaus / Staab 1995: 8ff.).

Insgesamt wurden etwa zweistündige narrative Einzelinterviews mit 26 Frauen und Männern unterschiedlicher Altersgruppen und Bildungsgrade aus Stadt und Land im Rhein-Neckar-Gebiet durchgeführt. Ein Fragebogenleitfaden zu Vorlieben und Abneigungen sowie zum *allgemeinen und konkreten Fernsehnutzungsverhalten* in den letzten Tagen steuerte das Interview nur locker. Konkrete (Nach-) Fragen zu Lieblingssendungen, bevorzugten Schauspielern und Fernsehpersönlichkeiten boten Erzählanreize. Spezielle Nachfragen zu bestimmten Aussagen dienten der Präzisierung und Differenzierung der Antworten, der Bestätigung der persönlichen Meinung des Befragten als Expertenmeinung sowie der Rückführung zum Themenkomplex Vorlieben und Abneigungen (vgl. Staab / Hocker 1994: 161).

Da Kriterien für Gefallen und Missfallen sowie der Prozess der individuellen Strukturierung des Fernsehprogramms in der Regel nicht explizit von den Rezipienten thematisiert wurden oder werden konnten, wurden sie durch die subjektiven Erzählungen rekonstruiert (vgl. Berghaus / Hocker / Staab 1994: 25f.).

Berghaus, Margot / Hocker, Ursula / Staab, Joachim Friedrich (1994): Fernseh-Shows im Blick der Zuschauer. Ergebnisse einer qualitativen Befragung zum Verhalten des Fernseh-Publikums, in: Rundfunk und Fernsehen 42, 1: 24-36.

Berghaus, Margot / Staab, Joachim Friedrich (1995): Fernseh-Shows auf deutschen Bildschirmen. Eine Inhaltsanalyse aus Zuschauersicht, München: Fischer.

Staab, Joachim Friedrich / Hocker, Ursula (1994): Fernsehen im Blick der Zuschauer. Ergebnisse einer qualitativen Pilotstudie zur Analyse von Rezeptionsmustern, in: Publizistik 39, 2: 160-174.

1.2 Die Nutzung von Presse und Rundfunk

Zwei Einrichtungen sind in erster Linie zu nennen, wenn speziell die Nutzung von Presse- und Rundfunkmedien erforscht wird: die Arbeitsgemeinschaft Media-Analyse (AG.MA), die die »Media-Analyse« (MA) durchführt, und das Institut für Demoskopie Allensbach (IfD), das die »Allensbacher Werbeträgeranalyse« (AWA) durchführt. Beide Studien messen die Mediennutzung vor dem Hintergrund des Kontaktes zwischen den Medien als Werbeträgern von bestimmten Werbemitteln und den Rezipienten als potenziellen Konsumenten der beworbenen Produkte. Das kommerzielle Interesse besteht darin, eine standardisierte »allgemeingültige Währung« für Werbeträgerkontakte zu etablieren, welche die Grundlage für die Berechnung von (Anzeige-) Preisen für die Werbung in den Medien bildet (vgl. Koschnick 1995, Band 2: 1201; Meyen 2001: 58).

Im Januar 1954 gründeten mehrere Verlage und Werbefirmen die Arbeitsgemeinschaft Leseranalyse (AG.LA) mit dem Ziel, die erste große Gemeinschaftsanalyse für Werbeträger zu entwickeln. Das Institut für Demoskopie Allensbach war zunächst federführend an der ersten Untersuchung »Der Zeitungsleser« (LA '54) beteiligt. Aufgrund von Unstimmigkeiten zwischen den die Studie durchführenden Instituten über das Stichprobenverfahren und über bestimmte Fragetechniken trennte sich das Allensbacher Institut 1958 von der AG.LA (vgl. Meyen 2001: 69) und entwickelte im selben Jahr die AWA als unabhängige Markt-Media Analyse, die neben der Mediennutzung auch zahlreiche Konsum- und psychografische Merkmale erhebt.

Die AG.LA blieb weiterhin bestehen und wurde 1972 in Arbeitsgemeinschaft Media-Analyse (AG.MA) umbenannt, weil neben der Nutzung von Printmedien auch die elektronischen Medien erfasst wurden. Die AG.MA ist ein Zweckverband aller in Bezug auf ihre Reichweite relevanter Medien, führender Werbeagenturen, von Vermarktungsgesellschaften und von werbetreibenden Unternehmen, die mit ihren Beiträgen die zunächst jährlich und seit 1996 halbjährlich durchgeführte Media-Analyse finanzieren. Ihr Ziel besteht in der Grundlagenforschung, der Erarbeitung methodischer Standards sowie der Lieferung einer Datengrundlage für die Media- und Marketingplanung von Werbetreibenden (vgl. Koschnick 1995, Band 1: 147; Radio Marketing Service 2000: 5ff.).

1.2.1 Die Media-Analyse (MA)

An der Media-Analyse arbeiten mehrere Markt- und Meinungsforschungsinstitute mit einem gemeinsam entwickelten standardisierten Instrument. Die Ziehung der Stichprobe erfolgt nach dem ADM-Master-Sample für persönliche und telefonische Befragungen (→ Teil 1, Kapitel 2.1.2; 2.2.2) und ist repräsentativ für die deutschsprachige (früher: deutsche) Bevölkerung in Privathaushalten ab 14 Jahren (Personengrundgesamtheit) und für die Privathaushalte in der Bundesrepublik (seit 1993 gesamtdeutsch) (Haushaltsgrundgesamtheit). Da die Stichprobe disproportional gezogen wird und die Ausschöpfungsquote nicht 100 Prozent beträgt, wird sie auf der Basis von in der Grundgesamtheit bekannten soziodemografischen Merkmalen personen- und haushaltsproportional gewichtet (vgl. Koschnick 1995, Band 1: 694; Radio Marketing Service 2000: 12f., 17).

Um eine hohe Rücklaufquote zu erreichen, arbeiten die Interviewer in mehreren Wellen (vgl. Koschnick 1995, Band 1: 572f.). Bis 1995 wurden dreimal im Jahr jeweils rund 8.600 Interviews durchgeführt, deren Ergebnisse einmal jährlich veröffentlicht wurden. Mit der Media-Analyse 1996 wurde die Erhebung auf jährlich zwei Wellen mit je 13.000 Interviews umgestellt. Zwei Trendberichte im Frühjahr und im Herbst sowie ein Gesamtbericht, der auf den Daten aus insgesamt 26.000 Interviews pro Jahr beruht, erhöhen die Aktualität der Ergebnisse.

Die ursprüngliche »Single-Source-Erhebung«, bei der die komplette Mediennutzung mit einem Fragebogen abgefragt wurde, wurde ab der Media-Analyse '87 in ein »Partnerschaftsmodell« mit zwei Stichproben aufgeteilt, weil durch die detaillierte Abfrage der Mediennutzung der Fragebogen überfrachtet war: In der »Pressemedientranche« bzw. »Print(medien)-Tranche« (PT) wird die Nutzung von Tages- und Wochenzeitungen und von Zeitschriften und in der »Elektronischen Medientranche« (ET), die seit 1998 »Radio-Tranche« (RT) heißt, von Hörfunksendern erhoben. Seit 2000 gibt es eine dritte Tranche, die Basisdatenerhebung mit Kauf- und Konsumdaten sowie den Reichweiten für Tageszeitungen. Außerdem wird seit 2000 die Radio-Tranche als Telefonbefragung durchgeführt.

Für die Erhebung des Fernsehnutzungsverhaltens kooperiert die MA ferner mit der Gesellschaft für Konsum-, Markt- und Absatzforschung (GfK), die mit telemetrischen Aufzeichnungen exakter vorgehen kann als mit einer Befragung. Die Stichprobe des GfK-Haushaltspanels wird auf der Grundlage der Stichprobe der MA aufgebaut und an ihr adjustiert. Die Ergebnisse der telemetrischen Messungen werden wiederum extern validiert mit den MA-Daten zur Fernsehnutzung, sodass beide Vorgehensweisen miteinander kompatibel sind (vgl. Meyen 2001: 58; zur Methode der Fernsehquotenerhebung ausführlich Gehrau 2002, Kapitel 3.2.1).

Das Partnerschaftsmodell der MA erhebt heute folgende Daten (vgl. Radio Marketing Service 2000: 4, 8; http://www.agma-mmc.de):

- In dem *GfK Fernsehpanel* wird die Nutzung von Fernsehsendern automatisch aufgezeichnet und gemessen. Die Fernsehdaten werden nicht von der MA selbst erhoben, sondern für sie bereitgestellt.
- In der *Radio-Tranche* wird die Nutzung von rund 260 Hörfunksender im Einzelnen und die Fernsehnutzung insgesamt (nicht sender- oder programmspezifisch) abgefragt.
- In der *Printmedien-Tranche* wird derzeit die Nutzung von fast 100 überregionalen und regionalen Tageszeitungen, von etwa 150 Wochenzeitungen, Publikumszeitschriften und Supplements sowie von Lesezirkeln, der konfessionellen Presse (Konpress) und Stadtillustrierten erhoben.
- In der *Basisdatenerhebung* werden allgemeine Kauf- und Konsumdaten abgefragt sowie ebenfalls die Nutzung der Tageszeitungen.

Diese Datensätze werden mit Hilfe einer »Bindevariablen«, die in den unabhängigen Datensätzen gleichermaßen erhoben wird und in allen Datensätzen eine hohe Korrelation aufweist, miteinander verrechnet. Als Bindevariablen dienen die soziodemografischen Merkmale, Haushaltsausstattung, Freizeitverhalten und allgemeine Angaben zur Mediennutzung. Bei dieser *Fusion* werden die Daten, obwohl sie getrennt erhoben werden, zusammengelegt und interpretiert, als würden sie aus einer Stichprobe stammen. Voraussetzung ist jedoch lediglich, dass sie der gleichen Grundgesamtheit entnommen sind (vgl. Koschnick 1995, Band 1: 641ff.). Die Radio-Tranche bezieht dabei als »Rezipient« die Fernsehnutzungsdaten der GfK und überspielt als »Donor« der Print-Tranche (nur) auf der Werbeträger-Ebene die Nutzungswahrscheinlichkeiten für die Hörfunkrezeption und die Fernsehrezeption (vgl. http://www.agma-mmc.de).

In der *Printmedien-Tranche* werden zunächst allgemeine Freizeitbeschäftigungen inklusive der allgemeinen Nutzung bestimmter Medienbereiche auf einer fünfstufigen Skala mit den Ausprägungen »mehrmals in der Woche«, »mehrmals im Monat«, »etwa einmal im Monat«, »seltener«, »nie« erfasst. Außerdem wird nach der Nutzung von Hörfunk und Fernsehen allgemein (nicht sender- oder programmspezifisch) in einer normalen Woche gefragt. Dabei soll der Befragte angeben, wie oft er in einer Zeitspanne von zwei Stunden über den gesamten Tagesablauf Radio hört oder Fernsehen nutzt. Die Nutzung von Zeitschriften wird mit einer Liste erfasst, auf der Gelegenheiten aufgeführt sind, zu denen man in Zeitschriften lesen oder blättern kann. Der weitere Ablauf spezifiziert die Nutzung bestimmter Pressetitel (vgl. Arbeitsgemeinschaft Media-Analyse 2000: 46, 76, 80, 82, 85):

- *Generalfilter*: Den Befragten werden kleine Karten vorgelegt, auf denen Erkennungssymbole oder Erkennungsnamen, das Erscheinungsintervall und eine laufende Nummer von allen in der Media-Analyse erhobenen Zeitschriften abgedruckt sind. Diese Karten sollen nach den drei Vorgaben »ist mir unbekannt«, »nur dem Namen nach bekannt« und »habe ich schon mal in der Hand gehabt« sortiert werden. Nur die Karten derjenigen Zeitschriften, welche die Befragten *schon einmal in der Hand gehabt* haben, werden für den nächsten Filter weiter verwendet.

- *Erster Zeitfilter / Großer Zeitfilter*: Danach werden die Leser gefragt, *wann* sie die betreffende Zeitschrift zum letzten Mal durchgeblättert oder gelesen haben. Bei wöchentlichen Zeitschriften und Zeitungsmagazinen werden die Antwortmöglichkeiten »innerhalb der letzten 3 Monate«, »¼ bis ½ Jahr her« und »länger her«. Wer die Zeitschrift innerhalb der letzten drei Monate in der Hand hatte, zählt zum *Weitesten Leserkreis* (WLK). Bei 14-täglichen Zeitschriften lauten die Vorgaben entsprechend »innerhalb der letzten 6 Monate« (WLK), »½ bis 1 Jahr her« und »länger her« und bei monatlichen Zeitschriften und Stadtillustrierten »innerhalb der letzten 12 Monate« (WLK), »1 bis 2 Jahre her« und »länger her«.

- *Frequenzfrage / Lesehäufigkeit*: Die Personen des WLK werden weiter danach gefragt, *wie viele von zwölf Ausgaben* der Zeitschrift sie in den letzten drei Monaten durchgeblättert oder gelesen haben.

- *Zweiter Zeitfilter / Kleiner Zeitfilter*: Schließlich sollen die Befragten konkreter angeben, wann sie die Zeitschrift zum letzten Mal durchgeblättert oder gelesen haben, und zwar bei wöchentlichen Zeitschriften und Zeitungsmagazinen mit den Antwortmöglichkeiten »innerhalb der letzten 7 Tage«, »8 bis 14 Tage her«, »2 bis 3 Wochen her« und »länger her«. Erstere gelten als *Leser pro Woche* (LpW) bzw. als *Leser pro Nummer* (LpN). Bei 14-täglichen Zeitschriften lauten die Vorgaben entsprechend »innerhalb der letzten 14 Tage« (LpN), »14 Tage bis 4 Wochen her«, »4 bis 6 Wochen her« und »länger her« und bei den monatlichen Zeitschriften und Stadtillustrierten »innerhalb der letzten 4 Wochen« (LpN), »1 bis 2 Monate her«, »2 bis 3 Monate her« und »länger her«.

Weitere Fragen betreffen die Häufigkeit und den Ort der Zeitschriftenlektüre aus einem Lesezirkel, die Häufigkeit des Kinobesuchs (mit drei Filtern), die Ausstattung des Haushaltes mit Fernsehgeräten und Antennen, die Empfangsmöglichkeiten elektronischer Medien sowie abschließend die soziodemografischen Merkmale aller Haushaltsmitglieder (vgl. Arbeitsgemeinschaft Media-Analyse 2000: 87ff.).

In der *Radio-Tranche* ist der allgemeine Teil des Fragebogens inklusive der allgemeinen Fragen zur Hörfunk- und Fernsehnutzung identisch mit dem zur Ermittlung der Printmediendaten. Das folgende Ablaufschema ist ähnlich, aber auf die Rezeption von Hörfunksendern angepasst:

- *Generalfilter*: Dem Befragten wurden vor der Umstellung von persönlichen auf telefonische Interviews Karten mit den Logos der Sender und einer laufenden Nummer vorgelegt. Diese Karten sollten danach sortiert werden, welche Sender oder Programme der Befragte schon mal gehört hat. Hierfür wurden als Antwortmöglichkeiten »Sender schon mal gehört« und »Sender noch nie gehört« vorgegeben. Seit der Umstellung werden »Einzel-Items« vorgelesen. Dabei ist es nicht notwendig, alle Radiosender abzufragen, sondern nur diejenigen, die in der Region, in welcher der Befragte lebt, auch empfangbar sind. Darüber hinaus wird offen nach bisher nicht genannten, aber schon mal gehörten Sendern gefragt.
- *Großer Zeitfilter*: Wer den betreffenden Sender schon mal gehört hat, soll angeben, wann er den Sender zum letzten Mal gehört hat: »innerhalb der letzten zwei Wochen«, »2 bis 4 Wochen her« und »länger her«. Wer den Sender innerhalb der letzten zwei Wochen gehört hat, zählt zum *Weitesten Hörerkreis* (WHK).
- *Frequenzfrage*: Schließlich soll der Befragte angeben, an wie vielen von sechs üblichen Werktagen montags bis samstags er im Allgemeinen Sendungen des betreffenden Senders hört. Wer den Sender an mindestens vier Tagen nutzt, gilt als *Stammhörer*; wer den Sender weniger als vier von sechs Tagen hört, wird als *Gelegenheitshörer* klassifiziert.

Danach wird den Befragten ein Tagesablaufschema vorgelegt, das vertikal in Viertelstundenabschnitte von 5:00 bis 24:00 Uhr und horizontal in »Aktivitäten zu Hause« (Schlafen, Körperpflege, Essen, Hausarbeit, Berufsarbeit) und »Aktivitäten außer Haus« (unterwegs im Auto, mit Bus oder Bahn, Einkaufen, Berufsarbeit, Schule oder Studium, Freunde, Bekannte oder Verwandte sowie Kneipe oder Restaurant) eingeteilt ist. Für jede Viertelstunde soll der Befragte darüber hinaus angeben, ob er (zusätzlich) Radio, Fernsehen, Video, PC oder CD, Schallplatte, Kassette usw. genutzt hat. Anhand der Aktivitäten werden »Tagesabläufe gestern« rekonstruiert. Damit können analog zum »Leser pro Ausgabe« (LpA) weitere Einheiten ausgewiesen werden: der »Seher pro Tag und Zeitabschnitt« (SpTZ) und der »Hörer pro Tag und Zeitabschnitt« (HpTZ) (vgl. http://www.agma-mmc.de). Darüber hinaus lassen sich der »Hörer gestern« berechnen, der mindestens in einer Viertelstunde am Tag vor dem Interview Radio gehört haben muss, sowie weitere Kennwert der Radionutzung (vgl. Radio Marketing Service 2000: 25).

Die Reichweite, gemessen als Prozentsatz der durch den Werbeträger erreichten Bevölkerung, wurde bis zur Media-Analyse ’91 nur auf der Ebene des *Werbeträgerkontaktes* (mit einer durchschnittlichen Ausgabe eines Titels) als *Leser pro Ausgabe* (LpA) ausgewiesen. Ab 1992 wurde zusätzlich der *Werbemittelkontakt* (mit einer durchschnittlichen Seite einer durchschnittlichen Ausgabe) als *Leser pro Seite* (LpS) ermittelt. Dazu wurde eine Parallelwelle eingeführt, bei der die Personen des Weitesten Leserkreises nach ihrer Lesemenge auf einer sechsstufigen Skala (»(fast) keine Seiten«, »nur wenige Seiten«, »etwa ein Viertel der Seiten«, »etwa die Hälfte der Seiten«, »etwa drei Viertel der Seiten« und »(fast) alle Seiten«) befragt wurden. Außerdem wurden »Kalibrierungs-Copytests« vorgenommen und die Daten der Leseintensität aus der Parallelwelle mit der Printmedien-Tranche verrechnet. Aufgrund von Kritik an dem Verfahren wurde ab der Media Analyse ’96 die neue Größe der Wahrscheinlichkeit des Werbemittelkontaktes als Relation der Zahl der gesehenen Seiten mit Anzeigen zur Zahl aller mit Anzeigen belegten Seiten in einer Anzeige eingeführt. Daraus konnte der *Leser pro durchschnittliche werbeführende Seite* (LpwS) errechnet werden, wobei mindestens eine Viertelseite mit Anzeige bedeckt sein musste (vgl. Beike 1996: 136; Korch 1995: 16).

Heute gelten folgende Definitionen für die verschiedenen Medienbereiche:

- *Werbeträger-Kontakt* bedeutet bei Zeitungen und Zeitschriften der Kontakt mit einer durchschnittlichen Ausgabe, in der Werbung geschaltet ist, beim Fernsehen Kontakt mit mindestens 60 aufeinander folgenden Sekunden in einer durchschnittlichen halben Stunde, in der Werbung geschaltet ist, und im Hörfunk Kontakt mit mindestens einer Viertelstunde in einer durchschnittlichen Stunde, in der Werbung geschaltet ist.

- *Werbemittel-Kontaktchance* ist bei Zeitungen und Zeitschriften definiert als Kontakt mit einer Werbung führenden Seite einer durchschnittlichen Ausgabe, in der Werbung geschaltet ist, beim Fernsehen als Kontakt mit der durchschnittlichen Minute in einer durchschnittlichen halben Stunde, in der Werbung geschaltet ist, und im Hörfunk als Kontakt mit einer durchschnittlichen Viertelstunde in einer durchschnittlichen Stunde, in der Werbung geschaltet ist (vgl. http://agma-mmc.de; Radio Marketing Service 2000: 19).

Als weiteres Korrektiv zur Reichweitenmessung kam neben dem Copytest die Auflagenberechnung ab der Media Analyse ’96 hinzu. Die genaue Relation der Auflage und der Reichweite hängt von der Anzahl der Mitleser einer Ausgabe ab, ist also variabel. Um Selbstüberschätzungen der Verlage zu vermeiden, werden diese Daten von der »Informationsgesellschaft zur Feststellung der Verbreitung von Werbeträgern« (IVW) geprüft. Damit wird die Auflage pro Heft zur harten, aber nicht sehr konkreten Währung.

Seit einigen Jahren werden in Print- und in der Radio-Tranche auch die Art, Häufigkeit und Dauer der Nutzung von Internet- und Onlinediensten abgefragt analog zu den Zeitfiltern und der Frequenzfrage zu den anderen Medien (vgl. Arbeitsgemeinschaft Media-Analyse 2000: 49f., 67f., 103ff.).

Die MA ’99 war die letzte, die *komplett* auf persönlichen Interviews beruhte. Seit der MA 2000 *Radio* werden die Interviews der Radio-Tranche telefonisch mit CATI durchgeführt. Dazu mussten die bisherigen Instrumente an die CATI-Technik angepasst werden. Durch den Wechsel der Erhebungsmethoden ist ein direkter Vergleich der Ergebnisse nur bedingt möglich. Insbesondere werden mobile Personen besser erreicht, aber insgesamt hat sich die Ausschöpfungsquote etwas verringert (vgl. Klingler / Müller 2000: 414ff.). Außerdem entstand ein datentechnisches Problem: Sowohl in der Print-Tranche als auch in der Radio-Tranche wurden die Tageszeitungen mit erhoben. Durch die Umstellung der Radio-Tranche auf Telefoninterviews können die Tageszeitungen nicht mehr mit vorgelegten Titelkarten, also visuell, abgefragt werden. Um den Befragten das Vorlesen der großen Titelliste zu ersparen, wird auf die Erhebung der Tageszeitungen in der Radiotranche verzichtet und die Basisdatenerhebung zur Abfrage von Tageszeitungs-Reichweiten genutzt (vgl. Belz 2001: 4).

Durch den Wechsel der Befragungsart und des Instruments, durch unterschiedliche (Teil-) Ergebnisse der beteiligten Institute sowie durch interne Machtunterschiede der Auftraggeber innerhalb der Arbeitsgemeinschaft ist die Vergleichbarkeit der Ergebnisse im Querschnitt und im Längsschnitt gefährdet (vgl. Meyen 2001: 58, 62).

1.2.2 Die Allensbacher Werbeträgeranalyse (AWA)

Die Allensbacher Werbeträgeranalyse geht von der gleichen Grundgesamtheit wie die Media-Analyse aus, wählt jedoch für die Ziehung der Stichprobe das Quotenverfahren. Dazu bekommt jeder Interviewer einen Quotenbogen mit den Kriterien Geschlecht, Alter(sgruppen), Gruppen von Berufstätigen und Nichtberufstätigen. Nach diesen Quoten, die nicht miteinander kombiniert werden müssen, suchen die Interviewer die Zielpersonen aus. Um eine gute Streuung der Befragten zu erreichen, werden sehr viele Interviewer (mehr als 1.500) eingesetzt und jeder Interviewer führt nur durchschnittlich zehn Interviews durch. Um die für die werbetreibende Wirtschaft besonders interessanten Bevölkerungsgruppen differenziert zu berücksichtigen, wird ein disproportionaler Stichprobenansatz gewählt, der durch Gewichtung wieder aufgehoben wird. Die Repräsentativität wird durch den Vergleich mit der amtlichen Statistik (Mikrozensus) überprüft. Insgesamt werden jährlich mehr als 20.000 Personen befragt. Die Erhebung erfolgt dabei in drei Wellen (nicht im Sommer) (vgl. Institut für Demoskopie Allensbach 1994: 4ff.).

Die Befragung ist wie bei der Media-Analyse (bis 1999) persönlich-mündlich, allerdings wird im Unterschied zu dieser bei der AWA die Stichprobe nicht geteilt. Eine solche *Single-Source-Befragung* hat den Vorteil, dass allen Daten tatsächlich und nicht nur künstlich fusioniert die Aussagen derselben Person zugrunde liegen. Demgegenüber steht der Nachteil, dass die Befragung für den Befragten sehr aufwändig ist – ein Interview dauert im Durchschnitt zwei Stunden. Deshalb besteht die Möglichkeit, das Interview zeitlich in zwei Teilen durchzuführen, und im Fragebogen findet ein »lebhafter« Themenwechsel statt (vgl. Institut für Demoskopie Allensbach 1994: 3, 10, 65).

Wie die MA erhebt die AWA Daten über den Werbeträgerkontakt, also die Wahrscheinlichkeit, mit einem Medium in Kontakt zu kommen. Hierfür wird die Nutzung folgender Mediengattungen mit jeweils eigenem Modus abgefragt:

- Publikumszeitschriften, Magazin-/Programmsupplements, Stadtillustrierte
- ausgewählte Kundenzeitschriften
- Wochenzeitungen (inklusive Sonntagszeitungen)
- überregionale und regionale Abonnements-Tageszeitungen
- überregionale und regionale Kaufzeitungen
- Anzeigenblätter
- (Werbe-) Fernsehen
- (Werbe-) Hörfunk
- Kino-Besuch

Insgesamt handelt es sich um rund 250 Printmedientitel und 12 Fernsehsender (http://www.awa-online.de/portrait.html). Die Abfrage erfolgt zweistufig mit einer Frequenzfrage und einem Zeitfilter. Sie sieht für die Printmedien wie folgt aus (vgl. Institut für Demoskopie Allensbach 2000: 207, 224, 232):

- *Frequenzfrage / Lesehäufigkeit*: Die Befragten erhalten einzelne Titelkarten mit dem Signet, gruppiert nach thematischer oder Namensähnlichkeit, um Erinnerungslücken auszuschließen. Die Befragten sollen angeben, welche Titel sie wie häufig lesen oder durchblättern. Dafür stehen ihnen die Antwortmöglichkeiten »lese ich regelmäßig, und zwar alle Hefte, die herauskommen«, »lese ich ziemlich regelmäßig, wenn auch nicht alle Ausgaben«, »lese ich auch noch ziemlich oft«, »lese ich so ab und zu«, »lese ich (ganz) selten«, »nur dem Namen nach bekannt« und »unbekannt«. Bei regionalen Abonnement-Tageszeitungen lauten die Vorgaben: »täglich«, »fast täglich«, »ab und zu«, »selten«, »fast nie« und »lese keine Zeitung«. Zum *Weitesten Leserkreis* (WLK) zählen ähnlich wie bei der MA alle Antworten bis auf die beiden letzten Möglichkeiten. Allerdings ist der Filter der AWA breiter als der Filter der MA, sodass die WLK bei der AWA größer ist als bei der MA.
- *Letzter Kontakt*: Anschließend werden die Titelkarten, die den WLK-Filter passiert haben, nach dem Erscheinungsintervall sortiert (bis zu sechsmal im Jahr, acht- bis zwölfmal im Jahr, 14täglich und wöchentlich erscheinende Zeitschriften) und nach dem letzten Kontakt mit dem betreffenden Titel gefragt. Dazu werden vier Antwortmöglichkeiten vorgegeben, die je nach Erscheinungsweise variieren; aus den Antworten auf die ersten beiden wird jeweils der *Leser pro Nummer* (LpN) berechnet: Bei wöchentlichen Zeitschriften sind dies die Vorgaben »gestern in der Hand gehabt« (LpN), »innerhalb der letzten 7 Tage« (LpN), »8 bis 14 Tage her« und »länger her«, bei 14täglich erscheinenden Zeitschriften »innerhalb der letzten 7 Tage« (LpN), »8 bis 14 Tage her« (LpN), »15 bis 30 Tage« und »länger her«, bei (fast) monatlich erscheinenden Zeitschriften »innerhalb der letzten 14 Tage« (LpN), »15 bis 30 Tage her« (LpN), »innerhalb des letzten Vierteljahres« und »länger her«, bei halbjährlich oder seltener erscheinenden Zeitschriften »innerhalb der letzten 4 Wochen« (LpN), »etwa 2 Monate her« (LpN), »etwa 3 Monate her« und »länger her«.

Aus den empirisch errechneten Größen des WLK und des LpN wird der *Leser pro Ausgabe* (LpA) ermittelt, der die Wahrscheinlichkeit angibt, mit einer durchschnittlichen Ausgabe eines Titels in Kontakt zu kommen. Diese Medienkontakteinheiten sind äquivalent zu denen der MA. In der Berichterstattung der AWA wird als Größe der LpA angegeben (vgl. Koschnick 1995, Band 2: 1201f.).

Bei Tageszeitungen wird der WLK bestimmt als Leser in den letzten vier Wochen. Der LpN wird je nach Befragungstag bezeichnet als »Leser gestern« (Dienstag bis Sonntag) oder als »Leser gestern und / oder vorgestern« (Sonntag).

Beim (Werbe-) Fernsehen und (Werbe-) Hörfunk wird der *Weiteste Seherkreis* (WSK) bzw. der *Weiteste Nutzerkreis* (WNK) und daraufhin der letzte Kontakt mit Werbung ermittelt. Beim Hörfunk wird nur allgemein nach der Nutzung von ARD-Programmen oder privaten Sendern gefragt. Zum WSK bzw. WNK gehören diejenigen, die mindestens in den letzten vier Wochen Werbung gesehen bzw. gehört haben. Danach wird auch hier die Frage nach dem letzten Kontakt gestellt mit den beiden Antwortvorgaben »gestern« und »länger her«. Bei denjenigen, die angeben, gestern Werbefernsehen gesehen zu haben, wird in Halbstundenschritten die genaue Zeit des gestrigen Kontaktes ermittelt (bei öffentlich-rechtlichen Sendern von 18 bis 20 Uhr, bei privat-kommerziellen Sendern von 18 bis 23.30 Uhr). Bei denjenigen, die angeben, gestern Werbefunk gehört zu haben, wird die Nutzungsfrequenz zwischen 6 und 14 Uhr erhoben und daraus der *Hörer pro Stunde* (HpS) errechnet (vgl. Institut für Demoskopie Allensbach 1994: 22; Koschnick 1995, Band 1: 57).

Bei der Abfrage für das Kino wird nur der *Weiteste Nutzerkreis* (WNK) erhoben. Hierzu gehören alle Befragte mit Ausnahme derjenigen, die seit Jahren nicht mehr im Kino waren. Bei den Befragten, die zum WNK gehören wird nach dem letzten Kontakt gefragt mit den Antwortmöglichkeiten »gestern«, »vorgestern«, »innerhalb der letzten 7 Tage«, »innerhalb der letzten 4 Wochen« und »länger als 4 Wochen her«. Daneben wird die Wahrnehmung sonstiger Werbeträger wie des Plakats oder des öffentlichen Nahverkehrs erhoben sowie die Nutzung von Online-Diensten erhoben (vgl. Institut für Demoskopie Allensbach 2000: 162, 186, 235f.).

Neben dem *Werbeträgerkontakt* wird auch bei der AWA der *Werbemittelkontakt* erhoben. Dazu werden Fragen zur Nutzungsmenge und zur Nähe des Rezipienten zu dem betreffenden Medium gestellt. Die Nutzungsmenge wird seit der AWA '82 erhoben. Bei den Printmedien wird die *Lesemenge* als Anzahl der gelesenen Seiten des letzten Heftes bzw. der letzten Ausgabe, bei Funkmedien als Häufigkeit der Rezeption von Werbung bei der letzten Rezeption definiert. Bei Printmedien lauten die Antwortvorgaben »alle, fast alle Seiten«, »etwa drei Viertel«, »etwa die Hälfte«, »etwa ein Viertel« und »nur ganz wenige Seiten«. Bei der seit der AWA '92 erhobenen *Hörmenge* und *Sehmenge* der Funkmedien werden die Kategorien »alles, fast alles«, »etwa drei Viertel«, »etwa die Hälfte«, »etwa ein Viertel« und »weniger als ein Viertel« vorgegeben.

Auch für die AWA wurde die Lesemenge durch Copytests kalibriert. Dabei stellte sich heraus, dass es aufgrund der Rezeptionsunterschiede sinnvoller ist, bei Printmedien nach redaktionellen Beiträgen und bei Funkmedien direkt nach der Werbung zu fragen: Bei Printmedien blättert der Leser aktiv die Seiten um und muss jede Seite wenigstens kurz darauf hin betrachten, ob er weiterlesen möchte oder nicht. Die Rezeption von redaktionellen Beiträgen und werblichen Anzeigen erfolgt gemeinsam; bei den elektronischen Medien kann der Hörer oder Fernseher aktiv Werbung vermeiden (durch Wegzappen), sodass die Rezeption von journalistischen oder unterhaltenden Beiträgen einerseits und Werbung andererseits kognitiv getrennt erfolgt (vgl. Koschnick 1995, Band 1: 57f.).

Die *Nähe* wird nur für Zeitschriften erhoben. Hierfür wird eine bildliche, siebenstufige Skala benutzt, die aussieht wie eine Leiter, die sich mit zunehmender Distanz nach oben verjüngt (vgl. Institut für Demoskopie Allensbach 1993: 184).

Seit der AWA '89 wird neben vielen anderen Variablen zu den Konsumgewohnheiten auch ein Zielgruppenmerkmal erhoben, das als psychografischer Indikator für eine progressive, entscheidungsfreudige, durchsetzungsfähige Person gilt: die Persönlichkeitsstärke (Institut für Demoskopie Allensbach 1994: 56; → Teil 2, Kapitel 3.4.2). Solche Gruppierungsvariablen dienen dazu, die Informationen für die Werbewirtschaft zu spezifizieren, um konkretere Mediaplanungen zu ermöglichen (vgl. Koschnick 1995, Band 1: 59, Band 2: 1200; Institut für Demoskopie Allensbach 1995: 62ff., 74ff., 122).

Weitere Indizes werden mit Hilfe der Fragen zur Mediennutzung errechnet und ausgewiesen (vgl. Institut für Demoskopie Allensbach 2000: 238ff.):

- *Mediennutzungstypen*: Hier werden für den Bereich der Zeitschriften und des Fernsehens Nutzergruppen aus der jeweiligen Kontaktsumme gebildet.
- *Medienhorizont*: Für alle Mediengattungen wird die Anzahl der Titel (Printmedien) oder Sender (Funkmedien) addiert und gruppiert, die mindestens vom weitesten Leser- oder Nutzerkreis rezipiert werden.
- *Mediendosis*: Hier werden die Anzahl der Hefte von Zeitschriftentitel, die ein Befragter pro Jahr liest, addiert und zu einer fünfstufigen Skala zusammengefasst. Für die TV-Dosis werden alle Kontakteinheiten ebenfalls zu einer fünfstufigen Skala von sehr niedrigem bis sehr hohem Konsum zusammengefasst.
- *Zeitschriften- und Mediengruppen*: Ähnliche Gruppen von Zeitschriften werden zusammengefasst und für sie die Nutzungswahrscheinlichkeit (mit den Ergebnissen der Frage zum letzten Kontakt) und die Nutzungsfrequenz (mit den Ergebnissen der Frequenzfrage) errechnet.
- *Lesertypologie*: Aus der Lesehäufigkeit und zur Lesemenge von Zeitungen und Zeitschriften lassen sich vier Lesetypen bilden: »Heavy Reader« (liest oft und intensiv), »Scanner« (liest oft, aber selektiv), »Sporadic Reader« (liest selten, aber intensiv) und »Apathetic Reader« (liest selten und selektiv).

Ein Vergleich zwischen MA und AWA verdeutlicht die Unterschiede:

- Die Filterführung der AWA ist breiter als die der MA. Das führt dazu, dass der WNK bei der AWA größer ist. Die MA ist demzufolge eher am Kernleser interessiert, die AWA umfasst dagegen alle als Leser definierten Nutzer, also auch die sporadischen Leser.
- Als »Single-Source-Erhebung« hat die AWA den Vorteil, alle Daten für jede Person erheben zu können, wohingegen die MA die Daten für die Presse- und Rundfunknutzung erst mit einem komplizierten Verfahren fusionieren muss. Allerdings kann die MA dafür die Länge der Interviews und damit den Aufwand für den Befragten verringern. Durch das partnerschaftliche Modell der MA wird insbesondere die Hörfunk- und die Fernsehnutzung gründlicher erfasst. Die AWA hat dagegen ihren Schwerpunkt eindeutig im Pressebereich und bei sonstigen Werbeträgern (etwa Verkehrsmittel, Telefonbücher).
- Während die MA die Werbemittelkontaktchancen nur *intramedial* vergleicht, weist die AWA diese Größe für alle Mediengattungen aus und ermöglicht dadurch den *intermedialen* Vergleich, was jedoch methodisch problematisch ist, da die Rezeptionsweisen von Print- und Funkmedien sehr unterschiedlich sind. Für beide Studien gilt, dass die zunehmende Ausdifferenzierung auf den Medienmärkten zu einer Spezialisierung bei der Erhebung führen muss, da eine umfassende Berücksichtigung aller Titel und Sender nicht mehr in einem Interview zu bewältigen ist – selbst wenn man die Stichprobe in mehrere Teilstichproben (Tranchen) aufteilt (Meyen 2001: 71).
- Insgesamt interessiert sich die AWA mehr für mit der Mediennutzung verwandte Freizeit- und Konsumgewohnheiten als die MA und verknüpft diese miteinander. Während die MA großen Aufwand betreibt, um eine harte Währung für Mediennutzung und Werbeträger- sowie Werbemittelkontakte zu liefern, ist die AWA serviceorientierter und bietet ihren Kunden mehr zusätzlich errechnete Skalen und Indizes.

Einen skeptischen Blick auf die Leistungsfähigkeit der Werbeträgerforschung im Allgemeinen und der beiden großen Studien MA und AWA im Besonderen wirft Meyen: Er beschreibt einen Zielkonflikt zwischen dem *Erkenntnisinteresse* nach einerseits vergleichbaren (objektiven) Reichweitendaten und andererseits nach einer (subjektiv) guten Position und deren öffentliche Wahrnehmung. Zudem ermöglicht das Zählen von Werbeträgerkontakten weder Schlussfolgerungen auf die Wirkung dieser Nutzungskontakte noch auf die Motive, die zur Nutzung führen, noch auf die Rezeptionstiefe und ist insofern nur von begrenztem Aussagewert.

Schließlich führt er zwei methodische Probleme auf, die das Umfrageverhalten der Befragten betreffen: Die Nutzung von Medien ist so stark in den Alltag integriert und damit ein routiniertes Verhalten, dass seine Bewusstwerdung, die zur Erinnerung in der Befragung notwendig ist, erschwert wird. Außerdem ist die Mediennutzung mit Prestigewerten belegt. So gilt es als sozial erwünschter, Bücher und Zeitungen zu lesen und sich zu informieren, als Fernsehen zu nutzen und sich (nur) zu unterhalten (»Bekenner-Defizit« und »Angeber-Bonus«). Auf diese Weise besteht in doppelter Hinsicht die Gefahr, ungültige Antworten zu erhalten. Zudem erlernt der Befragte, dass die Nutzung bestimmter Medien zu Folgefragen führt, sodass er – um die Frageprozedur abzukürzen – möglicherweise weniger Titel oder Sender angibt, als er tatsächlich nutzt (vgl. Meyen 2001: 54f., 61f., 65).

Arbeitsgemeinschaft Media Analyse (2000): MA 2000. Pressemedien II. Trend Herbst 2000. Tageszeitungen. Datensatz Codeplan, Frankfurt/Main.

Beike, Peter (1996): Neue Währung für die Media-Analyse, in: Werben & Verkaufen 7: 136-138.

Belz, Christopher (2001): Neue Strukturen. Der Tageszeitungsdatensatz MA 2001, in: Media Spectrum 3/2001: 4-5.

Berekoven, Ludwig / Eckard, Werner / Ellenrieder, Peter ([6]1993): Marktforschung. Methodische Grundlagen und praktische Anwendungen, Wiesbaden: Gabler.

Hansen, Jochen (1993): AWA – ein Instrument aktueller Zielgruppenplanung, in: Media Spectrum 31, 8: 16-20.

Hess, Eva-Maria (1996): Die Leser. Konzepte und Methoden der Printforschung, München, Offenburg: Burda Medien-Forschung.

http://www.agma-mmc.de (Stichwort »Inforecherche«, »Begriffsdefinition«, zuletzt aufgerufen am 10. September 2002)

http://www.awa.online.de (zuletzt aufgerufen am 10. September 2002)

Institut für Demoskopie Allensbach (Hrsg.) (1987): Allensbacher Werbeträgeranalyse (AWA) '87. Band 4: Methode / Fragebogen, Allensbach.

Institut für Demoskopie Allensbach (Hrsg.) (1993): AWA '93. Dokumentation. Berichtsband IV, Allensbach.

Institut für Demoskopie Allensbach (Hrsg.) (1994): AWA '94. Dokumentation. Berichtsband IV, Allensbach.

Institut für Demoskopie Allensbach (Hrsg.) (1995): AWA '95. Codebuch, Allensbach.

Institut für Demoskopie Allensbach (Hrsg.) (2000): AWA 2000. Allensbacher Marktanalyse Werbeträgeranalyse. Codebuch, Allensbach.

Klingler, Walter / Müller, Dieter K. (2000): MA 2000 Radio: Erstmals mit Telefoninterviews erhoben. Hörfunknutzung und -präferenzen in Deutschland, in: Media Perspektiven 9: 414-426.

Korch, Christiane (1993): MA '93: Erstmals Gesamtdeutsch und was sie sonst noch Neues bringt, in: Media Spectrum 31, 6: 16-20

Korch, Christiane (1995): Oldtimer im neuen Glanz. MA '95: Was sich seit der MA '94 geändert hat und was sich noch ändern wird, in: Media Spektrum 33, 6: 14-17.

Korch, Christiane (1996): MA '96: Im Zeichen der Veränderung. Eine Übersicht der aktuellen und künftig neuen Modalitäten, in: Media Spectrum 34, 6: 8-14.

Koschnick, Wolfgang J. ([2]1995): Standard-Lexikon für Mediaplanung und Mediaforschung in Deutschland, 2 Bände, München u.a.: Saur.

Meyen, Michael (2001): Mediennutzung. Mediaforschung, Medienfunktionen, Nutzungsmuster, Konstanz: UVK.

Radio Marketing Service (RMS) (2000): Die Media-Analyse, in: http://www.rms.de (zuletzt aufgerufen am 10. Oktober 2002).

Scheler, Hans-Erdmann (1996): Replikas. Ausgewählte Aufsätze zur Leserschaftsforschung (= Arbeitsgemeinschaft Media-Analyse e.V. Schriften, Band 13), Frankfurt/Main: Media-Micro-Census.

Schneller, Johannes (1994): AWA '94: Multimedia-Studie, in: Media Spectrum 32, 7: 31-36.

Schrott, Peter / Schulz, Kirsten (1995): Methoden und Ergebnisse der angewandten empirischen Kommunikationsforschung, in: Otfried Jarren (Hrsg.): Medien und Journalismus. Band 2, Opladen: Westdeutscher Verlag: 172-186.

Schulz, Rüdiger (1992): AWA Highlights. Neue Dimensionen in der AWA '92, in: Media Spectrum 30, 10: 10-12.

Schulz, Rüdiger (1993): AWA '93: Zusatznutzen für TV- und Zeitschriftenplanung: Aktuelle Ergebnisse der 35. Allensbacher Markt- und Werbeträgeranalyse, in: Media Spectrum 31, 8: 8-9, 12-14.

Schulz, Rüdiger (1994): Mediaforschung, in: Elisabeth Noelle-Neumann / Winfried Schulz / Jürgen Wilke (Hrsg.): Fischer Lexikon Publizistik Massenkommunikation, Frankfurt/Main: Fischer: 187-218.

1.3 Die Nutzung von Online-Medien

Die Erfassung der Nutzung von Online-Medien steht vor einer besonderen Herausforderung, weil das Medium noch sehr jung ist und die Nutzung noch wenig habitualisiert, sodass sich typische Nutzungsstile erst allmählich mit der Etablierung des Mediums entwickeln. Die Erhebung kann im Internet durchgeführt werden (W3B-Studie) oder mit computerunterstützten Telefoninterviews erfolgen (ARD / ZDF-Online-Monitor, GfK Online-Monitor). Der Vorteil der Online-Erhebung besteht darin, dass die Streuverluste gering sind; allerdings ist es derzeit praktisch unmöglich, eine repräsentative Stichprobe (aller Nutzer) zu ziehen (→ Teil 1, Kapitel 2.3.4). Mit einem anderen Befragungsverfahren ist dies prinzipiell möglich, allerdings sind die Streuverluste hoch und abhängig von der Verbreitung des Mediums.

1.3.1 Die W3B-Studie

Die W3B-Studie hat zwei Ziele: Zum einen soll sie Ergebnisse liefern, mit denen Nutzerprofile erstellt und WWW-Angebote qualitativ, inhaltlich und optisch im Marketing-Mix eingesetzt werden können. Zum anderen geht es um einen Dialog mit WWW-Nutzern, in dem diese ihre Wünsche äußern und Verbesserungsvorschläge einbringen können.

Die Studie ist eine (schriftliche) Online-Befragung, die halbjährlich im Frühjahr und Herbst durchgeführt wird. Sie benutzt damit das Medium, über das sie forscht. Die Grundgesamtheit bilden alle deutschsprachigen Personen mit Zugang zum Internet bzw. WWW. Auswahlgrundlage sind allerdings nur diejenigen Personen, die während des (in der Regel sechswöchigen) Erhebungszeitraums online sind. Der Fragebogen wird auf der Homepage der Studie abgelegt und kann von dort aufgerufen werden. Um die Stichprobe so zu ziehen, dass sie soziodemografisch möglichst breit streut, werden intensive Öffentlichkeitsarbeit betrieben und 200 Hyperlinks bei WWW-Angeboten geschaltet. Mit Werbebanner, Text- und Bildlinks, E-Mail-Newslettern soll die Studie bekannt machen und die Stichprobe vergrößern. Seit 1999 wird zusätzlich Active Sampling betrieben, wobei jedem x-ten Besucher einer bestimmten WWW-Seite ein PopUp-Fenster eingeblendet wird, das zur Teilnahme an der Befragung auffordert. In der Tat steigt die Zahl der Befragten nahezu jährlich: 1995 begann die Studie bereits mit 1.880 ausgefüllten Fragebögen, 1997 stieg die Zahl auf über 16.000 und erreichte ihren Rekord 2001 mit 96.611 teilnehmenden WWW-Nutzern. Trotz dieser hohen Beteiligungszahl besteht kein Anspruch auf Repräsentativität, sondern es wird nur kontrolliert, dass die Stichprobe soziodemografisch breit gefächert ist (vgl. Fittkau / Maaß 1999: 5ff.; Fittkau / Maaß 2002).

Die Themen umfassen die WWW-Bereiche Unterhaltung und Spiel, Information und Bildung, Kommunikation (persönlicher Nachrichten und Informationen) und Transaktionen (Abwicklung von Zahlungsvorgängen). Sie werden in folgenden Abschnitten abgefragt (vgl. Fittkau / Maaß 1996: 3; Fittkau / Maaß 2002):

- allgemeines Nutzungsverhalten im WWW
- Wünsche und Ansprüche an die Angebote im WWW
- Nutzung von und Meinungen zu speziellen WWW-Angeboten (vor allem zu Online-Magazinen und Navigationshilfen)
- Nutzung von und Meinungen zu Kommunikation und Werbung
- Nutzung von und Meinungen zum Online-Shopping
- Nutzung von und Meinungen zu Online-Finanzdienstleistungen
- Einschätzung der Übertragungssicherheit von Daten im Internet
- soziodemografische Merkmale

Die Häufigkeit der Nutzung von WWW-Angeboten wird differenziert abgefragt für Online-Magazine, Online-Zeitschriften und Online-Tageszeitungen, Reiseangebote, Flug- und Fahrpläne, Wirtschaftsinformationen, Nachschlagewerke, Lexika und Archive, Shopping-Angebote, Finanzdienstleistungen. Als Antwortmöglichkeiten werden vorgegeben »fast täglich«, »ungefähr 2-3 mal pro Woche«, »ungefähr einmal pro Woche«, »ungefähr einmal alle 2 Wochen«, »ungefähr einmal im Monat«, »kenne ich, nutze es aber nicht« und »kenne ich nicht«. Die Nutzung spezieller Online-Zeitschriften wird mit den gleichen Vorgaben abgefragt. Weiterhin wird die Nutzung bestimmter Themenbereiche erhoben. Mit fünfstufigen Polaritätenprofilen werden die genutzten Objekte dann eingeschätzt (vgl. Fittkau / Maaß 1996: 19, 21ff.).

Der erste Teilfragebogen mit den allgemeinen Nutzungsgewohnheiten und den soziodemografischen Merkmalen ist standardisiert und liegt allen Befragten vor, wohingegen alle weiteren Teile für jeden Teilnehmer dynamisch generiert werden: Dazu wird die Reihenfolge und Anzahl der zu beantwortenden Fragen mit Filterfragen und per Zufallsauswahl ermittelt. Das Interview dauert deshalb zwischen 5 und 40 Minuten (vgl. Fittkau / Maaß 1999: 6).

Fittkau, Susanne / Maaß, Holger (1996): W3B-Uni-Ergebnisband: Grund- und Themenfragebogen. Erhebung April / Mai, Hamburg.

Fittkau, Susanne / Maaß, Holger (1999): W3B-Benutzer-Analyse. W3B-Ergebnisband Oktober / November 1999, Hamburg.

Fittkau, Susanne / Maaß, Holger (2002): Hintergrund der W3B-Umfrage, in: http://www.w3b.org/hintergrund/methodik.html (zuletzt aufgerufen am 9. August 2002).

1.3.2 Die ARD / ZDF-Online-Studie

Im Auftrag der ARD / ZDF-Medienkommission erhebt die ARD / ZDF-Online-Studie seit 1997 repräsentative Basisdaten zur Onlinenutzung in Deutschland. Mittlerweile liegen sechs jährlich durchgeführte Untersuchungen vor. Die Erhebung erfolgt im Unterschied zur W3B-Studie nicht im Netz selbst, sondern mit computergestützten Telefoninterviews (CATI).

Die Stichprobe wird auf der Basis der ADM-Auswahlgrundlage für Telefonstichproben gezogen und ist repräsentativ für die Bevölkerung ab 14 Jahren. Während früher zwei unabhängige Stichproben für Online-Nutzer und Nichtnutzer gezogen wurden, wird seit 2001 eine Gesamtstichprobe gezogen: Mit einer Frage nach der Online-Nutzung werden die Befragten der Online- oder der Offline-Stichprobe zugeordnet. Beide Teilstichproben werden für Stichtage (über die ganze Woche verteilt) erhoben, um analog zur MA-Radio Aussagen über die gestrige Internetnutzung machen zu können. Auf diese Weise entstehen sieben große Wochentagsstichproben, mit denen die Nutzungsmuster im Tagesverlauf erfasst werden können.

Die Studie von 2002 umfasst eine Gesamtstichprobe von 2.300 Befragten, von denen 1.011 die Teilstichprobe der Online-Nutzer bilden. Die beiden standardisierten Befragungen der Online-Nutzer und der Nicht-Nutzer wurde ergänzt durch eine qualitative Studie, die aus drei nach Altersgruppen gestaffelten Gruppendiskussionen bestand (vgl. van Eimeren / Gerhard / Frees 2002: 346f.).

Folgende Basisfragestellungen, die bereits seit 1997 erhoben werden, bilden die Schwerpunkte (vgl. van Eimeren / Oehmichen / Schröter 1997: 549):

- technische Infrastruktur und Computerausstattung
- Onlineeinsatz, Nutzungsarten, Nutzungszeiten und Nutzungsintensitäten
- Funktionen der Onlinenutzung für die Anwender
- Bewertung ausgesuchter Angebote und Anwendungsschwerpunkte
- Erwartungen an die zukünftige Entwicklung der Onlinedienste
- Interdependenzen in der Nutzung klassischer und neuer Medien

Die Onlinenutzung selbst wird differenziert erhoben mit folgenden Merkmalen (vgl. van Eimeren / Gerhard / Frees 2002: 352, 357):

- Dauer der Onlinenutzung (Verweildauer in Minuten pro Tag)
- Häufigkeit der Onlinenutzung (Anzahl Tage der Nutzung pro Woche)
- Verlauf der Onlinenutzung (Tagesablauf für jede Stunde am Tag)
- Ort der Onlinenutzung (Arbeitsplatz / Schule / Universität, zu Hause oder an beiden Orten)

Darüber hinaus werden die Inhalte der Onlinenutzung in verschiedene Bereiche spezifiziert. Darunter fallen allgemeine Nachrichten, aktuelle bundesweite, regionale oder lokale Informationen, Wirtschaftsinformationen, Informationen aus dem Kulturbereich, Sportinformationen, Informationen über Fernsehprogramme, PCs und Software, Wetterinformationen, Verbraucher- und Ratgeberinformationen, Veranstaltungstipps, Verkehrsmeldungen, Service (Kartenservice für Veranstaltungen), Kleinanzeigen (KfZ, Wohnungsmarkt), Kontaktanzeigen, Unterhaltungsangebote sowie Sex- und Erotikangebote (vgl. van Eimeren / Gerhard / Frees 2002: 352, 356).

Schließlich werden mehrere Onlineanwendungen abgefragt: Dazu zählen das Versenden und Empfangen von E-Mails, die zielgerichtete Suche nach Informationen und das ziellose Surfen im Internet, das Herunterladen von Dateien, Gesprächsforen, Newsgroups, Chats, Homebanking, Online-Shopping, Online-Auktionen sowie Computerspiele (vgl. van Eimeren / Gerhard / Frees 2002: 355).

Die Offline-Studie interessiert sich hauptsächlich für die Gründe der Nicht-Anschaffung eines Computers und eines Internetzugangs, aber auch für die Frage, ob die Nichtnutzung auf eine Verweigerungshaltung zurückzuführen ist oder nur die momentane Situation beschreibt und der Internetzugang geplant ist. Insofern interessieren auch die Gründe für die Anschaffung eines Computers und eines Internetzugangs. Diese werden ebenso wie einige Einstellungen zum Internet allgemein und zum Interesse am Internet mit standardisierten Items abgefragt (vgl. Gerhards / Mende 2002: 363, 366f., 369, 374).

In der qualitativen Zusatzstudie werden zudem die Stadien bzw. Phasen sowie die Motive der Aneignung durch die Nutzer erfragt. Zunächst führen Anregungen aus dem sozialen Umfeld sowie die persönliche Neugier und der Wunsch, das Tor zur großen weiten Welt zu öffnen, dazu, sich überhaupt einen Internetzugang zu verschaffen. Die ersten Aneignungsversuche sind allerdings durch Ernüchterung gekennzeichnet, die mit den hohen Anfangserwartungen kollidieren. Wer dann nicht aufgibt, macht einen Prozess der Selbstprofessionalisierung durch, der schließlich zur Herausbildung von Gewohnheiten und Routinen führt (vgl. Oehmichen / Schröter 2002: 370f.).

Eimeren, Birgit van / Oehmichen, Ekkehardt / Schröter, Christian (1997): ARD-Online-Studie 1997: Onlinenutzung in Deutschland, in: Media Perspektiven 10: 548-557.

Eimeren, Birgit van / Gerhard, Heinz / Frees, Beate (2002): Entwicklung der Onlinenutzung in Deutschland: Mehr Routine, weniger Entdeckerfreude, in: Media Perspektiven 8: 346-362.

Gerhards, Maria / Mende, Annette (2002): Nichtnutzer von Online: Kern von Internetverweigerern, in: Media Perspektiven 8: 363-375.

Oehmichen, Ekkehardt / Schröter, Christian (2002): Zur Habitualisierung der Onlinenutzung. Phasen der Aneignung und erste Ausprägung von Nutzertypologien, in: Media Perspektiven 8: 376-388.

1.3.3 Der GfK Online-Monitor

Die GfK Medienforschung betreibt qualitative Grundlagenforschung zur Nutzung des Internet, zu Motivationen und zu den Inhalten sowie repräsentative Strukturerhebungen (GfK Online-Monitor) zur Größe und Struktur der Grundgesamtheit der Online-Nutzer und in der Zukunft auch kontinuierliche Verhaltensdokumentationen (Online-Panel).

Der GfK Online-Monitor ist wie die ARD / ZDF-Online-Studie eine Telefonbefragung (vgl. Bronold 1999: 40ff.). Die Stichprobenbildung ist ebenfalls ähnlich und basiert auf dem ADM-Mastersample-Verfahren mit einer zweifachen Schichtung und einer an der Media-Analyse ausgerichteten Gewichtung. Allerdings beschränkten sich die ersten Untersuchungen seit 1997 auf die

Grundgesamtheit der 14 bis 59 Jährigen (inzwischen bis 69 Jahre). In den mittlerweile sieben Wellen wurden durchschnittlich etwa 8.000 Personen befragt.

Als Internet-Nutzer werden alle Personen mit Zugang zum Internet, die mindestens gelegentlich das Internet nutzen, definiert. Abgefragt werden die Nutzung pro Monat, pro Woche und pro Tag sowie die Dauer – im Unterschied zur ARD / ZDF-Online Studie allerdings an einem normalen Tag und nicht am gestrigen Tag. Ebenfalls erfasst wird der Tagesablauf und der Nutzungsort – letzterer etwas differenzierter als bei der ARD / ZDF-Online-Studie: Hier stehen die Alternativen »zu Hause«, »am Arbeitsplatz, an der Universität, in der Schule«, »bei Freunden, Verwandten«, »an öffentlichen Orten (Internet-Cafés)«, »über Handy« zur Auswahl. Weiterhin werden zahlreiche Aktivitäten im Internet erfasst, die den Online-Anwendungen bei der ARD / ZDF-Online-Studie entsprechen.

Als weitere Themen werden abgefragt: die PC-Ausstattung, Zugangswege zum Internet, das Zeit- und Geldbudget für Online-Medien, Nutzungspräferenzen und die Bewertung der meistgenutzten Online-Angebote. Auftraggeber haben die Möglichkeit, sich für zusätzliche Fragen in die Befragung einzukaufen (vgl. www.gfk.de).

Bronold, Roland (1999): Mediengerechte Online-Forschung: Das GfK Online-Forschungsprogramm, in: Bernad Batinic / Andreas Werner / Lorenz Gräf / Wolfgang Bandilla (Hrsg.) (1999): Online Research. Methoden, Anwendungen und Ergebnisse, Göttingen, Bern, Toronto, Seattle: Hogrefe: 39-45.

Hagen, Lutz M.; Klaus Kamps (1999): Netz-Nutzer und Netz-Nutzung. Zur Rezeption politischer Informationen in Online-Medien, in: Klaus Kamps (Hrsg.): Elektronische Demokratie? Perspektiven politischer Information, Opladen, Wiesbaden: Westdeutscher Verlag: 209-226.

http://www.gfk.de (Rubrik »GfK-Studien«, zuletzt abgerufen am 24. September 2002)

1.4 Die Nutzung von Medien allgemein

Seit 1964 wird im Auftrag der ARD / ZDF-Medienkommission etwa alle fünf Jahre die Studie »Massenkommunikation« durchgeführt. Ausgangspunkt war die Klärung der Konkurrenz- und Substitutionsbeziehungen zwischen dem (damals ausschließlich öffentlich-rechtlichen) Rundfunk und den Tageszeitungen. Mit der Befragungswelle von 2000 liegen mittlerweile die Daten von acht Zeitpunkten dieser Langzeitstudie vor. Im Unterschied zu den kommerziellen Studien MA und AWA handelt es sich bei der Studie Massenkommunikation um eine wissenschaftliche Grundlagenstudie über die Veränderungen des Mediensystems und ihre gesellschaftlichen Folgen. Dabei steht der Nutzungsmix unterschiedlicher Medien durch die Rezipienten im Mittelpunkt (vgl. Ridder / Engel 2001: 102).

Grundgesamtheit der Befragung ist die deutsch sprechende Bevölkerung ab 14 Jahre. Die repräsentative Stichprobe von rund 5.000 Befragten wird auf der Basis des ADM-Stichprobensystems gezogen (vgl. Ridder / Engel 2001: 103).

Die Mediennutzung wird in mehreren Dimensionen und in mehreren Stufen abgefragt. Die folgenden Ausführungen basieren auf der Welle von 1995 (vgl. Berg / Kiefer 1996: 362ff.):

- Ausstattung mit *Mediengeräten*: Hier wird die Anzahl der Radiogeräte und Fernsehapparate, der technischen Anschlüsse (Kabel, Satellit), zahlreicher Medientechniken und Geräte sowie detailliert die Computerausstattung erhoben.
- *Medienbereiche*: Die generelle Nutzung von Fernsehen, Tageszeitung und Radio werden mit der fünfstufigen Skala »regelmäßig«, »häufig«, »gelegentlich«, »selten«, »nie« erfasst.
- *Programme* (elektronische Medien) oder *Titel* (Zeitungen): Für das Fernsehen werden etwa 30 Sender bzw. Programme geschlossen danach abgefragt, ob der Befragte schon Sendungen von ihnen gesehen hat. Außerdem gibt es die Möglichkeit von drei weiteren offenen Nennungen. Für das Radio wird die Stichprobe in sechs »Splits« aufgeteilt und je nach Region die Nutzung aller in der Region sendenden Programme erfasst (»… schon mal gehört?«). Bei den Zeitungen werden die überregionalen Qualitäts- und Kaufzeitungen (Boulevardzeitungen) geschlossen abgefragt (»… irgendwann schon einmal gelesen oder durchgeblättert?«); außerdem besteht die Möglichkeit, maximal vier andere Tageszeitungen ohne Vorgaben zu nennen.

  Für alle genannten Programme und Titel werden anschließend nach der Häufigkeit der Nutzung gefragt. Dazu wird wieder die obige fünfstufige Skala für die allgemeine Nutzung von Fernsehen, Tageszeitung und Radio verwendet.
- *Sendungstypen* (elektronische Medien) oder *Rubriken* (Zeitungen): Den Befragten wurde bis zur Welle 1995 eine Liste von über 20 verschiedenen Sendungsarten oder Rubriken je Medienbereich vorgelegt. Für diese sollen die

Befragten die Häufigkeit der Nutzung ebenfalls nach der obigen fünfstufigen Häufigkeitsskala angeben.

Die Liste besteht aus Sendungstypen und Zeitungsteilen der folgenden Kategorien: Nachrichten (kurz, ausführlich, regional), Politik (Berichte, Leitartikel, Kommentare, Magazine, Diskussionen, Reportagen), Wirtschaft und Soziales, Ratgeber-, Verbraucherberichte und Veranstaltungshinweise, Informationen und Bildung (Technik, Wissenschaft, Natur, Sprachkurse, Schulfunk), Kunst und Kultur (im Radio auch unterschiedliche Musikbereiche), fiktionale Unterhaltung (Fortsetzungsroman, Spielfilme, Krimiserien, Familienserien, Hörspiele, Kabarett), non-fiktionale Unterhaltung (Vermischtes, Buntes, Quiz, Show, Musiksendungen, Talkshows, Reality-Sendungen), Rätsel und Gewinnspiele, Erotik, Sport und Werbung.

- Mit einem *Tagesablaufschema* werden die Mediennutzung und die täglichen Aktivitäten am gestrigen Tag rekonstruiert: Dazu wird den Befragten ein Tagesablaufschema mit den Bereichen Schlafen, Aktivitäten zu Hause, Aktivitäten außer Haus, Radio hören, Zeitung lesen und Fernsehen vorgelegt, das sie für die Zeit von morgens 5 Uhr bis nachts 24 Uhr im Viertelstundenraster durcharbeiten müssen. Wenn der Befragte eine bestimmte Medienrezeption angibt, wird genau nach dem Sender oder der Zeitung nachgefragt. Wenn der Befragte für den kompletten gestrigen Tag angibt, einen bestimmten Medienbereich nicht genutzt zu haben, wird, um Flüchtigkeitsfehler zu vermeiden, jedes Mal nachgefragt. Für den Bereich Radio lautet die Nachfrage: »Stimmt es, dass Sie gestern überhaupt kein Radio gehört haben, wenn vielleicht auch nur mal zwischendurch die Nachrichten oder den Wetterbericht oder im Auto oder sonst wo?« Korrigiert der Befragte seine Antwort, wird die Nutzung im Tagesablaufschema nachgetragen.

- Im Anschluss an jeden Medienbereich, der im Tagesablaufschema genannt wird, wird zusätzlich nach den Sendungsarten oder Zeitungsteilen mit den im vorigen Punkt aufgeführten Listen gefragt, sodass auch für den gestrigen Tag detaillierte Informationen über das Mediennutzungsverhalten der Befragten vorliegen.

- Für die neuen Medien (Videotext, Computer usw.) werden verschiedene *Anwendungsmöglichkeiten* danach abgefragt, ob der Befrage sie für eine »sehr interessante«, »ziemlich interessante«, »weniger interessante« oder »gar nicht interessante« Möglichkeit hält.

- Die Fragen nach der Nutzung unterschiedlicher Medien und Medieninhalte werden durch Fragen nach der *Bindung an die Medien* ergänzt:

So sollen die Befragten angeben, mit welchen Medien sie sich hauptsächlich (allgemein) informieren (Radio, Fernsehen, Tageszeitungen, Zeitschriften, Gespräche) und welches dieser Medien sie am häufigsten für Informationen nutzen. Darüber hinaus sollen sie jeweils einschätzen, wie viel sie durch diese Informationsquellen über Politik erfahren (»sehr viel«, »viel«, »einiges«, »wenig«, »nichts«).

Außerdem sollen sie für Fernsehen, Tageszeitungen und Radio einschätzen, wie stark sie das jeweilige Medium vermissen würden, wenn es technisch bedingt zu einem Ausfall käme (»sehr stark vermissen«, »stark vermissen«, »ein wenig vermissen«, »überhaupt nicht vermissen«).

Schließlich wird durch eine »Forced-Choice-Frage« ermittelt, ob der Befragte, falls er nur ein Medium in Zukunft haben könnte, am liebsten das Radio, das Fernsehen, Tageszeitungen oder Zeitschriften behalten würde. Für Radio und Fernsehen wird – unabhängig von der Antwort auf die Auswahlfrage – zusätzlich spezifiziert, welches Programm der Befragte behalten würde.

Der Fragebogen enthält weitere Fragen zur Bewertung, Objektivität, Glaubwürdigkeit und zu Nutzungsmotiven der Medienbereiche (→ Teil 2, Kapitel 4.1), zu Einstellungen gegenüber der Politik, zu politischen Zielvorstellungen, zum politischen Interesse, zur politischen Meinungsführerschaft sowie zu allgemeinen Lebenseinstellungen. Damit ist es möglich, nicht nur bestimmte Nutzertypen zu identifizieren, sondern diese in einem breiteren Sinn zu charakterisieren und mit politischen Einstellungen zu verknüpfen.

Aufgrund der Veränderungen im Mediensystem waren auch mehrfach methodische Anpassungen erforderlich, welche die Vergleichbarkeit aller Wellen einschränken. Die sechste Welle 1990 bezog erstmals beide Teile Deutschlands mit ein, allerdings noch mit teilweise uneinheitlichem Fragebogen. Erst ab 1995 wurde eine gemeinsame Befragung in Gesamtdeutschland durchgeführt. Außerdem wurde seit 1990 die Nutzung der politischen Informationsangebote nicht mehr im Tagesablauf, sondern mit Hilfe einer vorgegebenen Liste für den gestrigen Tag abgefragt. Schließlich konnten in der Welle von 2000 die Reichweite und Nutzungsdauer der Programmangebote im Hörfunk und Fernsehen nicht mehr einzeln abgefragt werden. Dafür kam eine generelle Erhebung der Internetnutzung hinzu. Außerdem wurden detaillierte Fragebatterien über die Images der Medien und die Motivationen ihrer Nutzung in den Fragebogen eingebaut. Wie die MA stellte auch die Studie Massenkommunikation das Erhebungsverfahren von persönlich-mündlich auf computergestützt-telefonisch um; Auswahlgrundlage bildet jetzt das ADM-Stichprobensystem für Telefonstichproben. Das Interview dauert jetzt durchschnittlich eine Dreiviertelstunde; die Ausschöpfungsquote beträgt 67 Prozent (vgl. Ridder / Engel 2001: 102f.).

Die methodischen Veränderungen der Studie wurden im Detail sehr kritisch beurteilt: So wurde durch eine Überprüfung festgestellt, dass das Erhebungsinstrument und die Auswertungsmethodik zum Teil im Zeitverlauf verändert wurden. Darüber hinaus wurden die Nutzungswerte auch bei verschiedenen tagesaktuellen Medien nicht immer auf identische Weise ermittelt (vgl. Lauf / Peiser 1999: 239).

Eine andere Kritik wurde an der Skala erhoben, mit der die Häufigkeit der Medienbereiche gemessen wird: Die Antwortvorgaben der Ordinalskala lauten »regelmäßig«, »häufig«, »gelegentlich«, »selten«, »nie«. In einem Methodenexperiment konnte jedoch nachgewiesen werden, dass die Befragten eher die Reihenfolge »häufig«, »regelmäßig« usw. kognitiv assoziierten. Außerdem passt der Begriff »regelmäßig« sprachlogisch nicht zu den anderen Vorgaben. Insofern wären konkretere Abfragen der Häufigkeit mit Vorgaben wie »täglich«, »2 bis 3 mal pro Woche«, »wöchentlich« usw. oder »über 5 Stunden täglich«, »4 bis 5 Stunden«, »3 bis 4 Stunden« usw. zu bevorzugen (vgl. Schmid / Schweiger 1999: 554ff., 558ff.)

Hier stehen zwei methodische Positionen im Konflikt: Zum einen ist es erstrebenswert, das Instrument über die Zeit hinweg identisch zu halten, um die Ergebnisse besser miteinander vergleichen zu können. Zum anderen bleiben dadurch Fehler unkorrigiert. Allerdings sind Veränderungen des Instruments auch dann manchmal sinnvoll, wenn sie an neue gesellschaftliche Gegebenheiten angepasst werden müssen (vgl. Kiefer 1999: 244f.).

Berg, Klaus / Kiefer, Marie-Luise (1996): Massenkommunikation V. Eine Langzeitstudie zur Mediennutzung und Medienbewertung 1964-1995, Baden-Baden: Nomos.

Kiefer, Marie-Luise (1999): Wie betreibt man wissenschaftliche Langzeitforschung? Eine Replik auf die Kritik von Lauf / Peiser, in: Rundfunk und Fernsehen 47, 2: 243-256.

Lauf, Edmund / Peiser, Wolfram (1999): Zur Validität der Langzeitstudie Massenkommunikation. Eine kritische Untersuchung ihrer Trenddaten zur Mediennutzung, in: Rundfunk und Fernsehen 47, 2: 231-242.

Ridder, Christa-Maria / Engel, Bernhard (2001): Massenkommunikation 2000: Images und Funktionen der Massenmedien im Vergleich, in: Media Perspektiven 3: 102-125.

Schmid, Ingrid / Schweiger, Wolfgang (1999): Fragen und Antworten in der Langzeitstudie Massenkommunikation. Ein Methodenexperiment zu Mängeln des Messinstruments, in: Rundfunk und Fernsehen 47, 4: 551-567.

1.5 Die Nutzung von Medien im Tagesablauf

Mit einem Tagesablaufschema arbeiten viele Studien, um die Mediennutzung zu erforschen. Die Integration der Mediennutzung in andere Handlungen stand im Mittelpunkt eines sozialökologischen Ansatzes, mit dem der kindliche Medienkonsum im Gesamtzusammenhang des kindlichen Alltags erfasst werden sollte. Dazu wurden mehrere Dimensionen des Tagesablaufs berücksichtigt: die zeitliche Strukturierung der Tätigkeiten, der sozial-personale Kontext, in dem diese Handlungen vollzogen werden, und der räumlich-materiale Kontext, in dem die Handlungen stattfinden (vgl. Tietze / Peek / Link 1989: 36).

Zur Erhebung dieser Dimensionen wurde in der Studie ein Mehrmethodenansatz verwendet. Im Zentrum stand ein Interview mit der Mutter des Kindes, in das ein Tagesschema zur Rekonstruktion des gestrigen Tages eingebaut war. Danach wurde der Mutter ein Kindertagebuch ausgehändigt, das von der jeweiligen, das Kind betreuenden Person ausgefüllt werden sollte. Die Mutter wurde anschließend in die Bearbeitung des Kindertagebuchs eingewiesen. Der Interviewer vereinbarte einen Termin, zu dem er das bearbeitete Kindertagebuch abholte, und nahm abschließend eine Einschätzung der Wohnungsumgebung vor (vgl. Tietze / Peek / Link 1989: 36).

Die Stichprobenziehung erfolgte zweistufig nach unterschiedlichen Kriterien: In der ersten Stufe wurden Gemeinden und Wohnareale ausgewählt, in der zweiten Stufe die Haushalte. Für die Bestimmung der Gemeinden wurden verschiedene Urbanitätsindikatoren herangezogen, mit deren Hilfe die Gemeinden in fünf etwa gleichgroße Gruppen klassifizierbar waren. Innerhalb der Gemeinden wurden drei Typen von Wohnarealen definiert.

Die Haushalte wurden mit Hilfe der Einwohnermeldeämter ermittelt, die Listen der Familien mit drei- bis sechsjährigen Kinder zur Verfügung stellten, aus denen eine Zufallsauswahl, geschichtet nach den drei Typen von Wohnarealen, gezogen wurde. Außerdem wurde ein Quotenplan erstellt, der als weitere Merkmale den Kabelanschluss, den Kindergartenbesuch und die Altersgruppe des Kindes umfasste. Auf diese Weise wurden Zufalls- und Quotenauswahl miteinander kombiniert. Wichtig war dabei eine ungefähre Gleichverteilung auf die Wochentage, da die Ergebnisse einer Zeitstichprobe stark von äußeren Gegebenheiten wie dem Wetter abhängig sind.

Insgesamt wurden 611 Interviews realisiert. Die Befragung fand von Ende April bis Mitte Juni 1987 statt und wurde von Studierenden durchgeführt, die vorher an zwei Tagen geschult worden waren. Durch die ausführliche Berichterstattung in der lokalen Presse und Vorkontakte mit den Eltern wurde eine hohe Teilnahmebereitschaft erzielt (vgl. Tietze / Peek / Link 1989: 49ff., 56f.).

Die verschiedenen Methoden wurden wie folgt eingesetzt (vgl. Tietze / Peek / Link 1989: 42f., 49ff., 59f.):

- Das *Kindertagebuch* diente der Erfassung der Tätigkeiten, Personen und Orte an einem, dem Interview mit der Mutter folgenden Tag. Es bestand aus halbstündigen Protokollen von 5 bis 23 Uhr und beinhaltete die Handlungen des Kindes (Haupttätigkeit und zwei Nebentätigkeiten, falls sie vorkommen), die an den Handlungen beteiligten Personen und den Aufenthaltsort. Das Tagebuch wanderte mit dem Kind, wenn es den Ort wechselte und wurde von der jeweiligen Hauptbetreuungsperson ausgefüllt.
- In dem *standardisierten Interview* mit der Mutter des Kindes wurde der kindliche Fernsehkonsum der letzten sieben Tag (vor dem Interview) abgefragt (Wochenschema). Darüber hinaus wurde die Mutter um Angaben gebeten zu den vom Kind bevorzugten Fernsehsendungssparten und Einzelsendungen, zu allgemeinen kindlichen Freizeit- und Vereinsaktivitäten, zu familienstrukturellen Merkmalen, zum sozialen Netzwerk des Kindes und zur Umwelt (Wohnumfeld, Institutionen).
- Im Rahmen dieses Interviews mit der Mutter wurde ein *Tagesschema* für die Rekonstruktion des gestrigen Tags verwendet. Es umfasste Viertelstundenintervalle von 5 bis 24 Uhr. Hier war nur die Mutter die Auskunftgeberin, auch wenn sie für einen bestimmten Zeitraum nicht die Hauptbetreuerin war. Die Handlungen wurden nicht mehr wie im Kindertagebuch nach Haupt- und Nebentätigkeiten unterteilt und erfassten auch nur die Medientätigkeiten des Kindes sowie den Medienalltag der Mutter.
- Der Interviewer schätzte nach dem Interview mit der Mutter die Wohnungsumgebung der untersuchten Familie mit vorgegebenen Skalen ein.
- Mit 24 ausgewählten Müttern wurde ein *qualitatives Zusatzinterview* durchgeführt. In dem offenen, problemzentrierten Gespräch ging es um die aktuelle Situationsbeschreibung der Medienrezeption. Dazu wurde die Mutter um An-

gaben zur quantitativen Nutzung einzelner Medien durch das Kind gebeten, die Nutzung nach inhaltlichen Aspekten einzuschätzen und die Motivation der Nutzung durch das Kind zu erläutern. Außerdem wurde nochmals nach den drei Dimensionen Handlungen, Personen, Orte gefragt. Schließlich sollte die Mutter ihre Einstellung zu neuen Medien darstellen.

Das standardisierte Kindertagebuch musste zum einen umfassend, zum anderen einfach und leicht zu handhaben sein. Der Protokollbogen enthielt die drei Untersuchungsdimensionen. In der Handlungsdimension waren folgende Kategorien vorgegeben:

- Alltagsroutinen und praktisch-nützliche Tätigkeiten (Essen, Mithelfen usw.)
- spielerische und explorative Tätigkeiten (erkunden, beobachten, Bewegungsspiele, Tischspiele, Rollenspiele, Geschichten erzählen, malen, basteln, musizieren)
- medienbezogene Tätigkeiten (Bücher, Bilder, Zeitschriften ansehen, vorgelesenen Geschichten zuhören, Kassetten, Schallplatten, Radio hören, Fernsehen, Video sehen, Telespiele, Computerspiele)
- emotionale Tätigkeiten (schmusen, streicheln, Körperkontakt suchen, streiten, zanken, quengeln)
- Nichtstun (träumen)

In der räumlich-materialen Dimension wurde nach privaten, gemeinschaftlichen und öffentlichen Räumen unterschieden. In der personalen Dimension wurden die Anzahl der an der Haupttätigkeit des Kindes beteiligten Personen festgehalten und die Hauptbetreuungsperson nach verschiedenen Kategorien eingeteilt (vgl. Tietze / Peek / Link 1989: 44ff.).

Die eingesetzten Instrumente wurden in intensiven Pretests entwickelt und überprüft. Die Validität wurde durch verschiedene Korrelationen der Instrumente evaluiert: So konnte eine hohe Korrelation zwischen dem gestrigen Tagesablauf und den Kindertagebucheintragungen für die Fernsehnutzung als Haupttätigkeit festgestellt werden. Allerdings ergab sich nur ein mittlerer Zusammenhang aller Instrumente speziell für die durchschnittliche Dauer der Fernsehnutzung. Die Autoren schließen daraus, dass Fernsehnutzung situationsspezifisch stark variiert. Da die Stichtage so stark variieren, darf auch keine personenbezogene Typologie (etwa der Nichtseher oder Vielseher) erstellt werden, weil dies eine unzulässige Verallgemeinerung von Handlungsgewohnheiten bedeutet (vgl. Tietze / Peek 1990: 138ff.).

Tietze, Wolfgang / Peek, Rainer (1990): Erfassung der Fernsehnutzung bei drei- bis sechsjährigen Kindern im Rahmen eines Mehrmethodenansatzes, in: Wolfgang Tietze / Hans-Günther Roßbach (Hrsg.): Mediennutzung und Zeitbudget. Ansätze, Methoden, Probleme, Wiesbaden: Deutscher Universitäts-Verlag: 131-151.

Tietze, Wolfgang / Peek, Rainer / Link, Ruth (1989): Zur Mediensituation drei- bis sechsjähriger Kinder, in: Presse- und Informationsamt der Landesregierung Nordrhein-Westfalen (Hrsg.): Medien im Alltag von Kindern im Kindergartenalter, Düsseldorf: 35-265.

1.6 Die Nutzung von Medien im biografischen Kontext

Das biografische Interview wird vor allem in der Biografie- und Lebenslaufforschung eingesetzt (→ Teil 1, Kapitel 4.1). Im Bereich der Kommunikationsforschung werden mit diesem Instrument Studien zur Medienrezeption und Mediensozialisation durchgeführt. Dabei geht es um die Bedeutung der Medien für den Nutzer, entweder bei der Nutzung bestimmter Medien oder aller Medien im eigenen Lebenslauf.

Ein Hauptproblem des biografischen Interviews besteht darin, dass sich der Befragte an vergangene Ereignisse und Erlebnisse und an wichtige Veränderungen oder Einschnitte erinnern muss. Deshalb ist es wichtig, ihm Erinnerungshilfen anzubieten, um das Wiedererleben vergangener Ereignisse zu unterstützen. Allerdings können solche kognitiven Aktivierungen aber auch in den biografischen Konstruktionsprozess des Befragten eingreifen und ihn unzulässig lenken. Schneider (1993: 380f.) diskutiert folgende methodischen Wege:

- Das *Einstreuen von Stichworten* in einer lockeren Diskursform überfordert den Interviewer, weil er historisch ein vollständiges Wissen haben müsste.
- Das *gemeinsame Betrachten von persönlichen Fotoalben* hat den Nachteil, dass nur besondere Ereignisse zur Sprache kommen. Um besondere Medienerlebnisse zu erfahren, müsste der Interviewer gezielt nachfragen.
- Eine Rekonstruktion der Mediennutzung anhand von *Gegenständen und ihrer Geschichte* wäre zwar mit einem Medieninventar möglich, ist aber nur für aktuell vorhandene Geräte möglich, sodass vergangene Medienerfahrungen nur sehr selektiv nachzuvollziehen sind.

- Eine *thematisch geordnete Erzählung mit Stichwortkarten* als Erzählimpulsen strukturiert die Erinnerung zu stark vor.
- Mit *Medien-Tagebüchern* kann ein Bewusstsein für Routinen und alltägliche Handlungsabläufe erzeugt werden. Das Verfahren hängt aber stark von der Beteiligung und Disziplin der Befragten ab. (→ Teil 1, Kapitel 4.2)
- In *Gruppendiskussionen* geben sich die diskutierenden Personen gegenseitige Impulse der Erinnerung; allerdings führt die Erhebungssituation zur Assimilation der Perspektiven und ist weniger geeignet für die Erfassung individueller Biografien. (→ Teil 1, Kapitel 4.5)

Alternativ zu diesen Möglichkeiten entwickelte die Freiburger Projektgruppe »Strukturanalytische Rezeptionsforschung« Ende der 80er Jahre ein »Medien-Kaleidoskop«, das – in ein narratives biografisches Interview integriert – als Werkzeug für den Interviewer diente (vgl. Schneider 1991: 11ff.).

Dieses Medien-Kaleidoskop umfasst Jahresblätter, in denen medienspezifische Ereignisse, die für die breite Bevölkerung zugänglich waren, zusammengestellt sind. Es besteht aus 37 Seiten Materialvorlagen für die Jahre 1954 bis 1990 und aus vier Seiten für die Dekaden. Damit soll die Mediengeschichte nicht objektiv oder vollständig nachgezeichnet werden. Stattdessen sollen Impulse gegeben werden, mit deren Hilfe die Zeitgeschichte nacherlebt werden kann. Dazu wird das Gedächtnis allgemein angeregt, aber nicht spezifisch gelenkt wie bei einem Erinnerungstest. Die Befragten konnten das Instrument selbstständig und selektiv verwenden. Es wurde im Verlauf des Interviews immer dann eingesetzt, wenn Erinnerungslücken deutlich wurden, die Erzählung nur schwer in Gang kam, bei einer vom Befragten abgeschlossenen Erzählung noch etwas fehlte, aber Nachfragen ungeeignet erschienen, oder wenn der Befragte vom Thema abwich (vgl. Schneider 1991: 14ff., 19f.; Schneider 1993: 382).

Die Reaktionen der Befragten waren sehr unterschiedlich, der Zweck, die Erzählung voranzutreiben, wurde aber immer erfüllt. Der unerwünschte Nebeneffekt, dass durch die Vorlage des Kaleidoskops bestimmte Themen suggestiv an den Befragten herangetragen werden, ist insofern vermeidbar, als es sich nur um ein Gesprächsangebot und nicht um eine Wissensabfrage handelt. Eigeninitiierte und fremdinitiierte Narrationsteile relativieren und validieren sich auf diese Weise gegenseitig (vgl. Schneider 1991: 22ff.; Schneider 1993: 385).

Schneider, Silvia (1991): Biographisches Interview und Erinnerungsaktivierung – das Instrument »(Medien-) Kaleidoskop«, Freiburg im Breisgau: Universität Freiburg (= Forschungsbericht Nr. 70 des Psychologischen Instituts der Albert-Ludwigs-Universität Freiburg im Breisgau).

Schneider, Silvia (1993): Medienerfahrungen in der Lebensgeschichte. Methodische Wege der Erinnerungsaktivierung in biographischen Interviews, in: Rundfunk und Fernsehen 41, 3: 378-392.

1.7 Die Nutzung von Medien im soziologischen Kontext

Mitte der 70er Jahre konzipierten die beiden in Deutschland führenden Institute, die sich mit der Entwicklung von Methoden der empirischen Sozialforschung beschäftigen, das Mannheimer »Zentrum für Umfragen, Methoden und Analysen« (ZUMA) und das Kölner »Zentralarchiv für Empirische Sozialforschung« (ZA), eine bundesweit repräsentative Mehrthemenbefragung. Die »Allgemeine Bevölkerungsumfrage der Sozialwissenschaften« (ALLBUS) ist eine mündliche Befragung mit standardisiertem Fragebogen. Sie umfasst nahezu 500 Variablen. Grundlage für die Auswahl der über 3.000 Befragten ist das ADM-Master-Design mit anschließendem Random-Route (vgl. Terwey 1999: 163).

Der ALLBUS wird seit 1980 alle zwei Jahre durchgeführt mit teilweise konstanten und teilweise variablen Fragen. In jedem ALLBUS abgefragt werden zahlreiche demografische Merkmale zur Person und zum Haushalt der befragten Person, inklusive der politischen Wahlabsicht, sowie politische Einstellungen, politisches Interesse, Parteimitgliedschaft, subjektive Schichteinstufung, Mitgliedschaft in einer Gewerkschaft, Konfession und Häufigkeit des Kirchgangs und Items zur materialistischen und postmaterialistischen Einstellung. Jeder ALLBUS hat darüber hinaus spezifische thematische Schwerpunkte (vgl. Terwey 1999: 158; http:/www.gesis.org).

Der ALLBUS 1998 enthielt zwei kommunikationswissenschaftlich relevante Fragebereiche. Der erste befasst sich mit den Themen Freizeitaktivitäten, persönlicher Geschmack und Lebensstil, in dem auch nach der Nutzung von Büchern, Zeitschriften, Schallplatten, CDs, Kassetten, Videos, Computer und speziell des Internet gefragt wird. Im zweiten Bereich werden die Mediennutzung und die Medienbewertung detailliert erhoben (vgl. Terwey 1999: 162):

- (technische) Art des Fernsehempfangs
- zeitlicher Umfang der Nutzung von Hörfunk und Fernsehen (Häufigkeit pro Woche und Dauer pro Tag in Minuten)

- Interesse an Fernsehsendungen (Shows und Quizsendungen, Sportsendungen, Spielfilme, Nachrichten, politische Magazine, Kunst und Kultur, Heimatfilme, Kriminalfilme, Actionfilme, Unterhaltungssendungen)
- Lektüre von Tageszeitungen (Häufigkeit pro Woche)
- Interesse an Inhalten (Sparten) der Tageszeitung (Politik, Wirtschaft, Kultur, Sport, Lokales, Aus aller Welt, Werbung und Kleinanzeigen)
- Anzahl und Titel regelmäßig gelesener Zeitschriften und Wochenzeitungen
- Bewertung der Glaubwürdigkeit einzelner Medien
- bevorzugte Informationsquellen über das politische Geschehen (Zeitungen, Fernsehen, Gespräche)

http://www.gesis.org (zuletzt aufgerufen am 9. August 2002).

Terwey, Michael (1999): ALLBUS 1998: Erweiterung des Studienangebots, in: ZA-Information 44: 158-164.

2 Wissen, Informationen und Kognitionen

Der Begriff der Kognition umfasst im engeren Sinn das Wissen und dessen Struktur sowie die Verarbeitungsprozesse von Informationen. Allerdings reicht ein breiteres Verständnis von Kognitionen in den Bereich der Einstellungen hinein. Einstellungen sind mehrdimensionale Einheiten mit kognitiven, evaluativen, affektiven und sogar verhaltensbezogenen Eigenschaften. Aus diesem Grund ist eine scharfe Abgrenzung zwischen Kognitionen und Einstellungen nicht möglich, sodass Studien zu Einstellungen sowohl in diesem Kapitel als auch im Kapitel über Meinungen berücksichtigt werden, je nachdem, ob diese Studien ihren Schwerpunkt eher auf den kognitiven oder auf einen anderen Bereich legen.

2.1 Wissen und Wissensunterschiede

Der Wissensbegriff spielt in der Medienwirkungsforschung vor allem in der Wissenskluft-Hypothese eine Rolle. Danach verhilft die Medienberichterstattung zwar (hoch) gebildeten Personen zur Vermehrung von Wissen oder zumindest zu einem zeitlich begrenzten Wissensvorsprung, nicht jedoch weniger gebildeten Mediennutzern. Auf diese Weise erzeugen die Medien eine Wissenskluft: Gebildete Rezipienten häufen immer mehr Wissen an, während ungebildete Rezipienten nichts aus den Medien lernen. Damit entsteht eine unter demokratietheoretischen Gesichtspunkten unerwünschte soziale Ungleichheit (vgl. Wirth 1997: 58ff.). Zentrale Variable dieses Forschungszweiges ist das Wissen, das in den empirischen Studien unterschiedlich definiert und operationalisiert wird.

In einer Panelstudie mit drei Wellen befragte Bonfadelli (1994: 242, 247ff.) 22- bis 55-Jährige in den Lokalräumen Zürich und Basel. Dazu wurde eine Quotenstichprobe nach Geschlecht, Alter und Bildung gebildet. In der ersten Welle im Herbst 1986 wurden 512 persönliche Interviews durchgeführt. Die zweite und dritte Welle erfolgte im Abstand von jeweils sechs Wochen mit Telefoninterviews von 329 und 201 Personen der Ausgangsstichprobe. Befragungsthemen waren in erster Linie das politische Wissen und die Mediennutzung. Wissen unterteilte Bonfadelli (1994: 250) dabei in zwei Dimensionen, *Sach- und Personenwissen* einerseits und *Themenwissen* andererseits.

Das Sachwissen erhob Bonfadelli mit der Frage: »In den Medien werden ja oft Begriffe verwendet, die man nicht immer kennt. Können Sie mir von den folgenden Dingen sagen, ob Sie sie schon gehört haben und was man darunter versteht?« Die Interviewer notierten sich die offenen Antworten, die anschließend inhaltsanalytisch vercodet wurden. Daraus wurde ein Index gebildet: 0 = nie gehört, 1 = gehört, aber kennt Bedeutung nicht, 2 = Begriff bekannt, aber falsche Bedeutung genannt, 3 = Begriff bekannt, Bedeutung wird teilweise richtig genannt, 4 = Begriff bekannt und Bedeutung (weitestgehend) richtig (vgl. Bonfadelli 1994: 326ff.). Neben 14 Begriffen wurde in der gleichen Weise nach 10 Politikern gefragt, so dass für das Sach- und Personenwissen jeweils ein additiver Index gebildet werden konnte.

Zum Themenwissen wurden den Befragten offene und geschlossene Fragen zu aktuellen Themen aus den Medien (Tschernobyl, Neue Medien, Arbeitslosigkeit, Aids und Waldsterben), deren Ursachen und Folgen gestellt. Darüber hinaus berücksichtigte die Studie benachbarte Variablen, wie die informationsorientierte Mediennutzung, die Bedeutung politischer Informationen für die Rezipienten sowie die Fertigkeiten der Rezipienten im Umgang mit Medieninformationen (mit der Frage nach subjektiv empfundenen Verständnisschwierigkeiten) (vgl. Bonfadelli 1994: 243ff.). Der Wissenszuwachs oder dessen Ausbleiben konnte durch die Differenz zwischen den drei Wellen gemessen und – je nach Intensität der Mediennutzung – als Medienwirkung interpretiert werden.

Von der Untersuchungsanlage ähnlich, aber mit unterschiedlicher Operationalisierung ging Horstmann (1991) in seiner Sekundäranalyse von drei Studien zu den Europawahlkämpfen 1979 und 1984 sowie zum Kommunalwahlkampf in Dortmund 1984 vor.

- Die Studie zum Europawahlkampf 1979 umfasste die mündliche Befragung einer mit dem Quotenverfahren repräsentativ ausgewählten Stichprobe der wahlberechtigten Bevölkerung. Sie war als dreiwelliges Panel angelegt. In der ersten Welle Ende April bis Anfang Mai wurden 813 Personen befragt, in der zweiten Welle Ende Mai bis Anfang Juni 578 Personen und in der dritten Welle Mitte Juni bis Mitte Juli 807 Personen, sodass insgesamt 493 Befragte an allen drei Wellen teilnahmen (vgl. Horstmann 1991: 203).

- Die Studie zum Europawahlkampf 1984 ging genauso vor, das Panel umfasste aber vier Wellen. In der ersten Welle Mitte Februar bis Mitte März wurden 1.413 Personen befragt, in der zweiten Welle Mitte April bis Mitte Mai 940 Personen, in der dritten Welle Ende Mai bis Mitte Juni 762 Personen und in der vierten Welle Ende Juni bis Anfang Juli 511 Personen, sodass insgesamt

705 Befragte an den ersten drei Wellen, die für die Analyse berücksichtigt wurden, teilnahmen (vgl. Horstmann 1991: 207).

- Die Studie zum Dortmunder Kommunalwahlkampf 1984 war ebenfalls als vierwelliges Panel angelegt. Hier wurden die Abonnenten der drei Dortmunder Lokalzeitungen befragt (→ Teil 2, Kapitel 3.1).

Horstmann (1991: 79ff., 212ff.) unterschied zwischen *Faktenwissen* und *Strukturwissen*. Die Faktenfragen zur Europawahl lautete: »Hier habe ich eine Liste mit Ländern. Können Sie mir bitte sagen, welche dieser Länder augenblicklich zur Europäischen Gemeinschaft gehören?« Insgesamt wurden den Befragten 21 Länder vorgelegt, für jede richtige Antwort bekamen sie einen Punkt. Weitere Faktenfragen erwiesen sich als nicht trennscharf. Die Frage nach der Zahl der deutschen Abgeordneten (Europawahl) war zu schwer (Bodeneffekt), die nach dem Wahltermin (Europawahl) oder zu den Parteien und den Mehrheitsverhältnissen in Dortmund (Kommunalwahl) zu leicht (Deckeneffekt).

Das (politische) Strukturwissen ermittelte Horstmann mit zwei Indizes, dem Partei-Image und dem Politiker-Image. Für jede Partei sollten die Befragten die guten und schlechten Seiten benennen. Jede inhaltliche Antwort erhielt einen Punkt. Anschließend sollten die Befragten diejenigen Politiker auf einer Skala von –5 bis +5 einstufen, die sie kennen. Jede Einstufung wurde mit einem Punkt, »weiß nicht«- und »unbekannt«-Antworten ohne Punkt gewertet. Diese Strukturfragen messen, ob ein individuelles Mindestmaß an Informationen für die Bewertung von Objekten vorhanden ist; die Relevanz dieses Wissens für den (politischen) Alltag der Befragten ist damit nicht nachgewiesen.

Auch in dieser Studie wurden benachbarte unabhängige Variablen gemessen, die jeweils zu einem additiven Index zusammengefasst wurden (vgl. Horstmann 1991: 220ff):

- *Politische Beteiligung* und *politisches Interesse*: sich in einer Partei, einem Verein oder Verband betätigen; sich für einen Kandidaten oder eine Partei einsetzen; seine Überzeugung vertreten in bestimmten politischen Fragen; regelmäßig wählen gehen; sich über Politik unterhalten; gelegentlich politische Vorträge, Diskussionen und Veranstaltungen besuchen; sich besonders über bestimmte politische Fragen informieren; sich laufend über Politik allgemein informieren.

- *Interpersonelle Kommunikation*: Gespräche über Politik in Europa und in Deutschland führen; politische Einstellung in der Eisenbahn zeigen; andere Personen in der Eisenbahn überzeugen; anderen politisch einen Rat geben; andere politisch zu überzeugen versuchen.

- *Motivation zur Informationsaufnahme*: Dafür wurde eine offene Frage nach der Bereitschaft, sich über bestimmte Themen näher zu informieren, gestellt.
- *Habituelle Nutzung politischer Printmedien und Fernsehsendungen*: Bei den Printmedien handelte es sich um eine Liste mit 20 Titeln (überregionale Qualitätszeitungen, Boulevardblätter, Wochenzeitungen und die örtliche Lokalzeitung). Für das regelmäßige Lesen wurde ein Punkt vergeben. Die Liste der Fernsehsendungen umfasste die vier Nachrichtensendungen sowie sieben politische Magazinsendungen von ARD und ZDF. Hier wurden jeweils zwei Punkte für regelmäßiges und ein Punkt für gelegentliches Sehen angerechnet.
- *Wahrnehmung des Europawahlkampfes* in Anzeigen in Zeitungen und Zeitschriften, auf Plakaten, Flugblättern und Prospekten, in Fernsehnachrichten, in Wahlwerbespots sowie in Berichten der Lokalzeitung.

Die Wissensveränderung von Welle zu Welle wurde wie bei Bonfadelli als Medieneffekt gedeutet.

Eine andere Vorgehensweise wählte Wirth (1997: 58ff.), ausgehend von der Kritik an Paneldesigns, bei denen die Fragen nach dem Vorwissen in der ersten Panelwelle (möglicherweise) Fokussierungs- und Ausstrahlungseffekte auf die Fragen nach dem Wissen in den folgenden Panelwellen hatten. Außerdem konnten die Panelbefragungen nur den mittelfristigen und nicht den kurzfristigen Erwerb von Wissen messen, der gerade im Bereich aktueller Informationen bedeutender ist. Schließlich wurde in diesen Studien das Konstrukt Wissen medienzentriert und nicht rezipientenorientiert erfasst.

Wirth (1997: 201ff.) bevorzugte aus diesen Gründen eine quasi-experimentelle Befragung von 212 Personen im Winter 1991 und 1993. Diese wurden mit einer Quotenstichprobe zu den Merkmalen Geschlecht, Alter und Bildung ermittelt. Den Versuchspersonen wurden jeweils zwei Beiträge aus politischen Fernsehmagazinen (von insgesamt 13 verwendeten Beiträgen) als Stimulusmaterial vorgeführt. Auf diese Weise konnten 424 Rezeptionen als Analyseeinheit gebildet werden. Das theoretische Konstrukt Wissen wurde in verschiedene empirische Dimensionen zerlegt:

Das *(Vor-) Wissen der Rezipienten* wurde unterteilt in ein eher situationsspezifisches Themenwissen und ein transsituationales allgemeines politisches Wissen, die politische Expertise. Das themenspezifische Vorwissen wurde mit einfachem Faktenwissen, einfachem Strukturwissen und komplexerem Zusammenhangs- und Bereichswissen erhoben und zu einem Index addiert. Der Index zur politischen Expertise wurde aus den Antworten auf sieben Fragen zu Faktenwissen (»Welche Parteien sind derzeit im deutschen Bundestag vertreten?«) und

Strukturwissen (Frage nach Aufgabenverteilung von Bund und Ländern), teils mit vorgegebenen Listen (»recognition«), teils offen (»recall«) gebildet. Die Antworten wurden teils (normativ) nach Richtigkeit bewertet (zum Beispiel auf die Frage »Was versteht man unter Legislative?«), teils durften sie (rezipientenorientiert) von den Befragten frei gewählt werden (zum Beispiel auf die Frage nach der Aufgabenverteilung von Bund und Ländern).

Als experimenteller Stimulus wurden den Probanden zwei Beiträge aus Fernsehmagazinen gezeigt, die sie offen nacherzählen (»free recall«) sollten. Diese Nacherzählungen wurden anschließend inhaltsanalytisch danach untersucht, welchen Beitragsbezug sie haben, ob Werturteile gefällt wurden und ob (inhaltsspezifische) Interpretationen, Elaborationen und (logische) Verknüpfungen durchgeführt wurden. Ein additiv errechneter Index bildete das *integrative Wissen*. Da eine Analyse der Korrektheit des Wissens nicht vorgenommen wurde, handelte es sich ebenfalls um einen rezipientenorientierten Wissensbegriff.

Im Hinblick auf das *kommunikatororientierte (Nach-) Wissen* stellte Wirth zunächst zwei Reproduktionsfragen (»free recall«): Zum einen sollten sich die Befragten vorstellen, jemandem zu erzählen, worum es in dem Beitrag ging und den Inhalt in wenigen Sätzen zusammenzufassen; zum anderen sollten sie den Inhalt in einem Satz verdichten. Je nach Wiedergabeleistung wurden Punkte verteilt. Weiterhin stellte Wirth sieben textbezogene und zwei bildbezogene Wiedererkennungsfragen (»recognition«) sowie als Erinnerungsfragen unterschiedlich schwere Faktenfragen nach Personen- und Ortsnamen oder Details und Strukturfragen nach Zusammenhängen von Ereignissen und Handlungen (»aided oder cued recalls«), für die ebenfalls Punkte vergeben wurde. Alle Punkte wurden zu einem Gesamtindex zusammengefasst (vgl. Wirth 1997: 350ff.).

Auch in dieser Untersuchung wurden weitere Fragen zum Interesse der Probanden und ihrer konkreten Mediennutzung zu bestimmten Themen und fiktiven TV-Beiträgen gestellt.

Bonfadelli, Heinz (1994): Die Wissenskluftperspektive. Massenmedien und gesellschaftliche Information, München: Ölschläger.

Horstmann, Reinhold (1991): Medieneinflüsse auf politisches Wissen. Zur Tragfähigkeit der Wissenskluft-Hypothese, Wiesbaden: Deutscher Universitäts-Verlag.

Wirth, Werner (1997): Von der Information zum Wissen. Die Rolle der Rezeption für die Entstehung von Wissensunterschieden. Ein Beitrag zur Wissenskluftforschung, Opladen: Westdeutscher Verlag.

2.2 Prognosen und Expertenwissen

Wissen bezieht sich nicht nur auf gegenwärtige oder vergangene Sachverhalte, sondern ist auch in die Zukunft gerichtet und dient als Grundlage für rationale Prognosen. Für die Prognose von (gesellschaftlichen) Entwicklungen wird dabei vor allem auf das Wissen von Experten zurückgegriffen. In der Studie »Kompetenz und Technik«, die von Weischenberg und Mitarbeitern von 1987 bis 1990 durchgeführt wurde, sollten mit Hilfe von Expertenwissen Trends im Journalismus aufgedeckt und auf dieser Basis Vorschläge für die zukünftige Ausbildung von Journalisten erarbeitet werden. Als wichtigste Methode wurde eine Delphi-Befragung eingesetzt (vgl. Weischenberg / Altmeppen / Löffelholz 1994: 13ff.).

Mit einer vorgeschalteten explorativen qualitativen Befragung von Journalistik-Dozenten aus USA und Deutschland wurden Hypothesen zum zukünftigen Journalismus generiert, die forschungsleitend die Expertenbefragung nach der Delphi-Methode strukturierten. Die Auswahl der Experten erfolgte nach mehreren Kriterien, die sich in zwei Punkten zusammenfassen lassen:

- Die Experten sollten aus den vier wichtigsten Bereichen der mit Journalistenausbildung beschäftigen Institutionen rekrutiert werden: Journalisten (Medienpraktiker aus möglichst allen Medienbereichen), Hochschullehrer (hochschulgebundene Journalistenausbildung), Verbände und Organisationen (Gewerkschaften, Verleger) und Ausbildungsinstitutionen (betriebliche und überbetriebliche hochschulexterne Journalistenausbildung)
- Die Experten sollten leitende Positionen begleiten, um handlungsrelevante Prognosen abgeben zu können. Insbesondere sollte ein hinreichender Anteil von Expertinnen angestrebt werden.

Die Stichprobe wurde mit einer bewussten Auswahl gezogen, um die Kriterien einhalten zu können. Die methodische Anlage bestand aus einem vierwelligen Panel von 53 Experten, von denen zwei Drittel an allen Wellen teilnahmen. Neben den Ausstiegen gab es auch zwei Wiedereinstiege (vgl. Weischenberg / Altmeppen / Löffelholz 1994: 14ff.).

- In der ersten Welle (November 1988 bis Februar 1989) wurden mit allen ausgewählten Experten teilstrukturierte persönliche Leitfadengespräche geführt. Der 64 Schlüssel- und Eventualfragen umfassende Leitfaden wurde in erster Linie qualitativ ausgewertet. Die Ergebnisse dienten als Grundlage für die Erstellung eines vollstandardisierten Fragebogens.

- In der zweiten Welle (Mai bis September 1989) wurde eine postalische Befragung mit einem vollstandardisierten Fragebogen durchgeführt. Er enthielt Fragen zur zukünftigen Entwicklung der Mediennutzung und Qualität der Medieninhalte, der Qualifikationsanforderungen und Ausbildungsformen für Journalisten, zur Entwicklung des Mediensystems und der redaktionellen Organisation, ferner zu den theoretisch postulierten »Basistrends« der Technisierung und Informatisierung, der Kommerzialisierung und Internationalisierung des Journalismus sowie der Segmentierung und Individualisierung des Publikums. Die zu 90 Prozent beantworteten Fragebögen wurden quantitativ ausgewertet.
- In der dritten Welle (Dezember 1989 bis März 1990) wurde ein weiterer, teilstandardisierter Fragebogen verschickt. Dieser Fragebogen enthielt zwar weitgehend die gleichen Fragen wie der Fragebogen der zweiten Welle (bis auf diejenigen, deren Antworten nicht streuten), allerdings wurden zu jeder Frage die prozentualen und teilweise grafisch aufbereiteten Verteilungen der Antworten aus der zweiten Welle angegeben. Außerdem sollten die Befragten, die eine Minderheitenposition vertraten, zusätzlich eine Begründung für ihre neuerliche Antwort angeben. Der Rücklauf betrug 75 Prozent von der zweiten Welle.
- In der vierten Welle (April bis September 1990) wurde ein verkürzter, vollstandardisierter Fragebogen verschickt. Er enthielt nur noch diejenigen Fragen aus dem Fragebogen der dritten Welle, die kontrovers beantwortet wurden, sowie die offen erhobenen Begründungen für die jeweilige Entscheidung. Fragen, die in der dritten Welle Konsens waren (mindestens 80 Prozent Übereinstimmung), wurden nicht mehr gestellt. Noch einmal sollten diejenigen Befragten, die eine Minderheitsposition einnahmen, ihre Entscheidung begründen. Der Rücklauf betrug erneut 75 Prozent von der vorangegangenen Welle.

Das Antwortverhalten entwickelte sich wie beabsichtigt in Richtung Konsens. Da eine Selbsteinschätzung der Kompetenz methodisch nicht sinnvoll war, weil sie je nach Persönlichkeit des Befragten zu Unter- oder Überschätzung führen kann, konnte nicht endgültig entschieden werden, ob Veränderungen im Antwortverhalten von der (mangelnden) Kompetenz dieser Befragten oder durch Überzeugungsprozesse bedingt wurden (vgl. Weischenberg et al. 1991: 36ff.).

Ein Jahrzehnt später wurde eine Delphi-Studie zur Zukunft des Internet von Beck / Glotz / Vogelsang (2000) durchgeführt. Der Gesamtfragebogen bestand aus einem allgemeinen und fünf fachbezogenen Modulen (vgl. Beck / Glotz / Vogelsang 2000: 23):

- allgemeine Entwicklungen
- Information, Unterhaltung und Spiele
- virtuelle Beziehungen und Cybersex
- Lehren und Lernen
- Electronic Commerce
- Arbeitswelt (Teleworking)

Als Expertengruppen wurden Wissenschaftler, Entscheider aus dem Management in Wirtschaftsunternehmen und Vertreter organisierter gesellschaftlicher Interessensgruppen herangezogen. Mit einer Recherche verschiedener kommerzieller Datenbanken wurden insgesamt über 2.000 Experten aus Deutschland, Europa, Nordamerika, Asien und Ozeanien ermittelt und ihre Daten in einer eigenen Paneldatenbank gesammelt. Durch zwei Pretests mit 12 und 54 Experten wurde der standardisierte Fragebogen verbessert (vgl. Beck / Glotz / Vogelsang 2000: 29ff.). Dieser umfasste folgende Fragetypen:

- Grad der Zustimmung zu verschiedenen Statements;
- Einschätzung, in welchem Zeitraum bestimmte Entwicklungen eintreten;
- Quantifizierung der Wahrscheinlichkeit des Eintretens (0-25%, 26-50%, 51-75%, mehr als 75%);
- Quantifizierung der Eintrittswahrscheinlichkeit im Zeitverlauf;
- Selbsteinschätzung der fachlichen Kompetenz der befragten Experten (mit den Antwortvorgaben »aktiver Forscher auf diesem Gebiet«, »überwiegend Sekundärkenntnisse aus der Fachliteratur«, »unsystematische Teilkenntnisse«, »eher fachfremd bzw. interessierter Laie«);
- Fragen zur Person des Experten (vgl. Beck / Glotz / Vogelsang 2000: 19ff.).

Die Untersuchungsanlage umfasste zwei Wellen: Mai bis Juni 1998 und November 1998 bis Januar 1999. Für die erste Welle wurden 2.014 Experten ausgewählt, an die insgesamt 4.482 Fragebogenmodule (an alle Experten das Modul zu den allgemeinen Entwicklungen sowie 2.441 fachbezogene Module) postalisch und elektronisch verschickt wurden. Alle Delphi-Teilnehmer sollten das allgemeine Modul sowie eine selbstgewählte Auswahl aus den fünf fachbezogenen Modulen beantworten. 480 Experten (= 24% Personen-Rücklauf) füllten das allgemeine Modul und 603 fachbezogene Module aus (= 24% Modul-Rücklauf). In der zweiten Welle bearbeiteten noch 360 Experten (= 75% Personen-Rücklauf von der ersten Welle bzw. 18% von der Ausgangsstichprobe) 330 allgemeine sowie 435 fachbezogene Module (71% Modulrücklauf von der ersten Welle bzw. 17% von der Ausgangsstichprobe). Die Autoren vermuten, dass die methodische Alternative, den Fragebogen entweder postalisch zu verschicken oder online auszufüllen, die Rücklaufquote erhöht hat (vgl. Beck / Raulfs 1999: 2f.).

Beck, Klaus / Glotz, Peter / Vogelsang, Gregor (2000): Die Zukunft des Internet. Internationale Delphi-Befragung zur Entwicklung der Online-Kommunikation, Konstanz: UVK.

Beck, Klaus / Raulfs (1999): Der Computer als Medium der Medienintegration: Ergebnisse und Erfahrungen einer internationalen online/offline-Delphi-Befragung, in: Ulf-Dietrich Reips et al. (eds. / Hrsg.): Current Internet Research. Trends, Techniques, Results. Aktuelle Online Forschung. Trends, Techniken, Ergebnisse, Zürich: Online Press (= WWW-Dokument, in: http://www.dgof.de/tband99)

Weischenberg, Siegfried et al. (1991): Kompetenz und Technik. Journalistenausbildung für die Informationsgesellschaft. Abschlußbericht des DFG-Projekts, Münster: unveröffentlichtes Manuskript.

Weischenberg, Siegfried / Altmeppen, Klaus-Dieter / Löffelholz, Martin (1994): Die Zukunft des Journalismus. Technologische, ökonomische und redaktionelle Trends, Opladen: Westdeutscher Verlag.

2.3 Selektion und Informationsverarbeitung

Bei der Rezeption von Nachrichten spielen komplexe Prozesse der Informationsverarbeitung eine Rolle, die analytisch in die zwei Dimensionen Erinnern und Verstehen aufgeteilt werden können. Vor dem Hintergrund einer Theorie der Re-Rekonstruktion medialer Inhalte durch die Rezipienten führte Ruhrmann (1989: 77ff.) eine Studie zur Rezeption von Fernsehnachrichten durch. Sie umfasste ein Mehrmethodendesign, mit dessen Hilfe die Merkmale der Nachrichten, der Rezeptionssituation und der Rezipienten erhoben werden konnten.

- Dazu wurden die Hauptnachrichtensendungen von ARD und ZDF an sieben ausgewählten Tagen 1983 und 1984 aufgezeichnet und mit einer Inhaltsanalyse auf formale und inhaltliche Merkmale untersucht (Input-Inhaltsanalyse).

- Außerdem wurden auf der Basis einer repräsentativen Flächenstichprobe in den Städten Bielefeld und Gießen 221 Interviews geführt, um die Erinnerungsleistungen der Rezipienten und die Rezeptionssituation zu erheben. Von 500 ausgewählten Zielpersonen hatten 330 eine der beiden Nachrichtensendungen gesehen, 109 Personen verweigerten die Teilnahme, aus technischen Gründen konnten weitere 23 Interviews nicht benutzt werden (Befragung).
- Die aus der Befragung resultierenden Aufzeichnungen der Nachrichtenwiedergabe wurden transkribiert und nach verbalen und nonverbalen Merkmalen codiert (Output-Inhaltsanalyse).

Die Befragung wurde unmittelbar im Anschluss an je eine der beiden Nachrichtensendungen durchgeführt. Die Interviewer hatten die Sendungen selbst nicht gesehen, sodass sie den Befragten keine Erinnerungshilfen geben konnten (vgl. Ruhrmann 1989: 86). Der Fragebogen enthielt Fragen zu allgemeinen Gewohnheiten der Nachrichtenrezeption und zur speziellen Rezeptionssituation am Abend des Interviews. Im Zentrum stand die offene Aufforderung (»free recall«) an die Befragten zu erzählen, über welche Themen und Ereignisse in den Nachrichten berichtet wurde. Im Anschluss stellten die Interviewer Folgefragen (nur) zu den erinnerten Nachrichten. Diese erfassten folgende Variablen:

- Einschätzung der persönlichen und allgemeinen Relevanz des Themas (zehnstufige Skala)
- Nennung von in der Meldung vorkommenden Personen, ihre Bekanntheit und Bewertung
- Auffälligkeiten in der Meldung (offen erfasst)
- Einschätzung von Verzerrungen und Verständlichkeit der Meldung sowie der Vertrautheit mit dem Thema bzw. Ereignis (zehnstufige Skalen)

Die Inhaltsanalyse der Nachrichtenwiedergabe enthielt mehrere Codierereinschätzungen zu den folgenden Merkmalen:

- Struktur des aus der Wiedergabe rekonstruierbaren Weltbildes
- Korrektheit der Wiedergabe von Zahlen, Personen und Orten sowie in Bezug auf die (gesamte) gesendete Meldung
- Einschätzung des Tempos der Wiedergabe, der Präzision der Antworten, des wahrnehmbaren Interesses (zehnstufige Skala)
- Einschätzung einiger Merkmale der Interviewsituation
- Einschätzung linguistischer Merkmale (vgl. Ruhrmann 1989: 76ff., 179ff.).

Die Zuordnung der Input-Inhaltsanalyse (der gesendeten Meldungen) zur Output-Inhaltsanalyse (der wiedergegebenen Meldungen) ermöglichte eine relationale Analyse. Die Untersuchungsanlage erlaubte zudem eine Auswertung auf der Fallbasis der Personen (Befragten) und der Meldungen (Nachrichteninhalte) (vgl. Ruhrmann 1989: 88f.).

Von Nachteil an diesem Feldexperiment ist allerdings, dass das Nachrichtenmaterial nicht experimentell variiert und beeinflusst werden kann. Insofern lassen sich Fragestellungen, die bestimmte inhaltliche und formale Merkmale der gesendeten Nachrichten betreffen, nicht untersuchen. Außerdem sind die Störeinflüsse während der Rezeption auf diese Weise nicht zu erfassen.

Mit einer ähnlichen Fragestellung und methodischen Anlage untersuchte Früh (1992: 74f.) den subjektiven Verarbeitungsprozess der Rezipienten von Informationen aus der Medienberichterstattung. Im Kontext des dynamisch-transaktionalen Ansatzes der Medienwirkungsforschung ging er nicht von einem Filtermodell der Selektion aus, das nur die (schrittweise) Reduktion von Informationen unterstellt, sondern formulierte ein Transformationsmodell, wonach Informationen selektiert (reduziert), integriert (vernetzt) und konstruiert (elaboriert) werden.

Dazu wurde eine Methodenkombination aus Inhaltsanalyse der Medienberichterstattung zu ausgewählten politischen Themen und eine feldexperimentelle Panelbefragung mit zwei Messpunkten und einer Vorhermessung angewandt. Für die im Mai 1984 durchgeführte mündliche Befragung wurde eine quotierte nicht-repräsentative Klumpenstichprobe von 223 Personen ausgewählt:

- Die Vorhermessung bestand aus einem Interview mit standardisiertem Fragebogen zu rezeptionsrelevanten Persönlichkeitsmerkmalen (Mediennutzungsverhalten, Einstellungen, kognitive Strukturiertheit, demografische Merkmale und allgemeines Vorwissen).
- Die erste Welle war eine Stichtagsbefragung zu den drei wichtigsten politischen Themen der Medienberichterstattung des vorangegangenen Tages. Die Befragten sollten die Fernsehsendungen und Hörfunk- und Zeitungsbeiträge reproduzieren, die sie am Tag vorher unter natürlichen Bedingungen rezipiert hatten. Außerdem wurden die Ambiguitätstoleranz, das spezifische Vorwissen sowie Zusatzwissen erfasst.
- Zwischen der ersten und der zweiten Welle führten die Befragten ein Tagebuch, in dem sie ihr Rezeptionsverhalten protokollierten.

- In der zweiten Welle eine Woche später sollten die Befragten diese Inhalte erneut reproduzieren. Darüber hinaus wurden die Entscheidungsfreude und die Suggestibilität des Befragten erhoben.

In beiden Panelwellen dienten miteinander verbundene offene Fragen und auf Kärtchen vorgegebene Stichpunkte zu Personen, Orten, Zeitangaben, Hintergründen, Ursachen und Konsequenzen von Handlungen oder Sachverhalten als themenunspezifische Erinnerungshilfen in einer gestützten Reproduktion, die auf Tonkassetten aufgezeichnet wurde. Damit wurde die Offenheit der Schilderung gewahrt und zugleich der Reproduktionsvorgang systematisiert. Der so entstandene Erzähltext konnte mit dem inhaltsanalysierten Text der Medienberichterstattung verglichen werden. Dieser Vergleich wurde mit Hilfe der Semantischen Struktur- und Inhaltsanalyse (SSI) detailliert für alle Inhalts- und Funktionselemente der beiden Texte vorgenommen (vgl. Früh 1992: 75f., 80).

Eine andere Vorgehensweise wählte Kindel (1998: 136) mit einem Laborexperiment, das 1997 durchgeführt wurde und an dem 138 Schüler aus sieben Klassen von zwei Gymnasien und einer Berufsfachschule teilnahmen. Zu diesem Zweck produzierte Kindel sieben fiktive Hörfunk-Nachrichtensendungen (zum Teil in mehreren Varianten) mit jeweils sieben bis zehn Beiträgen. Jeder Versuchsgruppe wurden zwei Nachrichtensendungen präsentiert.

Folgende inhaltliche und formale Medienfaktoren wurden variiert: Zusatzinformationen, Gewaltdarstellung, Nebenbeschäftigung, Originaltöne, Musik und Sprecherwechsel. Um das Nachrichtenmaterial realistisch zu gestalten, wurden professionelle Sprecher eingesetzt; die Sendungen enthielten Senderkennungen und Zeitangaben, und die Beitragsthemen kamen in irgendeiner Form bereits in vergangenen Sendungen vor. Den Versuchspersonen wurde nicht mitgeteilt, dass die Nachrichten fiktiv waren.

Mit Hilfe eines Fragebogens wurden auch mehrere Rezipientenfaktoren wie Vorwissen, Politikinteresse, politische Einstellung und die situationalen Faktoren Aufmerksamkeit, Gefühlsansprache und Hörfähigkeit erfasst. Die abhängige Variable der Erinnerung wurde wie in der Studie von Ruhrmann mit einer freien Wiedergabe (»free recall«) direkt nach der Präsentation der Nachrichtensendungen erhoben. Gemessen wurde neben der Zahl der erinnerten Beiträge allgemein die Zahl der wiedergegebenen (richtigen) Wörter sowie die Zahl der (richtig) erinnerten Informationseinheiten (Antworten auf die journalistischen W-Fragen). Im Unterschied zur Studie von Ruhrmann wird damit allerdings nicht die (Re-) Konstruktionsleistung des Rezipienten, sondern seine Erinnerungsleistung (Selektion) gemessen. Kindel diskutiert ferner die Verwendung der freien Wiedergabe (»free recall«) im Vergleich zu einer gestützten Wiedergabe (»cued oder aided recall«) nur als sich ausschließende Verfahren; prinzipiell wäre jedoch auch eine Kombination (zuerst offene und dann gestützte Wiedergabe) möglich.

Früh, Werner (1992): Realitätsvermittlung durch Massenmedien. Abbild oder Konstruktion, in: Winfried Schulz (Hrsg.): Medienwirkungen. Einflüsse von Presse, Radio und Fernsehen auf Individuum und Gesellschaft. Untersuchungen im Schwerpunktprogramm »Publizistische Medienwirkungen«, Weinheim: VCH: 71-90.

Kindel, Andreas (1998): Erinnern von Radio-Nachrichten. Eine empirische Studie über die Selektionsleistungen der Hörer von Radio-Nachrichten, München: Reinhard Fischer.

Ruhrmann, Georg (1989): Rezipient und Nachricht. Struktur und Prozeß der Nachrichtenrekonstruktion, Opladen: Westdeutscher Verlag.

2.4 Relevanzeinschätzung

Die Berichterstattung in den Medien kann zwar nicht bestimmen, wie die Bevölkerung über ein bestimmtes Thema denkt, aber sie kann ein Bewusstsein für Themen und ihre (gesellschaftliche) Relevanz erzeugen. Diese Vermutung wurde Ende der 60er bzw. Anfang der 70er Jahre unter dem Etikett Agenda-Setting bekannt. McCombs und Shaw formulierten die Wirkungshypothese als kognitiven und individuellen Einfluss der Medien auf den (einzelnen) Rezipienten. Die Prioritätensetzung und Rangfolgenbildung thematischer Wichtigkeit hat demnach auch eine Bewertungs- oder Einstellungskomponente (vgl. Rössler 1997: 207).

Die Themen setzende und Themen strukturierende Wirkung der Medien wurde in der »Themenstudie Mittlerer Neckar« untersucht, deren Forschungsziel hauptsächlich darin bestand, mit Hilfe einer Netzwerkanalyse den Zusammenhang zwischen Massenkommunikation und interpersoneller Kommunikation zu erforschen (→ Teil 2, Kapitel 4.2). Neben einer umfangreichen Inhaltsanalyse wurde eine Panel- und Netzwerkbefragung in der Region Mittlerer Neckar durchgeführt. Dabei wurden in der ersten Welle Ende Januar bis Mitte Februar 1990 insgesamt 899 Personen mündlich befragt. In der zweiten Welle im März konnten davon 476 Personen schriftlich nachbefragt werden. Außerdem wurden im Schneeballverfahren weitere 550 Personen, die von den Befragten der ersten Welle als Netzpersonen angegeben worden waren, ebenfalls schriftlich befragt (vgl. Rössler 1997: 234ff.).

In seiner Dissertation führte Rössler (1997: 88ff.) eine ausführliche Diskussion über die Operationalisierung der wichtigsten Konstrukte. Im Hinblick auf die abhängige Variable der Zuschreibung von Wichtigkeit unterschied er drei Dimensionen:

- intrapersonale oder persönliche Relevanz (persönliche Zuschreibung von Wichtigkeit eines Themas)
- gesellschaftliche oder allgemeine Relevanz (vom Befragten wahrgenommene Wichtigkeit eines Themas für die Allgemeinheit)
- interpersonale oder kommunikative Relevanz (Bedeutung eines Themas für die interpersonale Kommunikation).

Im Sinne der Kernhypothese des Agenda-Setting ist nur die intrapersonale Wichtigkeit als abhängige Variable geeignet, die beiden anderen Konstrukte sind dagegen intervenierende Variablen. Aufgrund der Bedeutung der Variablen für die Forschungshypothese darf die intrapersonale Wichtigkeit nicht implizit aus Einstellungsvariablen erschlossen, sondern muss explizit als kognitionsbezogene Variable erhoben werden.

Die Frage in der Studie lautete: »Wenn Sie einmal an die vergangenen Wochen zurückdenken, was empfanden Sie da persönlich als die wichtigsten politischen und gesellschaftlichen Themen?« Diese Frage wurde zunächst offen gestellt. Die ersten drei Nennungen der Befragten wurden analog zur Themenanalyse der Medien verschlüsselt. Anschließend wurde die Frage mit einer vorgegebenen Liste von neun allgemeinpolitischen Themen erneut gestellt. Die Themen variieren nach Menge der Berichterstattung (wenig vs. viel), Komplexität (gering vs. hoch), potenzieller Betroffenheit der Rezipienten (schwächer vs. stärker) und Aktualität (Spot-Ereignis vs. Dauerbrenner). Die Befragten sollten jedes der neun Themen auf einer fünfstufigen Skala von »überhaupt nicht wichtig« bis »sehr wichtig« in Bezug a) auf ihre persönliche Relevanz und b) auf die eingeschätzte Relevanz für die Allgemeinheit einstufen. Alternativ hätte auch die Möglichkeit bestanden, die Themen von den Befragten in eine Rangordnung bringen zu lassen, was allerdings eine psychisch sehr künstliche Aufgabenstellung bedeutet hätte. Um keine künstliche Relevanzzuschreibungen durch den Befragten hervorzurufen, wurde eine Filterfrage nach der Bekanntheit des Themas überhaupt gestellt. Außerdem wurden Reihenfolgeeffekte dadurch vermieden, dass die Befragten die Themen auf Karten vorgelegt bekamen, die jeweils vor dem Interview gemischt wurden (vgl. Rössler 1997: 92f., 248ff.).

Die Ergebnisse der offenen und geschlossenen Frage korrelierten hoch miteinander; wegen der besseren Vergleichbarkeit wurden aber in erster Linie die

Ergebnisse der geschlossenen Frage für die Analyse verwendet (vgl. Rössler 1997: 259ff.).

Als eine wichtige Kontextvariable in der Agenda-Setting-Forschung hat sich die Betroffenheit des Befragten von den Themen herausgestellt. Rössler (1997: 280) unterschied dabei zwischen potenzieller und tatsächlicher Themenbetroffenheit. Die *potenzielle Themenbetroffenheit* wurde mit »real world indicators« operationalisiert. Von dem Thema »Streikdrohung der Gewerkschaft« galten Mitglieder und aktive Mitarbeiter von Gewerkschaften oder Angehörige bestimmter Berufe als potenziell betroffen. Für das Thema »Wahlen in der DDR bzw. Übersiedler aus der DDR« wurde ein Index aus dem eigenen Status als Übersiedler sowie der Anzahl von Freunden und Bekannten aus der DDR oder von Übersiedlern gebildet. Für die *tatsächliche Themenbetroffenheit* sollten die Befragten auf einer fünfstufigen Skala von »gering« bis »hoch« zu jedem der neun Themen angeben, inwieweit sie das Thema persönlich betrifft und Einfluss auf ihr Leben ausübt. Insgesamt wurden etliche weitere relevante Kontextvariablen erhoben (vgl. Rössler 1997: 283f.).

Die Agenda-Setting-Hypothese erfordert durch den Vergleich der Medienagenda mit der Publikumsagenda den Einsatz zweier Methoden: die Inhaltsanalyse der Medienberichterstattung und die Befragung der Relevanzzuschreibung des Publikums. Dabei müssen die Themen der Berichterstattung und die von den Befragten genannten Themen synchron kategorisiert werden. Dazu wurden jedem Befragten auf der Basis seiner persönlichen Mediennutzung die allgemeinen Befunde der Inhaltsanalyse als quasi-individuelle Daten zugespielt. Auf diese Weise konnte die unrealistische theoretische Unterstellung, dass der Befragte die gesamte Medienberichterstattung rezipiert hat, methodisch vermieden werden (vgl. Rössler 1997: 222ff., 259ff.).

Rössler (1997: 70f., 205) diskutiert auch alternative Verfahren zu seiner Vorgehensweise. Die individuelle Zuordnung von Medieninhalten zu den Rezipienten erfordert streng genommen einen Copytest, um nur die Inhalte zu analysieren, die tatsächlich rezipiert wurden. Dieses Verfahren verursacht aber einen immensen Aufwand, der im Rahmen einer so umfangreichen Studie nicht vertretbar war. Die genaue Erhebung der Mediennutzung ist insofern nur eine Annäherung an die Notwendigkeit, individuelle Daten zu erheben.

Weiterhin kam ein Verzicht auf die Inhaltsanalyse zugunsten einer vom Befragten selbst eingeschätzten Wahrnehmung von Medieninhalten nicht in Frage, da diese zu grob gewesen wäre. Ebenfalls nicht in Betracht gezogen wurde eine experimentelle Vorgehensweise, bei der das Nachrichtenmaterial hätte manipuliert werden können, weil die künstliche Laborsituation selbst die Aufmerksamkeit der Versuchspersonen fokussiert und somit hypothesenkonforme Ergebnisse erzeugt.

Rössler, Patrick (1997): Agenda-Setting. Theoretische Annahmen und empirische Evidenzen einer Medienwirkungshypothese, Opladen: Westdeutscher Verlag.

2.5 Politische Kognitionen

Politische Entscheidungen müssen in einer liberal-repräsentativen Demokratie öffentlich legitimiert werden. Das bedeutet zwar nicht, dass alles Politische öffentlich sichtbar ist, aber dass das öffentlich Sichtbare der Politik Grundlage für ihre Legitimation ist. Die Medienberichterstattung stellt Öffentlichkeit von den Handlungsweisen politischer Akteure (Politiker, Parteien und soziale Bewegungen) her und erzeugt ein Image vom politischen System insgesamt. In der Medienwirkungsforschung stellt sich die Frage, ob und in welchem Maß diese medialen Darstellungen das Politikverständnis im Allgemeinen und im Besonderen die Images und Einschätzungen politischer Akteure seitens des Publikums, der Öffentlichkeit bzw. der Staatsbürger bestimmen.

Das Image der Partei der GRÜNEN stand im Mittelpunkt einer Studie von Knoche et al. (1992: 123f.). Das Interesse der Medien und der breiten Bevölkerung an den GRÜNEN war zu Beginn der 80er Jahre relativ gering, wuchs aber, als die Partei 1983 in den Bundestag einzog. Eine derartige Ausgangslage eröffnete die Möglichkeit, kurzfristige, langfristige und kumulative Wirkungen der Presseberichterstattung auf die Entstehung und Stabilisierung des Images der Bevölkerung von den GRÜNEN zu untersuchen. Zur Überprüfung dieser Annahmen bot sich ein feldexperimentelles Design mit einer Methodenkombination aus Inhaltsanalyse und Befragung an (vgl. Knoche et al. 1992: 127ff.):

- Mit einer Inhaltsanalyse der Presseberichterstattung der beiden regionalen Tageszeitungen »Allgemeine Zeitung« (Mainz) und »Badische Zeitung« (Freiburg) vom März 1983 bis zum Januar 1989 wurde die mediale Darstellung der Themen- und Forderungsbereiche der GRÜNEN erfasst. Es handelte sich dabei um eine Langzeit-Vollerhebung mit insgesamt rund 8.000 Artikeln. Die inhaltsanalytischen Themenkategorien wurden auf drei Hierarchie-Ebenen entwickelt und enthielten auf der konkretesten Ebene 430 Themen- und 360 Forderungs*bereiche*, auf der mittleren Ebene je 70 Themen- und

Forderungs*gebiete* und auf der abstraktesten Ebene je 21 Themen- und Forderungs*komplexe*. Letztere wurden deduktiv auf der Basis der 17 Ressorts der Bundesregierung sowie von vier übergreifenden Themenkomplexen gebildet.

- Mit einer repräsentativen vierwelligen Panelbefragung der Bevölkerung zwischen 16 und 30 Jahre in den Verbreitungsgebieten der beiden Tageszeitungen wurde die Wahrnehmung von politischen Aktivitäten der GRÜNEN durch das Publikum erhoben. Dazu wurde jeweils ein Panel in Mainz und Freiburg im März 1985, im März 1986, im Januar 1987 und im Januar 1989 befragt. Die Ausgangsstichproben bestanden in beiden Städten aus jeweils 428 Befragten. Die beiden Panels reduzierten sich bis zur vierten Welle auf 204 Mainzer und 200 Freiburger Befragten.

Als abhängige Variablen dienten drei additive Indizes, die aus der Befragung gebildet wurden (vgl. Knoche et al. 1992: 138):

- Die *Vorstellung* der Befragten, welche Themen für die GRÜNEN wichtig waren bzw. in welchen Politikbereichen sie aktiv wurden, wurde mit einer offenen Frage nach den für die GRÜNEN wichtigen Themen und mit einer geschlossenen Frage mit 25 vorgegebenen Politikfelder erhoben. Die Befragten sollten auf einer vierstufigen Skala angeben, »ob die GRÜNEN im Bundestag ihrem Eindruck nach dort sehr aktiv, aktiv, weniger aktiv oder überhaupt nicht aktiv sind« (Knoche et al. 1992: 131).
- Die *Meinung* zu den GRÜNEN wurde über die zugeschriebene Lösungskompetenz der Partei zu politischen Problemen operationalisiert.
- Als Indikator für *Einstellungen* zu GRÜNEN diente die Frage nach der Akzeptanz von politischen Forderungen und Vorschlägen der Partei.

Als unabhängige Variablen wurden neben den inhaltsanalytisch ermittelten Themenkategorien der Medienberichterstattung in der Befragung soziodemografische Merkmale, die Nutzung verschiedener Medien und sonstige Prädispositionen (politisches Orientierungsbedürfnis, Betroffenheit von Umweltthemen, Interesse an den GRÜNEN und an der Politik) gemessen. Mit diesen Variablen konnte der Zusammenhang von medialer Thematisierung und Wahrnehmung der Bevölkerung überhaupt sowie mit verschiedenen Kausalmodellen an den Politikfeldern speziell überprüft werden (vgl. Knoche et al. 1992: 131, 135).

Von umfassenderer Bedeutung als das Image einer Partei ist das Image der Politik allgemein. Unter dem Stichwort Politikverdrossenheit wird diskutiert, ob die politische Berichterstattung in den Massenmedien dazu beiträgt, ein negatives Image von der Politik insgesamt zu erzeugen und damit eventuell das politische System zu delegitimieren oder gar zu destabilisieren. In seiner Dissertation kombinierte Wolling (1999: 99ff.) mehrere Methoden:

- mündliche Befragung von 426 Dresdner Bürgern vom 7. bis 19. Juli 1996, die per Quotenvorgabe nach Geschlecht, Alter, Bildung, Erwerbstätigkeit und Familienstand ermittelt wurden
- Sekundäranalyse von Umfragedaten aus den Studien »Massenkommunikation 1995«, »Allbus 1996« und »KSPW-Studie 1995« (Kommission zur Ermittlung des sozialen und politischen Wandels in den neuen Bundesländern
- Inhaltsanalyse von sieben Nachrichtensendungen und vier in Dresden erscheinenden Tageszeitungen vom 19. März bis 6. Juni 1996.

Ziel der Untersuchung war die Bestimmung des Anteils unterschiedlicher Erfahrungsquellen an der Erklärung von Einstellungen zur Politik (vgl. Wolling 1999: 97). Als unabhängige Variablen dienten die Mediennutzung und nichtmediale Erfahrungen mit Politik, abhängige Variable war die Einschätzung von Politik, differenziert in die Dimensionen Struktur, Prozesse und Inhalte (vgl. Wolling 1999: 231). Diese Dimensionen wurden mit mehreren Fragen und Itembatterien operationalisiert:

- *Strukturdimensionen*: Effektivität und Legitimität politischer Institutionen, Vertrauen in die politischen Institutionen sowie Identifikation der Befragten mit der politischen Gemeinschaft
- *Prozessdimension*: Einflussmöglichkeiten der Befragten auf die Politik, Responsivität und Integrität politischer Akteure und Institutionen sowie die Umsetzung politischer Entscheidungen
- *persönliche Wichtigkeit* von zwölf Politikfeldern, *Zufriedenheit* mit der Regierung und der Opposition in Bezug auf diese Politikfelder, *Identifikation* mit den Parteien sowie mehrere Möglichkeiten der *politischen Partizipation.*

Die unabhängigen Variablen wurden wie folgt operationalisiert:

- ausführliche und detaillierte Erhebung der *Mediennutzung* (vor allem politischer Fernsehsendungen und von Tageszeitungen) sowie die Glaubwürdigkeit dieser Medien
- Beurteilung von Aussagen über die *politische Berichterstattung*
- *persönliche Erfahrung mit Politik*: Einschätzung der eigenen Situation, wirtschaftliche Lage der Befragten, Gespräche über Politik, offene Nennung von

politischen Entscheidungen, von denen die Befragten betroffen waren (vgl. Wolling 1999: 105ff., 237ff.).

In der Studie wurden unterschiedliche Skalen verwendet. Darunter finden sich fünfstufige Ratingskalen mit verbalisierten Ausprägungen (»voll zutreffend«, »etwas zutreffend«, »unentschieden«, »eher nicht zutreffend«, »überhaupt nicht zutreffend«) und mit nur verbalisierten Endpunkten (von »gar kein Vertrauen« bis »sehr großes Vertrauen«), vierstufige Likert-Skalen (mit den Ausprägungen »sehr zufrieden«, »zufrieden«, »unzufrieden«, »sehr unzufrieden«), dreistufige Ordinalskalen (mit den Ausprägungen »besser«, »weder noch«, »schlechter«) sowie diverse andere Skalen.

In der Inhaltsanalyse wurden für alle Artikel formale Merkmale und das Thema codiert. Die politischen Artikel wurden weiter in Bezug auf Konflikthaftigkeit, Hintergründe, Fakten, Personalisierung untersucht. Bei wertenden Aussagen wurden Urheber, Tendenz, Objekte und Thema erhoben. Die Daten der Befragung(en) und der Inhaltsanalyse wurden getrennt voneinander ausgewertet und nicht miteinander verknüpft.

Knoche, Manfred et al. (1992): Nicht-Veränderung als langfristige Medienwirkung. Einfluß der Presse auf Vorstellungen und Einstellungen zur Politik der GRÜNEN, in: Winfried Schulz (Hrsg.): Medienwirkungen. Einflüsse von Presse, Radio und Fernsehen auf Individuum und Gesellschaft. Untersuchungen im Schwerpunktprogramm »Publizistische Medienwirkungen«, Weinheim: VCH: 121-141.

Wolling, Jens (1999): Politikverdrossenheit durch Massenmedien? Der Einfluß der Medien auf die Einstellungen der Bürger zur Politik, Opladen, Wiesbaden: Westdeutscher Verlag.

2.6 Soziale Kognitionen

Während sich die politischen Kognitionen in erster Linie auf die Vorstellung von Politik als (abstraktem) Sachgebiet beziehen, beinhalten soziale Kognitionen eher die Vorstellung und Beurteilung von medial dargestellten (nicht nur politischen) Personen. Diese Unterscheidung ist jedoch nur graduell. Gemeinsam ist beiden Kognitionsbereichen, dass sie auf Schemata und Heuristiken zurückgreifen, mit denen die Fülle von (Einzel-) Informationen pragmatisch sinnvoll reduziert werden. Der aus der Sozialpsychologie stammende Social-Cognition-Ansatz lässt sich dabei ohne weiteres auch auf die Rezeption und Wirkung von Nachrichten übertragen (vgl. Brosius 1995: 19).

In einer Vielzahl von Experimenten erforschten Kepplinger und seine Mitarbeiter die Wirkungen visueller Präsentationsweisen von Personen auf die Wahrnehmung der dargestellten Personen sowie auf weiterführende Zuschreibungen durch die Rezipienten. Die Wahrnehmungen umfassten nonverbale Merkmale (Sprechweise, Gestik, Mimik) und den Gesamteindruck von den Personen in Bezug auf ihr soziales Verhalten, ihre Qualifikation und ihr Durchsetzungsvermögen; die weiterführenden Attributionen bezogen sich auf die Glaubwürdigkeit, Intentionen und die vermuteten Verhaltensweisen der Personen (vgl. Kepplinger et al. 1987: 9ff.).

Für die Experimente wurden in der Regel eigene Testfilme oder Fotos von Personen als Stimuli produziert. Je nach Anzahl der Varianten (von Filmen oder Fotos) wurden die Versuchspersonen in Treatment-Gruppen (als unabhängige Variable) eingeteilt. Nach der Vorführung der Filme oder dem Vorlegen der Fotos sollten die Versuchspersonen die dargestellten Personen nach zahlreichen Merkmalen (abhängige Variablen) einschätzen und beurteilen. Die Versuchspersonen waren Studierende, Polizeischüler oder Mitarbeiter eines Industrieunternehmens. Die Experimente (Auswahl) waren wie folgt aufgebaut:

- Als Stimuli dienten zwei Testaufnahmen von Spitzenpolitikern (eine Fernsehversion mit Bild und Ton und einer Hörfunkversion nur mit Ton). Die politische Orientierung der Versuchspersonen wurde in Form einer Selbsteinstufung auf einer Links-Mitte-Rechts-Skala als Kovariate eingeführt.

  Als abhängige Variable wurde der Gesamteindruck mit einem semantischen Differential aus 22 bipolaren siebenstufigen Items gemessen. Zusätzlich wurden die Sprechweise sowie die Gestik und Mimik der dargestellten Personen mit 16 bzw. 21 Testfragen auf vierstufigen Skalen erfasst (vgl. Kepplinger et al. 1987: 29ff.).

- In einem weiteren Experiment wurden neun Testfilme mit verschiedenen Interviewsituationen aus einem Gespräch eines Journalisten mit einem Kulturdezernenten als Stimuli verwendet. Das Interview bestand aus fünf Fragen und fünf Antworten, wobei aggressives, neutrales und defensives Verhalten der Interviewpartner variiert wurden.

  Mit 18 siebenstufigen bipolaren Eigenschaftspaaren wurde als abhängige Variable der Eindruck der Versuchspersonen von den Personen gemessen (vgl. Kepplinger et al. 1987: 70ff.).

- Mit sieben Testfilmen wurde der Einfluss verschiedener Kameraperspektiven auf die Wirkung einer inhaltlich neutralen Rede gemessen. Das Grundsetting wurde mehrfach variiert und durch weitere Stimuli ergänzt.

  Als abhängige Variable wurde erneut die Wahrnehmung des Redners mit einem semantischen Differential gemessen. Mit einem Lückentest wurde der Informationstransfer überprüft sowie die Wahrnehmung und Beurteilung der Kameraperspektive durch die Versuchspersonen erfasst (Treatment Check) (vgl. Kepplinger et al. 1987: 103ff.).

- Mit Fotoserien von zwei Männern, die unterschiedliche Ausdrucksweisen zeigten, wurden typische und extreme Charakteristika der dargestellten Personen ermittelt (vgl. Kepplinger et al. 1987: 178ff.).

- In einem mehrstufigen Experiment wurden zunächst von Juroren jeweils fünf günstige und ungünstige Fotos und Texte von vier Spitzenpolitikern und Prominenten ausgewählt und dann zwei Versuchsgruppen (Rezeption der Politiker vs. Rezeption der Prominenten) vorgelegt. Als Kovariate wurde die politische Selbsteinstufung der Versuchspersonen berücksichtigt.

  Auf einer siebenstufigen Skala wurde erfasst, ob die jeweils dargestellte Person vorteilhaft oder ungünstig dargestellt wurde (Treatment Check). Darüber hinaus wurde abgefragt, ob das Verhältnis von Text und Foto realitätsgerecht, fair und ernst zu nehmen ist (Akzeptanz), ob es belustigend, informativ oder ärgerlich ist (emotionale Reaktion), ob die dargestellten Personen einen guten oder schlechten Eindruck machen (Einstellung) (vgl. Kepplinger et al. 1987: 275ff.).

Brosius, Hans-Bernd (1995): Alltagsrationalität in der Nachrichtenrezeption. Ein Modell zur Wahrnehmung und Verarbeitung von Nachrichteninhalten, Opladen: Westdeutscher Verlag.

Kepplinger, Hans Mathias et al. (1987): Darstellungseffekte. Experimentelle Untersuchungen zur Wirkung von Pressefotos und Fernsehfilmen, Freiburg, München: Alber.

3 Bedürfnisse, Motivationen und Emotionen

Emotionen und Motivationen bilden den psychischen und sozialen Gegenpart zu Kognitionen. Sie sind im Unterschied zu diesen nicht direkt messbar, weil erst ihre Reflexion dazu führt, dass sie ins Bewusstsein gelangen oder der Kommunikation zur Verfügung stehen. Die Reflexion von Emotionen und Motivationen ist dabei umso wahrscheinlicher, je intensiver sie sind. Damit sind zumindest prinzipiell intensive und lang anhaltende Emotionen und Motivationen in der Befragung ermittelbar. Der Begriff des Bedürfnisses verweist sogar direkt auf die kommunikative Äußerung.

3.1 Kommunikative und mediale Bedürfnisse

Die Erforschung kommunikativer und medialer Bedürfnisse bedeutet in zwei Aspekten eine Erweiterung der Publikumsforschung: Zum einen ergänzt sie die Erhebung von (objektiven) Nutzungsdaten um (subjektive) Motive und Bedürfnisse. Insofern dient sie der Erklärung der Nutzung, wie sie von der rein deskriptiven Nutzungsforschung erhoben wird (→ Teil 2, Kapitel 1). Zum anderen dreht sie die Perspektive der Medienwirkungsforschung um und rückt das aktive Publikum bzw. den handelnden Rezipienten oder Mediennutzer ins Blickfeld. Das Ziel des zu diesem Forschungsprogramm entwickelten Nutzen- und Belohnungsansatz umreißt Weiß (1978: 353) wie folgt:

> »Im Zentrum des Uses-and-Gratifications-Approach bzw. Nutzenansatzes steht die Frage nach den Motiven, Bedürfnissen, Absichten ..., die zu konkreten Formen der Mediennutzung führen. Diese Motive werden dann zu bestimmten Massenmedien ... bzw. zu bestimmten Medieninhalten in Beziehung gesetzt, woraus man den subjektiven Nutzen der Mediennutzung zu erklären sucht.«

Im Auftrag der »Kommission für den Ausbau technischer Kommunikationssysteme« (KtK) führte das Meinungsforschungsinstitut »Infratest« im Februar 1975 die Studie »Kommunikationsverhalten und Kommunikationsnutzen« durch. Sie nahm ähnliche Untersuchungen in Großbritannien und in Israel zur Vorlage. Die Infratest-Studie basiert auf einer repräsentativen Zufallsstichprobe von n = 2.002 Personen, die mündlich mit standardisierten Fragebögen zu objektiven und subjektiven Bedingungsfaktoren der Mediennutzung befragt wurden (vgl. Weiß 1978: 356f.).

Die subjektiven Faktoren umfassten kommunikationsrelevante Bedürfnisse und Einstellungen, die anhand von 27 mit Hilfe eines Pretests ausgewählten »Absichts-Statements« ermittelt und sich deduktiv-theoretisch vier Dimensionen zuordnen ließen (vgl. Weiß 1978: 348ff., 362f.):

- kognitive Bedürfnisse: Information, Wissen, Verstehen
- affektive Bedürfnisse: emotionale, ästhetische Erfahrungen
- integrative Bedürfnisse: Vertrauen, Stabilität, Glaubwürdigkeit
- interaktive Bedürfnisse: Kontakt zur Umwelt und zum eigenen Ich

Um zu vermeiden, dass die Beantwortung der Statements nur stereotype kollektive Medienimages statt für die Befragten tatsächliche, individuelle Medienfunktionen wiedergeben, wurde ihre Abfrage in zwei Schritte unterteilt (vgl. Weiß 1978: 359ff.):

- Im ersten Schritt mussten die Befragten jedes der 27 Items auf einer vierstufigen Likert-Skala (»sehr wichtig«, »ziemlich wichtig«, »weniger wichtig«, »gar nicht wichtig«) danach bewerten, wie bedeutsam die jeweilige Absicht für sie persönlich ist. Mit Faktorenanalysen konnten Grundmuster von kommunikativen Bedürfnissen ermittelt und mit Clusteranalysen Personentypen nach ihren kommunikativen Bedürfnissen gebildet werden.
- Im zweiten Schritt wurden die Befragten gebeten, zu jedem der Absichts-Statements auf einer vierstufigen Likert-Skala (»sehr viel«, »viel«, »etwas«, »gar nicht«) anzugeben, inwiefern diese verwirklicht werden können mit den kommunikativen Tätigkeiten Bücher lesen, Zeitschriften, Illustrierten lesen, Tageszeitungen lesen, fernsehen, Radio hören und persönliche Gespräche führen. Mit Diskriminanzanalysen ließen sich die kommunikativen Leistungen der Medien voneinander unterscheiden.

Weiß (1978: 354) gibt zu bedenken, dass die Erhebung von Motiven und Bedürfnissen mit einem standardisierten Fragebogen voraussetzt, dass sie a) den Befragten bewusst sind, sodass sie verbal wiedergegeben werden können, und b) (dem Forscher) vollständig bekannt sind, sodass die vorhandenen Items auf der Liste nur bestätigt oder abgelehnt werden müssen. Um diese Prämissen zu überprüfen, empfiehlt er die ergänzende und explorative Verwendung offener qualitativer Verfahren.

Eine weitere Kritik äußern Schenk und seine Mitarbeiter daran, dass die Bedürfnisbefriedigung sich nicht (nur) allgemein zwischen verschiedenen Medienbereichen, sondern (oft) zwischen speziellen konkurrierenden Angeboten unterscheiden. Dazu erweiterten sie den Uses-and-Gratifications-Approach theoretisch und spezifizierten ihn methodisch, indem sie gesuchte und erhaltene Gratifikationen (Diskrepanzmodell) getrennt behandelten und nicht den ganzen Medienbereich, sondern konkurrierende Sendungen innerhalb eines Genres untersuchten. Außerdem wurden die Eigenschaften dieser Sendungen von den Befragten eingeschätzt (Eigenschaftsmodell). Beide Modelle und Verfahren ergänzen sich (vgl. Schenk / Büchner / Rössler 1986: 76, 86).

Diese Vorgehensweise wurde in drei Studien erprobt, jeweils den Untersuchungsobjekten angepasst und insgesamt verbessert (vgl. Schenk / Büchner / Rössler 1986: 76ff.; Schenk / Rössler 1987: 219ff.; Schenk / Rössler / Weber 1988: 209ff.):

- Der *Sendungsvergleich* umfasst jeweils zwei Sendungen innerhalb eines Genres: 19884/85 die Krimiserien »Magnum« und »Der Alte«, 1985/86 die Seifenopern »Dallas« und »Schwarzwaldklinik«, 1987 die Fernsehshows »Der Große Preis« und »Donnerlippchen«.
- Für alle drei Studien wurden Stichproben von 127, 206 und 262 Personen (Seher der jeweils untersuchten Sendungen) in Mainz und Stuttgart-Hohenheim gezogen, quotiert nach Geschlecht und Alter, und eine standardisierte mündliche Befragung durchgeführt.
- Die *Mediennutzung* wurde hinsichtlich des Fernsehkonsums allgemein und in den jeweiligen Genres (zu mehr als den zwei für den Vergleich relevanten Sendungen) abgefragt. Außerdem sollten die Befragten die Sendungen nach ihrer Beliebtheit ordnen sowie einige offene und geschlossene Fragen zu typischen Inhalten der Sendungen und zu deren Bewertung beantworten.
- Die von den Befragten *gesuchten Bedürfnisse* und die tatsächlich *erhaltenen Bedürfnisbefriedigungen* wurden auf fünfstufigen Skalen (von »trifft überhaupt nicht zu« bis »trifft voll und ganz zu«) mit einer Liste zwischen 14 und 17 Items erhoben. Sie umfasste die Motivgruppen »Unterhaltung, Spaß, Ablenkung, Stimmung, Entspannung«, »Information, Wissen, Bildung«, »persönliche Beziehung und parasoziale Interaktion«, »persönliche Identitätsfindung, Rollenspiel, Realitätsexploration, Problembewältigung« und ergänzend bei den Spielshows »Wettkampf, Spiel, Spannung«, »Schadenfreude, Projektion«, »Gewohnheit, Zeitvertreib« sowie »Inhalte der Sendungen«.
- Darüber hinaus wurden die *Eigenschaften der Sendungen* mit 12 bis 16 Attributen auf unipolaren fünfstufigen Skalen (von »trifft überhaupt nicht zu« bis »trifft voll und ganz zu«) von den Befragten eingeschätzt. Die Attribute be-

zogen sich auf den Realismus der Sendung, auf ihre Machart, auf die darin vorkommenden Eigenschaften der Gewalt, der Erotik und des Humors.

Während das Diskrepanzmodell die zweistellige Relation zwischen gesuchten und erhaltenen Gratifikationen der Rezipienten untersucht, benutzt das »Interdependenzmodell«, das im Kontext einer Studie zum dynamisch-transaktionalen Ansatz der Medienwirkungsforschung entwickelt wurde, eine dreistellige Relation, die sich aus dem Dreiecksverhältnis zwischen Journalisten, Medienaussagen und Rezipienten ergibt (vgl. Weischenberg / Scholl 1992: 91f.).

Zur Umsetzung dieses Modells mit drei Relationen war ein Mehrmethoden-Design erforderlich. Anlässlich der Kommunalwahlen in Nordrhein-Westfalen wurde eine Studie in Dortmund durchgeführt, die zwei Befragungen und eine Inhaltsanalyse zusammenführte (vgl. Schönbach / Weischenberg 1987: 51-63):

- Die mündliche Befragung von *Lesern* der drei Dortmunder Tageszeitungen wurde als vierwelliges Panel angelegt. Die erste Welle Anfang bis Mitte August stellte eine Art Nullmessung dar, die zweite Welle Anfang bis Mitte September markierte den Beginn des heißen Wahlkampfes, die dritte Welle gegen Ende September war an das Ende des Wahlkampfes platziert, und die vierte Welle wurde erst nach dem Wahlkampf Ende Oktober bis Anfang November durchgeführt. Ausgangspunkt der Stichprobe bildeten 2.001 Adressen von Zeitungsabonnenten, die sich in etwa gleich auf die drei Zeitungen verteilten. Davon wurden 1.329 Interviews in der ersten Welle realisiert, an der zweiten Welle nahmen noch 927 Personen teil, an der dritten Welle 797 und an der vierten Welle noch 717 Leser. Insgesamt nahmen 626 Befragte an allen vier Wellen teil.

- Die mündliche Befragung der *Journalisten* wurde als Vollerhebung angelegt. Insgesamt wurden 48 fest angestellte Lokalredakteure der drei Dortmunder Tageszeitungen befragt, pro Welle zwischen 30 und 36. Die Befragung erfolgte parallel zur Leserbefragung, erforderte aber geringere Befragungszeiträume.

- Die Inhaltsanalyse der Dortmunder *Zeitungen* Ruhr-Nachrichten (RN), Westdeutsche Allgemeine Zeitung (WAZ) und Westfälische Rundschau (WR) umfasste eine Vollerhebung der Lokalberichterstattung vom 23. Juli bis zum 10. November und bezog gut 16.583 Artikel mit ein. Neben formalen Merkmalen und inhaltlichen Nachrichtenfaktoren als Indikatoren für die Auffälligkeit der Berichterstattung wurden die Hauptthemen und bei Erwähnung von Politikern oder Parteien zusätzlich die Bewertungen auf einer fünfstufigen Skala gemessen.

Im Zentrum der Leserbefragung wurden neben vielen anderen Variablen die *Kommunikationserwartungen* mit mehreren Indikatoren erfasst (vgl. Weischenberg / Scholl 1989: 424f.):

- Einschätzung der Aufgaben ihrer Lokalzeitung allgemein und speziell während des Kommunalwahlkampfes anhand von zwölf Items auf einer dreistufigen Skala (»sehr wichtig«, »wichtig«, »nicht so wichtig«)
- Einschätzung der allgemeinen Berufsaufgaben von Journalisten anhand von neun Items auf einer sechsstufigen Skala (von »stimme überhaupt nicht zu« bis »stimme voll und ganz zu«)
- Einschätzung der persönlichen Wichtigkeit von Zeitungsressorts auf einer sechsstufigen Skala.

Analog zu den Indikatoren für Kommunikationserwartungen in der Leserbefragung sollten die Journalisten mit Hilfe der gleichen Items ihre *Kommunikationsabsichten* angeben und das Interesse ihrer Leser an den unterschiedlichen Zeitungsressorts einschätzen. Auf diese Weise lassen sich die Differenzen zwischen Kommunikationserwartungen und Kommunikationsabsichten errechnen (vgl. Weischenberg / von Bassewitz / Scholl 1989: 292ff.).

Die Relation zwischen den Journalisten, den Rezipienten und den Medienaussagen ließen sich auf individueller Ebene nicht herstellen, denn die Daten der drei Instrumente konnten nicht miteinander verknüpft werden. Es bestand jedoch die Möglichkeit zu einem aggregierten Vergleich: Dazu wurden die Kommunikationsabsichten der Journalisten und die Kommunikationserwartungen der Leser aus den Befragungen mit Clusteranalysen zu Typen verdichtet und die Medienthemen aus der Inhaltsanalyse zu Themenbündel zusammengefasst (vgl. Weischenberg / Scholl 1992: 94ff.).

Schenk, Michael / Büchner, Bernd / Rössler, Patrick (1986): TV-Programmvergleich. Ein Test neuerer Ansätze in der Publikumsforschung, in: Rundfunk und Fernsehen 34, 1: 73-86.

Schenk, Michael / Rössler, Patrick (1987): »Dallas« und »Schwarzwaldklinik«. Ein Programmvergleich von Seifenopern im deutschen Fernsehen, in: Rundfunk und Fernsehen 35, 2: 218-228.

Schenk, Michael / Rössler, Patrick / Weber, Uwe (1988): »Der Große Preis« und »Donnerlippchen«. Ein Programmvergleich von Fernsehshows im Deutschen Fernsehen, in: Rundfunk und Fernsehen 36, 2: 207-219.

Schönbach, Klaus / Weischenberg, Siegfried (1987): Inter- und Intra-Transaktionen im Medienwirkungsprozeß, Hannover, Münster: unveröffentlichter Abschlußbericht.

Weischenberg, Siegfried / von Bassewitz, Susanne / Scholl, Armin (1989): Konstellationen der Aussagenentstehung. Zur Handlungs- und Wirkungsrelevanz journalistischer Kommunikationsabsichten, in: Max Kaase / Winfried Schulz (Hrsg.): Massenkommunikation. Theorien, Methoden, Befunde, Opladen (= Sonderheft 30 der Kölner Zeitschrift für Soziologie und Sozialpsychologie): Westdeutscher Verlag: 280-300.

Weischenberg, Siegfried / Scholl, Armin (1989): Kommunikationserwartungen und Medieneffekte. Wie Publikumsvariablen Wirkungsabläufe beeinflussen können, in: Rundfunk und Fernsehen 37, 4: 421-434.

Weischenberg, Siegfried / Scholl, Armin (1992): Dispositionen und Relationen im Medienwirkungsprozeß. Theoretische Exploration und empirische Evidenz für ein Interdependenzmodell zu den Folgen vermittelter Kommunikation, in: Winfried Schulz (Hrsg.): Medienwirkungen. Einflüsse von Presse, Radio und Fernsehen auf Individuum und Gesellschaft. Untersuchungen im Schwerpunktprogramm »Publizistische Medienwirkungen«, Weinheim: VCH: 91-107.

Weiß, Hans-Jürgen (1978): Kommunikationsbedürfnisse und Medienfunktionen. Ein Forschungsbericht über die Ermittlung subjektiver Bedingungsfaktoren der Mediennutzung, in: Klaus Berg / Marie Luise Kiefer (Hrsg.): Massenkommunikation. Eine Langzeitstudie zur Mediennutzung und Medienbewertung, Mainz: von Hase & Koehler: 345-390.

3.2 Präferenzen für und gegen Medien

Mediennutzer ziehen nicht nur einen Nutzen aus bestimmten medialen Inhalten oder bilden Erwartungen in Bezug auf bestimmte inhaltliche Sparten aus, sondern haben generell Präferenzen für oder gegen ganze Mediengattungen oder Medienbereiche. Dies zeigt sich insbesondere bei der Einführung neuer Medien oder Programme und deren Akzeptanz beim Publikum.

Als Mitte der 80er Jahre die Kabelpilotprojekte eingerichtet wurden, fanden an einigen Standorten Begleituntersuchungen zur Akzeptanz neuer privat-kommerzieller Rundfunkprogramme statt. Das Ludwigshafener Kabelpilotprojekt wurde im Rahmen des Forschungsprojektes »Kabelfernsehen und Freizeit« an der Universität Mannheim unter der Leitung von Max Kaase, Albrecht Kutteroff und Barbara Pfetsch durchgeführt. Die Forscher wählten ein 2x2x2x3-faktorielles quasi-experimentelles Design. Die Faktoren wurden wie folgt definiert:

- Kabelgebiet (Ludwigshafen und Umgebung) versus kein Kabelgebiet (Mannheim und Umgebung)
- Stadt (Ludwigshafen und Mannheim) versus Land (Umgebung von Ludwigshafen und Mannheim)
- Kabelanschluss beantragt (in der ersten Welle) bzw. vorhanden (in der zweiten und dritten Welle) versus Kabelanschluss nicht beantragt (in der ersten Welle) bzw. nicht vorhanden (in der zweiten und dritten Welle)
- Panel mit drei Wellen (Nullmessung im November 1985, erste Wiederholung im April 1986, zweite Wiederholung im November 1986).

Als Experimentalgruppe wurden diejenigen Versuchspersonen definiert, die in der ersten Welle, im November 1985, einen Antrag auf Verkabelung gestellt *und* in den folgenden Wellen ab April 1986 tatsächlich ans Kabel angeschlossen waren. Da eine zufällige Zuweisung der Versuchspersonen auf die Versuchsbedingungen aufgrund des feldexperimentellen Charakters nicht möglich war, galt es, zumindest systematische Unterschiede zu vermeiden. Die Experimentalgruppe war jedoch deutlich unterhaltungsorientierter, so dass diese Bedingung nicht eingehalten, sondern nur die Ausgangsbedingungen in Bezug auf die sozialökologische Struktur konstant gehalten werden konnten (vgl. Kaase / Kutteroff / Pfetsch 1988: 299; Pfetsch 1989: 99f.). Folgende Verfahren wurden eingesetzt (vgl. Kaase / Kutteroff / Pfetsch 1988: 299f):

- mündliches Haushaltsinterview
- schriftlicher Fragebogen für alle Haushaltsmitglieder
- standardisiertes Tagebuch über acht Tage mit 20 Aktivitäten, von denen bis zu drei Parallelaktivitäten in halbstündigen Intervallen eingetragen wurden
- schriftlicher Fragebogen für Eltern von Kleinkindern.

Den Ausgangspunkt bildete die Disposition der Versuchspersonen in Bezug auf das Freizeitprofil und Freizeitverhalten zum Zeitpunkt der Nullmessung. Die Differenz zu den späteren Messzeitpunkten wurde bei der Experimentalgruppe als Wirkung der Verkabelung interpretiert. Dazu wurden unter anderem die Einstellungen zum Fernsehen und das Medienverhalten vor und nach der Programmvermehrung in Abhängigkeit von den Experimental- und Kontrollgruppen untersucht. Die Einstellungen wurden als Akzeptanz zum Fernsehen gemessen und die dafür verwendeten Items mit Hilfe einer Faktorenanalyse in drei Gruppen unterteilt (vgl. Kaase / Kutteroff / Pfetsch 1988: 301ff.):

- *Argumente für das Fernsehen allgemein*: Das Fernsehen bringt oft Dinge, die man auch im Alltag verwenden kann; wer fernsieht, geht mit der Zeit; Fernsehen dient der Entspannung.
- *Argumente für das Kabelfernsehen*: Man kann mehrere Programme empfangen; man kann mehr Unterhaltungsprogramme empfangen; die Informationen über das regionale Geschehen werden besser; die Empfangsqualität ist besser.
- *Argumente gegen das Kabelfernsehen*: Mehr Programme bedeutet nicht bessere Programme; der Anschluss an das Kabelfernsehen ist zu teuer; bei privaten Anbietern muss man befürchten, dass sie über wichtige Probleme nur einseitig informieren.

Mit diesem Instrument ließ sich nachweisen, dass Personen mit einem Kabelanschluss häufiger den Argumenten für das Kabelfernsehen zustimmten bzw. den Argumenten gegen das Kabelfernsehen weniger häufig zustimmten als Personen ohne Kabelanschluss. Auf andere Freizeitaktivitäten konnte jedoch kein Einfluss nachgewiesen werden.

Einen Beleg dafür, dass ein bestimmtes Medium und dessen Rezeption unabhängig von konkreten Inhalten insgesamt abgelehnt werden, liefert die Studie von Sicking über *Nichtfernseher* bzw. *Fernsehverweigerer*. Diese Untersuchung war angelegt. Zur Grundgesamtheit zählten alle Personen, die zum Zeitpunkt der Befragung seit mindestens drei Monaten freiwillig nicht (mehr) fernsahen. Die Auswahl der Befragten erfolgte über die Bekanntgabe der Studie im Hörfunk und über Werbung im redaktionellen Teil eines regionalen Anzeigenblattes. Insgesamt meldeten sich 87 Personen, von denen 81 der Definition des Nichtfernsehers entsprachen. Ausgewählt wurden je 15 Frauen und Männer, die möglichst breit nach Alter, Familienstand, Wohnort, Kinder im Haushalt und Dauer der fernsehfreien Lebensweise streuten. Die Befragung fand 1997 in Münster und Umgebung statt. Das leitfadengestützte Interview wurde bei den Befragten zu Hause durchgeführt und dauerte durchschnittlich zwei bis drei Stunden. Der Befragungszeitraum erstreckte sich über zweieinhalb Monate (vgl. Sicking 1998: 38ff.).

Die Forschungsfragen, die auch die Schlüsselfragen des Leitfadens bildeten, deckten vier Bereiche ab, die jeweils durch weitere Fragen ergänzt wurden:

- Die Fragen zum *Nichtfernsehen* umfassten die Entstehungsbedingungen der fernsehfreien Lebensweise, die früheren Gewohnheiten der Fernsehnutzung, den Stellenwert des Nichtfernsehens zum Zeitpunkt der Befragung, die Einstellung zum Fernsehen und die Ursachen oder Motive für die fernsehfreie Lebensweise.
- Diese Fragen wurden in das *allgemeine Alltagshandeln*, also in die (Freizeit-) Aktivitäten und die persönliche Lebensgestaltung sowie in die allgemeinen handlungsbedingenden Relevanzstrukturen eingebettet.
- Weiterhin wurde eine *Evaluation* der fernsehfreien Lebensweise vorgenommen, also nach den Vorteilen und Nachteilen, der daraus folgenden Bewertung sowie nach den Perspektiven für die Zukunft und den Reaktionen aus dem sozialen Umfeld gefragt.
- Abschließend wurde das *allgemeine Medienhandeln* erfasst. Darunter fielen die persönliche Mediennutzung und Medienausstattung, das Informations- und Unterhaltungsbedürfnis, die Beschaffung lokaler Informationen, (besondere) Medienerfahrungen und Medienerlebnisse sowie die generelle – nicht nur mediale – kommunikative Partizipation (vgl. Sicking 1998: 34ff.).

Die Leitfadeninterviews wurden in mehreren Schritten iterativ ausgewertet (vgl. Sicking 1998: 41ff.):

- Selektion der für die Beantwortung brauchbaren Stellen in den Antworten bzw. Erzählungen der Befragten
- Entwicklung und Anwendung eines standardisierten Auswertungsbogens auf der Grundlage der forschungsleitenden Fragen und des Leitfadens
- Auswahl der prägnantesten Aussagen
- Einzelanalyse der wichtigsten Merkmale für jeden Befragten
- generalisierende Analyse der Gemeinsamkeiten aller Befragten
- typisierende Generalisierung der Gemeinsamkeiten und Unterschiede von allen Befragten.

Um von den 51 Personen, die sich gemeldet hatten, zur Definition der Nichtfernseher passten und die für die Leitfadeninterviews nicht berücksichtigt worden waren, ebenfalls Informationen zu erhalten, wurde ein standardisierter Fragebogen entwickelt, der Fragen nach der Mediennutzung, der Medienausstattung und dem Nichtfernsehen enthielt. An dieser kürzeren Fassung der Befragung nahmen 46 Personen teil.

Kaase, Max / Kutteroff, Albrecht / Pfetsch, Barbara (1988): Erwartungen und Reaktionen auf das Kabelfernsehen: Medienverhalten im Kabelpilotprojekt Ludwigshafen/Vorderpfalz, in: Media Perspektiven 5/88: 297-310.

Pfetsch, Barbara (1989): Folgen der Programmvermehrung? Zum Zusammenhang von Kabelfernsehen und Freizeitverhalten in Ludwigshafen/Vorderpfalz, in: Rundfunk und Fernsehen 37, 1: 96-111.

Sicking, Peter (1998): Leben ohne Fernsehen. Eine qualitative Nichtfernseherstudie, Wiesbaden: Deutscher Universitäts-Verlag.

3.3 Aufmerksamkeit und Motivation für die Medienzuwendung

Die Zuwendung zu einem Medium, die Motivation für die Selektion und die Aufmerksamkeit, die für den Selektionsprozess verwendet wird, sind Prozesse, die dem Befragten nicht unbedingt bewusst und eher situationsabhängig sind. Für die Erhebung solcher Prozesse ist die herkömmliche Umfrage deshalb möglicherweise ungeeignet und muss durch ein experimentelles Design ersetzt werden, das es erlaubt, bestimmte Faktoren, die für die Selektion ausschlaggebend, aber nicht zum absichtsvollen Handeln zuzurechnen sind, zu manipulieren.

Goertz (1992: 113ff.) führte dazu im Oktober 1987 und 1988 zwei Feldexperimente mit insgesamt 1.037 Befragten zur Wahrnehmung von Handzetteln in einer Fußgängerzone durch. Mit der Studie wurden a) die Selektionsentscheidungen, die ein potenzieller Rezipient bei der Handzettelverteilung trifft, und b) die Ursachen und Motive für die erfolgten Selektionsentscheidungen erfasst. Folgende Merkmale wurden in dem 2x2x3x2-faktoriellen Design variiert:

- Straßen- bzw. Durchlaufbreite (breit vs. eng) als Indikator für die Ausweichmöglichkeiten bei der Annahme oder Ablehnung des Handzettels
- Geschlecht des Handzettelverteilers (männlich vs. weiblich)
- Text, Thema, Herausgeber des Handzettels (kommerzieller Werbe- bzw. Reklamezettel, Flugblatt eines bürgerlichen Tierschutzvereins, Flugblatt einer lokalen Bürgerinitiative)
- Qualität des Handzettel-Layouts (amateurhaft mit handschriftlicher Überschrift vs. professionell mit desktop-publishing erstelltem Blocksatz).

Dazu wurde folgende Methodenkombination gewählt:

- Beobachtung der Durchlaufquote und der Annahmequote
- Befragung zur Ermittlung der Selektionsstufen und Selektionsgründe
- nicht-reaktive Erhebung durch Einsammeln weggeworfener Handzettel.

Die Durchführung der unterschiedlichen Verfahren erfolgte in unauffälligem Abstand, aber in Sichtweite zur Handzettelverteilung. Der standardisierte Fragebogen enthielt verschiedene Fragen zur gestuften Selektion, und zwar zur:

- Wahrnehmung des Angebots von Handzetteln
- Annahme des Handzettels
- bis zum Interview bereits erfolgten Rezeption des Handzettels
- bekundeten beabsichtigten weiteren Rezeption des Handzettels.

Darüber hinaus wurden Details der Rezeption erfasst: Mit Hilfe einer offenen Frage wurde ermittelt, ob und wie genau der Rezipient das Thema und den Herausgeber erkannt hatte. Diejenigen, die den Handzettel nicht angenommen hatten, wurden offen nach dem Grund gefragt. Außerdem sollte der Befragte die Wichtigkeit des Themas und seine Einstellung zum Herausgeber einschätzen. Als weitere situative Faktoren fragte Goertz (1992: 226f.) nach der Sympathieeinschätzung für den Handzettelverteiler sowie nach dem generellen Annahmeverhalten. Nach Einschätzung des Autors ist die Erhebungssituation auch auf andere Fragestellungen übertragbar, etwa auf den Kauf von Publikumszeitschriften oder auf die Rezeption von Spielfilmen (vgl. Goertz 1992: 187ff.).

Während Goertz die Motivation zur Selektion experimentell und am konkreten Beispiel ermittelte, wendeten Bilandzic und Trapp ein Verfahren an, das versucht, noch näher an die tatsächlichen Gedanken bei der Selektion heranzukommen: die Technik des lauten Denkens (→ Teil 1, Kapitel 4.6.2). Ziel der Studie war es, das Umschaltverhalten und die Motivation für das Umschalten von Jugendlichen zu beschreiben und zu erklären. Dazu zeichneten sie im Februar 1999 die Fernsehnutzung von 20 Jugendlichen zwischen 14 und 18 Jahren an einem selbst gewählten Tag in einer vorgegebenen Woche am Abend auf. Die Interviewer besuchten die Befragten und programmierten den Videorekorder so, dass er alle Umschaltungen erfasste. Sobald der Jugendliche seine Fernsehnutzung beendete, nahm er Kontakt mit seinem Interviewer auf, der ihn unverzüglich aufsuchte und sich mit ihm das aufgezeichnete Material anschaute. Der Befragte wurde nun aufgefordert, laut zu denken, also zu kommunizieren, was er bei der Rezeption empfunden hatte. Auch diese Rezeption mit den verbalisierten

Gedanken wurde aufgezeichnet und mit den Verhaltensdaten aus der Aufzeichnung der Fernsehnutzung fusioniert (vgl. Bilandzic / Trapp 2000: 196f.).

Auf der Basis der geäußerten Gedanken können die Entscheidungsfindung beim Umschalten sowie die an dieser Entscheidung beteiligten Faktoren identifiziert und in ihrer Dynamik verdeutlicht werden. Die Kombination der Technik des lauten Denkens mit der Beobachtung (Aufzeichnung der Fernsehnutzung) ermöglicht die Verknüpfung zwischen Verhalten und der Motivation zu dem Verhalten. Auf diese Weise werden komplexe Prozesse der Assoziation und Bedeutungskonstruktion nachvollziehbar (vgl. Bilandzic / Trapp 2000: 205).

Da Umschaltvorgänge sehr schnell und eher automatisch erfolgen, konnte die Technik des lauten Denkens nur als nachträgliches lautes Denken angewendet werden. Dadurch war es nicht möglich, eine Trainingsphase vorzuschalten, um den Zeitverzug zwischen der Fernsehrezeption und der Rekonstruktion der Entscheidungen und Motive so gering wie möglich zu halten (vgl. Bilandzic / Trapp 2000: 206f.).

Bilandzic, Helena / Trapp, Bettina (2000): Die Methode des lauten Denkens: Grundlagen des Verfahrens und die Anwendung bei der Untersuchung selektiver Fernsehnutzung bei Jugendlichen, in: Ingrid Paus-Haase / Bernd Schorb (Hrsg.): Qualitative Kinder- und Jugend-Medienforschung. Theorie und Methoden: ein Arbeitsbuch, München: Kopäd: 183-209.

Goertz, Lutz (1992): Reaktionen auf Medienkontakte. Wann und warum wir Kommunikationsangebote annehmen. Eine empirische Untersuchung zur Verteilung von Handzetteln, Opladen: Westdeutscher Verlag.

3.4 Emotionale Wirkungen von Medien

Emotionalität spielt eine besondere Rolle in der Forschung über die Wirkungen von Gewaltdarstellungen in den Medien. Die folgenden Studien beschäftigten sich mit Gewaltdarstellung im Fernsehen, dies allerdings vor dem Hintergrund unterschiedlicher theoretischer Ansätze und methodischer Umsetzungen.

Das Ziel der Studie von Grimm bestand darin, im Prozess der Rezeption die Attraktivität für die Zuwendung zu gewalthaltigen Fernsehinhalten sowie die Wirkung nach deren Rezeption zu erforschen. Die Einstellung gegenüber Gewalt und die gewaltbezogene Fernsehrezeption sollten dazu in psychosoziale Kontexte eingebettet werden. Für diesen Wirkungsansatz führte Grimm sieben, zum

Teil wiederholte, Experimente zur Verarbeitung von Spielfilm- und Nachrichtengewalt mit insgesamt 1.202 Probanden durch. Diese wurden nicht aus der Universität, wie sonst bei psychologischen Experimenten üblich, rekrutiert, sondern aus Schulen, Freizeitstätten, Einrichtungen für Arbeitslose, Institutionen der Erwachsenenbildung und der Kirchen sowie über Zeitungs- und Radioaufrufe und Mundpropaganda. Die Teilnehmer wurden nach Alter und Geschlecht quotiert. Diese Auswahl war zwar nicht repräsentativ, streute aber soziodemografisch breit. Die Laborbedingungen, unter denen die Experimente stattfanden, versuchten, die typische Fernsehtätigkeit zu simulieren, die zwischen freiwilliger Involvierung, konfrontativem Einbezogensein und Distanzierung schwankt (vgl. Grimm 1999: 237f., 302).

Die etwa dreistündigen Experimente bestanden aus zwei Teilen: In der ersten Sitzung füllten die Versuchspersonen psychosoziale Tests aus und beantworteten Fragen zur Mediennutzung und zu soziodemografischen Merkmalen. Zwei bis drei Tage später wurde ihnen in der zweiten Sitzung jeweils ein Ausschnitt aus einem bestimmten Spielfilm oder aus einer Nachrichtensendung mit gewalttätigen Inhalten vorgeführt. Unmittelbar vor der Vorführung wurde ein Befindlichkeitstest durchgeführt. Während der Präsentation wurde mit physiologischen Verfahren die emotionale Erregung gemessen. Im Anschluss an die Vorführung wurden der psychosoziale Test aus der ersten Sitzung und der Befindlichkeitstest wiederholt. Außerdem stuften die Probanden ihre emotionalen Eindrücke ein und gaben den Inhalt des gesehenen Beitrags wieder (vgl. Grimm 1999: 238f.).

Die in beiden Sitzungen durchgeführten umfangreichen psychosozialen Tests umfassten die Erhebung folgender Merkmale (vgl. Grimm 1999: 244ff.):

- Mediennegativismus
- Erlebnissuche
- Das *Zeiterleben* wurde mit einer optischen Skala von stillstehenden bis rennenden schematisierten Personenfiguren symbolisiert (→ Teil 1, Kapitel 5.6).
- Das Konstrukt *Angst* wurde als allgemeine Tendenz und als momentane Befindlichkeit auf einer vierstufigen Skala mit den Antwortvorgaben »überhaupt nicht«, »ein wenig«, »ziemlich« und »sehr« abgefragt.
- *Reaktive Aggressionen* wurden mit 23 Items erfasst, die rechtfertigende Argumente für konfliktverschärfendes, tendenziell gewalttätiges Verhalten beinhalteten. Für das Konstrukt *Aggressionshemmung* wurden zehn Items zu verschiedenen Alltagssituationen benutzt. Alle Items waren siebenstufig ska-

liert von »trifft auf mich überhaupt nicht zu« bis »trifft auf mich völlig zu« (vgl. Grimm 1999: 256).

- *Gewaltlegitimation* wurde unterteilt in lebensweltliche Gewalt mit fünf Items zu eigenen Interessen und zum Schutz der eigenen Person sowie jeweils vier Items zur Erziehung und zur Identitätsfindung, ferner in staatliche Gewalt mit sechs Items und schließlich in politische Gewalt mit je vier Items zu außen- und innenpolitischer Gewalt. *Gewaltbereitschaft* umfasste sexuelle Gewalt mit sechs Items, sozialer und politischer Protest mit vier Items und politische Gewalt mit vier Items (vgl. Grimm 1999: 259ff., 264ff.).
- *Empathie* bestand aus jeweils sieben Items zu den Dimensionen Fantasiefähigkeit, Mitleidensfähigkeit und Einfühlungsstress und wurde mit einer siebenstufigen Zustimmungsskala gemessen (vgl. Grimm 1999: 269f.).
- *Prosoziale Einstellungen* wurden mit sechs Items zur Akzeptanz von Rettungsdiensten, elf Items zur Hilfsbereitschaft, sechs Items zur Spendenbereitschaft und jeweils drei Items zur Toleranz in der Familie, zur Toleranz gegenüber Freunden, Partnern und Kollegen sowie zur Toleranz gegenüber Ausländern erfasst (vgl. Grimm 1999: 271ff.).
- Die *interne und externe Kontrollerwartung* wurde mit jeweils vier Forced-Choice-Fragen in Bezug auf politische Ereignisse und auf die persönliche Lebensgestaltung erhoben (vgl. Grimm 1999: 275ff.).
- *Ängstliche Welteinstellung* (»scary world«) wurde mit sechs Items zur Furcht vor Verbrechen auf einer siebenstufigen Zustimmungsskala gemessen (vgl. Grimm 1999: 277).
- Das *Politikverständnis* wurde mit jeweils zwei Items operationalisiert, die einen lebensweltlich-politischen Lösungsoptimismus und eine lebensweltliche Distanz zur Politik erkennen ließen. Auch hierfür wurde eine siebenstufige Zustimmungsskala verwendet (vgl. Grimm 1999: 278f.).

In der zweiten Sitzung wurden folgende Instrumente eingesetzt:

- Im *Befindlichkeitsbogen* unmittelbar vor und nach der Filmvorführung wurde nach der momentanen Ängstlichkeit, nach Unruhe und Nervosität gefragt.
- Während der Filmvorführungen wurde mit apparativen physiologischen Tests (vgl. Gehrau 2002: 163ff.) kontinuierlich der *Erregungszustand* gemessen.
- Nach jeder Filmsequenz wurden die *Eindrücke aus dem Filmerlebnis* mit bipolaren semantischen Differentialen erhoben. Dazu sollten die Probanden

auf einer siebenstufigen Skala Bewertungen mit Hilfe von zwölf Eigenschaftspaaren abgeben (vgl. Grimm 1999: 240, 252).

- Die *Inhaltsangabe des Filmgeschehens* wurde offen und ohne Vorgaben angefertigt.

Die psychosozialen Konstrukte aus den Tests der ersten und der zweiten Sitzung wurden auf ihre Reliabilität und Validität geprüft. Sie definierten die Wirkungsdimensionen. Als Filmwirkung galt die Differenz zwischen den prärezeptiven und postrezeptiven Messungen. Auf diese Weise konnten zahlreiche Vorher-Nachher-Vergleiche und Gruppenvergleiche zwischen den experimentellen Bedingungen (Rezeption unterschiedlicher Beiträge) durchgeführt werden. Bei der Auswertung wurden ferner die physiologisch gemessenen Erregungsverläufe mit den psychosozialen Einstellungen verknüpft (vgl. Grimm 1999: 241, 279-290).

Während die Experimente Grimms aus der Perspektive der Medienwirkungsforschung konzipiert wurden, untersuchte Röser (2000: 38f.) die Aneignungsprozesse gesellschaftlicher Gewalt. Ihr ging es dabei um den aktiven, bedeutungsgenerierenden Part derer, die Gewalt im Fernsehen rezipieren, sowie um die Gründe für die Rezeption. Dementsprechend bevorzugte sie auch ein qualitatives Instrument, die Gruppendiskussion, denn diese zielt auf das Kollektive, Routinierte und Alltägliche ab. In der Wahrnehmung von anderen Sichtweisen und Praktiken und in der Auseinandersetzung mit diesen »erscheint das Alltägliche weniger selbstverständlich und wird kommunizierbar« (Röser 2000: 106).

Röser (2000: 117) verwendete eine fokussierte Gruppendiskussion, bei der den Teilnehmern zwei Fernsehszenen, die zwischengeschlechtliche Gewalt zeigten, vorgeführt wurden. Eine »hegemoniale Szene« stellte ein weibliches Opfer, das hilflos und ängstlich wirkt, und einen männlichen Täter dar und entspricht damit den gesellschaftlichen Dominanzverhältnissen. Die Alternativszene wählte als Ausgangspunkt ebenfalls die Bedrohung einer Frau durch einen Mann. Die Frau besiegte jedoch den Angreifer durch bestimmte Kampftechniken und bietet den (rezipierenden) Frauen und Männern insofern eine andere Positionierung an.

Für die Durchführung wurden 16 Gruppen mit insgesamt 127 Personen im Alter von 20 bis 50 Jahren gebildet, die per quotierte Zufallsauswahl ermittelt und schriftlich für die Diskussion in die Räume des WDR eingeladen wurden. Die Stichprobe verteilte sich aufgrund der Fragestellung in je sechs getrenntgeschlechtliche und vier gemischte Fremdgruppen. Das Geschlecht der Moderatoren wurde gemäß den Gruppen bestimmt, bei den gemischtgeschlechtlichen Gruppen wurden je ein Moderator und eine Moderatorin eingesetzt. In den Gruppen waren Personen mit höheren Bildungsabschlüssen zwar überrepräsentiert, dennoch war ein breiter Querschnitt vertreten. Die Gruppen waren mehrheitlich vom Alter und von der Bildung her heterogen. Nur zwei Gruppen wurden homogen gebildet aus jungen Frauen und jungen Männer mit hohem Bildungsniveau (vgl. Röser 2000: 107ff.).

Für die Gesprächsführung hatten die Moderator/innen einen Leitfaden und einen Szenenbogen. Im Leitfaden waren die Schlüsselfragen zum Verständnis der Szenen, zu Gedanken, (Angst-) Gefühlen und Beurteilungen der Szenen und zu verallgemeinernden Bewertungen enthalten sowie einige projektive Fragen zum vorgestellten Geschlechterrollentausch und zu einer eingeschätzten Reaktion (»Wenn Sie zu Hause vorm Fernseher auf die Szene gestoßen wären, wie hätten Sie reagiert? Umschalten, weitersehen ...?«). Der Szenenbogen wurde direkt nach dem Ansehen der Szenen eingesetzt und diente der Selbstvergewisserung der Eindrücke. Die Teilnehmer sollten aufschreiben, was ihnen bei der betreffenden Szene spontan durch den Kopf ging. Diese Notizen wurden in der folgenden Diskussion auch fast immer verwendet (vgl. Röser 2000: 118ff.).

Die Moderation veränderte sich aufgrund von Lernprozessen. Die anfängliche Zurückhaltung wich einem direktiveren Verhalten. Nicht durch zurückhaltendes Benehmen des Moderators, sondern durch intensives Nachfragen, direktes Ansprechen der Teilnehmer, die (nur) nonverbal Widerspruch signalisierten, und Aufforderungen zu Gegenmeinungen wurde das angestrebte Diskussionsklima, das Raum für Einzelmeinungen und für Widerspruch lassen sollte, hergestellt. Entscheidend war, dass die Moderatoren bei ihren Interventionen zwischen Meinungen und Relevanzeinschätzungen trennten: Sie sollten sich offen für alle Meinungen zeigen, aber irrelevante Abschweifungen vom vorgegebenen Thema ausgrenzen (vgl. Röser 2000: 122ff.).

Die Aufzeichnungen der Gruppendiskussionen wurden von Röser (2000: 125) auch mit einer qualitativen Inhaltsanalyse in mehreren Richtungen ausgewertet: im Hinblick auf Unterschiede und Gemeinsamkeiten innerhalb der Geschlechter, zwischen den Geschlechtern und unabhängig von den Geschlechtern.

Grimm, Jürgen (1999): Fernsehgewalt. Zuwendungsattraktivität, Erregungsverläufe, sozialer Effekt. Zur Begründung und praktischen Anwendung eines kognitiv-physiologischen Ansatzes der Medienrezeptionsforschung am Beispiel von Gewaltdarstellungen, Opladen, Wiesbaden: Westdeutscher Verlag.

Röser, Jutta (2000): Fernsehgewalt im gesellschaftlichen Kontext. Eine Cultural Studies-Analyse über Medienaneignung in Dominanzverhältnissen, Wiesbaden: Westdeutscher Verlag.

4 Einstellungen und Verhalten

Die Erhebungen von Einstellungen dienen häufig der Vorhersage von Verhalten. Zu dem Zusammenhang von Einstellung und Verhalten existiert eine umfangreiche sozialpsychologische Forschung (vgl. etwa Kim / Hunter 1993a, 1993b). Dabei geht es darum, die Verbindlichkeit von Einstellungen für das individuelle Verhalten oder Handeln zu ermitteln bzw. umgekehrt eine mögliche Diskrepanz durch situationale oder kontextgebundene Faktoren zu erklären. Allerdings verfolgt die Erhebung von Einstellungen und Meinungen auch einen eigenen Zweck, nämlich zur Ermittlung einer aggregierten (kollektiven) öffentlichen Meinung. Darüber hinaus ist der (kommunikative) Prozess der Meinungsbildung selbst von Interesse. Im Bereich der Kommunikationswissenschaft werden diese Fragestellungen im Kontext der Medienwirkungsforschung untersucht: Hier geht es um kurzfristige persuasive und langfristige habitualisierende Effekte von Medieninhalten, um die relative Bedeutung der Medien für die Meinungsbildung im Vergleich zur persönlichen Interaktion und um das öffentliche Meinungsklima zu bestimmten gesellschaftlich relevanten Themen. Hinzu kommen ausschließlich kommunikationswissenschaftliche Schwerpunkte, welche die Einstellungen der Nutzer zu »ihren« Medien (Vertrauen, Glaubwürdigkeit) umfassen, weiterhin die professionellen und ethischen Einstellungen der Journalisten sowie den Zusammenhang zwischen professionellen Einstellungen (Kommunikationsabsichten oder Rollenselbstverständnis) und der publizistischen Praxis (Handlungsrelevanz).

4.1 Medienbewertung, Objektivität und Glaubwürdigkeit

Die Nutzung von Medien hängt immer auch mit einer Bewertung von Medien zusammen. Insbesondere in der Propagandaforschung wird darauf hingewiesen, wie wichtig nicht die Inhalte einer Kommunikation selbst sind, sondern die Einschätzung der Kommunikatoren bzw. der Medien. Die Kriterien für die Bewertung der genutzten Medien sind dabei vielfältig; als besonders wichtig werden dabei die eingeschätzte Glaubwürdigkeit und Objektivität bestimmter Medieninhalte, Medienorgane oder Medienbereiche angesehen. Allerdings lassen sich die verschiedenen Kriterien selten trennscharf messen (vgl. Wirth 1999).

Die grundlegenden Operationalisierungen finden sich in der Studie »Massenkommunikation« (Berg / Kiefer 1996: 373-376; zu der gesamten Anlage der Studie → Teil 2, Kapitel 1.4):

- Die *Glaubwürdigkeit* wird mit der Frage operationalisiert, wem der Befragte voraussichtlich am ehesten glauben würde, wenn sich Berichte aus den vier Medienbereichen Radio, Fernsehen, Zeitungen und Zeitschriften widersprechen oder voneinander unterscheiden. Der Befragte muss sich dann für einen der vier Bereiche entscheiden. Er soll dabei an das Radioprogramm, Fernsehprogramm sowie die Tageszeitung und die Zeitschrift denken, die er selbst am häufigsten nutzt.

- Die *Objektivität* wird mit einer zehnstufigen Skala von 1 »überhaupt nicht objektiv« bis 10 »vollkommen objektiv« erfasst. Die Befragten sollen mit dieser Skala die vier Medienbereiche Tageszeitungen, Radio, Fernsehen und Zeitschriften einschätzen.

- Die *allgemeine Medienbewertung* wird mit 16 Aussagen über die Medien erfasst. Die Befragten sollen dabei an das Fernseh- und Hörfunkprogramm denken, das sie am häufigsten einschalten, und an die Tageszeitung, die sie am häufigsten zur Hand nehmen und auf einer fünfstufigen Skala ihre Zustimmung oder Ablehnung (»trifft voll und ganz zu«, »trifft überwiegend zu«, »teils, teils«, »trifft weniger zu«, »trifft gar nicht zu«,) zu jeder Aussage bekunden. Die Items beziehen sich auf die Dimensionen Zeitvertreib, Wohlbefinden, Kosten-Nutzen-Relation, Interesse, Gewohnheit, Anregung, zeitlicher Aufwand, Vereinsamung, Hilfe gegen Alleinsein, Alltagsbewältigung, Funktion wie ein Freund, Aufgreifen von Alltagsthemen, Anfassen heißer Eisen, Hilfe zur Füllung von freier Zeit, Kombinationsmöglichkeit mit anderen Tätigkeiten und Qualität.

- Die *speziellen Medienbewertungen* für die drei Medienbereiche Fernsehen, Radio und Tageszeitung wird mit 16 Aussagen erfasst. Die Befragten sollen dabei für die Medienbereiche Fernsehen, Radio und Tageszeitung getrennt angeben, ob das jeweilige Item »zutrifft«, »nur teilweise zutrifft« oder »überhaupt nicht zutrifft«. Die Items beziehen sich auf die Dimensionen (Anschluss-) Kommunikation mit Freunden und Bekannten, Entspannung und Ablenkung, Aktualität, Wahrheitstreue, Verständlichkeit, Berichterstattung über Ereignisse aus der näheren Umgebung, Hilfe, um Sorgen des Alltags zu vergessen, Fachleute für fast alle Gebiete, interessante Themen, Anregung zum Nachdenken, Hilfe, um sich zurechtzufinden, Hilfe zur Meinungsbildung, Kennenlernen der Probleme anderer Menschen, Überblick über Politik und Zeitgeschehen, Artikulationsmöglichkeit aller gesellschaftlichen Gruppen, Wiedergabe von Meinungen zu wichtigen Themen.

Die Medienbewertungen sind zum Teil bereits Motive der Mediennutzung, wie sie im Nutzen- und Belohnungsansatz erhoben werden. Allerdings findet in der Studie Massenkommunikation kein Abgleich zwischen erwarteten und (tatsächlich) erhaltenen Gratifikationen statt (→ Teil 2, Kapitel 3.1).

Die Entwicklung eines standardisierten Erhebungsinstruments für zugeschriebene Glaubwürdigkeit und deren Determinanten setzte sich die Befragung von Deimling / Bortz / Gmel (1993: 207) zum Ziel. Die Forscher sammelten aus der Forschungsliteratur 54 Items, mit denen die informativen Beiträge der vier Fernsehsender ARD, ZDF, RTL und SAT.1 eingeschätzt werden sollten.

Im Juli und August 1991 wurde eine nach soziodemografischen Merkmalen geschichtete Stichprobe von 296 Personen aus Westdeutschland und Berlin-West gezogen. Die Befragten sollten mit einer fünfstufigen Ratingskala (von 1 = »trifft gar nicht zu« bis 5 = »trifft völlig zu«) die übermittelten Inhalte der Fernsehsender, diese selbst als Institution sowie Fernsehakteure der vier Programme bewerten. Unter den Items wurde das Statement »Der Fernsehsender ist glaubwürdig« als Zielvariable formuliert, mit dem alle anderen Items validiert werden sollten. Diejenigen Items, die sich nach teststatistischen Analysekriterien als trennscharf erwiesen und die mit der Zielvariablen korrelierten (→ Teil 1, Kapitel 3.3), wurden als tauglich ausgewählt und weiterbearbeitet (vgl. Deimling / Bortz / Gmel 1993: 207ff.).

- Die bewährten Items umfassten folgende positive Glaubwürdigkeitsaspekte: Vollständigkeit, Vielfalt, Objektivität, Relevanz, Glaubwürdigkeit (Zielvariable), Verständlichkeit, Exklusivität, Repräsentanz (von »Volkes Stimme«), Qualität der Machart der Beiträge, Ausführlichkeit, Zufriedenheit mit der Qualität, politische Neutralität.
- Als negative Items wurden den Befragten die folgenden Einschätzungen vorgelegt: Verletzung des guten Geschmacks, Einfluss der Wirtschaft auf die Inhalte, Vermischung von Nachricht und Meinung, keine Rücksichtnahme auf Kinder durch zu frühe Berichterstattung, fehlende Offenheit (nur die halbe Wahrheit).
- Für die personenbezogene Bewertung mussten die Befragten zuerst ihnen bekannte Akteure aus dem Fernsehen nennen. Wer eine konkrete Person benennen konnte, sollte diese nach verschiedenen Merkmalen einschätzen.

Die statistische Analyse ergab, dass die positiven und negativen Items, die sich auf die Institution des Fernsehsenders bezogen, zwei Dimensionen bildeten: Informationsqualität und die Ethik sind demnach die Determinanten der Glaubwürdigkeitseinschätzung. Im Unterschied dazu fielen die personenbezogenen Bewertungen einseitig positiv aus und standen zudem nicht mit den Bewertungen der Sender in Zusammenhang. Aus diesem Grund wurden sie für die Entwicklung eines Standardinstruments nicht berücksichtigt (vgl. Deimling / Bortz / Gmel 1993: 211ff.).

Berg, Klaus / Kiefer, Marie-Luise (1996): Massenkommunikation V. Eine Langzeitstudie zur Mediennutzung und Medienbewertung 1964-1995, Baden-Baden: Nomos.

Deimling, Susanne / Bortz, Jürgen / Gmel, Gerhard (1993): Zur Glaubwürdigkeit von Fernsehanstalten. Entwicklung und Erprobung eines Erhebungsinstrumentes, in: Medienpsychologie 5, 3: 203-219.

Wirth, Werner (1999): Methodologische und konzeptionelle Aspekte der Glaubwürdigkeitsforschung, in: Patrick Rössler / Werner Wirth (Hrsg.): Glaubwürdigkeit im Internet. Fragestellungen, Modelle, empirische Befunde, München: Reinhard Fischer: 47-66.

4.2 Meinungsbildung und Meinungsführerschaft

Vier Studien haben die Forschung zum »Two Step Flow of Communication« angestoßen und weiterentwickelt. Ausgangspunkt war die Wahlstudie einer Forschergruppe um Paul F. Lazarsfeld »The People's Choice« (Erie County Studie), die sich mit dem U.S.-amerikanischen Präsidentschaftswahlkampf 1940 beschäftigte. Durch die Kriegswirren war es nicht möglich, eine unmittelbare Folgestudie durchzuführen, sodass erst der Wahlkampf 1948 wieder zum Gegenstand der Untersuchungen wurde (Elmira Studie). Eine kleine Fallstudie von Robert K. Merton 1949 (Rovere Studie) und eine größere Untersuchung zur Meinungsbildung von Katz und Lazarsfeld von 1945 (Decatur Studie) erweiterten die ursprünglich nur auf politische Kommunikation bezogene Perspektive und differenzierten die Ausgangshypothese.

Zentrales Ziel dieser Pionierstudien wie auch der zahlreichen Nachfolgestudien war die Identifizierung von Meinungsführern, von kommunikativ besonders aktiven Gruppen- oder Netzwerkmitgliedern, denen maßgeblicher Einfluss auf die Verhaltensweisen anderer Gruppenmitglieder unterstellt wird. Durch Befragungen sollte das kommunikative Verhalten von Meinungsführern und Meinungsfolgern ermittelt und miteinander verglichen werden. Die Operationalisierung der Meinungsführerschaft erfolgte dabei nach einem psychologischen und einem soziologischen Prinzip.

Für die psychologische Perspektive steht Noelle-Neumanns Index der Persönlichkeitsstärke (vgl. Noelle-Neumann / Petersen 1996: 556ff.). Von 150 Merkmalen aus psychologischen Persönlichkeitsinventaren wurden diejenigen ausgewählt, welche die individuelle Persönlichkeit unabhängig vom sozioökonomischen Status messen, um die Persönlichkeitsstärke in allen Schichten zu ermitteln. Aus dieser Auswahl resultierten zehn Selbstaussagen, denen die Befragten zustimmen konnten oder nicht:

- »Gewöhnlich rechne ich bei dem, was ich mache, mit Erfolg.«
- »Ich bin selten unsicher, wie ich mich verhalten soll.«
- »Ich übernehme gern Verantwortung.«
- »Ich übernehme bei gemeinsamen Unternehmen gern die Führung.«
- »Es macht mir Spaß, andere Menschen von meiner Meinung zu überzeugen.«
- »Ich merke öfter, dass sich andere nach mir richten.«
- »Ich kann mich gut durchsetzen.«
- »Ich bin anderen oft einen Schritt voraus.«
- »Ich besitze vieles, worum mich andere beneiden.«
- »Ich gebe anderen öfter Ratschläge, Empfehlungen.«

Die Antworten wurden entsprechend ihrer Ladung auf dem Faktor Persönlichkeitsstärke zu einer eindimensionalen Skala addiert. So konnten für jeden Befragten Punkte der Persönlichkeitsstärke ermittelt und die Befragten dann in etwa vier gleichgroße Gruppen unterteilt werden: große Persönlichkeitsstärke, überdurchschnittliche Persönlichkeitsstärke, mäßige Persönlichkeitsstärke, geringe Persönlichkeitsstärke.

Der Index ist zwar theoretisch aus der Persönlichkeitspsychologie abgeleitet, eignet sich als *psychologisches* Merkmal aber nicht (allein) für die Beschreibung der Beziehungen in *sozialen* Netzwerken. Dazu ist das wesentlich aufwändigere Verfahren der Netzwerkerhebung notwendig, wie es in der »Themenstudie Mittlerer Neckar« (Schenk 1995) durchgeführt wurde.

Die Studie untersucht den Zusammenhang zwischen Medienberichterstattung und persönlicher Kommunikation sowie den Einfluss dieser beiden »Quellen« auf die Themenvorstellungen und Einstellungen der Personen. Dazu wurde ein Mehrmethodendesign entwickelt aus Inhaltsanalyse von Medieninhalten und verschiedenen Befragungen zu persönlichen Einstellungen sowie dem Netzwerk der befragten Personen (vgl. Schenk 1995: 74). Bei der Umfrage handelte es sich um eine gemeindesoziologische Netzwerkstudie im Raum Mittlerer Neckar. Sie bestand aus drei Teilen:

- mündliche Erstinterviews mit 899 Personen vom 29.1. bis 16.2. 1990
- schriftliche Wiederholungs-, Nach- bzw. Recall-Befragung mit 476 Personen am 9.3. 1990
- schriftliche Follow-Up-Befragung von 550 Netzpersonen, die 406 der 899 Befragten aus der ersten Welle der mündlichen Befragung angaben.

Aus den drei Umfragen ergab sich eine Schnittmenge bzw. ein Kernsample von 180 Personen, die in beiden Wellen befragt wurden und von denen Angaben von Netzpersonen vorliegen.

Die Stichprobe erfolgte mehrstufig. Im ersten Schritt wurden jeweils ein urbanes Oberzentrum (Stuttgart), ein Mittelzentrum (Geislingen) sowie eine dörfliche Gemeinde (Wäschenbeuren) ausgewählt. Diese Auswahl erfolgte nach einer primären Stadt-Land-Quotierung und nach einer durch die zentrale Forschungsfrage bedingte sekundäre Quotierung nach Empfangbarkeit von Rundfunkprogrammen im Kabel (vgl. Schenk 1995: 82f.). Mit Hilfe eines aus mehreren Größen errechneten Standortquotienten wurde der Richtwert für die Anzahl der zu realisierenden Stichprobe der mündlichen Erstbefragung errechnet. Der Bruttoansatz betrug 2.400 Adressen (= dreieinhalb- bis vierfacher Ansatz) aus dem behördlichen Melderegister, die vorher angeschrieben wurden. Die Rücklaufquote der schriftlichen Nachbefragung betrug 55% und ist bezüglich mehrerer soziodemografischer Merkmale einigermaßen repräsentativ für die Grundgesamtheit; die Rücklaufquote der schriftlichen Netzwerkbefragung betrug 62%, eine Repräsentationsüberprüfung macht hier keinen Sinn (vgl. Schenk 1995: 85ff.).

Um das Netzwerk der Befragten zu ermitteln (»generieren«), wurden vier Stimulusfragen gestellt (vgl. Schenk 1995: 96f., 266f.):

- »Hin und wieder besprechen die meisten Leute wichtige Angelegenheiten mit anderen Personen. Wenn Sie an die vergangenen sechs Monate zurückdenken: Mit wem haben Sie über Dinge gesprochen, die Ihnen *persönlich* wichtig waren?« (Vertrautheit)

- »Unser Leben wird in vielen Bereichen von politischen Entscheidungen bestimmt oder beeinflusst. Deshalb sprechen viele Leute über ganz allgemeine politische Ereignisse mit Freunden, Bekannten, Arbeitskollegen usw. Wie ist das bei Ihnen? Mit welcher der genannten Personen haben Sie in letzter Zeit über politische Ereignisse gesprochen?« (politische Kommunikation, Meinungsbildung)
- »Menschen unternehmen ja eine ganze Menge Dinge gemeinsam, zum Beispiel miteinander Sport treiben, zusammen ausgehen, gemeinsam einem Hobby nachgehen usw. Wie ist das bei Ihnen? Mit welcher der genannten Personen haben Sie solche gemeinsamen Dinge in letzter Zeit unternommen?« (Geselligkeit, Aktivität)
- »Manche Leute sind immer auf dem Laufenden und wissen Bescheid, was in der Welt passiert. Wie ist das bei den Personen, die Sie uns bisher genannt haben?« (informierte Bekannte, Quellen von Information und Einfluss)

Bei den Fragen 2 bis 4 wird die Nachfrage »Gibt es noch weitere Personen, auf die das zutrifft?« gestellt, da sie sich zunächst jeweils auf die in Frage 1 genannten Personen beziehen.

Aus diversen relationalen und strukturbezogenen Merkmalen lassen sich Indizes zur Netzgröße, Netzdichte, Homogenität, Stärke der Beziehungen, Multiplexität der Beziehungen sowie die Anteile der politischen Diskussionspartner ermitteln (vgl. Schenk 1995: 98ff.).

Die Identifikation der Meinungsführer wurde sowohl mit Noelle-Neumanns Skala zur Persönlichkeitsstärke als nicht-relationalem, globalem Erhebungsinstrument als auch mit der relationalen Frage zur politischen Meinungsführerschaft operationalisiert: »Wenn Sie ganz allgemein an Gespräche über politische Themen mit Person ... denken. Wie verhalten Sie sich dabei zumeist?« Wenn der Befragte angibt, die betreffende Person überzeugen zu wollen, wird er als *Meinungsführer* (gegenüber dieser Person) eingestuft, wenn er eher zuhört, gilt er als *Meinungsempfänger* (von dieser Person); eine »teils, teils«-Antwort kennzeichnet den Meinungsaustauscher (mit dieser Person). Die Meinungsführer-, Meinungsempfänger- oder Meinungsaustauscherrolle ergibt sich somit als Anteilswert bzw. als relationale Netzkenngröße an allen vorhandenen Netzrelationen des Befragten. Darüber hinaus wurden weitere wichtige (intervenierende) Variablen erhoben. Dazu gehörten die fachspezifische (hier: politische) Mediennutzung, die Meinungskongruenz im Netz (als Einschätzung von Ego und durch Abgleich mit den genannten Netzpersonen) und die interpersonale Kommunikationsattraktivität (Index aus Anzahl der politischen Kommunikationspartner, der im Netz besprochenen Themen sowie der Themen, für die persönliche Gespräche die wichtigste Informationsquelle darstellen) (vgl. Schenk 1995: 93, 103f.).

Der Vergleich der selbst eingeschätzten Netzwerke (»Proxy-Befragung«) mit der Kreuzvalidierung durch Follow-Up-Befragungen fiel für etliche Variablen enttäuschend aus (vgl. Schenk et al. 1992: 106f.). Die Überprüfung der Validität der Angaben von Ego ist aufwändig, weil sie eine Nachbefragung der von Ego genannten Netzpersonen erforderlich macht. Insbesondere besteht die Gefahr der sozialen Projektion, also der Übertragung eigener Vorstellungen auf das Verhalten oder auf Merkmale der genannten Netzpersonen (vgl. Schenk 1995: 105).

Die Erhebung eines egozentrierten Netzwerkes kann in eine konventionelle Umfragestudie eingebaut werden, die Analyseeinheit bleibt dabei stets die befragte Person (ego). Um die verschiedenen Stufen des Kommunikationsprozesses zu erfassen, wie sie Merten in seinem Modell des »Multi-Step-Flow of Communication« postuliert, ist die Bildung von Kommunikationsketten wichtig. Dabei kann neben der Person auch die dyadische Beziehung zur Analyseeinheit werden. Die empirische Umsetzung beschreibt Eisenstein (1994: 213ff.) in ihrer Dissertation, die auf dem Projekt von Merten beruht. Den Ausgangspunkt bildete eine 1989/90 durchgeführte repräsentative mündliche Befragung in einem Stadtteil von Münster, der soziodemografisch dem Bundesdurchschnitt relativ gut entspricht.

Der Fragebogen bezieht sich auf das Informationsverhalten und die Meinungsbildung bezüglich der beiden Themen Gesundheit bzw. Gesund leben und Politik bzw. Wahlentscheidung. Zu beiden Themen sollten die Befragten wichtige Gesprächspartner nennen, um im Schneeballverfahren Gesprächsketten (mit Zweit-, Dritt-, usw. Interviews) zu bilden, mit deren Hilfe der Kommunikationsfluss zu diesen Themen rekonstruiert werden konnte.

In der Studie wurde die Beziehung zu den Gesprächspartnern ferner nach der Kommunikation von Informationen einerseits und von Ratschlägen, Meinungen und Bewertungen andererseits unterschieden. Die Meinungsführerschaft wurde nur in Bezug auf Ratschläge ermittelt, je nachdem, ob der Gesprächspartner eher die Meinung des Befragten übernimmt, ob es sich umgekehrt verhält oder ob das Verhältnis ausgewogen ist. Der Befragte konnte jeweils bis zwei Gesprächspartner zu den beiden Themen angeben. Insgesamt wurden die folgenden Merkmale des Gesprächspartners erhoben (vgl. Eisenstein 1994: 216ff., Anhang):

- soziodemografische Merkmale (Geschlecht, Alter, Bildung, Beruf)
- themenspezifische versus allgemeine Bedeutung der Gesprächspartner für den Befragten

- Kontakthäufigkeit mit den Gesprächspartnern
- Glaubwürdigkeit der Gesprächspartner
- Ermittlung der Adressen der Gesprächspartner
- Ermittlung der Meinungsführerschaft (nur bei Ratgebern).

Auch diese Vorgehensweise ist aufwändig und zudem riskant, weil die Herausgabe von Adressen der Gesprächspartner anfällig für Verweigerungen ist. Die Rekonstruktion von Kommunikationsketten kann insofern – ebenso wie die des persönlichen Netzwerkes – nie vollständig, sondern nur ausschnitthaft erfolgen.

Eisenstein, Cornelia (1994): Meinungsbildung in der Mediengesellschaft. Eine theoretische und empirische Analyse zum »Multi-Step Flow of Communication«, Opladen: Westdeutscher Verlag.

Noelle-Neumann, Elisabeth / Petersen, Thomas (1996): Alle, nicht jeder. Einführung in die Methoden der Demoskopie, München: dtv.

Schenk, Michael (1995): Soziale Netzwerke und Massenmedien. Untersuchungen zum Einfluß der persönlichen Kommunikation, Tübingen: Mohr.

Schenk, Michael et al. (1992): Egozentrierte Netzwerke in der Forschungspraxis: Ausschöpfungsquoten und Validität soziodemographischer Variablen, in: ZUMA-Nachrichten 31: 87-120.

4.3 Öffentliche Meinung und Meinungsklima

Die öffentliche Meinung ist bereits in der frühen Kommunikationsforschung erhoben worden. Die bloße Addition und Aggregation vieler privater Meinungen wird allerdings dem kollektiven Phänomen nicht gerecht. Man kann daraus den Schluss ziehen, ganz auf demoskopische Umfragen zu verzichten und öffentliche Meinung als Beobachtung zweiter Ordnung auffassen, für deren Beschreibung eine Befragung überflüssig ist (vgl. Luhmann 1992). Oder man ergänzt die Befragung der privaten Meinung durch die Erhebung des öffentlichen Meinungsklimas. In ihrer Theorie der Schweigespirale geht Noelle-Neumann davon aus, dass die Isolationsfurcht des Individuums und der Konformitätsdruck der Gesellschaft eine kommunikative Anpassung des Individuums bewirken. Wer seine Meinung zu einem kontroversen, emotional aufgeladenen Thema als öffentliche Minderheitsposition empfindet, neigt dazu, sie in öffentlichen Situationen nicht zu äußern, und umgekehrt, wer sich in der Mehrheitsposition glaubt, ist bekenntnisfreudiger. Öffentliche Meinung ist demzufolge operational definiert als diejenigen Meinungen und Verhaltensweisen, die man zu emotional aufgeladenen, wertbehafteten und gesellschaftlich kontroversen Themen äußern oder zeigen kann in der Erwartung, dass sie gebilligt werden und dass man keine soziale Isolation zu fürchten hat (vgl. Noelle-Neumann 1989: 419f.).

Noelle-Neumann (1977: 176) hat in ihren zahlreichen Studien zur öffentlichen Meinung drei Instrumente zur Messung von privater Meinung und öffentlichem Meinungsklima verwendet:

- Die Meinung des Befragten zu einem kontroversen Thema ist der Indikator für seine (private) Einstellung zu einem öffentlichen Problem.
- Die Einschätzung des Befragten, wie die Mehrheit (»die meisten Leute in der Bundesrepublik«) über das Thema denkt, ist der Indikator für das gegenwärtige Meinungsklima.
- Die Einschätzung des Befragten, ob in einem Jahr oder in einigen Jahren mehr oder weniger Leute für die betreffende Meinung eintreten werden, ist der Indikator für den Wechsel oder die Stabilität des Meinungsklimas.

Die beiden Einschätzungsfragen messen zudem die »quasi-statistische Wahrnehmung«, die neben der Motivation, sich gesellschaftlich nicht zu isolieren, eine notwendige kognitive Bedingung dafür ist, dass sich der Einzelne an der öffentlichen Meinung orientiert.

> »Je stärker die Einschätzungen des Meinungsklimas der beiden Lager (= Mehrheits- und Minderheitsposition, Anm. A. S.) voneinander abweichen, desto größer ist die Spannung in der Auseinandersetzung« (Noelle-Neumann 1989: 424).

Die Wahrnehmung des Meinungsklimas hängt nicht nur von den kognitiven Fähigkeiten des Individuums ab, sondern auch von der Sichtbarkeit der öffentlich geäußerten oder zur Schau gestellten Meinungen. Diese wird mit folgenden Fragen – insbesondere zur Wahlkampfsituation – erhoben (vgl. Noelle-Neumann 1980: 45ff.):

- Einschätzung des Befragten, von welcher Partei im Wahlkampf am meisten Anstecknadeln oder Autoaufkleber zu sehen waren
- Bewertung des Befragten, ob er diese Formen der öffentlichen Sichtbarkeit gut oder schlecht findet

- Einschätzung des Befragten, von welcher Partei die Anhänger den größten persönlichen Einsatz und Idealismus im Wahlkampf zeigten.

Weitere zentrale Variablen in der Theorie der Schweigespirale sind die öffentliche Exponier- oder Redebereitschaft und die Isolationsfurcht. Für die Messung der Redebereitschaft wird das Kommunikationsverhalten in einer Situation mit Öffentlichkeitscharakter simuliert. Dem Befragten wird die Frage gestellt, ob er in einer solchen Situation für seine Meinung eintreten würde. Dazu stehen mehrere Instrumente als vorgestellte öffentliche Situation zur Verfügung (vgl. Noelle-Neumann 1980: 89; Noelle-Neumann 1989: 425f.):

- Der Befragte soll angeben, ob er sich mit einer fremden Person, die während einer mehrstündigen Eisenbahnfahrt (alternativ: Busfahrt) einen bestimmten Standpunkt zu einem kontroversen Thema einnimmt, gerne unterhalten würde, um Näheres über seine Meinung zu erfahren.
- Der Befragte soll seine Bereitschaft bekunden, einem Fernsehreporter die eigene Meinung in das Mikrofon und in die Kamera zu sprechen.
- Dem Befragten werden zwei farblose und ein kontroverses Thema zur Auswahl für weitere Fragen vorgestellt. Entscheidet er sich für das kontroverse Thema, ist dies ein Indikator für Redebereitschaft.
- Der Befragte soll Auskunft darüber geben, ob ihn jemand zu einem bestimmten kontroversen Thema angesprochen hat. In der Nachfrage wird die Meinung des Gesprächspartners zu dem Thema erhoben.
- Eher experimentellen Charakter hat die Maßnahme, dem Befragten ein günstiges oder ungünstiges Meinungsklima zu suggerieren und dann nach seiner Redebereitschaft zu fragen. Diese Simulation kann etwa durch einen Satzergänzungstest mit aggressivem Tenor herbeigeführt werden.
- Die Redebereitschaft drückt sich auch durch die Bereitschaft zum Tragen von Ansteckern, Abzeichen und (Auto-) Aufklebern, zum Anbringen von Plakaten an seinem Haus, zur Beteiligung an Straßendiskussionen und Versammlungen aus.

Die Isolationsdrohung und Isolationsfurcht wird wie folgt operationalisiert (vgl. Noelle-Neumann 1980: 150; Noelle-Neumann 1989: 428):

- Der Befragte soll einschätzen, von welcher Partei die meisten Plakate im Wahlkampf beschmiert oder zerrissen wurden.

- Der Befragte soll einschätzen, welchen nicht mehr erkennbaren Parteiaufkleber ein Auto mit einem aufgeschnittenen Reifen auf einer Abbildung wahrscheinlich hatte.
- Der Befragte soll einschätzen, welcher von zwei Hauptrednern auf einer größeren öffentlichen Diskussion, die zu einem kontroversen Thema entgegengesetzte Meinungen äußerten, ausgepfiffen wurde.
- Der Befragte soll einschätzen, welchen (Partei-) Aufkleber ein Autofahrer an seiner Jacke trug, der auf seine Frage nach einem freien Parkplatz eine unfreundliche oder keine Auskunft erhält.
- Isolationsfurcht wurde auch über Peinlichkeit operationalisiert. So entwickelte Hallemann (1986: 252f.) 30 Items, zu denen die Befragten angeben sollten, ob ihnen die jeweilige Situation peinlich wäre oder nicht.

Viele dieser Operationalisierungen sind projektive Fragen oder simulierte Szenarien. Ihr Funktionieren in der Befragungssituation hängt davon ab, a) ob sich die Befragten in die Situation hineinversetzen können und b) ob sie die Beispiele im intendierten Sinn des theoretischen Konzepts interpretieren und abstrahieren.

Hallemann, Michael (1986): Peinlichkeit und öffentliche Meinung, in: Publizistik 31, 3-4: 249-261.

Luhmann, Niklas (1992): Die Beobachtung der Beobachter im politischen System: Zur Theorie der öffentlichen Meinung, in: Jürgen Wilke (Hrsg.): Öffentliche Meinung. Theorie, Methoden, Befunde. Beiträge zu Ehren von Elisabeth Noelle-Neumann, Freiburg, München: Alber: 77-86.

Noelle-Neumann, Elisabeth (1977): Die Schweigespirale. Über die Entstehung der öffentlichen Meinung, in: Elisabeth Noelle-Neumann: Öffentlichkeit als Bedrohung. Beiträge zur empirischen Kommunikationsforschung, Freiburg, München: Alber: 169-203.

Noelle-Neumann, Elisabeth (1980): Wahlentscheidung in der Fernsehdemokratie, Freiburg, Würzburg: Ploetz.

Noelle-Neumann, Elisabeth (1989): Die Theorie der Schweigespirale als Instrument der Medienwirkungsforschung, in: Max Kaase / Winfried Schulz (Hrsg.): Massenkommunikation. Theorien, Methoden, Befunde (Sonderheft 30 der Zeitschrift für Soziologie und Sozialpsychologie), Opladen: Westdeutscher Verlag: 418-440.

4.4 Veränderung von Meinungen und Verhalten

Bereits zu Beginn der Kommunikationsforschung stand die Möglichkeit der Medien im Mittelpunkt, durch ihre Berichterstattung Meinungen der Bevölkerung zu beeinflussen. Die Veränderung von Meinungen wurde dabei hauptsächlich im politischen Bereich untersucht, etwa im Bereich der Propagandaforschung oder der Wahlforschung.

In einer Studie zum Bundestagswahlkampf 1972 untersuchte Weiß (1976) den Einfluss von drei Fernsehdiskussionen vor der Bundestagswahl auf die Rezipienten und ihre Bedeutung für sie. Es handelt sich dabei um die Sekundäranalyse einer fünfwelligen Panelbefragung von 91 Personen, die mit einer Quotenstichprobe nach den Kriterien Parteipräferenz, Schulbildung und Geschlecht ausgewählt wurden. Die Befragung wurde vom Oktober (vor der ersten Fernsehdiskussion) bis zum November (nach der Bundestagswahl) durchgeführt. Die unabhängige Variable bildete die *Rezeption* der Fernsehdiskussionen. Als weitere intervenierende Variablen wurden berücksichtigt (vgl. Weiß 1976: 82ff., 222f.):

- subjektiv eingeschätzte *Nützlichkeit* der Sendungen nach mehreren Dimensionen
- subjektiv eingeschätzte *Wirkung* der Sendungen auf die eigene Meinungs- und Eindrucksbildung
- Zustimmung zu zwölf wichtigen *Aussagen aus den Fernsehdiskussionen* und ihre Zuordnung zu den Politikern, die in den Fernsehdiskussionen teilgenommen haben sowie die Zuordnung von elf Eigenschaften bzw. Verhaltensweisen in den Fernsehdiskussionen zu den Politikern
- *allgemeine Kommunikationsneigung*: insgesamt 33 Fragen bzw. Items zur sozialen Isolation, zur Dominanz und zur Kontaktfreudigkeit.

Die abhängigen Variablen bezogen sich auf mehrere kognitive, einstellungs- und verhaltensbezogene Dimensionen (vgl. Weiß 1976: 88f., 201ff., 210ff., 223f., 228f.):

- *politische Einstellung*: insgesamt 36 Fragen bzw. dichotomen Items zur Messung der politischen Entfremdung, zu Politik als Störfaktor, zur unpolitischen Haltung und zum politischen Engagement
- *politisches Verhalten*: insgesamt 31 Fragen bzw. Items zur formellen politischen Teilnahme, zur passiven politischen Teilnahme, zur individuellen politischen Aktivität und zur demonstrativen politischen Teilnahme

- *Image von Politikern*: Einschätzung der Wichtigkeit von 25 Eigenschaften für einen idealen Kanzler auf einer vierstufigen Likert-Skala (»sehr wichtig«, »wichtig«, »weniger wichtig«, »unwichtig«) und Beurteilung der vier Politiker, die an den Fernsehdiskussionen teilgenommen haben
- *Kompetenzzuschreibung*: Zuordnung der erfolgreichen Bewältigung von 16 Themen und Zielen zu jeweils einer Partei und einem Politiker.

Während die Studie von Weiß quasi-experimentellen Charakter hatte und auf kurzfristige Einflüsse auf die politische Meinungsbildung abzielte, entwickelten Bortz und Mitarbeiter ein Feldexperiment (vierfaktorieller Versuchsplan mit Messwiederholung), das die langfristige Wirkung der regelmäßigen Lektüre von Tageszeitungen (1971 bis 1973) auf politische Meinungen und Einstellungen untersuchte (vgl. Boden et al. 1975; Bortz / Braune 1980). Dazu wurden ingenieur- und wirtschaftswissenschaftliche Studienanfänger aus Fachhochschulen in der gesamten Bundesrepublik dreimal befragt zu politischen Einstellungen. Den Befragten wurde per Zufallsverfahren entweder eine politisch linke oder rechte überregionale Tageszeitung kostenlos zugestellt. Das 3x2x2x3-faktorielle Design bestand aus:

- drei Stichproben: die erste Stichprobe erhielt die ihr zugeteilte Zeitung für den gesamten Untersuchungszeitraum vom 1. Juli 1971 bis zum 30. April 1973 (= 96 Wochen), die zweite Stichprobe nur die erste Hälfte vom 1. Juli 1971 bis zum 15. Mai 1972 (= 46 Wochen) und die dritte Stichprobe nur die zweite Hälfte vom 1. Juli 1972 bis zum 30. April 1973 (= 44 Wochen)
- zwei Studienfächern: ingenieurwissenschaftlichen und wirtschaftswissenschaftlichen Studienanfängern von Fachhochschulen
- zwei politisch unterschiedlichen Zeitungen: »Frankfurter Rundschau« und »Die Welt«
- drei Messzeitpunkten: 1971, 1972, 1973 (vgl. Boden et al. 1975: 757ff., Bortz / Braune 1980: 231f.).

Die Gesamtstichprobe startete mit 760 Versuchspersonen, die etwa gleich auf die drei Teilstichproben verteilt waren. Davon nahmen noch 630 Befragte an der zweiten Befragung und 510 Befragte an der dritten Befragung teil. Die Bearbeitung des umfangreichen Fragebogens fand an den jeweiligen Fachhochschulen statt. Die unabhängigen Variablen bildeten die Lektüre der politisch unterschiedlich ausgerichteten Zeitungen (Medienstimulus) und die unterschiedlichen Studiengänge (Rezipientenmerkmale) (vgl. Boden et al. 1975: 757ff.).

Zur Überprüfung des experimentellen Stimulus wurden die Kommentare der beiden Zeitungen inhaltsanalysiert. Außerdem sollten die Befragten einschätzen, wie die Zeitungen über die thematisierten Politiker berichteten (vgl. Bortz / Braune 1980: 234f.).

Die abhängige Variable der politischen Einstellung wurde mit drei Instrumenten erhoben:

- politischer Fragebogen mit 139 Stellungnahmen zu Aussagen über verschiedene Politikfelder
- Rollenpaarvergleiche zu Stereotypisierungs- und Emotionalisierungstendenzen
- Politikerbeurteilungen durch Einstufung vermuteter Persönlichkeitseigenschaften von 14 Politikern in einem sechsstufigen Polaritätenprofil.

Als weitere Kontextvariablen wurden berücksichtigt:

- Persönlichkeitsvariablen: politisches Interesse, politisches Wissen, Leseverständnis, Intelligenz, Nachdenklichkeit, Dogmatismus, Selbsteinschätzung der Persönlichkeit, Konformität
- Nutzung anderer medialer Informationsquellen, Intensität der Nutzung und Übereinstimmung mit den in den Medien verbreiteten Ansichten
- Beziehung zu der regelmäßig zugestellten Zeitung: Häufigkeit des Lesens unterschiedlicher Zeitungsteile, Wiedererkennung von Zeitungsteilen, Lesegewohnheiten und Zeitungsimage.

Alle Variablen mit Ausnahme des Intelligenztests basierten auf Ratingskalen. Die Einstellungsänderung wurde als signifikanter Interaktionseffekt in Stichprobe eins und zwei zwischen Zeitung und Messzeitpunkt gemessen, das heißt, ob Leser von »Welt« und »Frankfurter Rundschau« unterschiedliche politische Einstellungsänderungen aufwiesen. In der dritten Stichprobe durfte dagegen der Effekt zwischen der ersten und der zweiten Messung nicht signifikant sein, weil diesen Befragten die Zeitungen erst danach zugestellt wurden und der Effekt insofern nicht die Ursache für eine Einstellungsänderung sein konnte (vgl. Boden et al. 1975: 768).

Boden, Ulrike / Bortz, Jürgen / Braune, Paul / Franke, Joachim (1975): Langzeiteffekte zweier Tageszeitungen auf politische Einstellungen der Leser, in: Kölner Zeitschrift für Soziologie und Sozialpsychologie 27, 4: 755-780.

Bortz, Jürgen / Braune, Paul (1980): Imagewandel von Politikern aus der Sicht der Leser zweier Tageszeitungen. Ergebnisse einer Langzeitstudie, in: Publizistik 25, 2-3: 230-253.

Weiß, Hans-Jürgen (1976): Wahlkampf im Fernsehen. Untersuchungen zur Rolle der großen Fernsehdebatten im Bundestagswahlkampf 1972, Berlin: Spieß.

4.5 Kultivation von Einstellungen

Einstellungen gelten im Unterschied zu Meinungen als tiefer verankerte kognitive und evaluative Strukturen, deren Entwicklung sich langfristig vollzieht. Allerdings gibt es kein Maß, mit dem die Differenz empirisch festgestellt werden könnte. Weiterhin gelten Einstellungen als latente, psychische Konstrukte, während Meinungen manifeste, kommunikativ geäußerte Stellungnahmen sind. Da Einstellungen aber nicht direkt erhoben, sondern nur indirekt über Meinungen erschlossen werden können, ist die Unterscheidung nicht trennscharf, was jedoch nicht bedeutet, dass die Begriffe synonym verwendet werden.

In der Kultivierungshypothese wird eine langfristige Medienwirkung auf die subjektive Konstruktion von Wirklichkeit postuliert. Nach dem von George Gerbner und seinen Mitarbeitern in den 70er Jahren konzipierten Ansatz gelten die Medien als wichtigste gesellschaftliche Sozialisationsinstanz. Gerade die Inhalte des Fernsehens wirken sich auf die grundlegenden Einstellungen, Konzepte und Überzeugungen über die gesellschaftliche Wirklichkeit aus. Eine besondere Form dieser Wirkung wird als Mainstreaming bezeichnet, das heißt als Angleichung von Einstellungen an ein von den Medien, vor allem vom Fernsehen, definierten Rahmen normativ gültiger oder zulässiger Vorstellungen von Realität. Im Unterschied zur – auch langfristigen – Veränderung von *speziellen Meinungen* (etwa zur Politik), wie sie in der Studie von Bortz und Mitarbeitern untersucht wurde, geht es der Kultivationshypothese um *allgemeine Weltbilder.*

Methodisch umgesetzt wurde die Hypothese durch eine Kombination von Inhaltsanalysen der Fernsehberichterstattung und Fernsehunterhaltung über Normen, Werte und Images sowie Befragungen zur Quantität der Mediennutzung und zu den Realitätsvorstellungen der Rezipienten. Problematisch an dieser Operationalisierung ist die rein quantitative Erfassung der Mediennutzung, die nicht notwendig als Indikator für den Kultivierungseffekt gültig ist, da die tatsächliche Aufmerksamkeit konkreter Berichterstattung nicht erhoben wird. Ferner konnte in den bisherigen Studien die Wirkungsrichtung nicht nachgewiesen werden, sodass unklar blieb, ob die Dispositionen der Rezipienten oder die Medieninhalte ursächlich für den Kultivierungseffekt verantwortlich sind (vgl. Kliment 1994: 485ff.). Die folgenden zwei Studien zur Kultivierungshypothese belegen den unterschiedlichen Umgang mit den theoretischen und methodischen Problemen dieser Forschungsrichtung.

Kliment (1994: 488ff.) nutzte den Beitritt Ostdeutschlands zur Bundesrepublik für die Konzeption eines quasi-experimentellen Designs. Er führte Befragungen in drei Regionen Ostdeutschlands durch: In Berlin (Ost) konnte die Bevölkerung sowohl öffentlich-rechtliche als auch private Fernsehsender aus Westdeutschland empfangen. In den Räumen Leipzig und Magdeburg konnten nur öffentlich-rechtliche Programme empfangen werden, während im Raum Dresden der Empfang von Westfernsehen nicht möglich war. Kliment befragte aus beiden ostdeutschen Gebieten (mit und ohne Empfangsmöglichkeit westlicher Sender) 688 Jugendliche im Alter von 14 bis 16, da sie mit dem Westfernsehen aufgewachsen waren, und als Kontrollgruppe zusätzlich 180 Westberliner Schüler gleichen Alters.

Die Realitätsvorstellung wurde durch drei Faktenfragen über die Bundesrepublik (nähere Angaben finden sich im Text keine) sowie mit neun Einstellungsitems zu den Themen materielles Dasein / Konsumverhalten, Konkurrenz- und Leistungsorientierung, soziale Sicherheit, sozio-politischer Bereich (Ausländerfeindlichkeit) in der (alten) Bundesrepublik gemessen. Neben der Fernsehnutzungsdauer wurden auch die genutzten Programme erhoben. Damit konnten die Befragten in Wenigseher (bis eine Stunde pro Tag), Durchschnittsseher (zwischen einer und drei Stunden pro Tag) und Vielseher (mehr als drei Stunden) sowie in Zuschauer öffentlich-rechtlicher und privater Fernsehprogramme gruppiert werden. Da Kliment auf einen Abgleich zwischen objektiver Realität, Fernsehwirklichkeit und Alltagswirklichkeit der Rezipienten verzichtete und nur den letzten Bereich berücksichtigte, kann man von einer »konstruktivistischen« Herangehensweise sprechen.

Im Unterschied dazu strebte Barth (1988: 69f.) mit einer »realistischen« Herangehensweise ansatzweise den Vergleich zwischen diesen drei Wirklichkeitsebenen an. Allerdings wurde die Fernsehwirklichkeit nicht inhaltsanalytisch, sondern nur als »vermutete Tendenz« beschrieben. Die Befragung von 478 Fernsehrezipienten wurde in Wien durchgeführt. Sie umfasste die beiden Themen Kriminalität / Gewalt und zwischenmenschliches Vertrauen / Misstrauen, die sich in den Gerbner-Studien als besonders geeignet für den Nachweis von Kultivationseffekten erwiesen hatten.

Die Auswahl der Items zur Realitätsvorstellung der Rezipienten erfolgte mit dem Ziel, Unterschiede zwischen der Fernsehwirklichkeit und der objektiven Wirklichkeit herauszustellen. Als Realitätsindikatoren dienten kriminalsoziologische Untersuchungen und Kriminalstatistiken der Polizei. Diese legten nahe, dass Gewalt eher in verwandtschaftlichen und freundschaftlichen Beziehungen anzutreffen sind, wohingegen das Fernsehen eher Gewalt zwischen Unbekannten und Fremden darstellt. Die Items wurden teilweise aus den Untersuchungen Gerbners sowie aufgrund von Tiefeninterviews zusammengestellt. Sie bezogen sich sowohl auf Wissensfragen, die mit den Kriminalitätsstatistiken verglichen wurden, als auch auf Einstellungsfragen, die jedoch nur in Beziehung zur vermuteten Fernsehtendenz gesetzt werden konnten.

Die allgemeine Fernsehnutzung wurde mit einer zwölfstufigen Skala von »sehe nie fern« bis »sehe mehr als fünf Stunden fern« erfasst. Außerdem wurde die Rezeptionshäufigkeit von zwölf vorgegebenen Programmkategorien abgefragt.

Barth, Bertram (1988): Fernsehnutzung und Realitätswahrnehmung: Zur Überprüfung der Kultivierungshypothese, in: Rundfunk und Fernsehen 36, 1: 67-79.

Kliment, Tibor (1994): Fernsehnutzung in Ostdeutschland und das Bild von der Bundesrepublik. Ein Beitrag zur Kultivierungshypothese, in: Rundfunk und Fernsehen 42, 4: 483-509.

4.6 Ethische Einstellungen und Normen

Ethische Prinzipien sind insbesondere in der Professionalisierungsforschung relevant, weil sie zur Bestimmung des Professionalisierungsgrades eines Berufs beitragen. Allerdings werden sie im (Berufs-) Alltag nicht ständig thematisiert; sie sind in der Regel so selbstverständlich, dass sie erst sichtbar werden, wenn gegen sie verstoßen wird, also wenn Einstellungen (ethische Ideale) und tatsächliche Verhaltensweisen auseinander fallen. Deshalb ist die empirische Operationalisierung auf Simulationen einerseits und auf allgemeine Einschätzungen andererseits angewiesen.

In einer 1974 von Kepplinger / Vohl (1976: 314ff.) durchgeführten Fallstudie wurden 96 fest angestellte ZDF-Redakteure zu den drei Normenkomplexen a) Sorgfaltspflicht bei der Publikationsentscheidung, b) Persönlichkeitsschutz für die Betroffenen der Berichterstattung und c) Verantwortung für die Folgen der Berichterstattung befragt.

- Für die Beurteilung der *Sorgfaltspflicht* sollten die Befragten angeben, ob sie bestimmte Meldungen veröffentlichen würden, auch wenn sie keine Zeit mehr für eine Fakten überprüfende Recherche hätten. Die Meldungen waren allgemein (ohne Namen der Personen, ohne nähere Umstände) formuliert. Drei Meldungen bezogen sich auf bekannte Persönlichkeiten (Parteiaustritt eines Politikers, Wissenschaftler hat Krebsheilmittel gefunden und Schauspieler hat Selbstmord begangen) und drei auf Berufsangehörige ohne Bekanntheitsgrad (Inhaber einer Firma hat Steuern hinterzogen, Kassierer einer Bank hat Geld unterschlagen, Verwicklung eines Lehrers in einen Betrugsskandal). Voraussetzung für die Verwendung simulierter Meldungen ist, dass sie für realistisch gehalten werden und abstrahierbar sind, damit sich die Befragten nicht am Beispielcharakter festhalten.
- Für die Beurteilung, ob die Journalisten den *Persönlichkeitsschutz* einhalten, sollten sie angeben, ob sie die Namen von Verdächtigen und von Verurteilten nennen würden. Die Beispiele bezogen sich u.a. auf einen Politiker, der einen Diebstahl begeht, auf die Grundstücksspekulationen eines Architekten oder auf einen Unfall, den Rocker verursachen.
- Die *Verantwortlichkeit* der Journalisten wurde mit mehreren Beispielen und unterschiedlichen Fragestellungen erhoben. In fiktiven Beispielen sollten die Befragten beurteilen, ob die Journalisten verantwortlich sind a) für die Folgen nachgewiesener Falschberichterstattung, b) für die Richtigkeit der Berichterstattung und c) für unbeabsichtigte negative Folgen der Berichterstattung. Zur Kontrolle wurden Beispiele aufgeführt, bei denen die Journalisten angeben sollten, ob sie ein moralisches Verdienst an den positiven Folgen der Berichterstattung haben (vgl. Kepplinger / Vohl 1976: 318, 322, 326f.).

Eine andere Einteilung der Ethik-Problematik im Journalismus wurde von Scholl / Weischenberg (1998) vorgenommen. In der Mitte 1993 durchgeführten Studie »Journalismus in Deutschland« wurden 1.498 Journalisten aus allen Medienbereichen persönlich interviewt und zum Bereich Ethik mit zwei simulierten Aufgabenstellungen konfrontiert.

- Ethische Probleme lassen sich gut an Zielkonflikten festmachen. Ein solcher Zielkonflikt besteht im Journalismus zwischen den Erfordernissen, a) möglichst aktuell zu sein und b) dabei sorgfältig zu recherchieren. Dazu wurde die Operationalisierung von Kepplinger / Vohl zur Sorgfaltspflicht übernommen. Allerdings unterscheiden sich die Interpretation der empirischen Konstrukte: Während Kepplinger / Vohl (1976: 324) Sorgfalt als ethisch-professionelles Verhalten und Aktualität als unprofessionelle, an Laienerwartungen ausgerichtete Berufsnorm ansehen, begreifen Scholl / Weischenberg (1998: 184f.) beide Normen als professionellen Zielkonflikt, der zu Dilemmaentscheidungen führt.

- Ethische Probleme lassen sich ferner an der Wahl der Mittel bzw. an dem Verhältnis von Zweck und Mittel erkennen. Auf den (investigativen) Journalismus übertragen können insbesondere die Recherchemethoden illegal oder illegitim sein und erfordern Mut oder schauspielerische Fähigkeiten. Sie werden vor allem dann angewandt, wenn die Informationen schwer zugänglich sind oder geheim gehalten werden. Die Journalisten sollten für zehn umstrittene Mittel der Informationsbeschaffung jeweils auf einer fünfstufigen Skala (von »überhaupt nicht vertretbar« bis »voll und ganz vertretbar«) die Legitimität der Anwendung für sie selbst einschätzen. Solche Mittel sind etwa die bekannte »Wallraff-Methode«, die Benutzung versteckter Kameras, die Bezahlung von Informanten, aber auch die Nichteinhaltung von Zusagen für Informanten oder deren Bezahlung für Informationen ebenso wie die nicht genehmigte Veröffentlichung vertraulicher Regierungsunterlagen oder privater Unterlagen (vgl. Scholl / Weischenberg 1998: 185ff.). Die Vorgaben wurden aus Vergleichszwecken der Journalistenbefragung von Weaver / Wilhoit (1996) entnommen.

An diesen Operationalisierungen übten Kepplinger / Knirsch (2000: 18) Kritik, weil sie a) nicht trennen zwischen der Geltung allgemeiner Normen und richtigen Entscheidungen in konkreten Situationen und b) die den Befragten vorgelegten Problemstellungen nicht richtig entfalten, sodass die fiktiven Meldungen nicht eindeutig interpretierbar sind. Am Beispiel der Berichterstattung über einen ärztlichen Kunstfehler lässt sich eine Problemdimensionierung wie folgt vornehmen:

- Die *journalistische Entscheidung* kann in einer Publikation oder in dem Verzicht auf eine Publikation bestehen.
- Der *Nutznießer* einer Publikation oder einer Nicht-Publikation kann der Arzt oder der Patient sein.
- Der *Leid Tragende* einer Publikation oder einer Nicht-Publikation kann der Arzt oder der Patient sein.

Daraus ergeben sich logisch $2^3 = 8$ Kombinationsmöglichkeiten, von denen zwei unplausibel sind, denn wenn keine Publikation erfolgt, kann der Arzt nicht Leid Tragender sein, und wenn eine Publikation erfolgt, kann der Arzt nicht

Nutznießer sein. Dagegen kann der Patient sowohl von der Publikation profitieren, weil der Kunstfehler bestraft wird, als auch benachteiligt sein, weil ein womöglich ansonsten guter Arzt seine Approbation verliert. Für die verbleibenden sechs Fallinterpretationen wurden sechs Fragebogenversionen erstellt. Insgesamt wurden 360 Tageszeitungsredakteure ausgewählt, von denen je 60 eine Version zugeschickt bekamen. Insgesamt antworteten 158 Journalisten, die sich auf die sechs Versionen zu je 21 bis 32 Versuchspersonen verteilten.

Die Befragten sollten zu ihren *allgemeinen Verhaltensorientierungen* zwei Fragen beantworten: a) ob sie das wichtige Ereignis publizieren würden, auch wenn es zu unbeabsichtigten Folgen der Berichterstattung käme (Rationalität der Handlung) und b) ob sie eine Mitverantwortung trügen, wenn es zu unbeabsichtigten Folgen der Berichterstattung käme (Ethikdimension der Einstellung). Nach Max Webers Unterteilung ist eine Rücksichtnahme auf die Folgen (durch den Verzicht einer Publikation) eine zweckrationale Handlung, während eine Handlung ohne Berücksichtigung der Folgen nur auf der Basis ihrer eingeschätzten Richtigkeit (hier: Publikation) als wertrational einzustufen ist. Die Übernahme von Mitverantwortung für unbeabsichtigte Folgen einer Handlung hat Weber als verantwortungsethisch bezeichnet, die Ablehnung der Verantwortung zu Gunsten der als richtig empfundenen Handlung ist dagegen ein Indikator für eine gesinnungsethische Einstellung (vgl. Kepplinger / Knirsch 2000: 20ff.).

In Bezug auf die *konkreten Situationsentscheidungen* wurden ihre Handlungsweisen (Publikation oder Verzicht) und die ethischen Einstellungen (Mitverantwortung oder keine Verantwortung für die Folgen) ebenfalls nach Webers Konzepten klassifiziert. Als wertrationale Handlung wurde eine Publikationsentscheidung gedeutet, die keine Rücksicht auf Nachteile des Patienten durch den Weggang des Arztes oder keine Rücksicht auf den Arzt im Interesse des Patienten nimmt. Eine zweckrationale Handlung wäre ein Publikationsverzicht mit Rücksicht auf den Patienten oder den Arzt. Hält ein Journalist sich für mitverantwortlich für die unbeabsichtigten negativen Folgen einer Publikation für den Arzt oder den Patienten oder einer Nicht-Publikation für den Patienten, denkt er verantwortungsethisch; übernimmt er keine Mitverantwortung, denkt er gesinnungsethisch (vgl. Kepplinger / Knirsch 2000: 30).

Trotz der Konkretisierung der Problembeschreibung und der dadurch möglichen Präzisierung der Entscheidungsgrundlagen der Journalisten räumen Kepplinger / Knirsch (2000: 40) selbst ein, dass die Entscheidung für oder gegen eine Publikation eine zu grobe Handlungsalternative darstellt, da die Art und Weise der Berichterstattung ebenfalls Auskunft über die ethischen Einstellungen und Verhaltensweisen geben können. Darüber hinaus ist zu bezweifeln, dass es möglich ist, Beispiele für fiktive Meldungen so zu konstruieren, dass alle logischen Möglichkeiten bedacht und experimentell umgesetzt werden können. Die Publikationsentscheidungen und ihre Begründungen könnten deshalb auch offen erhoben und erst im Nachhinein klassifiziert werden.

Kepplinger, Hans Mathias / Knirsch, Kerstin (2000): Gesinnungs- und Verantwortungsethik im Journalismus. Sind Max Webers theoretische Annahmen empirisch haltbar?, in: Mathias Rath (Hrsg.): Medienethik und Medienwirkungsforschung, Wiesbaden: Westdeutscher Verlag: 11-44.

Kepplinger, Hans Mathias / Vohl, Inge (1976): Professionalisierung des Journalismus? Theoretische Probleme und empirische Befunde, in: Rundfunk und Fernsehen 24, 4: 309-343.

Scholl, Armin / Weischenberg, Siegfried (1998): Journalismus in der Gesellschaft. Theorie, Methodologie und Empirie, Opladen, Wiesbaden: Westdeutscher Verlag.

Weaver, David H. / Wilhoit, G. Cleveland (1996): The American Journalist in the 1990s. U.S. News People at the End of an Era, Mahwah (NJ): Lawrence Erlbaum Associates.

4.7 Handlungsrelevanz von Berufsrollen

In der Journalismusforschung spielt die Erhebung des beruflichen Selbstverständnisses von Journalisten eine prominente Rolle. Dabei sollen die Befragten verschiedene Aussagen über bestimmte berufliche Absichten beurteilen. Ziel dieser Untersuchungen ist es meistens herauszufinden, ob Journalisten eher eine neutrale und passive oder eher eine meinungsfreudige und aktiv in die öffentliche Meinung eingreifende Berufsauffassung haben (vgl. Donsbach 1987).

Die Relevanz der gesamten Fragestellung wird jedoch aus systemtheoretischer Perspektive als bloße »Selbstidentifikationsforschung« (Rühl 1980: 51, 57) und aus marxistischer Perspektive als ideologischer Selbstbetrug (vgl. Prott 1976: 103) abqualifiziert. Beide Positionen kritisieren somit den idealistischen Reduktionismus dieser Studien. Viel wichtiger seien die tatsächlichen sozialen Anforderungen an den Journalismus bzw. die objektiven (ökonomischen) Bedingungen für das journalistische Handeln.

Solche Kritikpunkte schießen einerseits über das Ziel hinaus, weil sie generell die Befragung von Individuen ablehnen und damit auf eine pauschale Ablehnung mikroanalytischer Untersuchungsweisen hinauslaufen. Andererseits machen sie auf ein Defizit der Erforschung journalistischer Rollen deutlich: Es reicht nicht, die Journalisten nach ihren (subjektiven) Absichten zu fragen, sondern es muss zusätzlich ermittelt werden, ob und wie die Journalisten diese selbst bekundete Rolle im beruflichen Alltag umsetzen können. Hier bietet das theoretische Konzept der Handlungsrelevanz, definiert als Chance, das journalistische Rollenselbstverständnis im redaktionellen Handeln zu praktizieren, einen Ausweg (vgl. Scholl / Weischenberg 1998: 161ff.). Für die Messung der Handlungsrelevanz sind dabei unterschiedliche Operationalisierungen möglich:

- Einschätzung der praktischen Umsetzbarkeit des Rollenselbstverständnisses
- Inhaltsanalyse gelungener journalistischer Produkte
- Szenario mit Dilemmacharakter zur Entscheidung der Berichterstattungsart
- quasi-experimenteller Test der Nachrichtenauswahl

Für die *Einschätzung der praktischen Umsetzbarkeit* sind zwei Fragen notwendig, wie sie in der Studie »Journalismus in Deutschland« (→ Teil 2, Kapitel 4.6) gestellt wurden:

In der ersten Frage bekamen die Befragten eine Liste von 21 Aussagen zum Rollenselbstverständnis bzw. Berufsverständnis vorgelegt, die sie mit einer fünfstufigen Skala von »trifft überhaupt nicht zu« bis »trifft voll und ganz zu« beurteilen sollten. Die Aussagen umfassten mehrere Dimensionen journalistischen Selbstverständnisses: als neutraler Berichterstatter, als faktenorientierter Berichterstatter, als kritischer Journalist, als politischer (engagierter) Berichterstatter, als Unterhalter, als Anwalt der Bevölkerung, als Vermittler von Idealen usw.

In einer zweiten Frage zu diesem Problembereich sollten die Journalisten, die jeweils einer Aussage voll und ganz oder überwiegend zugestimmt hatten, wiederum auf einer fünfstufigen Skala angeben, ob es ihnen gelingt, das betreffende Ziel in der alltäglichen Arbeit umzusetzen. Aussagen mit einer hohen Zustimmung als Ziel, aber einer niedrigen Zustimmung hinsichtlich ihrer Realisierbarkeit, können als idealistisch und schwer praktizierbar gekennzeichnet werden (vgl. Scholl / Weischenberg 1998: 176ff., 338ff.).

In der gleichen Studie wurde ein zusätzliches Instrument zur Überprüfung der Handlungsrelevanz in Anlehnung an eine vergleichbare U.S.-amerikanische Untersuchung von Weaver / Wilhoit (1996) ausprobiert. Die Journalisten wurden am Ende des Interviews gebeten, dem Interviewer oder den Forschern einen journalistischen Beitrag (Artikel oder Sendemanuskript) zu nennen und zu überlassen, den sie im gleichen Jahr verfasst haben und selbst als gelungenes journalistisches Produkt einschätzen. Diese Beiträge wurden einer *Inhaltsanalyse* unterzogen, bei der die Aussagen zum beruflichen Selbstverständnis als Kategorien dienten (vgl. Scholl / Weischenberg 1998: 176ff., 349). Obwohl dieses Kriterium der Handlungsrelevanz härter scheint als die selbst eingeschätzte Handlungsrelevanz, ist seine Interpretation nicht einfach, denn die Selbstauswahl des gelungenen Materials ist nicht unbedingt typisch für die normale Arbeitsweise des Journalisten. Außerdem lassen sich nicht alle Aussagen zum Rollenselbstverständnis inhaltsanalytisch kategorisieren (zum Beispiel: »In meinem Beruf geht es mir darum, die Realität so abzubilden, wie sie ist.«). Schließlich ist das Verfahren mit einem hohen Aufwand für die Journalisten verbunden und hat deshalb nur eine geringe Rücklaufquote (in der JouriD-Studie: n = 222).

Das *Szenario mit Dilemmacharakter* verwendet Köcher. In dieser 1980 in Deutschland und Großbritannien vergleichend durchgeführten Studie wurden 450 deutsche und 405 britische Journalisten befragt. Die deutsche Stichprobe wurde zweistufig gezogen: Im ersten Schritt erfolgte eine Zufallsauswahl von Chefredakteuren und Ressortleitern aus Print- und Funkmedien, die im Zimpel verzeichnet sind. Per Schneeballverfahren sollten diese weitere Redakteure angeben, aus denen eine Zufallsstichprobe von nicht-leitenden Redakteuren gezogen wurden (vgl. Köcher 1985: 26ff.).

Nach der Abfrage unterschiedlicher Aussagen zum beruflichen Selbstverständnis sollten die Journalisten – jeweils getrennt durch mehrere Fragen – zwei Szenarien beurteilen:

Im ersten Szenario wurden die Journalisten danach gefragt, ob sie eine extreme politische Partei, die für die Gesellschaft eine Gefahr darstellt, bekämpfen würden. Wenn ja, sollten die Befragten folgende Alternativen abwägen: a) indem man über sie berichtet wie über andere Ereignisse auch, b) indem man ständig auf ihre Gefährlichkeit hinweist und sie kritisiert oder c) indem man sie soweit wie möglich totschweigt.

Im zweiten Szenario sollten sich die Befragten vorstellen, dass zwei Journalisten, die von verschiedenen Redaktionen zum Jahreskongress einer großen Partei geschickt wurden und die beide den Kurs dieser Partei für gefährlich halten, unterschiedliche Berichte darüber verfassen: a) entweder als völlig neutrale Berichterstattung über Diskussionen und Entscheidungen, die es den Lesern überlässt, die Gefahr selbst zu erkennen, oder b) als Schilderung und Hervorhebung vor allem der gefährlichen Aspekte, die sich den Lesern klar als Warnung zu erkennen gibt.

Diejenigen Befragten, die die erste Möglichkeit wählten, galten als tatsächlich neutrale Berichterstatter, wer hingegen die zweite Möglichkeit wählte, dessen Berichterstattung wurde als parteiisch gewertet (vgl. Köcher 1985: 122ff.).

In der international vergleichenden Studie »Media and Democracy« (Patterson / Donsbach 1996), in der jeweils etwa 300 Zeitungs-, Hörfunk- und Fernseh-Journalisten aus Deutschland, Großbritannien, Italien, Schweden und USA schriftlich befragt wurden, stand die Handlungsrelevanz der politischen Haltung (nicht der Berufsauffassung) im Mittelpunkt. Diese wurde gemessen als Auswirkung der politischen Einstellung auf eine *quasi-experimentell* simulierte Nachrichtenauswahl. Den Befragten wurden in der deutschen Version vier Situationen bzw. Sachverhalte präsentiert

- Arbeitslosigkeit auf dem Parteitag der CDU
- Bundesinnenministerium unterdrückt Informationen über die Wirkung längerer Gefängnisstrafen
- Information der Weltbank zu Schulden der Entwicklungsländer
- Kosten für die Industrie aufgrund von Umweltauflagen der Bundesregierung.

Zu diesen Situationen sollten mehrere Entscheidungen simuliert werden:

- die Höhe des Nachrichtenwertes (auf einer siebenstufigen Skala)
- die Annehmbarkeit einer vorgeschlagenen Überschrift auf einer (siebenstufigen Skala).

Außerdem sollten je nach Situation entweder

- vier Gesprächspartner für eine Nachrecherche nach ihrer Relevanz in eine Rangfolge gebracht werden oder
- Bildmaterial (vier Bilder) nach ihrer Eignung in eine Rangfolge gebracht und ausgewählt werden.

Einige der Überschriften und einige der Bilder waren politisch einseitig. Wenn die Befragten Präferenzen für parteiische Optionen äußerten, die zu ihrem politischen Standpunkt passten, wurde eine Wirkung der politischen Einstellung auf das professionelle (Auswahl-) Verhalten von Ereignissen unterstellt (vgl. Patterson / Donsbach 1996: 460ff.).

Donsbach, Wolfgang (1987): Journalismusforschung in der Bundesrepublik Deutschland: Offene Fragen trotz »Forschungsboom«, in: Jürgen Wilke (Hrsg.): Zwischenbilanz der Journalistenausbildung, München: Ölschläger: 105-142.

Köcher, Renate (1985): Spürhund und Missionar. Eine vergleichende Untersuchung über Berufsethik und Aufgabenverständnis britischer und deutscher Journalisten, München: Phil. Diss.

Patterson, Thomas E. / Donsbach, Wolfgang (1996): News Decisions: Journalists as Partisan Actors, in: Political Communication 13, 4: 455-468.

Prott, Jürgen (1976): Bewußtsein von Journalisten. Standesdenken oder gewerkschaftliche Solidarisierung?, Frankfurt/Main, Köln: Europäische Verlagsanstalt.

Rühl, Manfred (1980): Journalismus und Gesellschaft. Bestandsaufnahme und Theorieentwurf, Mainz: von Hase & Koehler.

Scholl, Armin / Weischenberg, Siegfried (1998): Journalismus in der Gesellschaft. Theorie, Methodologie und Empirie, Opladen, Wiesbaden: Westdeutscher Verlag.

Weaver, David H. / Wilhoit, G. Cleveland (1996): The American Journalist in the 1990s. U.S. News People at the End of an Era, Mahwah (NJ): Lawrence Erlbaum Associates.

5 Bewertung und Trends

Die Befragung kennt zahlreiche Varianten, die für zahlreiche Fragestellungen eingesetzt werden. Aufgrund dieser Vielfalt ist es kaum möglich und wohl auch nicht sinnvoll, einheitliche technische Regeln für die Methode zu formulieren. Vielmehr erfordern die verschiedenen Verfahren eine kreative Verwendung, um spezifische Fragestellungen zu bearbeiten.

Dass methodische Regeln nicht für alle Zeiten gültig sind, hat auch damit zu tun, dass sich die Methode entwickelt. Mehrere Trends sind besonders deutlich erkennbar (vgl. zum Beispiel Wiegand 2000):

Zum einen ist trotz der bereits bestehenden Vielfalt eine weitere Pluralisierung der Formen und Verfahren der Befragung zu erkennen. Dies belegt, dass die Methode auf sehr unterschiedliche Fragestellungen anwendbar ist. Dazu gehört auch, dass die unterschiedlichen Varianten der Befragung zunehmend miteinander verknüpft werden. So wird etwa die strikte Trennung persönlicher, telefonischer und schriftlicher Verfahren weitgehend aufgegeben, um den Bedürfnissen der Befragten entgegen zu kommen und damit ihre Teilnahme zu sichern.

Auf der anderen Seite werden die Forschungsinstrumente zunehmend standardisiert. Kommunikationswissenschaftliche Beispiele dafür sind etwa im Lehrbuch von Rubin, Palmgren und Sypher (1994) zu finden. Im deutschsprachigen Raum steht das ZUMA-Skalenhandbuch für das Bemühen, sozialwissenschaftliche Skalen zu standardisieren. In der Psychologie werden nach wie vor zahlreiche Tests konstruiert. Diese Entwicklung ist auf der einen Seite wünschenswert, um die Vergleichbarkeit von Forschungsfragen zu erhöhen, zum Beispiel bei Wahlumfragen die »Sonntagsfrage« nach der Wahlabsicht. Auf der anderen Seite sind standardisierte Instrumente nur begrenzt einsetzbar bei komplexen Konstrukten, die eng an die jeweilige Fragestellung angepasst werden müssen. Außerdem sind sie ungeeignet für nicht-standardisierte Verfahren.

Ein Trend, der sowohl die kreative Verwendung als auch die Standardisierung vorantreibt und den Forschungsprozess verstetigt, ist die Computerisierung und Technisierung der Datenerhebung. Computerunterstützte Verfahren der Befragung wie CAPI oder CATI (→ Teil 1, Kapitel 2.4) lösen datentechnische Probleme, indem sie den Forschungsprozess durch die Verschmelzung von Datenerhebung und Dateneingabe verkürzen. Sie erleichtern auch die Forschungsinteraktion, bleiben aber selbst grundsätzlich kommunikativ und ersetzen den Interviewer nicht.

Die Technisierung der Befragungsverfahren (sowie anderer Methoden) berührt noch eine andere Entwicklung: das Verhältnis von akademischer und privatwirtschaftlicher Forschung. So waren es vor allem Markt- und Meinungsforschungsinstitute, die die Technisierung wesentlich befördert haben. Allerdings stehen Konkurrenzerwägungen einer gemeinsamen Methodenentwicklung und deren Publikation oft im Weg. Zudem können die Universitäten angesichts ihrer finanziell prekären Lage und schlechten Ausstattung kaum mit der technischen Entwicklung Schritt halten, sodass das Verhältnis zur kommerziellen Marktforschung möglicherweise sogar wieder loser wird, obwohl das Bedürfnis nach gemeinsamen hohen methodischen Standards in der Ausbildung und bei der Durchführung von Untersuchungen auf beiden Seiten vorhanden ist (vgl. Deutsche Forschungsgemeinschaft 1999: 91f.).

Ein weiterer Trend, der die Forschung allgemein betrifft, ist die Internationalisierung der Forschung. Internationale Kooperationen sind einerseits angesichts der gesellschaftlichen Entwicklungen erwünscht, bringen aber für die Befragung methodische Probleme der Äquivalenz der Messinstrumente mit sich (vgl. Deutsche Forschungsgemeinschaft 1999: 60ff.).

Die immer wiederkehrende Forderung nach Mehrmethodendesigns scheint sich durch die Methodenentwicklung ebenfalls zu erfüllen. Die Befragung lässt sich sinnvoll mit der Beobachtung verknüpfen, wie es bereits die älteren Studien zur Redaktionsbeobachtung belegen. Besonders augenscheinlich ist die Verbindung beim Partnerschaftsmodell zwischen der Media Analyse (Befragung) und den telemetrischen Erhebungen der GfK.

Die Kombination der Befragung mit der Inhaltsanalyse ist insbesondere in der Wirkungsforschung relevant, allerdings nicht unproblematisch. Bei der Verknüpfung von Inhaltsanalysedaten und Befragungsdaten genügt es zum Beispiel nicht, aggregierte Daten miteinander zu vergleichen, wie es meist in der Agenda-Setting-Forschung passiert, sondern die Daten müssen auf individueller Ebene, also auf der Ebene des einzelnen Befragten miteinander verknüpft werden. Theoretisch müsste also zunächst ermittelt werden, welche Medien der Befragte nutzt oder noch konkreter: welche Beiträge (Artikel, Sendungen) der Befragte rezipiert hat, um jeweils die Inhalte dieser Medien bzw. Beiträge zu analysieren und mit den Merkmalen des Befragten zu vergleichen. Tatsächlich erfolgt der Vergleich jedoch viel grober. Die Verknüpfung erfolgt auf räumlicher, zeitlicher und sozialer Ebene. Wird die Stichprobe in einer bestimmten Region gezogen, kann man davon ausgehen, dass die in der Region relevanten Medien vorwiegend genutzt werden. In zeitlicher Hinsicht orientieren sich die Feldzeit der Befragung und die Inhaltsanalyse der untersuchten Medien aneinander. In der Sozialdimension ist das Mediennutzungsverhalten der Befragten entscheidend, denn nur die genutzten Medien haben ein Wirkungspotenzial. Insbesondere wenn die Studie als Längsschnittuntersuchung konzipiert ist, ist eine genauere Erfassung der genutzten Inhalte (Beiträge) nicht möglich, sondern allenfalls eine grobe Erfassung der genutzten Medien (vgl. Wolling 2002: 59ff.).

Neben den methodeninternen Trends gibt es zahlreiche methodenexterne, gesellschaftliche Bedingungen für den Einsatz von Befragungen (vgl. Pfleiderer 2000: 70; Deutsche Forschungsgemeinschaft 1999: 28f.):

- Die individuelle Mobilität hat sich in modernen Gesellschaften erhöht, und der Trend zu kleineren Haushalten und zu Einpersonenhaushalten hält an. Dadurch erschwert sich die Erreichbarkeit der Zielpersonen und es wird schwerer und aufwändiger, eine hohe Ausschöpfungsquote der Stichprobe zu erzielen.
- Andererseits ist die Erreichbarkeit durch die weite Verbreitung von Mobiltelefonen gestiegen. Deshalb wird der Einsatz der telefonischen Befragung attraktiver.
- Die Informations- und die Unterhaltungsangebote der Medien- und Freizeitindustrie haben sich enorm ausgeweitet, was dazu führt, dass freie Zeiträume bzw. frei verfügbare Zeit zunehmend durch die Nutzung von Medien ausgefüllt wird; man spricht auch von Mediatisierung der Gesellschaft (vgl. Krotz 2001). Damit kann die Befragung noch weniger Zeit von den Befragten beanspruchen und riskiert noch häufiger Teilnahmeverweigerungen aufgrund von Zeitmangel.
- Werbung und Direktmarketing sind allgegenwärtig und konkurrieren mit wissenschaftlichen Umfragen. Dadurch dürfte das »Hausierersyndrom« auf eine andere Art zunehmend wieder aktuell werden.
- Gerade in demokratisch verfassten Gesellschaften gewinnt die Bedeutung informationeller Selbstbestimmung, die mit der Furcht vor Eingriffen in die Privatsphäre einhergeht und durch die zunehmenden Möglichkeiten der Informationskontrolle und Überwachung bedingt ist.
- Auch die Entwicklungen im Forschungsbereich selbst geben Anlass zur Sorge: Zwar werden die Methoden immer differenzierter und ausgefeilter (s.o.), aber es entstehen höhere Kosten bei der Durchführung; die Interviews werden länger aufgrund des gesteigerten Bedarfs nach Umfrageergebnissen; der

Zeitdruck wird ebenfalls größer. Dies geht einher mit einem geringen Qualitäts- und Methodenbewusstsein seitens der Auftraggeber und mit Problemen in der Feldarbeit der Markt- und Meinungsforschungsinstitute, weil es nur wenige gute Interviewer gibt und die Honorare zu niedrig sind. Um den Kostendruck aufzufangen, setzen sich Telefoninterviews zunehmend durch, obwohl diesem Verfahren nicht grundsätzlich der Vorzug gegenüber persönlichen oder schriftlichen Befragungen gegeben werden kann (→ Teil 1, Kapitel 2.2.4).

Problematisch ist auch die Reaktion auf sinkende Ausschöpfungsquoten: Der Aufbau von Access-Panels (→ Teil 1, Kapitel 2.3.2) führt zum Rückzug auf prinzipiell kooperative Befragte und damit zur schleichenden Aufgabe des Anspruchs auf Repräsentativität der gesamten Bevölkerung, denn diejenigen Bevölkerungssegmente, die nur schwer erreichbar und nur selten zur Teilnahme an Befragungen bereit sind, werden auf diese Weise von vornherein ausgeschlossen.

Die abschließende Bewertung der gesellschaftlichen Bedeutung von Umfragen kann angesichts dieser Entwicklungen nicht eindeutig ausfallen. Die positive Bewertung sieht in der Demoskopie ein Mittel, um in der Demokratie gesellschaftliche Meinungen und Strömungen der öffentlichen Meinung transparenter zu machen. Demoskopische Umfragen dienen somit der Korrektur und Ergänzung der veröffentlichten Meinung, sprich: der journalistischen Berichterstattung. Beide gesellschaftlichen »Beobachtungsinstrumente« schließen sich dabei nicht aus, sondern profitieren auch voneinander. Die Demoskopie bekommt in den aktuellen Medien ein gehöriges Maß an Aufmerksamkeit, und umgekehrt nutzt der Journalismus demoskopische Ergebnisse, um präzise über bestimmte gesellschaftliche Sachverhalte informieren zu können, auch wenn diese Berichterstattung dann doch wieder typisch journalistisch ist und kaum wissenschaftliche Regeln einhält (vgl. Donovitz 1999).

Auf der anderen Seite stehen aber auch skeptische Einschätzungen, was die Leistung kommunikationswissenschaftlicher Befragungen angeht. Gerade die ambitionierten Kabelpilotprojekte in den 80er Jahren hatten eher eine Alibifunktion für die politischen Entscheidungsträger und für die Werbewirtschaft, als dass ihre Ergebnisse offen diskutiert worden wären. Trotz der skeptischen Ergebnisse wurde der privat-kommerzielle Rundfunk eingeführt; das duale Rundfunksystem war längst beschlossene Sache (vgl. Teichert 1988; Hasebrink 1989).

Die gesellschaftliche Bedeutung von Umfrageergebnissen bleibt somit umstritten, die wissenschaftliche Leistung der Methode ist dagegen eindeutig.

Literatur

A

ADM Arbeitskreis Deutscher Markt- und Sozialforschungsinstitute e.V. / AG. MA Arbeitsgemeinschaft Media-Analyse e.V. (Hrsg.) (1999): Stichproben-Verfahren in der Umfrageforschung. Eine Darstellung für die Praxis, Opladen: Leske und Budrich.

Arbeitskreis Deutscher Markt- und Sozialforschungsinstitute (ADM) / Arbeitsgemeinschaft Sozialwissenschaftlicher Institute (ASI) / Berufsverband Deutscher Markt- und Sozialforscher (BVM) / Deutsche Gesellschaft für Online Forschung (D.G.O.F.) (Hrsg.) (2001): Standards zur Qualitätssicherung für Online-Befragungen, Frankfurt am Main: ADM.

B

Baacke, Dieter / Sander, Uwe / Vollbrecht, Ralf (1990): Lebensgeschichten sind Mediengeschichten, Opladen: Leske und Budrich.

Batinic, Bernad / Werner, Andreas / Gräf, Lorenz / Bandilla, Wolfgang (Hrsg.) (1999): Online Research. Methoden, Anwendungen und Ergebnisse, Göttingen, Bern, Toronto, Seattle: Hogrefe: 103-111.

Bandilla, Wolfgang / Bosnjak, Michael (1999): Teilnahmeverhalten bei nicht-restringierten Web-Surveys. Eine Typologie, in: Ulf-Dietrich Reips et al. (Hrsg.): Current Internet Research. Trends, Techniques, Results. Aktuelle Online Forschung. Trends, Techniken, Ergebnisse, Zürich: Online Press (= WWW-Dokument, in: http://www.dgof.de/tband99/)

Bandilla, Wolfgang / Bosnjak, Michael / Altdorfer, Patrick (2001): Effekte des Erhebungsverfahrens? Ein Vergleich zwischen einer Web-basierten und einer schriftlichen Befragung zum ISSP-Modul Umwelt, in: ZUMA-Nachrichten 49: 7-28.

Bandilla, Wolfgang; Peter Hauptmanns (1998): Internetbasierte Umfragen als Datenerhebungstechnik für die empirische Sozialforschung?, in: ZUMA-Nachrichten 43: 36-53.

Behrens, Kurt / Löffler, Ute (1999): Aufbau des ADM-Stichproben-Systems, in: ADM Arbeitskreis Deutscher Markt- und Sozialforschungsinstitute e.V. / AG.MA Arbeitsgemeinschaft Media-Analyse e.V. (Hrsg.): Stichproben-Verfahren in der Umfrageforschung. Eine Darstellung für die Praxis, Opladen: Leske und Budrich: 69-91.

Bewley, Ed (2001): Talkshows in the USA, in: Christian Schneiderbauer (Hrsg.): Daily Talkshows unter der Lupe. Wissenschaftliche Beiträge aus Forschung und Praxis, München: Fischer: 209-228.

Bilandzic, Helena / Trapp, Bettina (2000): Die Methode des lauten Denkens: Grundlagen des Verfahrens und die Anwendung bei der Untersuchung selektiver Fernsehnutzung bei Jugendlichen, in: Ingrid Paus-Haase / Bernd Schorb (Hrsg.): Qualitative Kinder- und Jugend-Medienforschung. Theorie und Methoden: ein Arbeitsbuch, München: Kopäd: 183-209.

Biocca, Frank / David, Prabu / West, Mark (1994): Continuous Response Measurement (CRM). A Computerized Tool for Research on the Cognitive Processing of Communication Messages, in: Annie Lang (ed.): Measuring Psychological Responses to Media, Hillsdale (NJ): Lawrence Erlbaum: 15-64.

Birkhan, Georg (1992): Die (Un-) Brauchbarkeit der klassischen Testgütekriterien für Dialog-Konsens-Verfahren, in: Brigitte Scheele (Hrsg.): Struktur-Lege-Verfahren als Dialog-Konsens-Methodik. Ein Zwischenfazit zur Forschungsentwicklung bei der rekonstruktiven Erhebung subjektiver Theorien, Münster: Aschendorff: 231-293.

Blasius, Jörg / Reuband, Karl-Heinz (1995): Telefoninterviews in der empirischen Sozialforschung: Ausschöpfungsquoten und Antwortqualität, in: ZA-Information 37: 64-87.

Blasius, Jörg / Reuband, Karl-Heinz (1996): Postalische Befragungen in der empirischen Sozialforschung. Ausschöpfungsquoten und Antwortqualität, in: Planung und Analyse 23, 1: 35-41.

Blass, Wolf (1980): Zeitbudget-Forschung. Eine kritische Einführung in Grundlagen und Methoden, Frankfurt/Main, New York: Campus.

Bliesch, Uwe (1998): Interviewerschulung und -kontrolle, in: Statistisches Bundesamt (Hrsg.): Interviewereinsatz und -qualifikation (= Schriftenreihe Spektrum Bundesstatistik, Band 11), Stuttgart: Metzler-Poeschel: 66-100.

Bohnsack, Ralf / Schäffer, Burkhard (2001): Gruppendiskussionsverfahren, in: Theo Hug (Hrsg.): Wie kommt Wissenschaft zu Wissen. Band 2: Einführung in die Forschungsmethodik und Forschungspraxis, Baltmannsweiler: Schneider Verlag Hohengehren: 324-341.

Bortz, Jürgen / Döring, Nicola ([3]2001): Forschungsmethoden und Evaluation für Human- und Sozialwissenschaftler, Berlin u.a.: Springer.

Bosnjak, Michael / Tuten, Tracy L. / Bandilla, Wolfgang (2001): Participation in Web Surveys. A Typology, in: ZUMA-Nachrichten 48: 7-17.

Bourque, Linda B. / Fiedler, Eve (1995): How to Conduct Self-Administered and Mail Surveys (= The Survey Kit, Volume 3), Thousand Oaks (Ca), London, New Delhi: Sage Publications.

Bradburn, Norman M. / Sudman, Seymour (1980): Improving Method and Questionnaire Design, San Francisco: Jossey-Bass.

Brosius, Hans-Bernd (1995): Alltagsrationalität in der Nachrichtenrezeption. Ein Modell zur Wahrnehmung und Verarbeitung von Nachricheninhalten, Opladen: Westdeutscher Verlag.

Brosius, Hans-Bernd / Koschel, Friederike (2001): Methoden der empirischen Kommunikationsforschung. Eine Einführung, Wiesbaden: Westdeutscher Verlag.

Brückner, Erika (1990): Die retrospektive Erhebung von Lebensläufen, in: Karl-Ulrich Mayer (Hrsg.): Lebensverläufe und sozialer Wandel (= Sonderheft 31 der Kölner Zeitschrift für Soziologie und Sozialpsychologie), Opladen: Westdeutscher Verlag: 374-403.

Brüggemeier, Franz-Josef (1987): Aneignung vergangener Wirklichkeit. Der Beitrag der Oral History, in: Wolfgang Voges (Hrsg.): Methoden der Biographie- und Lebenslaufforschung, Opladen: Leske und Budrich: 145-169.

Bungard, Walter (1979): Methodische Probleme bei der Befragung älterer Menschen, in: Zeitschrift für experimentelle und angewandte Psychologie 26, 2: 211-237.

C

Converse, Jean (1987): Survey Research in the United States. Roots and Emergence 1890 – 1960, Berkeley, Los Angeles, London: University of California Press.

Converse, Jean M. / Presser, Stanley (1986): Survey Questions. Handcrafting the Standardized Questionnaire, Beverly Hills (Ca), London, New Delhi: Sage Publications.

Corbin, Juliet / Strauss, Anselm (1990): Grounded Theory Research: Procedures, Canons and Evaluative Criteria, in: Zeitschrift für Soziologie 19, 6: 418-427.

Czienskowski, Uwe (1996): Wissenschaftliche Experimente. Planung, Auswertung und Interpretation, Weinheim: Beltz, Psychologie Verlags-Union.

D

Dammer, Ingo / Häcker, Norbert (1997): Zielgruppe Kind: Das kinderzentrierte Tiefeninterview in der Marktforschung, in: Planung und Analyse 24, 6: 46-51.

Dammer, Ingo / Szymkowiak, Frank (1998): Die Gruppendiskussion in der Marktforschung. Grundlagen, Moderation, Auswertung. Ein Praxisleitfaden, Opladen, Wiesbaden: Westdeutscher Verlag.

Dann, Hanns-Dietrich (1992): Variation von Lege-Strukturen zur Wissensrepräsentation, in: Brigitte Scheele (Hrsg.): Struktur-Lege-Verfahren als Dialog-Konsens-Methodik. Ein Zwischenfazit zur Forschungsentwicklung bei der rekonstruktiven Erhebung subjektiver Theorien, Münster: Aschendorff: 2-41.

Dethlefsen, Hans A. (2000): Qualitätsmanagement in der CATI-Forschung, in: Volker Hüfken (Hrsg.): Methoden in Telefonumfragen, Wiesbaden: Westdeutscher Verlag: 49-64.

Deutsche Forschungsgemeinschaft (1999): Qualitätskriterien der Umfrageforschung. Denkschrift, Berlin: Akademie-Verlag.

Diekmann, Andreas (1995): Empirische Sozialforschung. Grundlagen, Methoden, Anwendungen, Reinbek: Rowohlt.

Diekmann, Andreas / Jann, Ben (2001): Anreizformen und Ausschöpfungsquoten bei postalischen Befragungen. Eine Überprüfung der Reziprozitätshypothese, in: ZUMA-Nachrichten 48: 18-27.

Dillman, Don A. (1978): Mail and Telephone Surveys: The Total Design Method, New York: Wiley.

Dillman, Don A. (2000): Mail and Internet Surveys. The Tailored Design Method, New York: Wiley.

Donovitz, Frank (1999): Journalismus und Demoskopie. Wahlumfragen in den Medien, Berlin: Vistas.

E

Eckardt, Heinz (1969): Die Technik der schriftlichen Umfrage. Dargestellt an Beispielen aus der Marktforschung für das Buch und die Fachzeitschrift, Hamburg: Verlag für Buchmarkt-Forschung.

Ehling, Manfred (1990): Konzeption für eine Zeitbudgeterhebung der Bundesstatistik. Methodik: Stichprobenplan, Interview und Tagebuchaufzeichnung, in: in: Statistisches Bundesamt (Hrsg.): Zeitbudgeterhebungen. Ziele Methoden und neue Konzepte, Stuttgart: Metzler-Poeschel (= Schriftenreihe Forum der Bundesstatistik, Band 13): 154-168.

Ehmig, Simone Christine (2000): Generationswechsel im deutschen Journalismus. Zum Einfluß historischer Ereignisse auf das journalistische Selbstverständnis, Freiburg, München: Alber.

Engel, Uwe / Reinecke, Jost (1994): Panelanalyse. Grundlagen, Techniken, Beispiele, Berlin, New York: de Gruyter.

Erichson, Bernd (1992): Repräsentanz – ein wachsendes Problem, in: Planung und Analyse 19, 1: 19-24.

Esser, Hartmut (1975a): Zum Problem der Reaktivität bei Forschungskontakten, in: Kölner Zeitschrift für Soziologie und Sozialpsychologie 27, 2: 257-272.

Esser, Hartmut (1975b): Differenzierung und Integration sozialer Systeme als Voraussetzungen der Umfrageforschung, in: Zeitschrift für Soziologie 4, 4: 316-334.

Esser, Hartmut (1977): Response Set. Methodische Problematik und soziologische Interpretation, in: Zeitschrift für Soziologie 6, 3: 253-263.

Esser, Hartmut (1986): Können Befragte lügen?, in: Kölner Zeitschrift für Sozialpsychologie und Soziologie 38, 2: 314-336.

F

Fink, Arlene (1995): How to Ask Survey Questions (= The Survey Kit, Volume 2), Thousand Oaks (Ca), London, New Delhi: Sage Publications.

Flick, Uwe (1991a): Stationen des qualitativen Forschungsprozesses, in: Uwe Flick et al. (Hrsg.): Handbuch Qualitative Sozialforschung. Grundlagen, Konzepte, Methoden und Anwendungen, München: Psychologie-Verlags-Union: 147-173.

Flick, Uwe (1991b): Triangulation, in: Uwe Flick et al. (Hrsg.): Handbuch Qualitative Sozialforschung. Grundlagen, Konzepte, Methoden und Anwendungen, München: Psychologie-Verlags-Union: 432-434.

Flick, Uwe ([5]2000): Qualitative Forschung. Theorie, Methoden, Anwendung in Psychologie und Sozialwissenschaften, Reinbek: Rowohlt.

Flick, Uwe / von Kardoff, Ernst / Steinke, Ines (Hrsg.) (2000): Qualitative Forschung. Ein Handbuch, Reinbek: Rowohlt.

Foddy, Williams (1994): Constructing Questions for Interviews and Questionnaires. Theory and Practice in Social Research, Cambridge: Cambridge University Press.

Fowler, Floyd Jackson, Jr. ([2]1988): Survey Research Methods (= Applied Social Research Methods Series, Volume 1), Newbury Park (Ca), Beverly Hills (Ca), London, New Delhi: Sage Publications.

Fowler, Floyd Jackson, Jr. (1995): Improving Survey Questions. Design and Evaluation (= Applied Social Research Methods Series, Volume 38), Newbury Park (Ca), London, New Delhi: Sage Publications.

Fowler, Floyd Jackson, Jr. (2001): Why It Is Easy to Write Bad Questions, in: ZUMA-Nachrichten 48: 49-66.

Frasch, Gerhard (1987): Der Rücklaufprozeß bei schriftlichen Befragungen, Frankfurt/Main: Peter Lang.

Frey, James H. / Kunz, Gerhard / Lüschen, Günther (1990): Telefonumfragen in der Sozialforschung. Methoden, Techniken, Befragungspraxis, Opladen: Westdeutscher Verlag.

Frey, James H. / Mertens Oishi, Sabine (1995): How to Conduct Interviews by Telephone and in Person (= The Survey Kit, Volume 4), Thousand Oaks (Ca), London, New Delhi: Sage Publications.

Friedrichs, Jürgen ([14]1990): Methoden empirischer Sozialforschung, Reinbek: Rowohlt.

Friedrichs, Jürgen (2000): Effekte des Versands des Fragebogens auf die Antwortqualität bei einer telefonischen Befragung, in: Volker Hüfken (Hrsg.): Methoden in Telefonumfragen, Wiesbaden: Westdeutscher Verlag: 171-182.

Friedrichs, Jürgen / Wolf, Christof (1990): Die Methode der Passantenbefragung, in: Zeitschrift für Soziologie 19, 1: 46-56.

Früh, Werner (1989): Semantische Struktur- und Inhaltsanalyse (SSI). Eine Methode zur Analyse von Textinhalten und Textstrukturen und ihre Anwendung in der Rezeptionsanalyse, in: Max Kaase / Winfried Schulz (Hrsg.): Massenkommunikation. Theorien, Methoden, Befunde (= Sonderheft 30 der Zeitschrift für Soziologie und Sozialpsychologie), Opladen: Westdeutscher Verlag: 490-507.

Fuchs, Marek (1994): Umfrageforschung mit Telefon und Computer. Einführung in die computergestützte telefonische Befragung, Weinheim: Beltz, Psychologie Verlags-Union.

Fuchs, Marek (1999): Interviewer-Verhalten in computergestützten Befragungen. Keystroke-File-Analyse mit der Detroit Area Study, in: ZA-Information 44: 118-136.

Fuchs, Marek (2000): Befragung einer seltenen Population. Das Schneeball-Verfahren, in: Volker Hüfken (Hrsg.): Methoden in Telefonumfragen, Wiesbaden: Westdeutscher Verlag: 65-88.

Fuchs, Werner (1984): Biographische Forschung. Eine Einführung in Praxis und Methoden, Opladen: Westdeutscher Verlag.

G

Gabler, Siegfried / Häder, Sabine (1997): Überlegungen zu einem Stichprobendesign für Telefonumfragen in Deutschland, in: ZUMA-Nachrichten 41: 7-18.

Gadeib, Andera (1999): Ansprüche und Entwicklung eines Systems zur Befragung über das World Wide Web, in: Bernad Batinic / Andreas Werner / Lorenz Gräf / Wolfgang Bandilla (Hrsg.): Online Research. Methoden, Anwendungen und Ergebnisse, Göttingen, Bern, Toronto, Seattle: Hogrefe: 103-111.

Gänsfuß, Rüdiger (1995): Publikationen für Eisenbahn- und Modellbahnfreunde, Münster: Loklinear Verlag.

Garz, Detlef / Kraimer, Klaus (1991): Qualitativ-empirische Sozialforschung im Aufbruch, in: Dies. (Hrsg.): Qualitativ-empirische Sozialforschung. Konzepte, Methoden, Analysen, Opladen: Westdeutscher Verlag: 1-33.

Gehrau, Volker (2002): Die Beobachtung in der Kommunikationswissenschaft. Methodische Ansätze und Beispielstudien, Konstanz: UVK, UTB.

Giele, Janet Z. / Elder, Jr., Glen H. (eds.) (1998): Methods of Life Course Research. Qualitative and Quantitative Approaches, Thousand Oaks (Ca), London, New Delhi: Sage Publications.

Groeben, Norbert (1992): Die Inhalts-Struktur-Trennung als konstantes Dialog-Konsens-Prinzip?!, in: Brigitte Scheele (Hrsg.): Struktur-Lege-Verfahren als Dialog-Konsens-Methodik. Ein Zwischenfazit zur Forschungsentwicklung bei der rekonstruktiven Erhebung subjektiver Theorien, Münster: Aschendorff: 42-89.

Gutjahr, Gert (1988): Gruppendiskussion oder Exploration?, in: Planung und Analyse 15, 5: 218-219.

H

Häder, Michael (2002): Delphi-Befragungen. Ein Arbeitsbuch, Wiesbaden: Westdeutscher Verlag.

Häder, Michael / Häder, Sabine (2000): Die Delphi-Methode als Gegenstand methodischer Forschungen, in: dies. (Hrsg.) Die Delphi-Technik in den Sozialwissenschaften. Methodische Forschungen und innovative Anwendungen, Wiesbaden: Westdeutscher Verlag: 11-31.

Hafermalz, Otto (1976): Schriftliche Befragung. Möglichkeiten und Grenzen, Wiesbaden: Gabler.

Hager, Willi / Spieß, Kordelia / Heise, Elke (^{2}2001): Versuchsdurchführung und Versuchsbericht. Ein Leitfaden, Göttingen, Bern, Toronto, Seattle: Hogrefe.

Hansen, Jochen (1982): Das Panel. Zur Analyse von Verhaltens- und Einstellungswandel, Opladen: Westdeutscher Verlag.

Hartmann, Petra (1991): Wunsch und Wirklichkeit. Theorie und Empirie sozialer Erwünschtheit, Wiesbaden: Deutscher Universitäts-Verlag.

Hasebrink, Uwe (1989): Kabelfernsehen: Welche sozialen Folgen hat das erweiterte Medienangebot? Ergebnisse der Begleitforschung zu den Kabelpilotprojekten, in: Media Perspektiven 8: 512-521.

Haupert, Bernhard (1991): Vom narrativen Interview zur biographischen Typenbildung, in: Garz, Detlef / Kraimer, Klaus (Hrsg.): Qualitativ-empirische Sozialforschung. Konzepte, Methoden, Analysen, Opladen: Westdeutscher Verlag: 213-254.

Hauptmanns, Peter (1999): Grenzen und Chancen von quantitativen Befragungen mit Hilfe des Internet, in: Bernad Batinic / Andreas Werner / Lorenz Gräf / Wolfgang Bandilla (Hrsg.): Online Research. Methoden, Anwendungen und Ergebnisse, Göttingen, Bern, Toronto, Seattle: Hogrefe: 21-38.

Heinze, Thomas ([2]1992): Qualitative Sozialforschung. Erfahrungen, Probleme und Perspektiven, Opladen: Westdeutscher Verlag.

Henry, Gary T. (1994): Graphing Data. Techniques for Display and Analysis, London, Newbury Park (Ca), New Delhi: Sage Publications.

Hermanns, Harry (1991): Narratives Interview, in: Uwe Flick et al. (Hrsg.): Handbuch Qualitative Sozialforschung. Grundlagen, Konzepte, Methoden und Anwendungen, München: Psychologie-Verlags-Union: 182-185.

Hermanns, Harry (2000): Interviewen als Tätigkeit, in: Uwe Flick / Ernst von Kardoff / Ines Steinke (Hrsg.): Qualitative Forschung. Ein Handbuch, Reinbek: Rowohlt: 360-368.

Hess, Eva-Maria (1996): Die Leser. Konzepte und Methoden der Printforschung, München: Offenburg: Burda Medien-Forschung.

Hillmert, Steffen (2002): Edition von Lebensverlaufsdaten: Zur Relevanz einer systematischen Einzelfallbearbeitung bei standardisierten Befragungen, in: ZUMA-Nachrichten 51: 120-140.

Hippler, Hans-Jürgen (1988): Methodische Aspekte schriftlicher Befragungen: Probleme und Forschungsperspektiven, in: Planung und Analyse 15, 6: 244-248.

Hippler, Hans-Jürgen (2001): Systematisches Feedback, in: Sage & Schreibe Werkstatt (Journalist 10): 4-9.

Hippler, Hans-Jürgen / Schwarz, Norbert / Singer, Eleanor (1990): Der Einfluß von Datenschutzzusagen auf die Teilnahmebereitschaft an Umfragen, in: ZUMA-Nachrichten 27: 54-67.

Hirzinger, Maria (1991): Biographische Medienforschung, Wien, Köln, Weimar: Böhlau.

Hoffmann-Riem, Christel (1980): Die Sozialforschung einer interpretativen Soziologie. Der Datengewinn, in: Kölner Zeitschrift für Soziologie und Sozialpsychologie 32, 2: 339-372.

Holstein, James A.; Jaber F. Gubrium (1995): The Active Interview (= Qualitative Research Methods, Volume 37), Newbury Park (Ca), London, New Delhi: Sage Publications.

Honer, Anne (1989): Einige Probleme lebensweltlicher Ethnographie. Zur Methodologie und Methodik einer interpretativen Sozialforschung, in: Zeitschrift für Soziologie 18, 4: 297-312.

Hopf, Christel (1978): Die Pseudo-Exploration. Überlegungen zur Technik qualitativer Interviews in der Sozialforschung, in: Zeitschrift für Soziologie 7, 2: 97-115.

Hopf, Christel (1991): Qualitative Interviews in der Sozialforschung. Ein Überblick, in: Uwe Flick et al. (Hrsg.): Handbuch Qualitative Sozialforschung. Grundlagen, Konzepte, Methoden und Anwendungen, München: Psychologie-Verlags-Union: 177-182.

Hopf, Christel (2000): Qualitative Interviews, in: Uwe Flick / Ernst von Kardoff / Ines Steinke (Hrsg.): Qualitative Forschung. Ein Handbuch, Reinbek: Rowohlt: 349-360.

Hoppe, Michael (2000): Aufbau und Organisation eines Access-Panels, in: Statistisches Bundesamt (Hrsg.): Neue Erhebungsinstrumente und Methodeneffekte, Stuttgart: Metzler-Poeschel (= Schriftenreihe Spektrum Bundesstatistik, Band 15): 145-165.

Huber, Günter L. / Mandl, Heinz (^{2}1994a): Verbalisationsmethoden zur Erfassung von Kognitionen im Handlungszusammenhang, in: Günter L. Huber / Heinz Mandl (Hrsg.): Verbale Daten. Eine Einführung in die Grundlagen und Methoden der Erhebung und Auswertung, Weinheim, Basel: Beltz, Psychologie Verlags-Union: 11-42.

Huber, Günter L. / Mandl, Heinz (^{2}1994b): Gedankenstichproben, in: Günter L. Huber / Heinz Mandl (Hrsg.): Verbale Daten. Eine Einführung in die Grundlagen und Methoden der Erhebung und Auswertung, Weinheim, Basel: Beltz, Psychologie Verlags-Union: 104-118.

Huber, Oswald (1987): Das psychologische Experiment. Eine Einführung, Bern, Stuttgart, Toronto: Huber.

Hullmann, Alfred / Schmidt, Rolf (1998): Interviewereinsatz im Mikrozensus, in: Statistisches Bundesamt (Hrsg.): Interviewereinsatz und -qualifikation (= Schriftenreihe Spektrum Bundesstatistik, Band 11), Stuttgart: Metzler-Poeschel: 101-114.

J

Jacob, Rüdiger / Eirmbter, Willy H. (2000): Allgemeine Bevölkerungsumfragen. Einführung in die Methoden der Umfrageforschung mit Hilfen zur Erstellung von Fragebögen, München, Wien: Oldenbourg.

Jacoby, Williams G. (1997): Statistical Graphics for Univariate and Bivariate Data (= Quantitative Applications in the Social Sciences Series, Vol. 117), Thousand Oaks (Ca), London, New Delhi: Sage Publications.

Jacoby, Williams G. (1998): Statistical Graphics for Visualizing Multivariate Data (= Quantitative Applications in the Social Sciences Series, Vol. 120), Thousand Oaks (Ca), London, New Delhi: Sage Publications.

K

Kaesler, Dirk (^{2}2000): Max Weber (1864-1920), in: ders. (Hrsg.): Klassiker der Soziologie. Band 1: Von Auguste Comte bis Norbert Elias, München: Verlag C.H. Beck: 190-212.

Kaufmann, Jean-Claude (1999): Das verstehende Interview. Theorie und Praxis, Konstanz: UVK.

Kelle, Udo / Kluge, Susann (1999): Vom Einzelfall zum Typus. Fallvergleich und Fallkontrastierung in der qualitativen Sozialforschung, Opladen: Leske und Budrich.

Keller, Felix (2001): Archäologie der Meinungsforschung. Mathematik und die Erzählbarkeit des Politischen, Konstanz: UVK.

Kim, Min-Sun / Hunter, John E. (1993a): Attitude-Behavior Relations: A Meta-Analysis of Attitudinal Relevance and Topic, in: Journal of Communication 43, 1: 101-142.

Kim, Min-Sun / Hunter, John E. (1993b): Relationships among Attitudes, Behavioral Intentions, and Behavior. A Meta-Analysis of Past Research, Part 2, in: Communication Research 20, 3: 331-364.

Kleining, Gerhard (1982): Umriß zu einer Methodologie qualitativer Sozialforschung, in: Kölner Zeitschrift für Soziologie und Sozialpsychologie 34, 2: 224-253.

Kleining, Gerhard (1986): Das qualitative Experiment, in: Kölner Zeitschrift für Soziologie und Sozialpsychologie 38, 4: 724-750.

Kleining, Gerhard (1991): Das qualitative Experiment, in: Uwe Flick et al. (Hrsg.): Handbuch Qualitative Sozialforschung. Grundlagen, Konzepte, Methoden und Anwendungen, München: Psychologie-Verlags-Union: 263-266.

Kluge, Susann / Kelle, Udo (Hrsg.) (2001): Methodeninnovation in der Lebenslaufforschung. Integration qualitativer und quantitativer Verfahren in der Lebenslauf- und Biographieforschung, Weinheim, München: Juventa.

Knobloch, Silvia / Knobloch, Martin (1999): Computergestützte Befragung. Der Computer in der Funktion von Interviewer und Fragebogen, in: Rundfunk und Fernsehen 47, 1: 61-77.

Koch, Achim (1991): Zum Zusammenhang von Interviewermerkmalen und Ausschöpfungsquoten, in: ZUMA-Nachrichten 28: 41-53.

Koch, Achim (2002): 20 Jahre Feldarbeit im ALLBUS. Ein Blick in die Blackbox, in: ZUMA-Nachrichten 51: 9-37.

Koch, Heinz (1993): Fehlerminimierungsstrategien bei der sozialwissenschaftlichen Datengewinnung am Beispiel der postalischen Befragung in einem epidemologischen Forschungsbereich. Ein Leitfaden für Sozial- und Wirtschaftswissenschaftler, Epidemologen und Mediziner, Bochum: Brockmeyer.

Köhler, Anne / Steinborn Peter (1987): Das Diary: Ein neuer Ansatz? Tagebuchuntersuchungen in der Hörerforschung, in: Media Perspektiven 3: 159-167.

Költringer, Richard (1992): Die Interviewer in der Markt- und Meinungsforschung, Wien: Service.

Koschnick, Wolfgang J. (^{2}1995): Standard-Lexikon für Mediaplanung und Mediaforschung in Deutschland, 2 Bände, München u.a.: Saur.

Krauth, Joachim (1995): Testkonstruktion und Testtheorie, Weinheim: Beltz.

Krekeler, Gaby (1995): Meßprobleme der Zeitbudgetforschung. Eine Untersuchung zur Reliabilität und Validität von Kindertagebucherhebungen, Münster, New York: Waxmann.

Krosnick, Jon A. / Abelson, Robert P. (1994): The Case for Measuring Attitude Strength in Surveys, in: Judith M. Tanur (ed.): Questions about Questions. Inquiries into the Cognitive Bases of Surveys, New York: Russell Sage Foundation: 177-203.

Krotz, Friedrich (2001): Die Mediatisierung kommunikativen Handelns. Der Wandel von Alltag, und sozialen Beziehungen, Kultur und Gesellschaft durch die Medien, Wiesbaden: Westdeutscher Verlag.

Kruse, A. (1987): Biographische Methode und Exploration, in: Gerd Jüttemann / Hans Thomae (Hrsg.): Biographie und Psychologie, Berlin u.a.: Springer-Verlag: 119-137.

Kubey, Robert / Larson, Reed / Csikszentmihalyi, Mihaly (1996): Experience Sampling Method. Application to Communication Research Questions, in: Journal of Communication 46, 2: 99-120.

Kubisch, Susanne / Lampert, Claudia (2000): Die Verwendung qualitativer Erhebungsmethoden in der Kinderfernsehforschung. Ein Überblick, in: tv diskurs 12: 68-71.

Kuckartz, Udo (1999): Computergestützte Analyse qualitativer Daten. Eine Einführung in Methoden und Arbeitstechniken, Opladen, Wiesbaden: Westdeutscher Verlag.

Kurz, Karin / Prüfer, Peter / Rexroth, Margrit (1999): Zur Validität von Fragen in standardisierten Erhebungen. Ergebnisse des Einsatzes eines kognitiven Pretestinterviews, in: ZUMA-Nachrichten 44: 83-107.

Kutsch, Arnulf (1988): Max Webers Anregung zur empirischen Journalismusforschung. Die »Zeitungs-Enquête« und eine Redakteurs-Umfrage, in: Publizistik 33, 1: 5-31.

Kvale, Steinar (1996): Interviews. An Introduction to Qualitative Research Interviewing, Thousand Oaks (Ca), London, New Delhi: Sage Publications.

L

Lamnek, Siegfried (^{3}1995): Qualitative Sozialforschung. Band 2: Methoden und Techniken, Weinheim: Beltz, Psychologie Verlags-Union.

Lamp, Erich (2001): Ist einer von drei gleich jedem Dritten? Der Einfluss numerischer Äquivalente auf die Wahrnehmung und Bewertung identischer Sachverhalte, in: ZA-Information 49: 49-68.

Lampert, Claudia (2000): Spannung, Spiel und Schokolade. Aspekte qualitativer Forschungsmethoden mit Vorschulkindern am Beispiel einer Untersuchung zum Verständnis von Fernsehwerbung, in: Ingrid Paus-Haase / Bernd Schorb (Hrsg.): Qualitative Kinder- und Jugend-Medienforschung. Theorie und Methoden: ein Arbeitsbuch, München: Kopäd: 115-129.

Lang, Annie (ed.) (1994): Measuring Psychological Responses to Media Messages, Hillsdale (NJ): Erlbaum.

Lang, Sabine (1998): Zielgruppe Kinder: Methodische Besonderheiten bei der Befragung, in: Planung und Analyse 25, 4: 71-75.

Lazarsfeld, Paul F. / Rosenberg, Morris / Thielens, W. ([10]1976): Die Panel-Befragung, in: René König / Dietrich Rüschemeyer / Erwin K. Scheuch (Hrsg.): Das Interview. Formen, Technik, Auswertung, Köln: Kiepenheuer & Witsch: 253-268.

Lee, Raymond M. (1993): Doing Research on Sensitive Topics, London, Newbury Park (Ca), New Delhi: Sage Publications.

Lienert, Gustav A. / Raatz, Ulrich ([6]1998): Testaufbau und Testanalyse, Weinheim: Beltz, Psychologie Verlags-Union.

Löffler, Ute (1999): Die Historie der ADM-Stichproben, in: ADM Arbeitskreis Deutscher Markt- und Sozialforschungsinstitute e.V. / AG.MA Arbeitsgemeinschaft Media-Analyse e.V. (Hrsg.): Stichproben-Verfahren in der Umfrageforschung. Eine Darstellung für die Praxis, Opladen: Leske und Budrich: 61-68.

Loos, Peter / Schäffer, Burkhard (2001): Das Gruppendiskussionsverfahren. Theoretische Grundlagen und empirische Anwendungen, Opladen: Leske und Budrich.

Loosen, Wiebke / Scholl, Armin / Woelke, Jens (2002): Systemtheoretische und konstruktivistische Methodologie, in: Armin Scholl (Hrsg.): Systemtheorie und Konstruktivismus in der Kommunikationswissenschaft, Konstanz: UVK: 37-65.

Luhmann, Niklas (1992): Die Beobachtung der Beobachter im politischen System: Zur Theorie der öffentlichen Meinung, in: Jürgen Wilke (Hrsg.): Öffentliche Meinung. Theorie, Methoden, Befunde. Beiträge zu Ehren von Elisabeth Noelle-Neumann, Freiburg, München: Alber: 77-86.

Lunt, Peter (1996): Rethinking the Focus Group in Media and Communication Research, in: Journal of Communication 46, 2: 79-98.

M

Maindok, Herlinde (1996): Professionelle Interviewführung in der Sozialforschung. Interviewtraining: Bedarf, Stand und Perspektiven, Pfaffenweiler: Centaurus-Verlagsgesellschaft.

Mangione, Thomas W. (1995): Mail Surveys. Improving the Quality (= Applied Social Research Methods Series, Volume 40), Newbury Park (Ca), London, New Delhi: Sage Publications.

Mangold, Werner (1962): Gruppendiskussionen, in: René König (unter Mitarbeit von Heinz Maus) (Hrsg.): Handbuch der Empirischen Sozialforschung. 2 Bände, Stuttgart: Enke: 209-225.

Marx, Karl (1880): Fragebogen für Arbeiter, in: La Revue Socialiste vom 20. April 1880 (dokumentiert in: Planung und Analyse 10 (1983), 6: 248-251).

Matt, Eduard (2000): Darstellung qualitativer Forschung, in: Uwe Flick / Ernst von Kardoff / Ines Steinke (Hrsg.): Qualitative Forschung. Ein Handbuch, Reinbek: Rowohlt: 578-587.

Mayer, Karl-Ulrich (1987): Lebenslaufforschung, in: Wolfgang Voges (Hrsg.): Methoden der Biographie- und Lebenslaufforschung, Opladen: Leske und Budrich: 51-73.

Mayer, Karl-Ulrich (1990): Lebensverläufe und sozialer Wandel. Anmerkungen zu einem Forschungsprogramm, in: Karl-Ulrich Mayer (Hrsg.): Lebensverläufe und sozialer Wandel (= Sonderheft 31 der Kölner Zeitschrift für Soziologie und Sozialpsychologie), Opladen: Westdeutscher Verlag: 7-21.

Mayring, Philipp (1991): Qualitative Inhaltsanalyse, in: Uwe Flick et al. (Hrsg.): Handbuch Qualitative Sozialforschung. Grundlagen, Konzepte, Methoden und Anwendungen, München: Psychologie-Verlags-Union: 209-213.

Mayring, Philipp (^{6}1997): Qualitative Inhaltsanalyse: Grundlagen und Techniken, Weinheim: Deutscher Studien-Verlag.

Meier, Gerd (1999): Random-Telefonstichproben, in: ADM Arbeitskreis Deutscher Markt- und Sozialforschungsinstitute e.V. / AG.MA Arbeitsgemeinschaft Media-Analyse e.V. (Hrsg.): Stichproben-Verfahren in der Umfrageforschung. Eine Darstellung für die Praxis, Opladen: Leske und Budrich: 93-101.

Meier, Gerd / Hansen, Jochen (1999): Die Quotenstichprobe, in: ADM Arbeitskreis Deutscher Markt- und Sozialforschungsinstitute e.V. / AG.MA Arbeitsgemeinschaft Media-Analyse e.V. (Hrsg.): Stichproben-Verfahren in der Umfrageforschung. Eine Darstellung für die Praxis, Opladen: Leske und Budrich: 103-111.

Melchers, Christoph B. (1994a): Gruppendiskussion in der Marktforschung. Teil 1: Grundlegende Aspekte, in: Planung und Analyse 21, 2: 5-9.

Melchers, Christoph B. (1994b): Gruppendiskussion in der Marktforschung. Teil 2: Der morphologische Ansatz, in: Planung und Analyse 21, 3: 32-36.

Menon, Geeta / Yorkston, Eric A. (2000): The Use of Memory and Contextual Cues in the Formation of Behavioral Frequency Judgments, in: Arthur Stone et al. (ed.): The Science of Self-Report. Implications for Research and Practice, Mahwah (NJ): Lawrence Erlbaum: 63-79.

Merkens, Hans (2000): Auswahlverfahren, Sampling, Fallrekonstruktion, in: Uwe Flick / Ernst von Kardoff / Ines Steinke (Hrsg.): Qualitative Forschung. Ein Handbuch, Reinbek: Rowohlt: 286-299.

Merten, Klaus / Teipen, Petra (1991): Empirische Kommunikationsforschung. Darstellung, Kritik, Evaluation, München: Ölschläger.

Meuser, Michael / Nagel, Ulrike (1991): ExpertInneninterviews – vielfach erprobt, wenig bedacht. Ein Beitrag zur qualitativen Methodendiskussion, in: Garz, Detlef / Kraimer, Klaus (Hrsg.): Qualitativ-empirische Sozialforschung. Konzepte, Methoden, Analysen, Opladen: Westdeutscher Verlag: 441-471.

Meyen, Michael (2001): Mediennutzung. Mediaforschung, Medienfunktionen, Nutzungsmuster, Konstanz: UVK.

Meyen, Michael (2002): Die Anfänge der empirischen Medien- und Meinungsforschung in Deutschland, in: ZA-Information 50: 59-80.

Morgan, David L. (1988): Focus Groups as Qualitative Research (= Qualitative Research Methods, Volume 16), Newbury Park (Ca), Beverly Hills (Ca), London, New Delhi: Sage Publications.

Mühlenfeld, Hans-Ulrich (2002a): Potentiale audiovisuell gestützter Online-Gruppendiskussionen: Überlegungen zu einer neuen Methode. Vortrag auf der DGPuK-Fachgruppen-Tagung »Die Befragung in der Kommunikationswissenschaft: Innovationen, Operationalisierungen, Standardisierung« vom 26. bis 28. September 2002 in Mainz: unveröffentlichtes Manuskript.

Mühlenfeld, Hans-Ulrich (2002b): Computergestützte Face-to-Face Interviews über das Internet mit Hilfe von MS NetMeeting, in: ZA-Information 51: 67-81.

Müller-Schroth, Armin (1995): Der Pen-Pad im Feldeinsatz. CAPI-Befragungen in der Mediaforschung, in: Planung und Analyse 22, 1: 54-57.

N

Neurath, Paul (1990): Paul Lazarsfelds Beitrag zu den Anfängen der Massenkommunikationsforschung, in: Wolfgang R. Langenbucher (Hrsg.): Paul F. Lazarsfeld. Die Wiener Tradition der empirischen Sozial- und Kommunikationsforschung (= Schriftenreihe der Deutschen Gesellschaft für Publizistik- und Kommunikationswissenschaft, Band 16), München: Ölschläger: 75-86.

Neuß, Norbert (2000): Medienbezogene Kinderzeichnungen als Instrument der qualitativen Rezeptionsforschung, in: Ingrid Paus-Haase / Bernd Schorb (Hrsg.): Qualitative Kinder- und Jugend-Medienforschung. Theorie und Methoden: ein Arbeitsbuch, München: Kopäd: 131-154.

Niehoff, Renate (1998): Intervieweranforderung und -auswahl, in: Statistisches Bundesamt (Hrsg.): Interviewereinsatz und -qualifikation (= Schriftenreihe Spektrum Bundesstatistik, Band 11), Stuttgart: Metzler-Poeschel: 51-65.

Niemann, Heinz (1993): Meinungsforschung in der DDR. Die geheimen Berichte des Instituts für Meinungsforschung an das Polititbüro der SED, Köln: Bund-Verlag.

Noelle-Neumann, Elisabeth (1998): Einsatz und Qualifikation der Interviewer als Qualitätsmerkmal der Umfrageforschung, in: Statistisches Bundesamt (Hrsg.): Interviewereinsatz und -qualifikation (= Schriftenreihe Spektrum Bundesstatistik, Band 11), Stuttgart: Metzler-Poeschel: 10-50.

Noelle-Neumann, Elisabeth / Petersen, Thomas (1996): Alle, nicht jeder. Einführung in die Methoden der Demoskopie, München: dtv.

Noelle-Neumann, Elisabeth / Petersen, Thomas (2000): Das halbe Instrument, die halbe Reaktion. Zum Vergleich von Telefon- und face-to-face Umfragen, in: Volker Hüfken (Hrsg.): Methoden in Telefonumfragen, Wiesbaden: Westdeutscher Verlag: 183-200.

Nötzel, Rötger (1987a): Erfahrungen mit der schriftlichen Umfrage, in: Planung und Analyse 14, 4: 151-155.

Nötzel, Rötger (1987b): Schriftliche Besucherbefragungen im Veranstaltungswesen, in: Planung und Analyse 14, 5: 192-195.

Nötzel, Rötger (1989): Anmerkungen zum »richtigen« Einsatz von Passanteninterviews. Vor- und Nachteile von Passanteninterviews, in: Planung und Analyse 16, 7: 250-252.

O

Ostermeyer, Rainer / Meier, Gerd (1994): PPI, CATI oder CAPI? Beeinflußt die Datenerhebungsmethode das Befragungsergebnis?, in: Planung und Analyse 21, 6: 24-30.

P

Paul, S. (1987): Die Entwicklung der biographischen Methode in der Soziologie, in: Gerd Jüttemann / Hans Thomae (Hrsg.): Biographie und Psychologie, Berlin u.a.: Springer-Verlag: 26-35.

Petersen, Thomas (2002): Das Feldexperiment in der Umfrageforschung, Frankfurt/Main, New York: Campus.

Pfleiderer, Rolf (2000): Methodeneffekte beim Umstieg auf CAPI-Techniken, in: Statistisches Bundesamt (Hrsg.): Neue Erhebungsinstrumente und Methodeneffekte, Stuttgart: Metzler-Poeschel (= Schriftenreihe Spektrum Bundesstatistik, Band 15): 57-70.

Pötschke, Manuela / Simonson, Julia (2001): Online-Erhebungen in der empirischen Sozialforschung. Erfahrungen mit einer Umfrage unter Sozial-, Markt- und Meinungsforschern, in: ZA-Information 49: 6-28.

Pohlmann, Günter (1992): Der Pretest. Ein unvermeidliches wissenschaftliches Ritual?, in: Planung und Analyse 19, 6: 19-21.

Pohlmann, Günter (1993): Interviewerauswahl. Standardisierter Idealtyp oder kompetenter Kommunikationspartner?, in: Planung und Analyse 20, 1: 17-19.

Porst, Rolf (1991): Ausfälle und Verweigerungen bei einer telefonischen Befragung, in: ZUMA-Nachrichten 29: 57-69.

Prüfer, Peter / Rexroth, Margrit (1996): Verfahren zur Evaluation von Survey-Fragen: Ein Überblick, in: ZUMA-Nachrichten 39: 95-115.

R

Reimann, Horst (1989): Die Anfänge der Kommunikationsforschung. Entstehungsbedingungen und gemeinsame europäisch-amerikanische Entwicklungslinien im Spannungsfeld von Soziologie und Zeitungswissenschaft, in: Max Kaase / Winfried Schulz (Hrsg.): Massenkommunikation. Theorien,

Methoden, Befunde (= Sonderheft 30 der Kölner Zeitschrift für Soziologie und Sozialpsychologie), Opladen: Westdeutscher Verlag: 28-45.

Reinecke, Jost (1991): Interviewer- und Befragtenverhalten. Theoretische Ansätze und methodische Konzepte, Opladen: Westdeutscher Verlag.

Reinemann, Carsten / Maurer, Marcus (2002): Ist das Ganze mehr als die Summe seiner Teile. Vortrag auf der DGPuK-Fachgruppen-Tagung »Die Befragung in der Kommunikationswissenschaft: Innovationen, Operationalisierungen, Standardisierung« vom 26. bis 28. September 2002 in Mainz: unveröffentlichtes Manuskript.

Reips, Ulf-Dietrich (1999): Online Research with Children, in: ders. et al. (ed. / Hrsg.): Current Internet Research. Trends, Techniques, Results. Aktuelle Online Forschung. Trends, Techniken, Ergebnisse, Zürich: Online Press (= WWW-Dokument, in: http://www.dgof.de/tband99/)

Reuband, Karl-Heinz (1984): Zur Rekrutierung und sozialen Zusammensetzung von Interviewerstäben, in: Heiner Meulemann / Karl-Heinz Reuband (Hrsg.): Soziale Realität im Interview. Empirische Analyen methodischer Probleme, Frankfurt/Main, New York: Campus: 61-80.

Reuband, Karl-Heinz (1990a): Meinungslosigkeit im Interview. Erscheinungsformen und Folgen unterschiedlicher Befragungsstrategien, in: Zeitschrift für Soziologie 19, 6: 428-443.

Reuband, Karl-Heinz (1990b): Interviews, die keine sind. »Erfolge« und »Mißerfolge« beim Fälschen von Interviews, in: Kölner Zeitschrift für Soziologie und Sozialpsychologie 42, 4: 706-733.

Reuband, Karl-Heinz (1998a): Panelmortalität in postalischen Erhebungen und soziale Zusammensetzung der Befragten. Ergebnisse einer allgemeinen Bevölkerungsumfrage, in: Planung und Analyse 25, 3: 16-21.

Reuband, Karl-Heinz (1998b): Quoten- und Randomstichproben in der Praxis der Sozialforschung. Gemeinsamkeiten und Unterschiede in der sozialen Zusammensetzung und den Antwortmustern der Befragten, in: ZA-Information 43: 48-80.

Reuband, Karl-Heinz (2000): Telefonische und postalische Bevölkerungsumfragen in Ostdeutschland. Auswirkungen auf das Antwortverhalten, in: Volker Hüfken (Hrsg.): Methoden in Telefonumfragen, Wiesbaden: Westdeutscher Verlag: 201-223.

Reuband, Karl-Heinz (2001): »Erlauben« vs. »nicht erlauben« oder »verbieten«? Wie sich unterschiedliche Frage-Alternativen auf das Antwortverhalten auswirken, in: ZA-Information 48: 42-55.

Reuband, Karl-Heinz / Blasius, Jörg (1996): Face-to-Face, telefonische und postalische Befragung. Ausschöpfungsquoten und Antwortmuster in einer Großstadt-Studie, in: Kölner Zeitschrift für Soziologie und Sozialpsychologie 48, 2: 296-318.

Richter, Hans-Jürgen (1970): Die Strategie schriftlicher Massenbefragungen. Ein verhaltenstheoretischer Beitrag zur Methodenforschung, Bad Harzburg: Verlag für Wissenschaft, Wirtschaft und Technik.

Röser, Jutta (2000): Fernsehgewalt im gesellschaftlichen Kontext. Eine Cultural Studies-Analyse über Medienaneignung in Dominanzverhältnissen, Wiesbaden: Westdeutscher Verlag.

Roller, Edeltraud / Mathes, Rainer (1993): Hermeneutisch-klassifikatorische Inhaltsanalyse. Analysemöglichkeiten am Beispiel von Leitfadengesprächen zum Wohlfahrtsstaat, in: Kölner Zeitschrift für Sozialpsychologie und Soziologie 45, 1: 56-75.

Rosenthal, Gabriele / Fischer-Rosenthal, Wolfram (2000): Narrativ-biographische Interviews, in: Uwe Flick / Ernst von Kardoff / Ines Steinke (Hrsg.): Qualitative Forschung. Ein Handbuch, Reinbek: Rowohlt: 456-468.

Rost, Jürgen (1996): Lehrbuch Testtheorie, Testkonstruktion, Bern u.a.: Huber.

Rubin, Rebecca B. / Palmgreen, Philip / Sypher, Howard E. (1994): Communication Research Measures: A Sourcebook, New York: Guilford.

Rubin, Herbert J. / Rubin, Irene S. (1995): Qualitative Interviewing. The Art of Hearing Data, Beverly Hills (Ca), London, New Delhi: Sage Publications.

Rümelin, Heinz (1968): Die schriftliche Befragung in der Marktforschung. Kritische Betrachtung ihrer Möglichkeiten und Grenzen anhand der Marktforschungsliteratur und eines Experiments in Gegenüberstellung zur mündlichen Befragung, Erlangen, Nürnberg: Univ. Diss.

S

Saris, Willem E. (1991): Computer Assisted Interviewing, Newbury Park (Ca), London, New Delhi: Sage Publications.

Sarris, Viktor (1992a): Methodologische Grundlagen der Experimentalpsychologie. Band 1: Erkenntnisgewinn und Methodik der experimentellen Psychologie, München, Basel: Ernst Reinhardt Verlag.

Sarris, Viktor (1992b): Methodologische Grundlagen der Experimentalpsychologie. Band 2: Versuchsplanung und Stadien des psychologischen Experiments, München, Basel: Ernst Reinhardt Verlag.

Sarris, Viktor (1999): Einführung in die experimentelle Psychologie, Lengerich u.a.: Pabst Science Publishers.

Schäfer, Dieter (1990): Konzeption für eine Zeitbudgeterhebung der Bundesstatistik. Erhebungs- und Auswertungsprogramm: Aktivitätsklassifikation und Erhebungsinhalte, in: Statistisches Bundesamt (Hrsg.): Zeitbudgeterhebungen. Ziele Methoden und neue Konzepte, Stuttgart: Metzler-Poeschel (= Schriftenreihe Forum der Bundesstatistik, Band 13): 169-186.

Schaefer, Wolfgang (1992): Copy-Tests und Copy Testing, in: Planung und Analyse 19, 3: 31-32.

Schaeffer, Nora Cate (2000): Asking Questions about Threatening Topics: a Selective Overview, in: Arthur Stone et al. (ed.): The Science of Self-Report. Implications for Research and Practice, Mahwah (NJ): Lawrence Erlbaum: 105-121.

Scheele, Brigitte / Schreier, Margrit (1994): Dialog-Konsens-Methoden in der Empirischen Literaturwissenschaft, in: Achim Barsch / Gebhard Rusch / Reinhold Viehoff (Hrsg.): Empirische Literaturwissenschaft in der Diskussion, Frankfurt/Main: Suhrkamp: 278-296.

Scheuch, Erwin K. (1962): Das Interview in der Sozialforschung, in: René König (unter Mitarbeit von Heinz Maus) (Hrsg.): Handbuch der Empirischen Sozialforschung. 2 Bände, Stuttgart: Enke: 136-196.

Schlütz, Daniela / Scherer, Helmut (2001): Der Einsatz der »Experience Sampling Method« in der Medienwissenschaft, in: Zeitschrift für Medienpsychologie 13, 3: 146-149.

Schmid, Holger (1992): Psychologische Tests. Theorie und Konstruktion, Fribourg: Universitäts-Verlag, Bern, Göttingen, Toronto: Huber.

Schmidt, Christiane (2000): Analyse von Leitfaden-Interviews, in: Uwe Flick / Ernst von Kardoff / Ines Steinke (Hrsg.): Qualitative Forschung. Ein Handbuch, Reinbek: Rowohlt: 447-456.

Schneider, Gerald (1988): Hermeneutische Strukturanalyse von qualitativen Interviews, in: Kölner Zeitschrift für Sozialpsychologie und Soziologie 40, 2: 207-222.

Schnell, Rainer (1997): Nonresponse in Bevölkerungsumfragen. Ausmaß, Entwicklung und Ursachen, Opladen: Leske und Budrich.

Schober, Michael F. / Conrad, Frederick G. (1997): Does Conversational Interviewing Reduce Survey Measurement Error?, in: Public Opinion Quarterly 61, 4: 576-602.

Scholl, Armin (1993): Die Befragung als Kommunikationssituation. Zur Reaktivität im Forschungsinterview, Opladen: Westdeutscher Verlag.

Schütze, Fritz (1987): Das narrative Interview in Interaktionsfeldstudien I. Kurseinheit 1, Hagen: Fernuniversität Hagen.

Schulz, Winfried (1970): Kausalität und Experiment in den Sozialwissenschaften. Methodologie und Forschungstechnik, Mainz: von Hase & Koehler.

Schuman, Howard / Presser, Stanley (1981): Questions and Answers in Attitude Surveys. Experiments on Question Form, Wording and Context, New York: Academic Press.

Schwarz, Norbert / Hippler, Hans-Jürgen / Strack, Fritz (1988): Kognition und Umfrageforschung: Themen, Ergebnisse und Perspektiven, in: ZUMA-Nachrichten 22: 15-28.

Schwarz, Norbert / Sudman, Seymour (1996): Answering Questions. Methodology for Determining Cognitive and Communicative Process in Survey Research, San Francisco: Jossey-Bass.

Shapiro, Michael A. (1994): Think-Aloud and Thought-List Procedures in Investigating Mental Processes, in: Annie Lang (ed.): Measuring Psychological Responses to Media, Hillsdale (NJ): Lawrence Erlbaum: 1-14.

Silverman, David (1993): Interpreting Qualitative Data. Methods for Analysing Talk, Text and Interaction, Newbury Park (Ca), London, New Delhi: Sage Publications.

Sommer, Rudolf (1987): Der Mythos der Ausschöpfung, in: Planung und Analyse 14, 7/8: 300-301.

Stangl, Werner (2001): Tests und Experimente in der Psychologie, in: Theo Hug (Hrsg.): Wie kommt Wissenschaft zu Wissen. Band 2: Einführung in die Forschungsmethodik und Forschungspraxis, Baltmannsweiler: Schneider Verlag Hohengehren: 303-323.

Steen, Gerard J. (1994): Lautes Denken zwischen Validität und Reliabilität, in: Achim Barsch / Gebhard Rusch / Reinhold Viehoff (Hrsg.): Empirische Literaturwissenschaft in der Diskussion, Frankfurt/Main: Suhrkamp: 297-305.

Stögbauer, Andrea (2000): Ausschöpfungsprobleme telefonischer Umfragen. Eine Zwischenbilanz praktischer gesamtdeutscher Erfahrung, in: Volker Hüfken (Hrsg.): Methoden in Telefonumfragen, Wiesbaden: Westdeutscher Verlag: 91-103.

Stone, Arthur A. et al. (eds.) (2000): The Science of Self-Report. Implications for Research and Practice, Mahwah (NJ): Erlbaum.

Strack, Fritz (1994): Zur Psychologie der standardisierten Befragung. Kognitive und kommunikative Prozesse, Berlin u.a.: Springer.

Stumpf, Klaus (1992): Omnibus / Mehrthemenuntersuchung. Leistungsstärken und Leistungsschwächen im Vergleich, in: Planung und Analyse 19, 1: 10-11.

Suchman, Lucy / Jordan, Brigitte (1994): Validity and the Collaborative Construction of Meaning in Face-to-Face Surveys, in: Judith M. Tanur (ed.): Questions about Questions. Inquiries into the Cognitive Bases of Surveys, New York: Russell Sage Foundation: 241-267.

Sudman, Seymour / Bradburn, Norman M. / Schwarz, Norbert (1996): Thinking about Answers. The Application of Cognitive Processes to Survey Methodology, San Francisco: Jossey Bass.

Süss, Daniel (2000): Bilderbuchpräferenzen: Methoden zum Vergleich der Qualitätsansprüche von Kindern und Erwachsenen, in: Ingrid Paus-Haase / Bernd Schorb (Hrsg.): Qualitative Kinder- und Jugend-Medienforschung. Theorie und Methoden: ein Arbeitsbuch, München: Kopäd: 101-114.

T

Tanur, Judith M. (ed.) (1994): Questions about Questions. Inquiries into the Cognitive Bases of Surveys, New York: Russell Sage Foundation.

Teichert, Will (1988): Augenfällige Akzentverschiebungen. Anmerkungen zum Bericht der Projektkommission »Kabelpilotprojekt München«, in: Media Perspektiven 5: 287-296.

Terwey, Michael (1999): ALLBUS 1998: Erweiterung des Studienangebots, in: ZA-Information 44: 158-164.

Thomae, Hans (1987): Zur Geschichte der Anwendung biographischer Methoden in der Psychologie, in: Gerd Jüttemann / Hans Thomae (Hrsg.): Biographie und Psychologie, Berlin u.a.: Springer-Verlag: 3-25.

Titscher, Stefan / Wodak, Ruth / Meyer, Michael / Vetter, Eva (1998): Methoden der Textanalyse. Leitfaden und Überblick, Opladen, Wiesbaden: Westdeutscher Verlag.

V

Voges, Wolfgang (1987): Zur Zeitdimension in der Biographieforschung, in: ders. (Hrsg.): Methoden der Biographie- und Lebenslaufforschung, Opladen: Leske und Budrich: 125-141.

von Alemann, Heine (1977): Der Forschungsprozeß. Eine Einführung in die Praxis der empirischen Sozialforschung, Stuttgart: Teubner.

von dem Knesebeck, Olaf / Hüfken, Volker / Dübbert, Peter (2001): Stichprobenrealisierung bei einer bundesweiten telefonischen Befragung alter Menschen, in: ZUMA-Nachrichten 48: 67-84.

von der Heyde, Christian (1999): Sonder-Stichproben, in: ADM Arbeitskreis Deutscher Markt- und Sozialforschungsinstitute e.V. / AG.MA Arbeitsgemeinschaft Media-Analyse e.V. (Hrsg.): Stichproben-Verfahren in der Umfrageforschung. Eine Darstellung für die Praxis, Opladen: Leske und Budrich: 113-123.

W

Watzlawick, Paul (^{5}1983): Anleitung zum Unglücklichsein, München, Zürich: Piper.

Weber, Max (1911): Geschäftsbericht der Deutschen Gesellschaft für Soziologie, in: Deutsche Gesellschaft für Soziologie (Hrsg.): Verhandlungen des Ersten Deutschen Soziologentages vom 19.-22. Oktober 1910 in Frankfurt am Main, Tübingen: Mohr: 39-62.

Weidle, Renate / Wagner, Angelika C. (^{2}1994): Die Methode des Lauten Denkens, in: Günter L. Huber / Heinz Mandl (Hrsg.): Verbale Daten. Eine Einführung in die Grundlagen und Methoden der Erhebung und Auswertung, Weinheim, Basel: Beltz, Psychologie Verlags-Union: 81-103.

Wiegand, Erich (2000): Chancen und Risiken neuer Erhebungstechniken in der Umfrageforschung, in: Statistisches Bundesamt (Hrsg.): Neue Erhebungsinstrumente und Methodeneffekte, Stuttgart: Metzler-Poeschel (= Schriftenreihe Spektrum Bundesstatistik, Band 15): 12-21.

Wilson, Thomas P. (1982): Qualitative »oder« quantitative Methoden in der Sozialforschung, in: Kölner Zeitschrift für Soziologie und Sozialpsychologie 34, 3: 487-508.

Witzel, Andreas (1982): Verfahren der qualitativen Sozialforschung. Überblick und Alternativen, Frankfurt/Main, New York: Campus.

Witzel, Andreas (1985): Das problemzentrierte Interview, in: Gerd Jüttemann (Hrsg.): Qualitative Forschung in der Psychologie. Grundfragen, Verfahrensweisen, Anwendungsfelder, Weinheim, Basel: Beltz: 227-255.

Wolcott, Harry F. (^{2}2001): Writing Up Qualitative Research, Thousand Oaks (Ca), London, New Delhi: Sage Publications.

Wolling, Jens (2002): Methodenkombination in der Medienwirkungsforschung. Der Entscheidungsprozess bei der Verknüpfung von Umfrage- und Inhaltsanalysedaten, in: ZUMA-Nachrichten 50: 54-85.

Wottawa, Heinrich (1980): Grundriß der Testtheorie, München: Juventa.

Z

Zimmermann, Ekkart (1972): Das Experiment in den Sozialwissenschaften, Stuttgart: Teubner.

Register

A

B

C

D

G

H

I

J

K

P

Q

T

W

Z